Volker Reinhardt

Luther, der Ketzer

Volker Reinhardt

Luther, der Ketzer

Rom und die Reformation

Verlag C.H.Beck

Mit 24 Abbildungen

© Verlag C. H. Beck oHG, München 2016
Satz: Janß GmbH, Pfungstadt
Druck und Bindung: GGP Media GmbH, Pößneck
Umschlaggestaltung: Geviert, Grafik & Typografie, Christian Otto
Umschlagabbildungen: *Oben:* Gaspar van Wittel, «Ansicht von Rom mit
Engelsburg und Petersdom», um 1700, © akg-images. *Unten:* Luther und
ein römischer Prälat auf einem Fresko von Francesco Salviati zum Pontifikat
Pauls III. im Palazzo Farnese, Rom, 1552, © Scala Archives
Gedruckt auf säurefreiem, alterungsbeständigem Papier
(hergestellt aus chlorfrei gebleichtem Zellstoff)
Printed in Germany
ISBN 978 3 406 68828 7

www.chbeck.de

Inhalt

Rom und die Reformation

Die Kontrahenten haben sich nie gesehen. Als Martin Luther im Auftrag seines Ordens, der Augustiner-Eremiten, Anfang 1511 in Rom eintraf, war der Papst nicht in seiner Hauptstadt. Julius II. kommandierte eigene Truppen im Kampf gegen aufständische Stadtherren des Kirchenstaats und verfolgte zugleich seine Pläne zur Vertreibung der Franzosen aus Italien weiter. Jahrzehnte später sollte ihm der Reformator Luther dieses blutige Metier in seinen Tischreden vorhalten: Dieser Papst feierte Ostern mit einem Schlachtengemetzel bei Ravenna, das Tausende von Christen das Leben kostete. So beging der römische Antichrist die Auferstehung des Herrn!

Zugleich kommt hinter dieser Polemik eine tiefe persönliche Enttäuschung zum Vorschein: Luther war zwar in Rom und konnte aus eigener Erfahrung berichten, wie gräulich es in diesem neuen Babylon am Tiber zuging, aber von Angesicht zu Angesicht hatte er den Papst, den perfiden Nachäffer Christi, leider nicht in Augenschein nehmen können. Noch Jahrzehnte nach seiner Romreise war Luthers Auseinandersetzung mit Rom von dieser Abwesenheit gezeichnet. Die hasserfüllten Monologe, die er in der häuslichen Tafelrunde zu Wittenberg über den Papst hielt, verlangten nach einer Gegenrede, um sich weiter entfalten und steigern zu können. Doch die römische Seite war nicht vertreten und fand im Hause des Reformators natürlich auch keinen Verteidiger. So wurden Luthers Unterhaltungen mit den Seinen über weite Strecken zu verhinderten Zwiegesprächen mit dem altbösen Feind: dem «Bapst» zu Rom, ob er nun Leo X., Clemens VII. oder Paul III. hieß.

Namen und Personen – so Luther in diesen immergleichen Tiraden – tun ohnehin nichts zur Sache. Während sich Johann Hus, dieser heilige Mann aus Prag, mit dem die Morgenröte des Evangeliums vor mehr als hundert Jahren anhob, in seiner Kritik auf das Leben der Päpste eingeschossen hatte, konzentrierten sich die Wittenberger auf die Lehre und meinten, damit den göttlichen Auftrag zu vollenden, dem Antichristen die Maske von der Fratze zu reißen und seinem Wüten hienieden entgegenzutreten. Diese Unterscheidung zwischen Leben und Lehre der Päpste hielt Luther jedoch nicht ein – im Gegenteil: Als Tischredner wie als Pamphletschreiber wurde er nicht müde, die schauerlichsten Geschichten vom Leben der zeitgenössischen Päpste zu erzählen: von Alexander VI., der Inzest mit seiner Tochter Lucrezia getrieben hatte, von Leo X., der auf dem V. Laterankonzil den Kardinälen fünf Lustknaben auf einmal zugestanden hatte – und so weiter. Der Papstlegendenbildung waren in der Wittenberger Tafelrunde keine Grenzen gezogen. Daraus entwickelte sich eine negative Vorstellungswelt, die sich in der protestantischen Kirchengeschichtsschreibung als prägend erwies, auch wenn die meisten Historiker im Laufe des 19. und 20. Jahrhunderts nach und nach von allzu krassen Erfindungen und wüsten Beschimpfungen abrückten.

Die Gegenseite blieb dem Reformator und seinem Anhang in dieser Hinsicht nichts schuldig. Für Rom und das Papsttum war Luther der hässliche Deutsche schlechthin: trunksüchtig, jähzornig, ungebildet, von Hochmut gebläht, ein Liebhaber der Fäkalsprache, der sich durch seine irrsinnigen Angriffe gegen die segensreiche Führung der Kirche durch die Päpste bei den Mächtigen Deutschlands lieb Kind machen und so Ruhm und Reichtum ergattern wollte. Auch diese Feindbilder haben sich, bei aller oberflächlichen Abschwächung im Zeichen von «Ökumene», bis heute als sehr lebenskräftig erwiesen.

Da keine Seite von der Überzeugung abrückte, die Gegenseite sei des Teufels und müsse vernichtet werden, lief der Schlagabtausch zwischen Wittenberg und Rom beziehungsweise Rom und Wittenberg ab dem 31. Oktober 1517 wie ein Film ab, bei dem die Rollen unveränderlich festgelegt waren. Bezeichnenderweise rühmte sich Luthers erster literarischer Gegner, der aus Piemont gebürtige Dominikaner Silvestro Mazzolini, der nach seinem Geburtsort «Prierias» genannt wurde, seine erste Antwort gegen den deutschen Augustiner-Eremiten in nur drei Tagen verfasst zu haben. Dabei fiel seine Lektüre von Luthers 95 Thesen so oberflächlich aus, dass er diese in seinem Widerlegungsversuch fälschlich «Schlussfolgerungen» *(conclusiones)* nannte, was wiederum darauf

Luther, der Barbar: Die Karikatur von Hans Weidlitz aus dem späten 16. Jahrhundert ver-
einigt zahlreiche Klischees der katholischen Polemik: Luther, der Säufer mit dem Bierfass
und einem Blähbauch wie ein Weinsack, Luther, der Wüstling mit der von ihm verführten
Ex-Nonne und seinen illegitimen Sprösslingen, Luther, der Ketzer mit den Köpfen seiner
Mitstreiter und Nachfolger, darunter Zwingli und Calvin

schließen lässt, dass er die darin vorgebrachten Argumente wie den Text
als ganzen kaum einer ernsthaften Diskussion für würdig hielt. Auch
Luther war sehr früh davon überzeugt, dass die Mehrzahl der gegnerischen Schriften keiner Widerlegung mehr wert war.

So ist vom Beginn der Auseinandersetzung im Herbst 1517 an auf
beiden Seiten nicht der geringste Versuch zu erkennen, eine Verständigung herbeizuführen oder gar Kompromisse einzugehen. Mehr noch:
Nicht einmal über die Grundlagen, auf denen diese Debatte zu führen
wäre, kann man sich verständigen; was für Rom Beweiskraft hat, ist für
Wittenberg null und nichtig – und umgekehrt. So wird die Auseinandersetzung von Anfang nicht zum Gedankenaustausch, sondern zum
reinen Schlagabtausch. Warum?

Wer sich in gängigen Luther-Biographien und Standarddarstellungen
der Reformation informieren möchte, stößt stets auf dieselben Antwor-

ten: Rom verschließt sich, versteht nicht, blockiert, diktiert, taktiert, droht und verliert.

In der protestantisch dominierten Reformationsforschung reduziert sich die römische Gegenseite auf einen hochgradig schematisierten Hintergrund: viel humanistische Gelehrsamkeit, viel große Kunst (Stichwort: Sixtinische Kapelle), viel höfische Lebensart, verbunden mit krasser Verweltlichung, lockerer Umgang mit moralischen Regeln, eine durch und durch politisierte Auffassung vom Papstamt und dazu eine christusferne, zur merkantilen Aufrechnung guter Werke abgesunkene Theologie, die sich in scholastischen Spitzfindigkeiten erschöpft. Das sind die Stereotypen des vorherrschenden Rom-Bildes, in dem die ungleich heftigere Kritik eines Ulrich von Hutten und Luthers selbst am Papsttum als Hort aller Laster in abgemilderter Form bis heute weiterlebt.

In dieser Perspektive schrumpft die theologische Auseinandersetzung römischer Autoren mit Luthers Ideen zu einem reflexartigen Nachschreiben längst ausgehöhlter Leerformeln und Worthülsen. Den elementaren «Durchbruch» zur frohen Botschaft von der Sündenvergebung durch Christus und der Gerechtsprechung des Menschen durch den Glauben allein, wie er Luther mit seiner Lehre gelang, hat die römische Seite – so die mehr oder weniger explizite Schlussfolgerung – im Hochgefühl ihrer umfassenden Herrschaftsansprüche und ihres Kulturglanzes mit ihrer selbstgerechten Blindheit verkannt. Ihr bleibt bei dieser Darstellung der Reformation, die der Selbstinszenierung Luthers sehr nahe kommt, nur die undankbare Rolle des arroganten Möchtegern-Lehrmeisters, der von der Geschichte zum Lernen verdammt wird, doch lange Zeit jede Einsicht verweigert und erst durch die vom Konzil zu Trient ab 1545 organisierte «Gegenreformation» – so der polemische Begriff der protestantischen Reformationsgeschichtsschreibung vom 18. bis 20. (und manchmal auch des 21.) Jahrhunderts – zum Gegenangriff übergeht. Die Untauglichkeit dieses Deutungsmusters ist seit langem erwiesen, trotzdem bleibt es bis heute maßgeblich.

Wie grotesk die theologische und kulturelle Position Roms in dieser Jahrtausend-Debatte unter diesem Blickwinkel schrumpft, zeigt sich allein schon daran, dass in repräsentativen Gesamtdarstellungen neuesten Datums Luthers erster literarischer Gegner Prierias nicht einmal erwähnt wird und sein lebenslanger Hauptkontrahent, der Humanist

und spätere Kardinal Girolamo Aleandro, allenfalls als intriganter Fäden-
zieher der kurialen Politik, nicht aber als selbständiger Beobachter und
Kommentator des Geschehens auftritt. In dieser alles beherrschenden
Sichtweise stehen Luther und Wittenberg für den Aufbruch zurück zu
den wahren Wurzeln des Christentums, Rom und das Papsttum hingegen für verstockte, korrupte und letztlich aussichtslose Beharrung auf
einer kirchlichen und politischen Machtposition, die nur als Ergebnis
einer aus perfidem Eigeninteresse herbeigeführten Fehlentwicklung zu
verstehen ist.

Wer Luther und die Reformation so betrachtet, verfälscht und verzeichnet das komplexe Geschehen fatal. Die Einseitigkeit der Wahrneh-
mung tritt umso krasser hervor, als die Quellen für die römische Sicht
Luthers und der Reformation reichlich fließen. So hat sich die Korres-
pondenz Aleandros, des selbsternannten Luther-Bekämpfers der ersten
Stunde, über weite Strecken erhalten, vor allem für die spektakulären
Höhepunkte der immer dramatischeren Ereigniskette wie etwa den
Reichstag von Worms im Frühjahr 1521. Diese Berichterstattung aber ist
bis heute nicht ausgewertet, obwohl sie die römische Sichtweise, ihre
Werte, Argumente, Urteile und Vorurteile, in einzigartiger Fülle und
Tiefenschärfe widerspiegelt. Ein ähnlich deprimierendes Fazit ist für viele
andere, scheinbar bekannte, doch in Wirklichkeit weitgehend unbeach-
tete Quellen zu ziehen, etwa die zahlreichen päpstlichen Schreiben und
Bullen in der Luther-Sache. Auch sie sind als Fundgruben für die Einstel-
lungen, Wahrnehmungsmuster, kulturellen Prägungen und Handlungs-
motive der römischen Seite nie systematisch untersucht worden.

Fast gänzlich ungehoben ist ein weiterer Quellenschatz. Er ist in den
Berichten der römischen Nuntien und Legaten aus Deutschland an den
Papst und in den Instruktionen verstreut, die diesen von römischer Seite
erteilt wurden, und muss daher aus Tausenden und Abertausenden von
diplomatischen Schreiben zusammengetragen werden. Diese Kärrner-
arbeit aber lohnt sich. Zum Beispiel findet man darin den ausführlichen
Bericht eines päpstlichen Gesandten über sein Treffen mit Luther in
Wittenberg im November 1535. Da der Reformator seine Version der
Begegnung in der häuslichen Tafelrunde kundtat, lässt sich so ein und
dasselbe Ereignis parallel und zugleich ganz unterschiedlich, wie in zwei
Kameraperspektiven, betrachten – und so vertieft verstehen.

Ausgetragen wurde die Auseinandersetzung zwischen Wittenberg und Rom nicht nur in Texten, sondern auch in Bildern. Hier hatten Luther und seine Anhänger, sehr zum Ärger des römischen Nuntius Aleandro, einen schwer erklärlichen Vorsprung. Sie warfen pausenlos in hohen Auflagen Flugblätter und Pamphlete auf den Markt, die den Papst als Ausgeburt der Hölle zeigten und zu seiner Vernichtung aufriefen. Die römische Seite aber zog nicht nach, obwohl – oder gerade weil? – sich im Italien der Renaissance seit Jahrzehnten eine Bildkultur ohnegleichen entfaltet hatte. War man sich dort zu fein, auf einen groben Klotz einen groben Keil zu setzen? Wie dem auch sei, Luther, der Ketzer, den so viele römische Texte beschwören, ist in römischen Bildern nur sehr selten zu sehen. Auch in Deutschland tritt die antilutherische Bildpropaganda hinter den Kampagnen für die Reformation sehr deutlich zurück. Die Illustrationen in diesem Buch zeigen eine charakteristische Auswahl dieser Motive.

So lautet die Nutzanwendung aus diesen Überlegungen: Nur wenn man auch die römischen Quellen betrachtet, lässt sich der Prozess der Ablösung, Spaltung, Trennung und Verteufelung adäquat nachvollziehen, dessen Auswirkungen bis in die Gegenwart reichen. Dabei geht es – anders als im 16. Jahrhundert – nicht darum, wer recht oder unrecht hat und wer über die besseren Argumente oder gar die höhere Moral verfügt. In der Auseinandersetzung zwischen Luther und Rom ging es um Glaubensfragen, das heißt um unterschiedliche Auffassungen von heiligen Texten, priesterlichen Vermittlungsfunktionen und Wegen zum «Heil». Das waren und sind bis heute Fragen, in denen es kein objektives Urteil geben kann. Stattdessen geht es darum zu beobachten, wie auf beiden Seiten Ängste und Heilserwartungen, Loyalitäten und Feindbilder, politische und gesellschaftliche Ordnungsvorstellungen, Denkstile und Glaubensweisen zu der subjektiven Überzeugung führen, objektiv auf der richtigen Seite zu stehen. Das ist der Standpunkt, der in diesem Buch vertreten wird, und deshalb gibt es darin keine «Guten» und keine «Bösen», keine Parteinahme für oder gegen die eine oder andere Seite. Es geht nicht darum, aufzuzeigen, wer wen zuerst angeprangert, verleumdet und verteufelt hat, sondern darum zu zeigen, warum es zu dieser Zuspitzung kam.

Die Eskalation des Konflikts wurde dadurch vorangetrieben, dass es in diesem Streit nicht nur um unvereinbare theologische Lehrsätze, sondern von Anfang an auch um Machtfragen ging. Auf beiden Seiten formten sich schnell Netzwerke heraus, deren Mitglieder intensiv miteinander kommunizierten und gemeinsame Interessen verfolgten. Diese Interessenverbände schlossen sich umso schneller und fester zusammen, als sich ähnliche Gruppierungen schon vor 1517 in kirchlichen und weltanschaulichen Streitigkeiten voneinander abgegrenzt hatten.

Dabei ging es um Posten und Geld. Minutiöse Aufrechnungen für die Jahrzehnte vor der Reformation haben ergeben, dass Deutschland im Gegensatz zu Frankreich und Spanien vom päpstlichen Gnaden- und Pfründenverteilungssystem nicht wirklich profitierte. Vor allem das nördliche und östliche Deutschland musste sich zu Beginn des 16. Jahrhunderts stiefmütterlich behandelt fühlen. Doch nicht nur dort, sondern im ganzen Land herrschte der Eindruck vor, dass man in die Kirche, besonders in die Kurie und das Papsttum, mehr hineinsteckte, als man wieder herausbekam. Die seit etwa 1450 von einflussreichen deutschen Intellektuellen vorgebrachte Anklage, dass das Papsttum Deutschland durch überzogene Abgaben ausplünderte, lässt sich durch nüchterne Zahlen widerlegen. Andere Länder zahlten mehr, bekamen aber – das ist der springende Punkt – auch ein Mehrfaches zurück. Für Deutschland, speziell nördlich des Mains, war der Prozess des Interessenausgleichs mit dem Papsttum und damit das Gleichgewicht zwischen Geben und Nehmen gestört. Die Skrupel, sich vom Papsttum loszusagen, waren hier potentiell geringer. Warum hat man diese Gefahr in Rom nicht erkannt?

Dieses Buch will das Wirken Luthers und den dadurch ausgelösten Prozess der Glaubensspaltung gleichberechtigt und simultan von beiden Seiten aus nachvollziehen. «Gleichberechtigt» ist die hier angelegte Perspektive, weil sie die Argumente, Wahrnehmungen, Werturteile und Weichenstellungen auf beiden Seiten einander gegenüberstellt, aber nicht gegeneinander aufrechnet. «Simultan» ist die Betrachtung insbesondere dann, wenn es Glücksfälle der Überlieferung erlauben, ein und dasselbe Ereignis von beiden Standpunkten aus zu betrachten, und das ist nicht nur im Wittenberg 1535, sondern erfreulich oft der Fall. So ist der aus lutherischer und deutsch-nationaler Sicht unbestrittene Höhepunkt der frühen Reformation, Luthers Erscheinen auf dem Reichstag zu Worms im April 1521, durch umfangreiche Quellen beider Seiten bestens dokumentiert. Luther selbst ließ nach allen seinen Auftritten in der Öffentlichkeit postwendend seine Version der Ereignisse drucken und wandte sich damit direkt an sein Publikum; manchmal tat es ihm die römische Seite nach, häufiger beschränkte sie sich auf briefliche Berichterstattung an die Zentrale im Vatikan. So lässt sich exemplarisch zeigen, wie diametral entgegengesetzt die Schlüsselepisoden des kirchlich-religiösen Ablösungs- und Spaltungsprozesses aufgenommen und verarbeitet wurden – fast so, als handele es sich nicht um dieselben Begebenheiten.

Eine gleichberechtigte «Simultanerzählung» ist eine Absage an die Geschichte Luthers als Triumph oder Verrat. Im Gegensatz dazu soll hier die Geschichte Luthers und der Glaubensspaltung als Interaktion zwischen den Polen Wittenberg und Rom, Deutschland und Italien erfasst werden. Dieses Modell ist nicht als «Ehrenrettung» des Renaissancepapsttums zu verstehen, sondern als der Versuch, einen komplexen historischen Prozess ganzheitlich nachzuvollziehen. Es heißt auch nicht, Luther am Zeug zu flicken und seine Bedeutung in Frage zu stellen, im Gegenteil: Die historische Dimension seines Wirkens tritt erst angemessen hervor, wenn auch die Ressourcen der Gegenseite adäquat gewürdigt werden.

1. Luther, der Mönch

(1483–1517)

Mythen und Kindheitsmuster

Für Menschen des 16. Jahrhunderts war die Geburt nicht einfach ein biologischer Akt, sondern ein Omen. Stand und Herkunft der Vorfahren, der Platz der Eltern in der Gesellschaft, die Art und Weise, wie sie ihr Geld verdienten und damit wirtschafteten: All das ließ weitreichende Rückschlüsse auf die Eigenschaften ihrer Nachkommen zu. Die Abstammung prägte den Einzelnen und bestimmte sein Leben vorher. Wer die angestammte Schicht mit der Blickrichtung nach oben verlassen wollte, war deshalb verdächtig. Wer wie Martin Luther aus bescheidenen Verhältnissen stammte und trotzdem einflussreich und berühmt wurde, musste sich rechtfertigen. Für sozialen Aufstieg gab es traditionell zwei simple Erklärungsmuster: entweder Hilfe von Gott oder von seinem Gegenspieler, dem Teufel. Wer wie Luther die Welt in zwei Lager spaltete, musste schon zu Lebzeiten damit rechnen, dass sich um seine Herkunft und Geburt Legenden rankten.

So verbreiteten Luthers römische Gegner die Nachricht, der Ketzer sei als Sohn eines Mienenknechts und einer Badstuben-Bedienung geboren. Demnach stammte er mütterlicherseits aus dem Rotlichtmilieu, während sein Vater in den Eingeweiden der Erde wühlte, also eines der niedrigsten Metiers überhaupt ausübte. In dieser Abwertung des Feindes spiegelte sich die höfische Gesellschaft der Kurie mit ihrem Standesdünkel. Fast alle höheren Prälaten der Zeit, speziell die Kardinäle, konnten eine respektable Abkunft, sei es aus adeligen Dynastien, sei es aus patrizischen Kaufmannsfamilien, vorweisen. Die wenigen Aufsteiger wie der bei Luthers Geburt regierende Papst Sixtus IV., dessen Eltern weder reicher noch sozial besser gestellt waren als die Familie Luther, legten sich daher so schnell wie möglich eine fiktive Genealogie zu, die ihnen älteste Ursprünge und Verwandtschaft mit illustren Geschlechtern bescheinigte. Niedrige Geburt galt im Rom der Renaissance als Makel; dass Jesus der Ziehsohn eines Zimmermanns und Petrus ein einfacher Fischer gewesen war, wurde nicht als Widerspruch zur sozialen Exklusivität der Kirchenspitze empfunden.

Luther, der Sohn einer Hure und eines Hilfsarbeiters: Das war nicht das letzte Wort, sondern ließ sich mühelos überbieten. Bei den deutschen Feinden des Reformators war die Abstammung vom Teufel selbst besonders beliebt. Ein Erzketzer wie er musste aus dem Samen des personifizierten Bösen hervorgegangen sein. Luther selbst, der unerreichte Meister im Umgang mit den Medien und der Öffentlichkeit, setzte eine andere, zu seinem Selbst- und Rollenverständnis passende Version seiner Abstammung in Umlauf:

> Er hatte bedürftige Eltern. Sein Vater war der Sohn eines Bauern zu Morn, in einem Dorf nicht weit von Eisenach. Von dort brach er mit Frau und Sohn nach Mansfeld auf und wurde dort ein metallicus, ein berckhauer; danach wurde Luther geboren.[1]

So lautet die Nachschrift einer Tischrede, die der Reformator 1540 über die Umstände seiner Geburt siebenundfünfzig Jahre zuvor, am 10. November 1483 in Eisleben, hielt. Darin sind die Fakten zu den Lebensverhältnissen der Familie nicht gefälscht, doch dem eigenen Image entsprechend zurechtgerückt, und zwar nach dem provozierend antiaristokratischen Deutungsmuster «Armut adelt». Adam und Eva haben nach der Vertreibung aus dem Paradies von ihrer Hände Arbeit gelebt. Wer es ihnen gleichtut, muss sich nicht schämen; schämen müssen sich diejenigen, die faul von der Arbeit der anderen leben wie die parasitären Prälaten in Rom. Arbeit adelt: In diesem Sinne hat Luther in späteren Äußerungen zu seinen Anfängen hervorgehoben, dass seine Mutter Brennholz auf dem Rücken nach Hause trug und wegen einer unerlaubt verzehrten Walnuss in Rage geriet. Ehrlich lebt, wer sich von der eigenen Hände Arbeit nährt. Wer es zu etwas bringen will, möge den Pflug anspannen und säen. Mit solchen und ähnlichen Sinnsprüchen verlieh der spätere Reformator einer konservativen Wirtschaftsethik Ausdruck. Verdächtig waren ihm die Juristen, die sich als Winkeladvokaten an Hab und Gut der kleinen Leute bereicherten, und vor allem die Großhändler und Bankiers wie die Fugger.

Ein Omen war nicht nur die Geburt, sondern auch der Name. Luthers männliche Vorfahren hießen Luder, was bis heute nicht gut klingt. Martin Luder änderte deshalb später seinen Namen in «Luther»; damit assoziierte die deutsche Öffentlichkeit «lauter», und für sehr gebildete Zeitgenossen war auch noch das griechische Wort für «frei», *eleutheros*, herauszuhören. Luthers Großvater väterlicherseits Heiner Luder war in der Tat Bauer, doch zählte er zur dörflichen Oberschicht und war mit seinem eigenen Grund und Boden nur dem herzoglichen Landesherrn Abgaben schuldig. Da in Thüringen der jüngste Sohn den Hof erbte, musste sich sein Vater Hans nach alternativen Einnahmequellen umsehen. Günstige Erwerbs- und Aufstiegschancen bot in der Umgebung von Eisenach der Kupferbergbau, das Hightech- und Boomgewerbe der Zeit schlechthin. Völlig mittellos dürfte Hans Luder kaum von zu Hause in das Minen-Abenteuer ausgezogen sein. Zudem heiratete er mit der Blickrichtung nach oben: Seine Frau Margarete Lindemann entstammte einer angesehenen Bürgerfamilie Eisenachs und brachte durch ihre Mitgift willkommenes Kapital in das neue Unternehmen ein. Hans Luder tat sich mit einem erfahrenen Hüttenmeister zusammen und pachtete Bergrechte im nahe gelegenen Mansfeld, einem Städtchen von 3000 Einwohnern unter der Herrschaft einer gleichnamigen Grafenfamilie.

Schwere Handarbeit prägte auch in der Folgezeit den Alltag, doch von Bedürftigkeit konnte keine Rede sein. Die Familie Luder wohnte in einem Hof mit ausgedehnten Wirtschaftstrakten durchaus behaglich, ja sogar recht repräsentativ. Es fehlte auch nicht an weiteren Attributen des sozialen Aufstiegs. Die Überschüsse aus dem Kupferabbau, der weiterhin von der wirtschaftlichen Konjunktur begünstigt wurde, und aus der parallel dazu betriebenen Landwirtschaft investierte Hans Luder gewinnträchtig in Kredite, die er an kirchliche Einrichtungen und andere vertrauenswürdige Schuldner vergab. Als wohlhabender Bergunternehmer bekleidete er überdies in Mansfeld höhere Ämter. Auch die Mitgliedschaft in einer religiösen Bruderschaft gehörte zum Status einer kleinstädtischen Sekundärelite, den Luthers Vater damit gewonnen hatte. Dass sich Laien mit eigenen Organisationen in der Kirche betätigten, spiegelt die Frömmigkeitsbedürfnisse und Heilsbestrebungen breiter Schichten wider. Die Kirche lehrte schließlich, dass gute Werke den Weg ins Paradies bahnten. Sünden ließen sich mit diesen verdienstvollen Taten nach regelrechten Tarifen so verrechnen, dass sich für den einzelnen Christen Überschüsse in seiner Kontoführung mit Gott ergaben. Für einen Geschäftsmann wie Hans Luder und nicht nur für ihn war das fraglos ein befriedigendes Verfahren, das Ängste vor der ewigen Verdammnis dämpfte und Hoffnungen auf Lohn im Jenseits schürte.

Typisch für die Aufstiegsperspektive dieser sozialen Schicht war auch die Berufswahl, die Hans Luder für seinen Sohn Martin vornahm. Dieser sollte die Rechte studieren und sich damit lukrative Tätigkeitsfelder erschließen. Juristen wurden im fürstlichen und kirchlichen Verwaltungsdienst geradezu händeringend gesucht und konnten bei entsprechender Bewährung noch sehr viel höher, bis in den Amtsadel, aufsteigen. Die intensive Nachfrage nach studierten Fachkräften hing mit dem politischen Grundriss des Heiligen Römischen Reichs deutscher Nation zusammen. Dieses komplexe Gebilde, das sich durch seinen Namen von dem römischen Imperium der Antike ableitete und dessen Ansprüche auf Dauerhaftigkeit und Vorrang übernahm, zerfiel am Ende des 15. Jahrhunderts in zahlreiche weitgehend autonome Einzelterritorien. Die politisch wichtigsten gehörten den sieben Kurfürsten, die das Reichsoberhaupt, den römischen König, wählten, der sich der traditionellen Theorie gemäß in Rom vom Papst krönen lassen musste, um sich mit dem Kaiser-Titel schmücken zu dürfen. Zu dieser Rom-Fahrt verspürten die römischen Könige allerdings immer weniger Neigung. Für die deutschen Humanisten war die Krönung durch den Papst ohnehin eine unerträgliche Demütigung des Nationalstolzes und das Recht dazu erschlichen. Mit dem Herzog von Sachsen hatte die Familie Luder einen der «weltlichen» Kurfürsten in der unmittelbaren Nachbarschaft; die gleichfalls nicht weit entfernte Stadt Erfurt gehörte zum Herrschaftsbereich des Erzbischofs von Mainz, des vornehmsten der drei geistlichen Kurfürsten und Oberhaupts der deutschen Kirche. In den vielen Residenzen und Unterresidenzen dieser Herren waren Juristen gefragt.

Im Haushalt Hans Luders ging es nach den späteren Erzählungen seines Sohnes sehr sparsam zu und das Klima war rau: Der kleine Martin wurde, wie damals üblich, von Vater und Mutter bei kleinsten Verfehlungen hart gezüchtigt, und so stimmte auch der Reformator in seiner

Erziehungslehre das Lob der Prügelstrafe an, allerdings in Maßen. Dass Kinder von Natur aus zu Unordnung und Aufmüpfigkeit neigten, war für alle Theologen eine Folge der Erbsünde, die unkorrigierbar von Generation zu Generation wie eine Verfluchung des Menschengeschlechts weitergegeben wurde. Frühzeitiges und hartes Einschreiten schien hier fast allen Pädagogen der Zeit geboten zu sein; selbst Fürstensöhne waren nicht davor gefeit, ausgiebig durchgebläut zu werden. Zudem gehörte Gewalt zum Alltag, vor allem auf dem Lande und im Wirtshaus, speziell an Feiertagen, wenn der Alkohol reichlich floss. Von besonders brutalen Methoden im Hause Luder kann deshalb kaum die Rede sein, ebenso wenig von einem gestörten Vater-Sohn-Verhältnis. Alle Versuche, die intellektuelle und psychologische Befindlichkeit des späteren Reformators auf Kindheitstraumata zurückzuführen, sagen mehr über die selbsternannten Analytiker als über ihren Probanden aus. Dauerhafte Einschüchterung hatte die zweifellos strenge Erziehung jedenfalls nicht zur Folge, im Gegenteil. Luthers Kampf gegen das Papsttum, mit dem sein öffentliches Auftreten begann, zeugt eindrucksvoll von dem Mut, als sakrosankt geltende Institutionen und Personen radikal in Frage zu stellen.

Von einem wie auch immer gearteten «Übervater-Komplex» darf deshalb nicht ausgegangen werden, wohl aber von einem ausgeprägten Drang, Autoritäten zu stürzen und sich selbst an deren Platz zu stellen. Von Interesse ist in diesem Zusammenhang der Bericht des Reformators über den frommen Tod seines Vaters. Dieser sei im festen Glauben an Christus gestorben, so wie ihn der eigene Sohn in seiner ursprünglichen, vom Papsttum so lange verdunkelten Klarheit und Reinheit wiederhergestellt hatte. Auf dem Sterbebett erkennt der Vater also an, dass der Sohn auf seinem eigenwilligen Lebensweg Gottes Weisungen gefolgt ist und eine Mission zum Heil der Christenheit erfüllt hat. Das war Versöhnung und Triumph zugleich.

Die Vorstellungen des Reformators Luther vom rechten Familienleben und von den Rollen der Geschlechter waren traditionell eingefärbt. Dabei sticht eine ausgeprägte Misogynie hervor: «Unkraut wechst bald; daher wachsen Mädchen schneller als Jungen.»[2] Mädchen lernen schneller sprechen und widersprechen als Knaben. Die Schlussfolgerungen aus dieser Minderwertigkeit reichen weit:

Weibern mangelts an Stärk und Kräften des Leibes und am Verstande.[3] Männer haben eine breite Brust und kleine Hüften, darum haben sie auch mehr Verstandes denn die Weiber, welche enge Brüste haben und breite Hüften und Gesäß, daß sie sollen daheim bleiben, im Hause still sitzen, haushalten, Kinder tragen und ziehen.[4] Mädchen sollen nicht öffentlich sprechen. Der Doktor: Es ist gegen die Gewohnheit, und der Text des Paulus verbietet es: Frauen sollen in der Kirche nicht sprechen![5] Weiber sollen nicht das Regiment haben.[6]

So lautete die Theorie, die Praxis im Hause des Reformators stand auf einem anderen Blatt. Bezeichnenderweise nahm Luther von diesem negativen Urteil seine eigene Frau Katharina aus. Von seiner Mutter weiß der Luther der Tischreden über harte Arbeit und strenge Züchtigungen hinaus zu berichten, dass sie an Hexen glaubte und diese auch in ihrer Umgebung ausfindig machte. So war sie davon überzeugt, dass böse Nachbarinnen mit dem Teufel im Bunde standen und Schadenszauber anrichteten. Das bot eine plausible Erklärung für die Existenz des Bösen im Allgemeinen und plötzliche Unglücksfälle im Besonderen, die wohl auch die Familie Luder heimsuchten – nicht alle Geschwister des Reformators erreichten das Erwachsenenalter. Diesen Hexenglauben hat Luther seiner Mutter nicht verübelt, im Gegenteil: Er teilte ihn voll und ganz und verdächtigte selbst Kinder, Wechselbälger zu sein, das heißt den Teufel zum Vater zu haben und mit dessen Hilfe Unheil anzurichten.

Wie aus den obigen Zitaten deutlich wird, ist Luthers Kindheit, Jugend und Bildungsweg überwiegend durch die späten, ab dem Sommer 1531 von seinen Schülern und Mitarbeitern aufgeschriebenen Tischreden bezeugt. Dass sich diese Famuli dabei größere Eigenmächtigkeiten zuschulden kommen ließen, darf ausgeschlossen werden. Viel zu tief war die Verehrung, die sie dem Reformator entgegenbrachten. Gewisse Ausschmückungen und Akzentsetzungen der Zuhörer-Chronisten, nicht zuletzt in eigener Sache, sind dabei in Rechnung zu stellen, doch dürfen die im Hause Luther angeschlagenen Leitmotive als authentisch gelten. Sie dienen einer umfassenden Selbstdarstellung und Selbstdeutung: So, wie er sich in der Wittenberger Tafelrunde ausdrückte, wollte Luther gesehen werden, und so sah er seinen Werdegang im Rückblick wohl auch selbst. Da das menschliche Gedächtnis veränder-

lich ist und Bilder und Eindrücke später vielfach überlagert und ausgetauscht werden, heißt das nicht, dass es wirklich so gewesen sein muss.
Zu dieser Selbstdarstellung und Selbstdeutung gehört auch die Perio-
disierung der menschlichen Persönlichkeitsentwicklung im Allgemeinen:

> Mein Hans gehet ins siebend jar, das immer Veränderungen herbeiführt.
> Das siebend jahr wandelt alle mhal die menschen. Zuerst ist die Kindheit,
> und beim zweiten Wechsel, im 14. Jahr, beginnen sie in die Welt zusehen,
> das ist die Jugendzeit, in der die Grundlagen der Künste und Berufe ge-
> legt werden. Im 21. Jahr wollen die Jugendlichen heiraten, im 28. sind die
> Heranwachsenden *(adolescentes)* Ökonomen und Familienväter, die Män-
> ner aber sind im 35. Jahr Politiker und Kirchenbeamte bis zum 42. Jahr;
> dort sind wir Könige.[7]

Danach beginnt der Abstieg, so der zu diesem Zeitpunkt neunundvier-
zigjährige Luther. Den Sieben-Jahre-Rhythmus dürfte Luther in der
eigenen Vita bestätigt gesehen haben. Die zwei großen Lebenswenden
vollzogen sich im einundzwanzigsten und fünfunddreißigsten Lebensjahr, das achtundzwanzigste brachte umstürzende Reiseeindrücke mit
sich, das zweiundvierzigste die Eheschließung. Auch mit sieben und mit
vierzehn Jahren verzeichnet die Lebensgeschichte Einschnitte.

Der Weg zum Juristen, den Hans Luder für seinen Sohn vorsah,
führte über die Schulen. Deren unterste Stufe besuchte Luther ab seinem siebten Lebensjahr in Mansfeld, wo er über das elementare Rüst-
zeug von Lesen, Schreiben und Rechnen hinaus auch Grundkenntnisse
in Latein, der damaligen Gelehrten- und Kultursprache schlechthin, erhielt. Wie weit er es dabei brachte, war schon zu seinen Lebzeiten
umstritten. Für seinen intellektuellen Hauptfeind, den italienischen
Humanisten und späteren Kardinal Girolamo Aleandro, reichten diese
Fertigkeiten kaum über die Anfangsgründe hinaus, so dass Luther seiner
Ansicht nach seine lateinischen Hauptwerke gar nicht selbst verfasst
haben konnte. Auch spätere Gesandte des Papstes waren entsetzt, wie
schlecht der große Ketzer die einzig akzeptierte Hochsprache der zivilisierten Welt beherrschte. Doch waren sie voreingenommen und in
ihren Hörgewohnheiten eben Italiener. Luther aber redete Latein nach
deutschen Ausspracheregeln, wie sie bis heute zum Amüsement der
restlichen Welt im deutschen Lateinunterricht vermittelt werden.

Zudem sprach und schrieb Luther Theologen- und nicht Humanistenlatein. Dazwischen lagen Welten. Die italienischen Gelehrten hatten seit der Mitte des 14. Jahrhunderts damit begonnen, das klassische Idiom eines Cicero und anderer für vorbildlich gehaltener Autoren des römischen Altertums wiederzuentdecken und sich deren Ausdrucksvermögen und stilistische Finessen anzueignen: zuerst demütig, wie Zwerge, die zu Riesen aufschauten, dann, ab der Mitte des 15. Jahrhunderts, immer selbstbewusster und schließlich um 1500 im triumphalen Gefühl, die gefeierten Vorbilder übertroffen zu haben. Diese Bemühungen fanden schon um 1440 ihren Niederschlag im Programm der *studia humanitatis*, die nicht nur Grammatik und Rhetorik des Lateinischen, sondern auch Geschichtsschreibung, Moralphilosophie und Dichtung umfassten, alles so eng wie möglich an die klassischen Modelle angelehnt.

Mit dem Humanismus und mit Humanisten kam Luther zwar später vielfach in Berührung, doch einer von ihnen wurde er nicht, weder was die Sprache, noch was die Ziele betraf. Dieser Unterlegenheit im Gebrauch des Lateinischen war er sich noch als Professor in Wittenberg wohl bewusst. In einem Schreiben an Papst Leo X. entschuldigte er sich sogar für die Ungeschlachtheit seines Ausdrucks, doch ließ sich auch dieses scheinbare Manko ins Positive wenden: Im Gegensatz zu euch elegant schreibenden Römern meine ich es wenigstens ehrlich! Sein Theologenlatein beherrschte Luther achtbar, wovon die Protokolle seiner Debatten mit gegnerischen Gottesgelehrten zeugen. Auch in dieser Fremdsprache war er seinen Kontrahenten, was Witz, Aggressivität und originelle Schimpfworte betraf, haushoch überlegen.

Um höhere Schulbildung zu erhalten, musste der Sohn des Bergbauunternehmers im vierzehnten Lebensjahr die Familie verlassen und zuerst für ein Jahr nach Magdeburg, dann nach Eisenach ziehen. Dort lebte er als zusätzlicher Kostgänger bei Verwandten. Das war ein hartes Brot, das sich der Schüler und Student durch Bettelei großenteils selbst verdienen musste. Aus diesen Erfahrungen zog er später seine Schlüsse gegen das Hauptlaster der *avaritia*, gegen Habgier und Geiz. Beide gehörten für ihn zusammen, und gegen beide plädierte er für einen gelassenen, für die richtigen Zwecke großzügigen Umgang mit den vergänglichen Gütern dieser Welt.

Bildungsweg und Klosterleben

Im Frühling 1501 schrieb sich Luther an der Universität Erfurt ein und wechselte damit aus seinem provinziellen Ausgangsmilieu in eine Großstadt von modernem Zuschnitt über. Mit mehr als 15 000 Einwohnern, ihren Handelsfirmen und ihrer Hochschule wurde die thüringische Metropole unter der Herrschaft des Erzbischofs von Mainz zum politischen Zankapfel, da auch der sächsische Kurfürst begehrliche Blicke auf die an der Grenze zu seinem Territorium gelegene Stadt richtete.

An der Universität hatten Humanisten und Nominalisten das Sagen: die Nominalisten bei den Theologen, die Humanisten in der Artistenfakultät, an der den Studierenden die Anfangsgründe der Wissenschaften wie Logik und Methodik vermittelt wurden, bevor sie dann eine der angeseheneren Fakultäten der Juristen, Mediziner oder Theologen beziehen durften. Die Nominalisten stützten sich auf die Autorität des Wilhelm von Ockham, der eine scharfe Trennung von Vernunft und Glauben lehrte, ohne den Vorrang des Letzteren in Frage zu stellen. Damit wandte er sich jedoch gegen die Synthese von *ratio* und *fides* im Werk des Thomas von Aquin, des Hauptes des Realismus, und gegen die Argumentationsweise der Scholastik, die die Logik des griechischen Philosophen Aristoteles, also eines Heiden, zur Auslegung der Heiligen Schrift und zur Ableitung theologischer Lehrsätze anwandte. Nominalisten wie Realisten verstanden sich um 1500 längst als verschworene Gemeinschaften mit festen Feindbildern; an manchen Universitäten benutzten sie sogar getrennte Eingänge, um Handgreiflichkeiten zu vermeiden. Auch in ihrer Haltung zum Papsttum unterschieden sie sich, und zwar von Anfang an. Thomas von Aquin, der einem Grafengeschlecht Süditaliens entstammte, wurde schon ein halbes Jahrhundert nach seinem Tod vom Oberhaupt der Kirche heilig gesprochen, Ockham starb als gebannter Ketzer am Hofe des ebenfalls exkommunizierten Kaisers Ludwig des Bayern. Auf eine frühe Opposition Luthers zu Rom und zur Kurie darf man daraus nicht schließen, wohl aber auf Reserve und Distanz gegenüber «thomistischen» Autoren, die die Machtfülle des Papstes als Stellvertreter Jesu Christi auf Erden über alles menschliche Maß hinaus ausdehnten.

Auch dem humanistischen Optimismus, dass der Mensch durch die Lektüre der antiken Autoren zu sittlicher Selbstvervollkommnung aus eigener Kraft in der Lage sei, stand Luther zeitlebens ablehnend gegenüber. Den «Fürsten» der Humanisten, Erasmus von Rotterdam, verdammte er in seinen Tischreden als glaubenslosen Epikuräer, nachdem er sich 1525 mit diesem eine heftige Kontroverse über die menschliche Willensfreiheit geliefert hatte. Von allen Humanisten schätzte Luther ausgerechnet den Italiener Lorenzo Valla am höchsten. In ihm sah er einen Verbündeten gegen die hochgemute These von der menschlichen Selbstgestaltungs-Freiheit und vor allem einen Vorkämpfer gegen die Arroganz und die Machtansprüche des Papsttums. Valla hatte nämlich 1440 mit den Mitteln des historischen Sprachvergleichs nachgewiesen, dass das sogenannte *Constitutum Constantini*, mit dem die Päpste ihre Oberhoheit über Kaiser und Reich begründeten, nicht von Kaiser Konstantin im vierten Jahrhundert ausgestellt, sondern viel später in viel schlechterem Latein gefälscht worden war.

Im Frühjahr 1505 hatte Luther die Artistenfakultät absolviert und konnte damit sein Studium der Jurisprudenz beginnen. Um diese Zeit hegte sein ehrgeiziger Vater den Plan, den offensichtlich vielversprechenden Sohn günstig zu verheiraten und so den sozialen Aufstieg der Familie fortzusetzen. Was dann geschah, ist nur durch Luthers Mund, und zwar mehr als drei Jahrzehnte danach, überliefert:

> Heute ist die jerige zeit, do ich in das kloster zu Erffurt gezogen. Und er fing an die Geschichte zu erzählen, wie er ein Gelöbnis geleistet hatte, nachdem er kaum vierzehn Tage zuvor auf der Reise bei Stotternheim nicht weit von Erfurt so von einem Blitz niedergeworfen worden war, dass er vor Schreck gesagt hatte: Hilff du, S. Anna, ich will ein monch werden![8]

Kaum war der Schrecken ausgestanden – so weiter der Reformator im Kreis seiner Getreuen –, bereute er auch schon dieses Gelöbnis. Seine Freunde versuchten, ihn von der Nichtigkeit einer Verpflichtung zu überzeugen, die im Zeichen des Schreckens und nicht nach reiflicher Überlegung eingegangen worden war. Vor allem Hans Luder fiel aus allen Wolken. An die Gegenargumente seines Vaters erinnerte sich Luther auch später noch sehr genau:

Wisst ihr nicht, was geschrieben steht: Ehre Vater und Mutter! Als er [Luther] sich damit entschuldigte, dass er vom Gewitter so erschreckt wurde, dass er gezwungen wurde, ein Mönch zu werden, antwortete er [der Vater]: Schauet auch zu, das es nit ein gespenst sey.[9]

Auch der Teufel konnte ein Gewitter verursachen, um eine Seele ins Verderben zu führen: Diesen väterlichen Einspruch machte sich Luther später vielfach zu eigen. Im Rückblick sah der Reformator seinen Weg ins Kloster als heilsamen Irrweg: Gott hatte ihn erwählt, um das Papsttum und dessen falsche Lehre zu stürzen. Zu diesem Zweck war der Aufenthalt im Kloster unumgänglich, denn wie hätte der Reformator sonst die perfiden Betrügereien der Papstkirche aufdecken sollen? Das war eine heilsgeschichtliche Harmonisierung in eigener Sache. Was sich psychologisch bei dieser offenen Auflehnung gegen den väterlichen Willen abspielte, lässt sich höchstens indirekt aus gelegentlich eingestreuten Bemerkungen schließen:

Meine Eltern zwangen mich mit ihrer extremen Härte bis zur Kleinmut. Mein mutter steupet mich umb einer eingen nuß willen bis zum Blutvergießen. Und so trieben sie mich mit ihrer strikten Disziplin schließlich bis ins Kloster, wiewol sie es hertzlich gut gemeinet haben, doch ich wurde nur kleinmütig.[10]

Demnach wäre die Entscheidung, ins Kloster zu gehen, von der geradezu unmenschlich brutalen Erziehung im Hause Luder verursacht worden und daher kein Bruch, sondern die Weiterführung des alten, fremdbestimmten Lebens unter neuer Führung. Doch auch bei dieser Deutung ist höchste Vorsicht geboten, denn ihr liegt ebenfalls ein selbsterzeugter Mythos zugrunde: Der Mönch Martin Luder wird durch das von Gott geschenkte Verständnis der Heiligen Schrift nach einer vierzehntägigen geistlichen Krankheit ohne Schlaf, Essen und Trinken gleichsam neu geschaffen, zu Martin Luther, dem vom Wahn des päpstlichen Aberglaubens befreiten Befreier der Christenheit.

Luther trat am 17. Juli 1505 in das Kloster der Erfurter Augustiner-Eremiten ein, eines wegen seiner Strenge geachteten beziehungsweise gefürchteten Reformordens. Im April 1507 wurde er dort zum Priester geweiht, im Winter 1508 vertrat er eine philosophische Professur an der noch jungen Universität Wittenberg und wurde dort im Herbst 1512 zum Doktor der Theologie promoviert. Die Aufzählung dieser Stationen zeugt von einer erfolgreichen, doch nicht aus dem Rahmen fallenden Laufbahn innerhalb des Ordens. Dieser war gespalten in Anhänger einer internen Reform, die Observanten, die eine weitreichende Unabhängigkeit vom Ordensgeneral in Rom anstrebten, und deren Gegner, die Konventualen. Luthers geistlicher Mentor und Protektor innerhalb des Ordens, der Generalvikar Johannes von Staupitz, versuchte, zwischen den streitenden Flügeln zu vermitteln, stieß damit jedoch bei beiden Seiten auf Widerstand. Opposition gegen diese Vereinigungsstrategien kam vor allem vom Erfurter Konvent, der eine besonders rigorose Observanz pflegte und Bruder Martin zwecks Berufung an den Ordensgeneral schließlich nach Rom sandte.

Damit begann eine biographische Episode, über die sehr wenig gesicherte Quellen und Fakten vorliegen und über die gerade deshalb umso hemmungsloser spekuliert wurde. Dazu trug die spätere Mythenbildung durch den Reisenden selbst kräftig bei:

> Ich bin zu Rhom gewesen nicht lange, hab doselbst viel messen ghalten und auch viel sehen halten, das mich grawet, wen ich dran gedencke. Da horte ich unter andern groben grumpen uber den tisch di chartusanen [Höflinge] lachen und rhumen, wie etliche messe hilten und uber den brod und wein sprechen: Panis es et panis manebis [Brot bist du und Brot bleibst du], und also auffgehoben. Nhu, ich waß ein junger und recht frommer munch, dem solche wortt wehe thaten.[11]

In seiner Erzählung lässt Luther wirkungsvoll innige Herzensfrömmigkeit und höhnischen Unglauben aufeinanderprallen: Was der römische Mönch von der Hostie sagt, dass sie nämlich Brot sei und auch während der Messe Brot und nichts anderes bleibe, ist eine offene Glaubensleugnung. Denn nach katholischer Lehre verwandelt sich die Substanz des Brotes im Zuge der Transsubstantiation in den Leib Christi, während die Form alleine erhalten bleibt. Luther leugnete später diese Wandlung, hielt aber an der Realpräsenz von Fleisch und Blut des Erlösers im Abendmahl fest. Für den jungen wie den alten Luther war die Rede des römischen Kollegen also offene Ketzerei.

Damals – so weiter die Tischrede des alten Luther – hätten ihn solche Lästerungen geschmerzt und zudem einen Prozess des Nachdenkens in Gang gesetzt:

> Was konde mir anders einfallen den solche gedancken: Redet man hie zu Rhom frei offentlich uber tisch also? Wie, wen sie allzumhal, babst, cardinel, mith den chartusanen also messe halten, wie fein were ich betrogen, der ich von ihnen so viel messe ghort hatte![12]

Nimmt man diese Aussage für bare Münze, dann schwante schon dem Luther des Jahres 1511, dass die Papstkirche ein großer Betrug und eine Verschwörung zum Verderben der Christenheit war. Dass der Erfurter Augustiner-Eremit bereits zu dieser Zeit solche Überlegungen anstellte, darf indes bezweifelt werden. Dafür sprechen nicht zuletzt seine späteren Selbstzeugnisse.

Sie beschreiben eine scheinbar paradoxe Seelenlage, die aus Grauen und Loyalität gemischt war: Trotz der zum Himmel schreienden Missbräuche, die er mit eigenen Augen gesehen hatte, war er selbst ein Papist, und zwar ein eingefleischter, der jeden auf dem Scheiterhaufen verbrannt hätte, der von der Macht des Papstes auch nur ein Jota wegnehmen wollte. Auch diese Behauptung gehört zur späteren Selbstdarstellung des Reformators. Auf diese Weise hebt Luther den Kontrast zwischen Einst und Jetzt und damit das Wirken Gottes im eigenen Leben hervor: Der Herr wollte, dass Luther im tiefsten Irrtum verweilte, damit er danach umso nachdrücklicher von der wiedergefundenen Wahrheit künden konnte! Wer wollte an der göttlichen Fügung in einem Lebensweg zweifeln, der von einer so radikalen Umkehr geprägt war. Luther, der romtreue Mönch, wurde durch diese Wende zum Hauptfeind des römischen Antichristen. Sein Lebensweg ähnelte damit dem Werdegang des Paulus, der als Verfolger des Christentums begann und als dessen größter Apostel endete.

Diese nachträgliche Deutung überlagert die Romerlebnisse von 1511 bis zur völligen Unkenntlichkeit. Das menschliche Gedächtnis arbeitet unaufhörlich weiter, schichtet neue Bilder über die alten, deutet um, stellt neue Zusammenhänge her und überzeugt sich schließlich selbst, dass es einst so und nicht anders war. Es ist faszinierend, diesen

Prozess anhand der Tischreden nachzuverfolgen. Die Frage, was der Erfurter Mönch auf seiner Dienstreise in der Ewigen Stadt tatsächlich gesehen hat, lässt sich daher nur hypothetisch, durch indirekte Rückschlüsse, beantworten.

Rom und das Renaissancepapsttum

In den 95 Thesen vom Herbst 1517 polemisiert Luther im Zusammenhang mit dem Ablass gegen den kostspieligen Neubau von Sankt Peter, der im Frühjahr 1506 begann und den Abriss der altehrwürdigen Basilika, einer regelrechten Kirchenstadt innerhalb des Vatikans, zur Folge hatte. Diese Ruine dürfte der Besucher aus Thüringen vor Augen gehabt haben, wahrscheinlich mit sehr gemischten Gefühlen. Gott wünschte sich die aufrichtige Reue der Gläubigen und keine prunkvollen Kirchen: Diese Kritik des Jahres 1517 dürfte ebenso auf das Rom-Erlebnis von 1511 zurückgehen wie das Unbehagen an der Schnelligkeit, mit der italienische Priester die Messe lasen. Ihr *«passa, passa!»* – Mach schnell und mach Platz am Altar! – klang dem Reformator wie ein höhnisches Souvenir noch Jahrzehnte später in den Ohren. Alles andere ist spätere Schlussfolgerung und Selbstdeutung. Luthers Auftrag, im Namen der strengen Observanz gegen die Unionspläne des Generalvikars von Staupitz zu opponieren, hatte keinen Erfolg. Der Ordensgeneral Egidio da Viterbo missbilligte diese Umtriebe, sodass die Romreise zu dem Verbot führte, sich in dieser Angelegenheit an den Papst zu wenden.

Gerade das, was der Reformator bei seinen häuslichen Reflexionen über seine Romreise nicht der Erwähnung für wert befand, lässt tief blicken. Zu Beginn des Jahres 1511 zählte Rom gut 50 000 Einwohner und war damit bedeutend kleiner als die Metropolen Venedig und Mailand. Dafür war Rom der kosmopolitischste Platz Europas, sehr zum Unbehagen der «Römer aus Rom». Sie beklagten mit einer gehörigen Portion Fremdenfeindlichkeit, dass die «Ausländer» am Tiber die einträglichsten Positionen bekleideten und abkassierten, während für die Einheimischen nur Brosamen vom so reich gedeckten päpstlichen Tisch übrig blieben. Diese Vorwürfe waren nicht unbegründet. Die Kurie war das wichtigste Verwaltungs- und Verteilungszentrum der universellen

Kirche. Zwar wurden nach dem Abendländischen Schisma von 1378 bis 1417 in weiten Teilen Europas, vor allem in Frankreich, die lukrativsten Pfründen vom König verliehen, doch hatte der Papst bei der Vergabe von Führungspositionen in der Kirche immer noch ein entscheidendes Wort mitzureden, speziell in Italien, aber auch in Süddeutschland, Portugal und anderen Teilen Europas. Die Ernennung neuer Kardinäle war dem Nachfolger Petri sogar allein vorbehalten und stets von Neuem eine diplomatische Haupt- und Staatsaktion: Wer bei der Vergabe von roten Hüten das Rennen machte, gewann nicht nur persönliche Macht, sondern mehrte auch das Prestige seiner Nation. Es war daher für die Mächtigen Europas ratsam, in Rom durch Diplomaten, Agenten und Sachwalter aller Art präsent zu sein, um kirchenpolitisch nicht ins Hintertreffen zu geraten.

Darüber hinaus brachte jeder neue Papst seine Verwandten und Gefolgsleute in großer Zahl mit nach Rom, wo zumindest die engeren Familienmitglieder auf Dauer in den hohen Adel aufzusteigen versuchten. Auf diese Weise hatten sich regelrechte Kolonien gebildet. So gab es ein venezianisches Rom nach den Pontifikaten Eugens IV. (1431–1447) und seines Neffen Pauls II. (1464–1471), ein katalanisches Rom nach der Regierung Calixtus' III. (1455–1458) und seines Neffen Alexander VI. (1492–1503), ein sienesisches Rom nach Pius II. (1458–1464) und ein ligurisch-genuesisches Rom durch Sixtus IV. (1471–1484), Innozenz VIII. (1484–1492) und Julius II., Sixtus' Neffen, der ab November 1503 als Nachfolger Petri amtierte. Darüber hinaus kamen Spanier, Franzosen, Deutsche und Briten als Interessenvertreter der europäischen Mächte in größeren Verbänden an den Tiber. Sie bestanden aus Juristen, Prokuristen und Kaufleuten, Maklern und Journalisten, doch wurden auch speziellere Dienstleistungen angeboten.

Für die zölibatäre Männergesellschaft des Vatikans war Prostitution ungeachtet aller Keuschheitsgelübde unverzichtbar. Ein Verstoß gegen dieses Gebot galt überwiegend als lässliche Sünde. Manche Kardinäle wie etwa Rodrigo Borgia, der spätere Papst Alexander VI., hatten regelrechte Lebensabschnittsgefährtinnen, mit denen sie über längere Zeiträume hinweg eheähnlich zusammenlebten und Kinder zeugten, die nicht selten durch Fürsprache des Vaters beim Papst legalisiert wurden. Bei einer «wertkonservativen» Minderheit innerhalb des Kardinalskollegiums stießen diese Zustände allerdings auf Widerspruch. Kritik wurde in der europäischen Öffentlichkeit auch an anderen Problemzonen der Kirche geübt: Als anstößig galten das rasche Wachstum der kurialen Behörden, das nicht selten durch den Verkauf ganzer Ämterkollegien wie etwa Notariatsstellen zustande kam; die hohen Gebühren, die für die Ausstellung von Ernennungsurkunden und anderen Verwaltungsakten erhoben wurden; der weltliche Lebensstil vieler Kirchenfürsten, der die Grenzen zwischen dem geistlichen Stand und den Laien verwischte; oder der niedrige Bildungsstand vieler Prälaten, die ihre Ämter immer häufiger nicht ihrem geistlichen Lebenswandel und ihren intellektuellen Qualitäten verdankten, sondern nach politischer Opportunität oder Zahlungsfähigkeit ernannt wurden. Unter Alexander VI. wurde es sogar üblich, Kardinalate an die Meistbietenden zu verkaufen. Nach dem geltenden Kirchenrecht war diese Versteigerung von kirchlichen Spitzenpositionen Simonie und damit eine schwere Sünde, blieb aber bis in die Zeit Leos X. (1513–1521) verbreitet, ebenso wie der päpstliche Territorial-Nepotismus, der durch expansive, oft gewaltsame Staatsgründungsversuche zugunsten der Papstverwandten die politische Landkarte Italiens durcheinanderwirbelte.

Für moralisch strenger denkende Christen gab es im Rom des frühen 16. Jahrhunderts fraglos viel auszusetzen. Das blieb den Päpsten und der Kurie selbst nicht verborgen. Mit schöner Regelmäßigkeit wurden Reformkommissionen eingerichtet, die sinnvolle Vorschläge zur Abstellung der Anstößigkeiten ausarbeiteten, wirklich einschneidende Änderungen jedoch nie durchsetzen konnten. Ein «Sittengemälde» der Ewigen Stadt zur Zeit von Luthers Besuch lässt sich trotz oder gerade wegen der zahlreichen Zeugnisse von Zeitgenossen kaum entwerfen; in jeder Verallgemeinerung dieser Art lauert die Gefahr der Überzeichnung und damit der Einseitigkeit und Voreingenommenheit. Gewiss, Prostitution, vor allem der gehobenen Kategorie, war verbreitet. Prälaten und Bankiers hielten schöne und oft sehr gebildete und kreative Frauen aus, die sie nicht heiraten durften, konnten oder wollten. Dass Rom in der Renaissance insgesamt «käuflich» und «sittenlos» wurde, ist ein von Feindbilddenken diktierter Pauschalvorwurf. Mit sicherem Gespür für die Interessen ihrer Leser notierten römische Chronisten der Zeit spektakuläre Gewaltverbrechen und malten deren schaurige

Umstände liebevoll aus. Unter der Herrschaft der Borgia, die zwischen 1497 und 1503 ihre Gegner durch Terrorkampagnen einzuschüchtern versuchten, lebten die höheren Prälaten wahrscheinlich gefährlicher als in Mailand oder Venedig, doch war die große Mehrheit der Einwohner von dieser gezielt eingesetzten Gewalt kaum betroffen.

Für die Kurialen oder Ex-Kurialen, deren Lebensabend nach dem Sacco di Roma im Jahr 1527 herandämmerte, wurde das Rom ihrer besten Jahre zu einem Mythos: Wer die Ewige Stadt vor dieser Katastrophe der großen Plünderung durch deutsche und spanische Söldner nicht erlebt hatte, der hatte sein Leben nicht wirklich gelebt. Im Zuge dieser Legendenbildung zirkulierten nostalgische Geschichten vom süßen Leben der Schönen, Reichen und Mächtigen in einem Klima der Toleranz, dem nichts Menschliches fremd war.

Richtig daran ist, dass die Inquisitoren relativ selten gegen religiöse Abweichler einschritten und auch dann meistens sehr maßvoll. Das lag nicht zuletzt daran, dass die Grenzlinie zwischen der heidnischen Antike und dem Christentum nicht scharf gezogen und erst recht nicht unüberschreitbar war. Im Gegenteil: Die Päpste der Renaissance beanspruchten das Erbe des römischen Imperiums für sich, und zwar politisch, kulturell und ideologisch. So fanden sie nichts Verwerfliches daran, christliche Werte, Heilslehren und Helden in die Bildersprache der klassischen Mythologie einzukleiden. Gottvater wurde wie Jupiter als *Deus optimus maximus* angesprochen, und ein Papst wie Leo X. konnte sich als Orpheus darstellen. Für die kurialen Humanisten, die solche Programme ausarbeiteten, war der Vorrang des Christentums vor dem Heidentum zwar unbestritten, doch erschien ihnen dieser Gegensatz durch die Herrschaft des Papstes, des Stellvertreters Christi auf Erden und Nachfolgers der antiken Imperatoren, zugleich entschärft. Für Fremde, die von Norden in die Ewige Stadt kamen, war die Synthese von Heidnischem und Christlichem hingegen unheimlich, wenn nicht gar gottlos. Dass Luther von den Ruinen der antiken Weltstadt, die von den Humanisten wie kostbare Reliquien verehrt wurden, nichts zu erzählen weiß, lässt tief blicken.

Auch von der «Renaissance-Stadt» Rom berichtet der Augustiner-Eremit aus Erfurt so gut wie nichts, und das verwundert kaum. Im Jahre 1511 durchwanderte der deutsche Mönch eine graue Stadt am grauen

Tiber, in die einige wenige glänzende Neubauten eingefügt waren, die das Stadtbild als ganzes jedoch nicht beherrschten. Neu-Sankt-Peter war ein Trümmerfeld, und der Apostolische Palast daneben ebenfalls noch nicht fertig. Das Stadtbild innerhalb der Aurelianischen Stadtmauern bestand ganz überwiegend aus alter und oft schäbiger Bausubstanz; was die Sauberkeit der Straßen und den Komfort der Gasthäuser anging, war Deutschland entschieden weiter, darin waren sich alle Reisenden der Zeit einig. Dass Michelangelo Buonarroti während Luthers Besuch an den Deckenfresken der Sixtinischen Kapelle arbeitete und dort mit seinen nackten Jünglingen unübertroffene Ideale menschlicher Schönheit schuf, spiegelt die kulturelle Differenz zwischen Deutschland und Italien und damit die Gleichzeitigkeit des Ungleichzeitigen im Europa der frühen Moderne wider. In den ökonomisch dynamischsten Städten des deutschen Reichs wie Nürnberg lebten innovative Künstler, die wie Albrecht Dürer bei ihren Italienreisen die Errungenschaften des neuen Renaissancestils entdeckt und sich eigenständig angeeignet hatten, doch blieben ihre Hervorbringungen vorerst Ausnahmen in einem insgesamt sehr viel traditionelleren Umfeld. Was der Antiken-Verächter Luther zu den schwül erotischen Gestalten Michelangelos in der Sixtinischen Kapelle zu sagen gehabt hätte, lässt sich vermuten: Pfui, Teufel! Dieses Urteil fällte er später jedenfalls über Rom insgesamt: Ich war in Babylon und habe die Werke des Antichristen mit eigenen Augen gesehen!

Vernetzung und Heilsangst

Seine Jahre im Kloster hat Luther später mit den Leitmotiven der Abgeschiedenheit und Weltferne, der Traurigkeit und der Angst beschrieben. Zumindest für seine Zeit als Lehrer an der Wittenberger Universität ab 1512 kann von einer solchen Isolation jedoch keine Rede sein.

Bei der Teilung der sächsischen Gebiete im Jahre 1485 war die Stadt Leipzig mit ihrer renommierten Universität an die Albertinische Linie gefallen, die in Dresden residierte. Für Friedrich den Weisen, den Kurfürsten aus dem Ernestinischen Zweig, bestand daher in Sachen akademischer Bildungseinrichtungen Nachholbedarf. Dieser Ersatz wurde 1502 mit der Gründung der Universität im Residenzstädtchen Wittenberg geschaffen, und zwar mit Erfolg: Schon zehn Jahre später waren dort vierhundert Studenten eingeschrieben, was ungefähr einem Fünftel der gesamten Bevölkerung Wittenbergs gleichkam. Reich wurde der Augustiner-Eremit Luther durch seine dortige Vorlesungstätigkeit jedoch nicht. Bescheidenen Verdienst brachte ihm allein seine Predigttätigkeit an der Stadtkirche ein. So blieb sein Lebensstil, ökonomisch gesehen, klösterlich beschränkt, nicht jedoch der Kreis seiner Freunde und Bekannten und das daraus resultierende Beziehungsnetz. Früh sticht die enge Anbindung des Mönchs an einflussreiche Protektoren hervor. Schon die Beziehung Luthers zu seinem Ordensoberen Johannes von Staupitz war trotz der Meinungsverschiedenheiten in Sachen Ordensreform durch Freundschaft im doppelten Sinn, durch wechselseitige Unterstützung und persönliche Wertschätzung, gekennzeichnet. Für ein solides Klientelverhältnis zwischen dem Patron von Staupitz und dem «Gefolgsmann» Luther reichte an sich die Übereinstimmung der Interessen aus; kam wie in diesem Fall Sympathie hinzu, war das Verhältnis auf Dauer gefestigt und konnte auch Konflikte aushalten. Bezeichnenderweise hat der spätere Reformator seinem alten Mentor, der im Schoße der alten Kirche verblieb und als Benediktinerabt starb, ein ehrendes Andenken bewahrt und auf dessen Erlösung auch ohne Zugehörigkeit zur wahren Kirche gehofft.

In Wittenberg knüpfte der Theologie-Dozent Luther enge Beziehungen zum herzoglichen Rat Georg Spalatin, der für Jahrzehnte zu seinem vertrauten Ratgeber und unverzichtbaren Vermittler gegenüber dem Landesherrn werden sollte. Spalatins Fürsprache und Informationen waren für Luther umso wichtiger, als er selbst zu keinem Zeitpunkt zur engeren Gesellschaft des Hofes zählte:

> Einer seiner Schüler aber sagte: Herr Doktor, es wird berichtet, dass Ihr mit Herzog Friedrich niemals gesprochen habt. Er antwortete: So ist es![13]

In fast anderthalb Jahrzehnten gab es kein einziges Gespräch zwischen Luther und seinem Landesherrn, weder unter vier Augen noch in größerem Kreis. Dieser Verzicht auf direkte Kommunikation ist umso ungewöhnlicher, als es an der Tafel des Kurfürsten durchaus nicht höfisch steif, sondern durchaus familiär zuging. So führte «Claus Narr», der

durch seinen zynischen Scharfsinn berühmt-berüchtigte Hofnarr, dort
öfter das große Wort, der Wittenberger Professor aber blieb außen vor.
Friedrich, der aus gutem Grund der Weise genannt wurde, wusste
warum, zumindest ab 1517. Durch die Vermeidung jedes unmittelbaren
Kontakts mit Luther konnte sich der Herzog in dessen Auseinandersetzungen mit Rom als unparteiisch, manchmal auch als unwissend darstellen und so Kritik von sich ablenken. In Wirklichkeit war der kluge
Politiker Friedrich in der Regel sehr wohl über Luthers Vorgehen unterrichtet. Zumindest in den Grundzügen war diese Strategie zwischen
beiden Seiten sogar genauestens abgesprochen und bestens koordiniert.
Welche Bedeutung dabei einem Vertrauensmann wie Spalatin und den
herzoglichen Räten insgesamt zukam, ist unschwer zu ermessen.

Traurigkeit und Angst, die Leitmotive seines Klosterlebens, waren
aus der Perspektive des späteren Luther durch das verderbliche Wirken
der Papstkirche aufs Engste miteinander verknüpft. Gegen die menschliche Natur und den göttlichen Willen gerichtet war in seinen Augen
vor allem der Zölibat. Mit dieser unnatürlichen Unterdrückung der
menschlichen Sexualität erzeugte der Papst ein Sündenbewusstsein, das
er schamlos ausnutzte, um die Gewissen der gepeinigten Geistlichen zu
unterdrücken und durch Gnadenerweise Geld zu erpressen. Die erzwungene ehelose Lebensweise und ihr Gegenstück, das glückliche Ehe-
leben, bilden daher Leitmotive in der Gedanken- und Gefühlswelt des
Reformators. Der Urgrund der Traurigkeit, die den Menschen in Luthers Augen gefährlich weit von Gott entfernt und dem Teufel in die
Arme treibt, der sich der Melancholie zum Seelenfang bedient, lag jedoch in der von Rom perfide gefälschten Heilslehre – so die Diagnose
im Rückblick. Der Mönch Luther empfand einen quälenden Zwiespalt
zwischen dem eigenen Sündenbewusstsein und der Lehre der Kirche,
wonach das Bußsakrament *(sacramentum paenitentiae)* aus Reue *(contritio)*,
Beichte *(confessio)* und Genugtuung *(satisfactio)* bestand. In der Praxis, so
sein Empfinden, lief dies auf reine Äußerlichkeiten wie Rosenkranz-
beten oder Fasten hinaus. Damit ließ sich für ihn der Abgrund zwischen
Mensch und Gott nicht überbrücken, im Gegenteil: Je öfter Luther
beichtete, desto peinigender empfand er seine Unfähigkeit, den Gesetzen
des Schöpfers zu gehorchen, und alles, was die Kirche an Versöhnung
zwischen Himmel und Erde zur Verfügung stellte, als ungenügend.

Die Theologen des 15. Jahrhunderts lehrten, dass sich aus den guten Werken der Heiligen ein Überschuss an Verdiensten angesammelt habe, den sich die sündigen Menschen bei aufrichtiger Reue durch die Vermittlung der Kirche anrechnen lassen konnten. Überhaupt hatten viele offizielle Heilsangebote einen sehr kaufmännischen Beigeschmack; nicht selten ähnelten sie einer doppelten Buchführung mit Gott. So ließen sich Verstöße gegen die Zehn Gebote durch löbliche Taten tilgen oder zumindest teilweise abtragen; entscheidend war, dass die Schlussbilanz zwischen Gut und Böse positiv ausfiel. Als verdienstlich galten Wallfahrten zu besonders wirkungsmächtigen Heiligen und die Verehrung von Reliquien. Daraus entwickelte sich schon früh ein florierender Frömmigkeitstourismus mit seinen unvermeidlichen Begleiterscheinungen wie Massenaufläufen und Massenhysterien, Wundererscheinungen, Verkauf von angeblich heilswirksamen Devotionalien, aber im negativen Fall, wenn erhoffte Mirakel ausblieben, auch von Bilderstürmen und Profanierungen. Zur Zeit Luthers richteten sich die Ängste und Hoffnungen breiter Kreise vor allem auf den Aufenthalt im Fegefeuer *(purgatorium)*, in dem die Seelen der Verstorbenen laut kirchlicher Lehre befristete Strafen für ihre auf Erden begangenen Sünden verbüßten. Den Aufenthalt an diesem peinvollen Ort so weit wie möglich abzukürzen, um danach ins Paradies einzuziehen, wurde zum beherrschenden Bestreben der Zeit, und auch für diese Nachfrage schuf die geschäftstüchtige Kirche ein reichhaltiges Angebot.

Gewiss, um in den Genuss der auf diese Weise zu gewinnenden Vergünstigungen zu gelangen, musste der sündige Mensch nach offizieller Lehre aller Theologen zuerst aufrichtig bereuen. Doch in den massenwirksamen Predigten der Zeit und im volkstümlichen Verständnis traten diese inneren Regungen hinter dem rechenhaften Prozess des Gnadenerwerbs und Straferlasses im Jenseits zurück. Für breite Schichten waren diese Art des Heilserwerbs und die damit verknüpfte Frömmigkeitspraxis zweifellos äußerst befriedigend. So ließ sich mancher Fehltritt begradigen und der eigene Weg ins Paradies sicher bahnen. Dafür stand nicht zuletzt die Protektion der Heiligen, die ganz ähnlich wie einflussreiche Persönlichkeiten auf Erden im Himmel ein gutes Wort für diejenigen Sünder einlegten, die aufrichtig zu ihnen beteten und sie um ihre Fürsprache anflehten. Ein Jenseits, das nach den überschaubaren

Regeln des Diesseits funktionierte, gute Vernetzung sowie treue Gefolgschaft belohnte, Gut und Böse nach sehr irdischen Maßstäben verrech-
nete und nicht zuletzt breiten Spielraum für heilswirksame Aktivitäten
einräumte – was wollte man mehr? Für die Reichen und Mächtigen,
und zwar nicht nur in Rom, sondern auch in Deutschland und selbst in
Wittenberg eröffneten sich dadurch beste Geschäftsaussichten. Beliebte
Wallfahrtsziele brachten der örtlichen Wirtschaft, aber auch den Herren des jeweiligen Territoriums reiche Einkünfte. Entsprechend heftig
war die Konkurrenz zwischen den Kirchen und ihren wundertätigen
Statuen oder Bildern, zwischen den Heiligen und deren irdischen «Pro-
motern». Eine typische Modeheilige der Zeit war zum Beispiel Anna,
die Mutter der Jungfrau Maria, die Luther beim Sommergewitter auf
der Heide zu Stotternheim angerufen hatte. Und der größte Reliquiensammler nördlich der Alpen war niemand anders als sein Landesherr,
Friedrich der Weise, der als kluger Haushaltsvorstand und Geschäfts-
führer seines Fürstentums auch an weiteren profitträchtigen Unternehmungen zur Förderung des Seelenheils seiner Untertanen finanziell
beteiligt war.

Luthers Unbehagen an dieser Praxis und der dahinter stehenden
Lehre teilten um dieselbe Zeit viele Intellektuelle, auch im «päpstlichen»
Italien. Wie konnte man mit Verrichtungen, die mit dem Inneren des
Menschen kaum etwas zu tun hatten, einen gnädigen Gott gewinnen?
Gott schaute in die Seele des Menschen, und darin sah er Sünde, Selbst-
betrug und Selbstüberhebung. Was konnte dieser sündige Mensch gegenüber seinem Schöpfer, dessen Gesetze er nicht einzuhalten vermochte,
vorweisen, um nicht verworfen zu werden? Jedenfalls keine Verdienste
durch «gute Taten», die auch böse Menschen mit heuchlerischen Absichten jederzeit verrichten konnten. Was aber blieb dann noch, um die
wachsende Angst und Verzweiflung niederzuringen? Luther versuchte es
mit einer Verschärfung seiner Bußübungen und Kasteiungen:

Am 28. März [1537] erwähnte er [Luther] seine geistliche Krankheit.
Denn in vierzehn Tagen aß er nichts, trank nichts und schlief nicht: In
dieser Zeit stritt ich öfter mit Gott und warf ihm in meiner Ungeduld
seine Verheißungen vor. Da lernet mich Gott recht die heilige schrifft
vorsthen; denn es ist sonst unmuglich, das ein mensch die heilige schrifft
vorsthe, wens im nach allen seinen willen gehet.[14]

Der erste «Durchbruch» des Mönchs Luther besteht also darin, hinter dem strafenden Gott des Alten Testaments den verzeihenden und vergebenden Christus zu entdecken. Mit der Idee eines ungnädigen Gottes zu leben – so Luther in derselben Tischrede –, ist für den Menschen zu schwer. Wie man die damit verbundenen Glaubenszweifel überwinden und zu neuer Zuversicht gelangen konnte, hatte schon von Staupitz dem Mönch in langen Gesprächen zu zeigen versucht: nicht in einer immer rigoroseren Beicht- und Bußpraxis, sondern im Vertrauen auf Christus, den Erlöser. Dieser aber war – so Luthers Hauptkritikpunkt am Klosterleben – bei seinem Studium der Theologie und auch in der täglichen Frömmigkeit ganz in den Hintergrund getreten, hinter die Verehrung der Heiligen, die doch bloße Menschen waren, hinter die scholastische Theologie eines Thomas von Aquin, der sich der Methoden des Heiden Aristoteles bediente, und hinter die päpstlichen Verfügungen und Dekrete, die von Juristen erlassen worden waren. Das reine Gotteswort in der Bibel wiederzuentdecken und für das Glaubensleben der Gegenwart wieder zu erschließen, die Menschen auf Christus als Quelle aller Gnade zu verweisen und auf diese Weise zu einem wahrhaft christlichen Leben anzuleiten – diese Prioritäten zeichnen sich im Denken Luthers und in seiner Lehre in den Jahren 1515 bis 1517 immer deutlicher ab. Dabei trat der Glaube als Mittel zur Rechtfertigung des Menschen vor Gott immer mehr hervor, während die von der Kirche vorgeschriebenen guten Werke an Bedeutung verloren.

Mit diesem Ringen um eine neue Glaubens- und Heilsgewissheit lag der Wittenberger Theologieprofessor im Trend der Zeit, und zwar ohne damit aus dem von der Kirche vorgegebenen Rahmen der Rechtgläubigkeit herauszutreten. Der führende Humanist Erasmus von Rotterdam verkündete ähnliche Lehren, und in Italien erlebte der venezianische Patrizier, Humanist und spätere Kardinal Gasparo Contarini vergleichbare Glaubenskrisen und Erleuchtungen.

Die von so vielen Seiten geforderte Hinwendung zu Christus als Quelle des Heils war gewiss mit mancherlei Kritik an Missbräuchen und Fehlentwicklungen, sei es bei den Dogmen, sei es bei den herrschenden Frömmigkeitsformen, sei es an der mächtigen und prächtigen Kurie, verbunden und hatte zudem kontroverse Diskussionen über den Rang der Kirchenväter und die Verbindlichkeit ihrer Lehren im Einzelnen zur

Folge, doch ein Abfall von Rom war damit nicht notwendig verbunden. Die Forderung nach einer seelsorgerisch ausgerichteten, vorrangig auf das Seelenheil der Gläubigen und nicht auf die Stärkung ihrer Machtstellung in Europa ausgerichteten Kirche konnte sich auch mit dem Bemühen um eine durchgreifende Reform der bestehenden Verhältnisse verbinden.

Luthers Papst: Leo X.

Nach Luthers Abreise aus Rom stabilisierten sich die Verhältnisse im Kirchenstaat und dessen Hauptstadt rasch. Julius II., der kriegerischste aller Päpste, vertrieb die rebellischen Stadtherren der Romagna oder zwang sie durch Waffengewalt zu einem Ausgleich mit der römischen Zentrale. Mit Hilfe schweizerischer Soldtruppen verdrängte er darüber hinaus die Franzosen, seine Todfeinde, aus Norditalien. Als der Della-Rovere-Papst am 21. Februar 1513 starb, war die politische Machtstellung des Papsttums somit gesichert, der Ruf der Kurie als geistliche Institution aber hatte zum zweiten Mal innerhalb von nur zwei Jahrzehnten schweren Schaden genommen: Auf den sexuell hemmungslosen Genuss- und Familienmenschen Alexander VI. war ein Pontifex maximus gefolgt, der als Stellvertreter des milden Jesus christliche Herrscher mit Krieg überzog – so lässt sich der vorherrschende Eindruck in der europäischen Öffentlichkeit umreißen. Jetzt kam somit alles darauf an, dass ein Papst mit spirituellem Profil zum Nachfolger Julius', des Schrecklichen, gewählt wurde. Diese Hoffnungen mitteleuropäischer Intellektueller erfüllten sich nicht, im Gegenteil.

Am 11. März 1513 wurde nach nur eintägigem Konklave der erst siebenunddreißig Jahre alte Kardinal Giovanni de' Medici zum Papst gewählt, der den Namen Leo X. annahm. Normalerweise hatten so junge Kandidaten keine Chancen auf die Tiara. Zu lange Pontifikate – das bedeutete damals: Regierungszeiten von mehr als zehn Jahren – waren in Rom wie in ganz Italien gefürchtet. Sie hatten eine einseitige Verteilung von Posten, Privilegien und Einkünften in der Ewigen Stadt und, zumindest seit vierzig Jahren, gefährliche Machtverschiebungen auf der Halbinsel zur Folge. Dort versuchten die Päpste seit Sixtus IV., ihren Verwandten eigenständige Staaten zu erobern, was naturgemäß auf Kosten der etablierten Dynastien ging. Diese wünschten sich daher einen möglichst schwachen Pontifex maximus mit kurzer Herrschaftszeit. Dass die Kardinäle im Falle Giovanni de' Medicis eine Ausnahme machten, hatte drei Gründe. Zum einen hatte der erfolgreiche Kandidat seit längerem Nachrichten von einer unheilbaren Krankheit ausstreuen lassen, die seine Lebenszeit stark abkürzen musste; dass er selbst während des kurzen Konklaves ärztlicher Behandlung bedurfte, verstärkte den erwünschten Eindruck. Zum anderen war er seit einem knappen halben Jahr der starke Mann von Florenz. Im August 1512 hatte ein spanisch-päpstliches Heer das republikanische Regime des *governo largo* aus Patriziern und Handwerkern gestürzt und die seit 1494 vertriebenen Medici wieder an die Schalthebel der Macht am Arno zurückgeführt. Diese Herrschaft übte der Kardinal wie schon sein Vater, Lorenzo il Magnifico, hinter einer republikanischen Fassade aus, die in den folgenden Jahren immer weiter verschliss. Hinter der alle zwei Monate neu gewählten florentinischen Stadtregierung zog für alle sichtbar Giovanni de' Medici als Pate von Florenz die Fäden. Diese Machtstellung brachte ihm am 11. März 1513 auch die entscheidenden Stimmen ein. Wer wenn nicht der kluge Sohn des «prächtigen» Lorenzo sollte dem Papsttum in einer politischen Großwetterlage, die sich immer mehr auf einen Hegemoniekampf zwischen Frankreich und Spanien zuspitzte, Autorität und Durchsetzungsfähigkeit verleihen?

Für ein entschiedenes und nachhaltiges Auftreten Leos X. auf italienischer und europäischer Bühne sprach drittens seine Parteinahme gegen Frankreich, die zu diesem Zeitpunkt aus römischem Blickwinkel bedrohlichste Großmacht. Leos Vorgänger Julius II. und der französische König Ludwig XII. hatten sich seit 1509 über Nichtigkeiten zerstritten und schließlich in einen Konflikt hineingesteigert, in dem sich beide Seiten die Legitimität absprachen und zum Sturz des Feindes aufriefen. Zu diesem Zweck hatte der «allerchristlichste» König, so der Titel Ludwigs XII., die Christenheit zu einem Konzil nach Pisa eingeladen, das den Della-Rovere-Papst absetzen sollte. Doch die Veranstaltung wurde nur von wenigen Kirchenfürsten besucht und in jeder Hinsicht ein Misserfolg, da Julius II. mit einem eigenen Konzil konterte, das im römischen Lateran tagte und für die meisten Fürsten und Kleriker als legitime Kirchenversammlung galt. Dieses V. Laterankonzil war mit dem Tod Julius II. nicht beendet, sondern Teil der Erblast, die sein Nachfolger Leo X. zu übernehmen hatte. Für beide Seiten, für den französischen König wie für den Papst, war das jeweilige Konzil eine rein politische Maßnahme: für Ludwig XII. zur Erpressung von kirchenpolitischen Zugeständnissen, für Leo X. zur Rechtfertigung seiner unumschränkten Hoheit über die Kirche.

Knapp hundert Jahre zuvor hatte das vorletzte Konzil in Konstanz Dekrete erlassen, die ihm selbst die oberste Verfügungsgewalt über die Kirche übertrugen; das darauf folgende Konzil von Basel hatte durch seine zunehmende Radikalisierung diese Führungsstellung wieder verspielt. Papst Eugen IV. und seine Nachfolger verkündeten die umgekehrte Doktrin: Nur der Papst dürfe eine allgemeine Kirchenversammlung einberufen. Und ihm allein stehe es zu, deren Beschlüsse in Kraft zu setzen – oder auch nicht. Daher sei ein Appell an ein Konzil gegen eine Entscheidung des Papstes verboten. Vor diesem geschichtlichen Hintergrund sollte das V. Laterankonzil eine Machtdemonstration werden und eine verbindliche Botschaft verbreiten: Der Papst ist das unangefochtene Haupt der Christenheit!

Für zahlreiche europäische Intellektuelle, Anhänger der Konzilshoheit wie der Papst-Monarchie, war die politische Instrumentalisierung eines Konzils ein großes Ärgernis. Auf den vier ersten Konzilien der Kirchengeschichte – so Luther in seinen Tischreden ab 1531 – wurden gegen Ketzereien aller Art bis heute gültige Glaubenssätze verkündet und heilsame Richtlinien für die Ordnung der Kirche festgelegt; danach sank die Kirchenversammlung zur Erfüllungsgehilfin machtgieriger Päpste ab. Dass solche rein politisch motivierten Kirchenversammlungen, auch wenn sie mit päpstlichem Segen tagten, irren konnten, und zwar nicht nur in Nebendingen, war daher für die kritischen Kommentatoren der rivalisierenden Konzilien in Pisa und Rom ein naheliegender Schluss.

Im Gegensatz zu Luther ist Papst Leo X. als Individuum allenfalls in vagen Umrissen fassbar. Selbstzeugnisse im engeren Sinne hat er kaum hinterlassen. Berichte von Zeitzeugen sind umso zahlreicher. Doch sie spiegeln die Außenwirkung des ersten Medici-Papstes, nicht sein Inneres wider. Umso genauer lassen sich die prägenden Einflüsse dieser Vita bestimmen – ein größerer Gegensatz zum Werdegang Luthers ist schwer-

lich denkbar. Als Giovanni de' Medici am 11. Dezember 1475 – acht
Jahre vor Luther – geboren wurde, war seine Familie seit gut vierzig
Jahren in Florenz an der Macht. Allerdings musste sie alles tun, um diese
Herrschaft zu verschleiern, und dadurch der weiterhin gültigen republi-
kanischen Ideologie Tribut zollen. Offiziell blieb die Stadt am Arno zwar
eine freie und offene Republik, aber de facto kontrollierte der Chef des
Hauses Medici seit 1434 alle Zugänge zu einflussreicheren Ämtern, die
ausschließlich mit seinen Anhängern besetzt werden sollten. Zu diesem
Zweck wurden die wichtigsten Gremien nicht nur überwacht, sondern
auch stetig verkleinert und die Wahlen manipuliert. Die tatsächlich voll-
zogene Verwandlung von Florenz von einem Freistaat, in dem einige
Hundert Familien relativ offen um Rang und Ansehen rivalisierten, zu
einer *cosa nostra* der Medici und ihrer Interessengruppe wurde von einer
einzigartig intensiven und vielfältigen Propaganda überdeckt. In Bauten,
Statuen und Bildern präsentierten sich die Medici als selbstlose Sachwalter der Republik, die sie mit unwandelbarer Treue und Selbstauf-
opferung in ein neues Goldenes Zeitalter führten. In Wirklichkeit streb-
ten sie nach einer fürstlichen Stellung, die sich – wie Giovannis Vater
Lorenzo klar erkannte – nur mit Hilfe äußerer Rangerhöhungen und
zusätzlicher Ressourcen durchsetzen lassen würde.

Giovannis Kardinalat, das Lorenzo 1489 mit Papst Innozenz VIII.
aushandelte, war ein entscheidender Schritt zu diesem Ziel. Lorenzos
Tochter Maddalena de' Medici heiratete Franceschetto Cibo, den leib-
lichen Sohn des Papstes; der rote Hut für den Bruder der Braut war der
wichtigste Bestandteil der «Mitgift», die der Bräutigam in diese Ehe ein-
brachte. Allerdings war ein Kardinalat für einen Dreizehnjährigen selbst
nach den lockeren Maßstäben der Zeit so skandalös, dass die Ernennung
erst drei Jahre später publik gemacht werden durfte. Luther und sein
Umfeld scheinen von diesem Deal nichts gewusst zu haben, anderenfalls
hätten sie sich diese wahre Geschichte für ihre Propagandazwecke kaum
entgehen lassen.

Zum Kleriker war Giovanni schon mit sieben Jahren bestimmt worden; eine reiche Ausstattung mit Pfründen aller Art ließ nicht lange auf
sich warten. Erzieher des jungen Kirchenfürsten waren die führenden
Intellektuellen am Hof der Medici: Angelo Poliziano, Marsilio Ficino
und Bernardo Bibbiena. Was sie dem künftigen Papst vermittelten, lässt

sich aus ihren Schriften erschließen. Ficinos lebenslanges Streben galt einer Synthese aus Platonismus und Christentum. In den Texten des athenischen Philosophen Platon sah Ficino zentrale Aussagen des Christentums vorweggenommen, vor allem die umfassende Fürsorge eines gütigen Gottes, der dem Menschen die Fähigkeit verleiht, durch richtigen Gebrauch der Gnade zu einer immer höheren Selbstvervollkommnung aufzusteigen. Ferner lehrte Platon bereits – so die Lesart Ficinos – die Unsterblichkeit der Seele und die Rückkehr zu ihrem Schöpfer nach dem Ende des irdischen Lebens, das nur eine Bewährungsprobe und ein Vorspiel zur ewigen Seligkeit ist. Damit schien der tiefe Gegensatz zwischen Heidentum und Christentum überwunden zu sein: Schon lange vor der Menschwerdung Christi und dessen Erlösungstat hatte Gott den ältesten Völkern und Kulturen partielle Offenbarungen einer Wahrheit zuteil werden lassen, die endgültig und ganzheitlich erst in der Bibel enthüllt wurde. So fand sich auch in den heiligen Schriften der Ägypter, Perser, Griechen und alten Römer ein Widerschein des göttlichen Heilswillens, der diese heidnischen Religionen zwar nicht gleichwertig, jedoch ehrwürdig und des Studiums wert machte.

Von Poliziano, dem eigentlichen Hauslehrer der jüngeren Medici-Generation, erfuhr Giovanni die Hochschätzung der Belletristik, des literarischen Stils und der geschliffenen Rede. Poliziano selbst war einer der elegantesten Autoren seiner Zeit; seine Gedichte feiern die seelische und die sinnliche Liebe, seine Prosaschriften die heilbringende Mission der Medici für Florenz und Italien. Bibbiena hingegen pflegte weniger vergeistigte Textgattungen. Er war für seinen satirischen Witz und sein sehr irdisches Lob des Lebens- und Liebesgenusses bekannt.

Wie hat diese Erziehung den ersten Medici-Papst geprägt? Die Einflüsse seiner neuplatonischen und humanistischen Lehrer zeigen sich fraglos in Leos unbefangenem Zugriff auf das heidnische Altertum. Dieses steht im Einklang mit der biblischen Offenbarung und verschmilzt mit ihr zu einem antik durchtränkten Christentum, das sich als Synthese aller göttlichen Lehren von Anbeginn der Zeiten bis heute versteht. So konnte sich Leo X. als Jupiter und Hervorbringer eines Goldenen Zeitalters feiern lassen; er wusste, was damit gemeint war und was nicht. Für die Intellektuellen nördlich der Alpen, die dem kurialen Avantgarde-Humanismus und dem florentinischen Neuplato-

nismus denkbar fernstanden, war allein schon diese heidnische Ver-
herrlichungs-Rhetorik höchst verdächtig und ließ auf die schlimmsten
Geisteshaltungen schließen.

Für Leo und die kurialen Humanisten war mit diesen neuplatonischen und humanistischen Wert- und Geschichtsvorstellungen die Idee
des italienischen Zivilisationsvorrangs und der daraus abgeleiteten Zivi-
lisierungsmission untrennbar verbunden. Verfeinerte Sitten und wahrhaft humane Lebensformen waren für die italienische Geisteselite um
1500 nur als Frucht einer veredelten Sprache, das heißt einer vollendeten
Beherrschung des klassischen Lateins, denkbar. Dieses war von fünf Generationen italienischer Humanisten seit den Zeiten Petrarcas endlich
zurückgewonnen und um Welten von dem kruden Idiom der Mönche
und der scholastischen Theologen getrennt, denen das Metier der als
überholt geltenden Kontroverstheologie kampflos überlassen wurde.
Diese Abtretung schien umso gefahrloser zu sein, als aus der Sicht der
Kurie das Zeitalter der theologischen Auseinandersetzungen mit dem
Triumph über das Konzil für immer beendet war. In römischen Augen
war sich die christliche Welt mit seltener Geschlossenheit darüber einig,
wie der Weg ins Paradies beschritten werden musste: nach den Geboten
der vom Papst als Stellvertreter Christi auf Erden regierten Kirche, mit
seiner unumschränkten Schlüsselgewalt, auf Erden und im Himmel zu
binden und zu lösen, also in Vorwegnahme des göttlichen Urteilsspruchs
zu erlösen und zu verdammen, mit den heilswirksamen Sakramenten
und nicht zuletzt mit dem vom Papst gewährten Ablass. Dieser bot allen
Gläubigen die Gelegenheit, mit der nötigen Reue den als Sündenstrafe
verhängten Aufenthalt im Fegefeuer gegen eine Geldzahlung abzukürzen.
Obwohl von Giovanni de' Medici weder vor noch nach der Wahl zum
Papst Zeugnisse vorliegen, die Aufschluss über seine ganz persönliche
Religiosität geben, spricht alles dafür, dass auch er in dieser durch die
Autorität der Kirchenväter und seiner Amtsvorgänger legitimierten
Überzeugung lebte und webte.

Die gelassen hedonistische Heiterkeit, die er als Kardinal und Papst
an den Tag legte, kontrastierte jedoch mit düsteren Lebenserfahrungen.
Im April 1478 kostete eine weitreichende Verschwörung unzufriedener
Florentiner Patrizier, die von Papst Sixtus IV. und Federico da Montefeltro, dem Herzog von Urbino, angeführt wurde, Giovannis Onkel

Giuliano und um ein Haar auch seinen Vater Lorenzo das Leben. Nachdem dieser mit knapper Not dem Mordanschlag im Florentiner Dom entronnen war, ließ er alle schöngeistigen Neigungen fahren und rächte den Anschlag gegen seine Familie mit blutigen Repressalien. Auch das war eine Lektion für den künftigen Pontifex maximus: Die Familie geht über alles, ihre Größe rechtfertigt auch die gewaltsamsten und unrechtmäßigsten Maßnahmen.

Weitere Lektionen zur Wechselhaftigkeit des Glücks ließen nicht lange auf sich warten. Als Giovannis Kardinalat endlich öffentlich gemacht war und er im März 1492 mit sechzehn Jahren nach Rom zog, um dort seines Amtes zu walten, gab ihm sein besorgter Vater einen ebenso liebevollen wie angsterfüllten Ermahnungsbrief mit auf den Weg. Sein Tenor lautete: Lieber Sohn, du betrittst eine Höhle aller Laster, halte dich vom Bösen fern, bedenke das Ende! Wenige Tage danach starb Lorenzo der Prächtige, gerade einmal dreiundvierzig Jahre alt. Bald darauf weilte auch Papst Innozenz VIII. nicht mehr unter den Lebenden, so dass im August 1492 ein Konklave stattfand, in dem sich Kardinal Rodrigo Borgia die zur Papstwahl nötigen Stimmen kaufte. Dabei stieß der noch nicht einmal siebzehnjährige Medici-Kardinal die Sieger dadurch vor den Kopf, dass er sein Wahlversprechen zugunsten Borgias nicht einhielt, und war fortan seines Lebens nur noch deshalb einigermaßen sicher, weil der neue Papst Alexander VI. seinen Bruder Piero, den neuen Machthaber in Florenz, nicht unnötig provozieren wollte. Mit dessen Vertreibung im November 1494 entfiel auch dieser Schutz. Fortan war Kardinal Giovanni der letzte Machtposten der Medici im Exil; dieser Aufgabe wurde er in höchstem Maße gerecht. Mit großem Geschick wirkte er als Anlauf- und Patronagestelle seiner Mitbürger an der Kurie. Diese leutselige, uneigennützige Vermittlung war eine Überlebensstrategie im Rom der Borgia. Sie lautete: nur den alles beherrschenden Interessen des Papstes und seines Sohnes, des schrecklichen Cesare Borgia, nicht in die Quere kommen!

Der für kritische Zeitgenossen nicht selten zwanghafte Lebensgenuss, den Giovanni de' Medici als Papst Leo X. an den Tag legte, sein geradezu obsessives Bedürfnis, sich zerstreuen zu lassen, spiegelt diese Gefährdung und die Erfahrung der Hinfälligkeit wider. Wie es sein Vater in einem berühmten Gedicht ausgedrückt hatte:

Wie schön ist die Jugend, die doch vergeht.
Wer fröhlich sein will, sei es von Herzen.
Was morgen ist, kann niemand wissen.

Das Leben der Mächtigen war bedroht und meistens kurz; besonders die Mitglieder der Familie Medici starben immer jünger. Das Bestreben Leos X., die voraussichtlich kurze Zeitspanne seiner Herrschaft persönlich auszukosten und politisch auszunutzen, wird vor diesem Hintergrund verständlich. Lebensstil und Lebensmaximen des ersten Medici-Papstes waren schon zu Lebzeiten legendenumrankt. Wie so viele Aussprüche seines Widerparts Luther, der angeblich vor dem nahenden Weltuntergang noch einen Apfelbaum pflanzen wollte, sind allerdings auch die «Sinnsprüche» Leos X. nicht sicher bezeugt. Sein angebliches Motto «Lasst uns das Papsttum genießen, da es uns Gott nun einmal verliehen hat!» hat der Papst so nie ausgesprochen, in seinem Alltag jedoch konsequent umgesetzt. Musiker, Dichter, Stegreifrezitatoren, Possenreißer und Komödianten gaben sich im Vatikan die Klinke in die Hand, daran lässt sich trotz aller Versuche, «Luthers Papst» zu einem spirituell würdigen Gegenspieler zu erheben, nicht rütteln. Leo selbst sah in seiner Freizeitgestaltung offenbar keinen Widerspruch zu den Pflichten seines hohen Amtes. Warum sollte er sich von diesen Anstrengungen nicht bei Lautenklang und witzigen Lustspielen erholen? Gott selbst hatte am siebten Tag von den Mühen der Schöpfung ausgeruht. Mit solchen Argumenten rechtfertigten die kurialen Theologen den entspannten Lebensstil ihres Chefs. Für streng denkende Intellektuelle nördlich der Alpen war dieser Papst hingegen ein lupenreiner Epikuräer.

Machtpolitik und Nepotismus

Aus der Überlebensstrategie des Medici-Kardinals wurde eine Herrschaftsmethode des Medici-Papstes: allen möglichst alles zu gewähren, was sie sich wünschten, oder, wenn das zu teuer war, doch zumindest so viel zu bieten, dass sie Dank und Gegenleistungen schuldeten. Im Medien- und Unterhaltungssektor herrschte dabei das Gießkannenprinzip vor: Groß- und Kleinkünstler, Meister und Dilettanten wurden gleichermaßen gefördert. In Gesellschaft und Politik wurden strengere Kriterien angelegt, so dass das von den Florentinern erhoffte Schlaraffenland ausblieb. Unter dem Strich zahlte sich der Pontifikat Leos X. nur für die Medici selbst und ihre Verwandten aus. Als einträglich erwies er sich außerdem für einen kleinen Kreis verschwägerter oder anderweitig verbündeter Patrizierfamilien sowie für einige besonders treue Klienten bescheidenerer Herkunft. Ruinös für die Papstfinanz wurde die Medici-Herrschaft trotz dieser Begünstigungs-Beschränkungen.

Das lag nicht an der legendären Freigebigkeit des Papstes gegenüber echten und vermeintlichen Literaten und seinen Ausgaben für große Maler wie Raffael, sondern an seiner mit höchster Energie und großem Aufwand betriebenen Familienpolitik. Keine Weichenstellung des Pontifikats wurde ohne vorrangige Berücksichtigung der Medici-Interessen vorgenommen, zahlreiche Grundsatzentscheidungen waren diesem Zweck überwiegend oder ganz untergeordnet. Diese Prioritäten blieben auch nördlich der Alpen nicht verborgen. Dass unter diesem Papst nicht die Bedürfnisse der Christenheit, sondern die Vorteile der Florentiner, sprich der Medici, an erster Stelle standen, wurde selbst auf deutschen Reichstagen zum Bonmot. Dabei handelte der Papst – auch das ein geflügeltes Wort, das schnell die Runde machte – nicht, wie es seinem Amt entsprach, als Vater der Christenheit, sondern ganz und gar als Chef des Hauses Medici und damit in der Tradition von Vater, Großvater und Urgroßvater.

Eine weitere, gleichfalls in der Geschichte der Familie angelegte Schieflage kam hinzu. In weiblicher Linie war Giovanni de' Medici ein Abkömmling der römischen Baronalfamilie Orsini. Seine Mutter entstammte genauso wie die Frau seines älteren Bruders Piero diesem mächtigen römischen Adelsgeschlecht, das mit seinen Burgen und Truppen einen Orsini-Staat innerhalb des Kirchenstaats bildete. Leo X. fühlte sich diesem Clan fast ebenso sehr verpflichtet wie den Medici und hatte für die vielen Wünsche der römischen Verwandten, vor allem seiner energischen Schwägerin Alfonsina Orsini, stets ein offenes Ohr. Diese setzte sich für ihren Sohn Lorenzo de' Medici den Jüngeren, Leos Neffen, ehrgeizige Ziele, die für den Papst Befehlen gleichkamen.

Die Begierde von Mutter und Sohn richtete sich auf das Herzogtum Urbino, das bis 1508 von der in ganz Italien hoch respektierten Familie

Montefeltro regiert wurde und nach deren Aussterben im Mannes-
stamm an einen zuvor adoptierten Nepoten Julius II., Francesco Maria
della Rovere, überging. Papst Julius II. hatte den Medici zur Rückkehr
aus dem bitteren Exil verholfen; nach den politischen Moralmaßstäben
der Zeit schuldeten sie dessen Familie dafür ewigen Dank. Stattdessen
nahm Leo X. geringfügige Verstöße des neuen Herzogs gegen die lehens-
rechtlichen Vorschriften zum Vorwand, um diesen 1516 mit Waffengewalt zu vertreiben und Lorenzo den Jüngeren als neuen Herrn von
Urbino einzusetzen. Die politische Elite Italiens war wegen dieses eklatanten Verstoßes gegen das Gebot der Pietät empört und entsetzt. Der
ewig lächelnde Papst erwies sich in ihren Augen als skrupelloser Machtpolitiker, ja, geradezu als der perfekte Fürst, wie ihn Niccolò Machia-
velli in seinem Traktat *Vom Fürsten* 1513 gezeichnet hatte: als ein Meister
des schönen Scheins, Fuchs und Löwe, milde und grausam, je nachdem,
was gerade erfolgversprechend schien.

Die ganz und gar politische Auffassung des Papstamts barg nicht nur
Chancen für Verwandte und Freunde, sondern auch gravierende Risiken
in sich. Nicht nur das Ansehen, sondern sogar das Leben des Pontifex
maximus war dadurch bedroht, wie sich im Frühjahr 1517 bei einer Verschwörung ehrgeiziger Kardinäle zeigte. Die überwiegend jüngeren
Kirchenfürsten hatten für ihr Amt viel Geld bezahlt und sahen sich nun
in ihrer Hoffnung auf reiche Rendite enttäuscht. Ihr Anführer, Alfonso
Petrucci aus Siena, fühlte sich durch die Eingriffe des Papstes in die
Machtverhältnisse seiner Heimatstadt so schwer geschädigt, dass er sich
berechtigt glaubte, den Papst zu vergiften. Anstelle Leos war Kardinal
Raffaele Sansoni Riario, ein Nepot von Papst Sixtus IV. della Rovere,
zum neuen Oberhaupt der Kirche auserkoren und insofern Mitwisser
des geplanten Attentats, das jedoch rechtzeitig aufgedeckt wurde. Wie
sein Vater knapp vierzig Jahre zuvor rächte Leo X. den Anschlag auf sein
Leben und seine Ehre mitleidlos. Kardinal Petrucci, der Rädelsführer,
wurde in der Engelsburg erwürgt; das Leben seiner Mitverschworenen
hing am seidenen Faden, wurde jedoch nach Fürsprache der europäischen
Monarchen verschont. Dafür musste Kardinal Sansoni Riario seinen im-
posanten Palast in der Nähe des Campo dei Fiori abtreten. Doch Leos
eigentlicher Gegenschlag erfolgte am 1. Juli 1517, als er einunddreißig
neue Kardinäle gleichzeitig ernannte, sechs mehr, als vier Jahre zuvor zu

seiner Wahl zusammengekommen waren. Die meisten von ihnen verdankten ihre neue Würde ihrer Loyalität zum Hause Medici oder schlicht ihrer Zahlungsfähigkeit. Mit der schlagartigen Aufstockung um mehr als das Doppelte verschob sich die Machtbalance zwischen dem Kardinalskollegium und dem Pontifex endgültig zu dessen Gunsten. Dabei hatten die aufrührerischen Kirchenfürsten genau das Gegenteil beabsichtigt. In ihren Augen hatte Leo X. die Kapitulation gebrochen, die alle Kardinäle, auch er selbst, im Konklave unterzeichnet hatten und die den neuen Papst dazu verpflichtete, die Rechte der Kirchenfürsten zu wahren und sie zur Mitregierung heranzuziehen. Darüber hinaus warfen die Verschwörer dem Papst Undankbarkeit vor und trafen damit einen wunden Punkt: Wie im Falle der unrechtmäßigen Eroberung von Urbino hielt Leo die Regeln des wechselseitigen Gebens und Nehmens nicht ein. Er wollte immer und überall zu viel für sich und seine Familie, so dass für die anderen fast nichts mehr abfiel.

Der triumphierende Papst deckte den gescheiterten Anschlag keineswegs schamhaft mit dem Mantel des Vergessens zu, sondern hängte ihn an die große Glocke und verkündete, mit Gottes Hilfe habe er das ruchlose Majestätsverbrechen verhindert! Auf diese Weise stellte sich Leo X. als unschuldiges Opfer und würdiger Nachfolger Christus, des Gekreuzigten, dar. Allerdings mussten sich nachdenkliche Geister fragen, wie Kardinäle, die nicht vor einem Attentat auf den Stellvertreter Christi auf Erden zurückschreckten, eigentlich zu ihrer hohen Würde gelangt waren.

Wie seine Vorgänger fühlte sich der Medici-Papst berufen, als Herr der Kirche und oberster Schiedsrichter über die christlichen Herrscher eine Schlüsselrolle in der europäischen Politik zu spielen. Auch wenn er dabei, dem Zwang der Machtverhältnisse folgend, zeitweise zu Spanien tendierte und mit König Ferdinand dem Katholischen Allianzen schloss, neigte er, ältesten florentinischen Traditionen verpflichtet, mit seinen Sympathien und Loyalitäten doch eher Frankreich zu. Mit dem neuen französischen König Franz I., der nach seinem aufsehenerregenden Sieg über die Schweizer im September 1515 als aufgehender Stern der europäischen Politik galt, schloss Leo 1516 ein Bündnis, das speziell der Familie Medici zugute kommen sollte. Für eine enge Anlehnung an Frankreich sprachen auch die Geschäftsinteressen der – unter Tarnadressen weitergeführten – Medici-Bank und zahlreicher weiterer florentinischer

Handelshäuser. So hoffte der Papst, in dem jungen französischen Monarchen einen dauerhaften Protektor seines Hauses gefunden zu haben, der diesem zu den seit drei Generationen ersehnten fürstlichen Würden in seiner Heimatstadt verhelfen würde. Vielversprechende Anfänge wurden schon jetzt durch zwei Eheschließungen gemacht: Giuliano de' Medici, Leos jüngerer Bruder, heiratete Filiberta von Savoyen aus einer Dynastie, deren alpines und nordwestitalienisches Territorium zu dieser Zeit einen französischen Vasallenstaat bildete. Und Lorenzo der Jüngere erhielt mit Madeleine de la Tour d'Auvergne eine Gemahlin aus einer Hochadelsfamilie, die mit der königlichen Dynastie verwandt war.

Das Heilige Römische Reich deutscher Nation und sein Oberhaupt spielten in all diesen Kalkulationen, die samt und sonders vom mediceischen Hausinteresse dominiert wurden, nur eine Nebenrolle. Für Florenz und den Papst war hier kaum etwas zu gewinnen, sondern nur Schlimmeres zu verhindern. Leos Schreckensszenario bestand darin, dass der habsburgische König Karl I. von Spanien seinem Großvater Maximilian als Kaiser nachfolgen würde. Allzu lange würde man nach menschlichem Ermessen auf diesen Wechsel an der Spitze des Reiches nicht mehr warten müssen. Maximilian hatte mit siebenundfünfzig Lebensjahren die damalige Lebenserwartung bereits überschritten. Wen Leo X. 1516 als neues Reichsoberhaupt favorisierte, ließ er von Raffael und seinen Schülern in den Stanzen des Vatikans malen: Dort trägt Karl der Große im Fresko seiner Krönung die Gesichtszüge Franz' I. von Frankreich – ein Wahlprogramm in Farben.

Zu diesem Zeitpunkt war das V. Laterankonzil zur großen Erleichterung der Kurie bereits abgeschlossen, und zwar im Wesentlichen folgenlos für deren Einkommen und Lebensstil. Dabei hatte die päpstliche Gegenveranstaltung zum erfolglosen Pisaner Konzil mit den Themen Kirchenreform und «Türkenkrieg» die großen Probleme der Zeit zu lösen gehabt. Beides war seit sechzig Jahren eng miteinander verknüpft. Für die Theologen aller Richtungen stand fest, dass das scheinbar unaufhaltsame Vordringen des Osmanischen Imperiums eine Strafe Gottes für den Niedergang der Kirche und als dessen Folge von Sitte und Moral in der ganzen Christenheit war. Ohne grundlegende Reformen an Haupt und Gliedern des Klerus würde es keine erfolgreiche Gegenwehr gegen den vorrückenden Islam geben: Mit dieser Formel hatte die Kurie seit

den Tagen Calixtus' III. (1455–1458) Geld für den «Türkenkrieg» ge-
sammelt, das allerdings zum großen Teil in dunklen Kanälen versickert
war. Mit derselben Regelmäßigkeit wurden Reformprogramme verkündet und manchmal auch ausgearbeitet, nie jedoch konsequent umgesetzt. Dem stand die fest gefügte Front der meisten in Rom ansässigen
Kirchenfürsten unüberwindlich entgegen.

Das Problem der Kirchenreform

Warum waren die Reformversuche gescheitert? Was verstanden die
römischen Befürworter einer kirchlichen Erneuerung überhaupt unter
«Reform», dem Mode- und Schlagwort, das seit einem Menschenalter
zur Kampfparole gegen das «verweltlichte» Papsttum geworden war?
Diese antikuriale Spitze fehlte selbst in den römischen Reformkonzep-
ten nicht. So verschieden die Reformvorstellungen des kurialen Humanisten Paolo Cortesi, des Augustiner-Eremiten-Generals und fruchtbaren
Theologen Egidio da Viterbo, des Thomisten Cajetan und des strengen
Moralphilosophen Giovanni Francesco della Mirandola im Einzelnen
auch ausfielen, in einem Kernpunkt waren sie sich alle einig: Reform
bedeutet die verbindliche Normierung von sozialem Verhalten, die Fest-
schreibung einer vertieften Bildung und eines sittlich einwandfreien
Auftretens in der Öffentlichkeit. Die Reform der Kirche an Haupt und
Gliedern wurde von den römischen Reformern also letztlich mit der
Abstellung von Ärgernissen und Dissens innerhalb der Kirche gleichge-
setzt. Reform hieß für sie, dass die Kleriker insgesamt und speziell die
Kardinäle wieder zu moralischen Vorbildern der Gläubigen werden und
die Lehre der Kirche dadurch wieder glaubwürdig machen sollten.
Lehre und Leben mussten eine Einheit werden, wie einst in der Urkirche.
Das hieß jedoch nicht, unmittelbar an die Organisationsform und das
Erscheinungsbild der apostolischen Zeit anzuknüpfen. Einer reinen
Nachahmung dieses an sich vorbildlichen Modells stand aus römischer
Sicht der Wandel der Zeiten entgegen: Die Menschen der Gegenwart –
so der Tenor der meisten Reformschriften – waren von der Einfachheit,
Anspruchslosigkeit, Bedürfnislosigkeit und Brüderlichkeit des Urchris-
tentums weit entfernt; anderthalb Jahrtausende hatten den Menschen

im Kern verändert, und zwar nicht zum Besseren. Heutige Christen lechzten nach starken sinnlichen Eindrücken, sie wollten mit Augenschmaus gefüttert, mit anschaulichen Darstellungen der Herrlichkeiten des Paradieses bei der Stange gehalten werden. Die einfachen und dunklen Versammlungsräume der ersten Christen würden heute, im Klima allgemeiner Diesseitstrunkenheit und Weltverliebtheit, nur ein verächtliches Achselzucken provozieren. Deshalb – so die römischen Reformtheoretiker – musste die Kirche heute Seelen mit zeitgemäßen Methoden fangen: durch prunkvolle Kirchen und durch Kirchenfürsten, die die Gratwanderung zwischen repräsentativem Auftreten und persönlicher Sittenreinheit bewältigten, ohne in die Abgründe des süßen Lebens oder des weltverachtenden Einsiedlertums abzustürzen. Beide Extreme schadeten einer Kirche, die mit der Zeit gehen musste, ohne sich dem Zeitgeist zu verschreiben.

Daher schwankte die Stimmung auf dem V. Laterankonzil zwischen der Verzweiflung über den Verfall der Kirche und der hoffnungsvollen Erwartung eines grundlegenden Neubeginns, zwischen abgrundtiefem Pessimismus und grenzenloser Euphorie. Am charakteristischsten zeichnete sich diese Seelenlage in den Ausführungen Egidio da Viterbos ab, der als General der Augustiner-Eremiten Luthers oberster Vorgesetzter war. Für diesen spekulativen Theologen mit einer ausgeprägten Neigung zur Geschichtsdeutung und Zukunftsprophezeiung durchlebte die Kirche gerade das neunte Weltzeitalter eines beklagenswerten Niedergangs. Zu tatenloser Niedergeschlagenheit bestand dennoch kein Anlass, denn schon zeichneten sich am Horizont die Silberstreifen der zehnten und letzten Ära ab, mit der die Welt eine umfassende Reinigung aller Lebensbereiche und eine Rückführung zum ersten, Goldenen Zeitalter erleben würde. Ähnlich fühlten, dachten und argumentierten weitere Konzilsredner, die dabei nicht selten dem regierenden Papst in panegyrischen Tönen schmeichelten. Besonders beliebt war das Wortspiel von Leo X. als Papa Medicus, als Medici-Papst und als oberster Arzt der Christenheit, der die Gebrechen der Kirche durch seine Reformen heilen werde.

In diesem Personenkult, dem auch kritische Geister huldigten, spiegelte sich ein zeittypischer und für den Verlauf der Reformbestrebungen und der Reformation folgenreicher Zwiespalt wider. Selbst die extremsten «Papalisten» unter den Theologen, die die Allmacht des Nachfolgers

Petri als Haupt der Kirche bis zum Äußersten steigerten und ihm Unfehl-barkeit in Entscheidungen zu Glaube und Moral attestierten, unterschie-den zumindest theoretisch zwischen der Person und dem Amt, zwischen dem Inhaber des römischen Stuhls, der als Mensch im Alltag und in seinen praktischen Regierungsgeschäften fehlbar war, und der unantastbaren Würde seiner Stellung als Stellvertreter Christi auf Erden. Der Stuhl Petri konnte im Extremfall, wie die Geschichte der «dunklen Jahrhun-derte» nach dem Tod Gregors des Großen und vor Beginn der Reformen Gregors VII. lehrte, auch von verbrecherischen Päpsten besetzt werden. So hatte Stephan VI. – eine im Hause Luther gerne erzählte wahre Schau-ergeschichte – im Jahre 897 die Leiche seines Vorvorgängers Formosus ausgraben und diesem den Prozess machen lassen, der damit endete, dass dem verwesenden Körper die Schwurhand abgeschnitten wurde. Theo-logisch war ein böser Papst kein Problem, da nach römischer Auffassung die Würde des Petrus auch in einem unwürdigen Nachfolger nicht unter-ging. Umgekehrt, nämlich im Lob des regierenden Papstes, wurde diese fein säuberliche Unterscheidung zwischen der Heiligkeit des Amts und der Person jedoch meistens nicht eingehalten, was Intellektuelle nördlich der Alpen als Speichelleckerei und Götzendienst anprangerten.

Zum Arzt der Kirche wurde Leo X. auf dem Laterankonzil schon deshalb nicht, weil ihm jeglicher Wille zur Therapie fehlte. Das Konzil musste sein, weil sich nur so die Autorität des Heiligen Stuhls behaupten ließ. Was es im Einzelnen an Reformmaßnahmen beschloss und was durch päpstliche Approbation geltendes Kirchenrecht wurde, konnte man in Ruhe auf sich zukommen lassen; für jedes Gesetz gab es in Rom einen Dispens. Das war sprichwörtlich, ja geradezu ein Gemeinplatz der Kurienkritik geworden und bestätigte sich jeden Tag aufs Neue. Die ernsthaftesten Reformer wie Cajetan, Pico della Mirandola und Egidio da Viterbo forderten allerdings genau das Gegenteil, nämlich endlich strenge und allgemein verbindliche Regeln bei der Auswahl von Kleri-kern und noch viel rigorosere Eignungsprüfungen bei der Besetzung von Spitzenpositionen, dazu die unerbittliche Einschärfung von Diszip-lin bei der Ausübung des Amtes, die von seelsorgerischen Aufgaben be-stimmt und mit der Pflicht zur Residenz vor Ort verbunden werden sollte. Außerdem sollten bindende Kriterien zur Ausbildung von Geist-lichen erlassen werden. Darüber hinaus durften Pfründen nicht mehr, wie vor allem bei Papstverwandten und Kardinälen üblich, in verschwenderischer Fülle vergeben werden, sondern nur noch nach den Interessen der Kirche, das heißt: nach vorangehendem Wettbewerb der Kandidaten allein nach deren Würdigkeit und ohne einflussreiche Fürsprache. Solche Forderungen wurden seit einem Menschenalter unter jedem Pontifikat erhoben, doch kaum je umgesetzt. Auch die Dekrete des V. Laterankonzils, die in diese Richtung tendierten, wurden durch die päpstlichen Ausnahmeregelungen de facto unwirksam und damit aus der Sicht der etablierten Prälaten unschädlich gemacht.

Die römische Auffassung von Reform zielte auf den Menschen und seine Verhaltensstandards ab, nicht auf die Lehre der Kirche. Diesem Konzept lag die Einsicht zugrunde, dass die Auswahl der Kardinäle über die Zustände an der Spitze der Kirche entschied. Wenn sie sich mehrheitlich durch einen vorbildlichen Lebenswandel auszeichneten, würden sie den Besten unter ihnen zum Papst machen. Dann war die römische Reform am Ziel; die Lehre der Kirche hingegen bedurfte keiner Verbesserung. Im Gegenteil: Was Kirchenväter und Päpste in mehr als tausend Jahren erleuchteter Bibelauslegung an Doktrin und Dogmen zusammengetragen hatten, galt in Rom als unantastbar für alle Ewigkeit. Bezeichnenderweise verkündete die einzige Lehrentscheidung des V. Laterankonzils von Bedeutung, dass die Seele jedes einzelnen Menschen unsterblich sei, worüber Luther sich in seinen Tischreden zugleich amüsierte und empörte: Was war das für eine Kirche, die für eine solche Selbstverständlichkeit ein eigenes Dekret erließ! Aus Wittenberger Sicht lag der Verdacht nahe, dass der Papst und seine Kardinäle mit einer so banalen Lehrentscheidung nur ihr Epikureertum und ihren Atheismus verdecken wollten. Leo X. – so seine frei erfundene Anekdote – habe sich für dieses Dogma erst nach längerem Zögern und schließlich nach dem Zufallsprinzip entschieden.

Dass die Seelen-Frage überhaupt auf die Tagesordnung des Konzils kam, hing mit den Schriften des kritischen Aristotelikers Pietro Pomponazzi zusammen. Dieser an der Universität Padua lehrende Philosoph hatte verkündet, dass die Unsterblichkeit der menschlichen Seele mit rein innerweltlicher Beweisführung, das heißt mit der Kraft des menschlichen Verstandes allein, nicht belegt werden könne, sondern der Bekräftigung durch göttliche Offenbarung bedürfe. Diese Bekräftigung wollte das Konzil nun liefern. Mehr denn je wiegte sich die Kurie in der großen Illusion der *pax theologica*, dass in Sachen Glaube und Heilserwerb alles ein für allemal entschieden sei und nur von notorischen Querulanten wie den Hussiten in Böhmen bestritten werden konnte.

Das Problem Deutschland

Dass der theologische Konsens vielleicht doch nicht so umfassend war, wie es in Rom schien, zu dieser Einschätzung gelangte nur, wer wie Girolamo Aleandro, der Humanist in kurialen Diensten, die Gegenwelt nördlich der Alpen bereiste. 1516 warnte er Leo X., dass in Deutschland der Ausbruch eines Sturmes von beispielloser Heftigkeit bevorstehe. Weite Kreise warteten nur auf den Agitator und die passende Parole, um gegen den Papst und die Kurie loszuschlagen. Allzu viel Unmut – so der scharfsichtige Aleandro weiter – habe sich in den letzten Jahrzehnten aufgestaut. Die Deutschen seien davon überzeugt, von der Kurie ausgeplündert und als gutmütige Goldesel verspottet zu werden, denen man gefahrlos weitere Schläge versetzen könne. Diese Seelenlage von Scham, Erbitterung und Nationalstolz lasse das Schlimmste befürchten. Allerdings verknüpfte Aleandro diese Einsichten nicht mit Selbstkritik, sondern – ganz im Geist der römischen Reformkonzepte – allein mit der Forderung nach Mäßigung: Reizen wir die ungebärdigen Barbaren nicht ohne Not weiter bis aufs Blut!

Doch Deutschland war für Leo X. Peripherie, auch wenn er das gemäß seiner offiziellen Rolle als Vater aller Christen geleugnet hätte. Wie seine Nuntien wurde er nicht müde, in amtlichen Dokumenten den Adel der deutschen Nation hervorzuheben. Zumindest seine Gesandten aber machten hinter den Kulissen kein Hehl daraus, was sie wirklich von ihren nördlichen Nachbarn dachten, nämlich nichts Gutes.

Die gleiche Sprache spricht die Summe des kurialen Geschäftsverkehrs in der Zeit zwischen Calixtus III. und Leo X. Zwischen 1455 und 1521 nämlich sank der deutsche Anteil an den von Rom verliehenen Pfründen, Gnaden und Ämtern um nahezu zwei Drittel von 21 auf 8 Prozent; dieser Restbestand verteilte sich ganz überwiegend auf den Süden des Reiches, der Norden ging nahezu leer aus. Im Verhältnis zu den erfolgreichsten Pfründenjägern wie Kardinal Sansoni Riario und Kardinal Giulio de' Medici, dem Vetter Leos X., waren selbst die reichsten deutschen Kleriker arme Schlucker. Eine privilegierte Stellung innerhalb des universellen, von Rom aus organisierten Verteilungsmechanismus nahmen naturgemäß die päpstlichen «Familiaren» ein, die wie der Name sagt, zur *familia*, zur Dienerschaft, gehörten und in den zentralen Geschäftsbereichen der Kurie tätig waren. Darunter waren auch Deutsche, die als bevollmächtigte Geschäftsträger für Fürsten und andere einflussreiche Persönlichkeiten und zugleich als Beziehungsmakler und Türöffner für zahlungskräftige Landsleute an der Kurie vertreten waren. Solche Prokuratoren schöpften beträchtliche Gewinne ab und waren bei ihren weniger begünstigten Landsleuten entsprechend unbeliebt. Luther sollte in Gestalt des päpstlichen Kämmerers Karl von Miltitz Bekanntschaft mit einem charakteristischen Vertreter dieser Spezies machen. Trotzdem fehlte es Deutschland insgesamt und vor allem dem nördlichen Landesteil an solchen Kontaktanbahnern, die Interessen aushandeln und einen gedeihlichen Ausgleich von Geben und Nehmen herbeiführen konnten. Andere Länder wie Frankreich, Spanien und selbst das peripher gelegene England konnten das besser. Deren Herrscher wussten zudem, wie man sich bei den Päpsten beliebt machte; so erhielt Giuliano de' Medici, der jüngere Bruder Leos X., vom englischen Monarchen den prestigeträchtigen Titel eines Ritters vom Hosenbandorden. Solche kleinen Gefälligkeiten mit großer Tragweite gab es aus Deutschland für die Medici-Nepoten nicht.

Auf der anderen Seite waren die Deutschen auch nicht, wie sie in ihren zahlreichen Beschwerdebriefen seit Jahrzehnten gebetsmühlenhaft beklagten, die Nettozahler Europas, mit deren sauer verdienten Groschen sich die Kardinäle fröhliche Tage machten. Die nach Rom abzuführende Quote pro Pfründe war für deutsche Kleriker zu Beginn des Medicipontifikats auf nur noch 15 Prozent eines Jahreseinkommens und damit auf etwa ein Drittel der ursprünglichen Belastung reduziert worden. In Sachen Annatenzahlungen rangierte das Reich auf diese Weise weit hinter Italien, Spanien und Frankreich.

Die verbreitete Unzufriedenheit schärfte die Wahrnehmung weiterer Missstände. Die so wortreich beklagte Abwesenheit der Geistlichen vor Ort war in Frankreich mit einer Absenz-Quote von etwa 50 Prozent besonders gravierend, doch war sie hier kaum ein Thema. Adelige und Intellektuelle waren durch das 1516 zwischen Leo X. und Franz I. ausgehandelte Konkordat von Bologna im Gegensatz zu Deutschland bestens in das System des wechselseitigen Gebens und Nehmens eingebunden. Nach diesem bis zur Französischen Revolution gültigen Abkommen konnte der König die lukrativsten Ämter und Pfründen der französischen Kirche mit seinen Gefolgsleuten besetzen, deren Ernennung danach von Rom offiziell und gebührenpflichtig bestätigt wurde. Das war nicht billig und trotzdem rentabel. Ein solches System zum Vorteil der einheimischen Eliten aber war für Deutschland weniger denn je in Sicht.

Immerhin gab es Ausnahmen. Einzelne Kirchenfürsten aus vornehmer Familie konnten gedeihliche Beziehungen auf der Grundlage wechselseitigen Nutzens herstellen, wie das Beispiel des 1490 geborenen Albrecht von Hohenzollern aus der Familie der Markgrafen von Brandenburg belegt. Der fürstliche Kleriker hatte als Neunzehnjähriger eine Domherrenpfründe in Mainz erhalten und war vier Jahre später zum Erzbischof von Magdeburg gewählt worden. Nur wenige Tage später wurde Albrecht auch vom Halberstädter Domkapitel zum Verwalter und damit de facto zum Herren auch dieses Bistums bestimmt, das wie Magdeburg lange Zeit nachgeborenen Söhnen der sächsischen Kurfürsten zur Nutznießung zugefallen war, jetzt aber in die Hände von deren Nachbarn und Konkurrenten aus der Dynastie Hohenzollern zu fallen drohte. Damit ein Bischof als Hirte, geistlicher Vater und moralisches Vorbild der ihm anvertrauten Gläubigen wirken konnte, musste er vor Ort residieren; eine Kumulation mehrerer Bistümer in einer Hand war daher ausgeschlossen – eigentlich. Aber von diesem Sollzustand war die Kirche zu Beginn des 16. Jahrhunderts weit entfernt. Besonders begünstigte Kirchenfürsten wie die päpstlichen Nepoten brachten es auf bis zu sechzehn Bistümer, zahlreiche weitere Ämter und Pfründen nicht mitgerechnet. In Deutschland waren solche Kumulationen, anders als in Italien, allerdings unüblich. Möglich machte diesen «Pluralismus» (so der kanonische Fachausdruck für Bistumshäufungen) die päpstliche Dispenspraxis, die das kanonische Recht regelrecht durchlöcherte. Solche Ausnahmen kosteten allerdings viel Geld, selbst für das eher bescheiden ausgestattete Bistum Halberstadt musste Albrecht eine stolze Summe hinterlegen.

Doch das waren Sandkastenspiele im Vergleich zur «Operation Mainz», die mit dem Tode des dortigen Erzbischofs im Februar 1514 einsetzte. Schon einen Monat später, am 9. März 1514, votierten die Mainzer Domherren für Albrecht von Hohenzollern als Nachfolger. Diese schnelle Entscheidung kam nicht von ungefähr. Der Bruder des Kandidaten, der regierende Kurfürst von Brandenburg, sagte dem Kapitel seine Unterstützung im Streit um Erfurt zu. Diese Universitätsstadt gehörte, wie erwähnt, zum weltlichen Herrschaftsgebiet des Mainzer Erzbischofs, des höchsten deutschen Klerikers, der zugleich als einer der drei geistlichen Kurfürsten zur Kaiserwahl berechtigt war und mit dieser doppelten Machtstellung eine Schlüsselposition im Reich einnahm. Doch hatten auch die sächsischen Kurfürsten ein Auge auf Erfurt geworfen; aufgrund der hohen städtischen Verschuldung schienen sie fast am Ziel ihrer Wünsche zu sein.

Die Verleihung der dritten Diözese innerhalb eines halben Jahres bedurfte der päpstlichen Bestätigung. Denn natürlich gedachte der junge Kirchenfürst seine beiden Bistümer Magdeburg und Halberstadt wegen dieser Rangerhöhung nicht aufzugeben. Seine Wahl zum Primas von Deutschland und Kurfürsten wurde so zu einem Politikum ersten Ranges. Leo X. versuchte weiterhin, eine seinen Interessen genehme Nachfolgeregelung für den Fall der Fälle, den Tod Kaiser Maximilians, in die Wege zu leiten. Dafür brauchte er die Unterstützung des Erzbischofs von Mainz. War Albrecht der richtige Mann für diese Schlüsselrolle? Wenn er es noch nicht war, dann konnte er es zumindest werden. In römischen Augen schweißte kaum etwas enger zusammen als gemeinsame Finanzstrategien. Dass es für den jungen Hohenzollern-Spross diesmal richtig teuer werden würde, war absehbar. Doch auch für ihn musste sich das neue Geschäft lohnen.

Für solche Operationen hatte die Kurie ihre Fachleute, an erster Stelle den umtriebigen Kardinal Sansoni Riario. Der brandenburgische Prinz ließ sich bei den jetzt anstehenden Unterhandlungen von seinem Prokurator Johannes Blankenfeld vertreten. Ihm schlugen die römischen Finanzexperten im Juni 1514 eine «Komposition» von 10 000 Dukaten vor. Das hieß in der verhüllenden Fachsprache der Kurie, dass gegen die Zahlung dieser Summe alle mit der Ämterhäufung verbundenen Schwierigkeiten aus der Welt geschafft würden. Der Betrag entsprach dem

Dreihundertfachen eines Handwerker-Jahreseinkommens; so viel Geld konnte selbst ein von Haus aus begüterter Fürstensohn nicht einfach aus dem Ärmel schütteln. Für Rom war es daher ratsam, für die Zahlungsfähigkeit des Kandidaten zu sorgen. Albrecht – so die vorausschauende Planung – sollte für die Diözese Mainz einen zehn Jahre gültigen Plenarablass erhalten. Damit durfte er in diesen ausgedehnten Gebieten Indulgenzbriefe an den Mann und die Frau bringen, in denen den Käufern die vollständige Streichung aller bislang angehäuften Sündenstrafen versprochen wurde und damit der peinvolle Aufenthalt im Fegefeuer erspart bleiben würde. Noch attraktiver positionierte sich diese Offerte auf dem kirchlichen Heilsmarkt dadurch, dass der Straferlass auch für bereits Verstorbene gelten sollte. Alle diejenigen, die hinsichtlich des Lebenswandels ihrer Eltern und Großeltern ernste Zweifel hegten, konnten diesen also jetzt gegen einen finanziellen Aderlass einen weitreichenden Liebesdienst erweisen.

Auf Blankenfelds Ersuchen, diesen allzu hohen Betrag herabzusetzen, antwortete Leo X., ganz der Sprössling einer erfolgreichen Bankiersdynastie, mit einem stark erweiterten Deal. Nach wochenlangem Hin und Her, das die Mainzer Seite unter Druck setzen sollte, sah die endgültige Offerte wie folgt aus: Albrecht schuldete über die unverändert festgesetzten 10 000 Dukaten «Komposition» hinaus weitere 14 000 Dukaten für das erzbischöfliche Pallium, das wollene Abzeichen seiner neuen Würde; in Wirklichkeit war dieser Betrag eine weitere Zwangsabgabe für die römische Zustimmung zu seiner Wahl. Wo so viel Geld floss, wollte auch der chronisch klamme Kaiser Maximilian nicht zurückstehen; er sollte für Albrechts Bestätigung von diesem exakt 2143 Dukaten erhalten. Um trotz der Gesamtkosten von 26 143 Dukaten flüssig zu bleiben, erhielt Albrecht das Recht, acht Jahre lang den von Julius II. zur Finanzierung des Peterskirchen-Neubaus aufgelegten Ablass zu vertreiben, und zwar in seinen Kirchenprovinzen und Herrschaftsgebieten sowie in den Territorien seines Bruders, des Markgrafen von Brandenburg, und seiner fränkischen Verwandten. Den Wert dieser Indulgenz taxierte die Kurie auf 50 000 Dukaten. Die Hälfte dieses Ertrags war von vornherein für die stets leere Schatulle des Papstes bestimmt. Die übrigen 25 000 Dukaten sollte Albrecht für sich behalten dürfen, um damit die 24 000 Dukaten für Dispens und Pallium zu begleichen. Vom Erfolg der Ablass-Kampagne war somit für die nächsten Jahre seine finanzielle Lage und damit auch seine Machtstellung im Reich abhängig.

An dieser Stelle kamen die Fugger ins Spiel, die Augsburger Bankiers, die nach ihrem kometenhaften Aufstieg im 15. Jahrhundert den Weg an die Kurie gefunden hatten und vor allem mit ihren Kreditoperationen und anderen guten (Finanz-)Diensten ein perfekt geschmiertes Scharnier zwischen Süddeutschland und Rom bildeten. Immer dann, wenn es um ehrgeizige Karriereziele in der Kirche und die dabei anfallenden Zahlungen ging, stand das zahlungskräftigste Bankhaus des damaligen Europa mit Darlehen und Vorschüssen bereit. So auch 1514, als Albrecht von Hohenzollern seinen großen Coup in die Wege leitete. Auf diese Weise waren auch die Fugger vital am reißenden Absatz des Ablasses interessiert; ihre Geldeintreiber folgten den Ablasspredigern in kurzem Abstand nach.

Damit zeichneten sich Bündnisse, Netzwerke und Rivalitäten ab, die jahrzehntelang Bestand haben und den Verlauf von Glaubensspaltung und Reformation wesentlich mitbestimmen sollten. Die eine Partei organisierte sich um die Fugger und um Albrecht von Hohenzollern, den Erzbischof von Magdeburg und Mainz. Zu ihr gehörten der Kölner Inquisitor Jakob von Hoogstraeten, der einige Jahre zuvor im Streit mit dem Humanisten Johannes Reuchlin für die Vernichtung der talmudischen Schriften der Juden gekämpft hatte, und sein Beziehungsnetz, außerdem der römische Nuntius Aleandro sowie der papsttreue Theologe Johannes Eck. Politische Unterstützung wurde ihnen durch Herzog Georg von Sachsen, den Rivalen des kurfürstlich-sächsischen Hauses, zuteil. Kirchenpolitisch war dieses Netzwerk eng mit dem einflussreichen niederländischen Kleriker Wilhelm von Enckenvoirt verbunden, der als begnadeter Pfründenjäger galt und an der Kurie noch eine große Zukunft vor sich hatte. Das eigentliche Haupt aber war Leo X. Die Gegenseite scharte sich um den sächsischen Kurfürsten Friedrich den Weisen und seine Räte, unter denen Georg Spalatin hervorragte – und ab dem Herbst 1517 um ihren Wortführer Martin Luther.

Im Jahre 1514 sprach jedoch nichts dafür, dass von der wenige Jahre zuvor gegründeten Provinzuniversität Wittenberg im gleichnamigen Provinzstädtchen die stärkste Erschütterung ausgehen sollte, die die christliche Kirche in ihrer anderthalbtausendjährigen Geschichte erlebt

hatte. Und nichts wies darauf hin, dass diese Wende von einem Theologen namens Martin Luther eingeleitet werden würde, den außerhalb
seines engen Wirkungskreises nur wenige kannten. Aus Nordostdeutsch-
land, der in den Augen der Kurie randständigen Region, erwuchs dem
Papsttum jetzt ein wahrhaft formidabler Gegner: ein Genie der Netz-
werkknüpfung und der Mediennutzung, das in Sachen Protektion und
Öffentlichkeitsarbeit alle Register zu ziehen wusste, ein Schriftsteller
von elementarer Sprachgewalt, zumindest im Deutschen, ein Kritiker
von unbarmherziger Schärfe, der sich zum Sprecher einer ganzen Nation
aufwarf, und ein gelehrter Theologe ohne jede Toleranz, der seine Bibel-
interpretation zum verbindlichen Gotteswillen erklärte. Er traf auf
einen Papst, der ohne theologische Fachausbildung wie ein weltlicher
Fürst dachte und handelte, die Kunst des schönen Scheins virtuos beherrschte, die Interessen seiner Familie zur obersten Herrschaftsmaxime
erhob, die Machtstellung des Papsttums innerhalb der Kirche wie der
ganzen Christenheit weiter auszubauen gedachte, nach dem Motto
«Pflücke den Tag, denn es könnte dein letzter sein!» lebte und dabei
fromm im Sinne eines antik durchwirkten Christentums war.

2. Luther, der Kritiker
(1517–1520)

Der Streit um den Ablass

Albrecht von Hohenzollern musste das teuer erstandene Recht zum
Ablassverkauf effizient nutzen, um die zur Begleichung seiner Schulden
vorgesehenen Summen einzuziehen. Allerdings verzögerte sich der Beginn der Verkaufskampagne noch bis 1517, da Albrecht weitere Garan-
tien von Rom verlangte, deren Zusage auf sich warten ließ. Um die
Kampagne erfolgreich zu betreiben, war nun geeignetes Personal von-
nöten: Kommissare und Subkommissare, deren Stellvertreter vor Ort,
Beichtväter und Prediger, die die Kauflust der Massen anheizen sollten.
Für alle diese Agenten mussten Instruktionen verfasst werden, die die
Zeremonien regelten und das Angebot, das den Gläubigen unterbreitet
wurde, präzisierten.

Selbstverständlich wurden zu allen Aspekten, die die finanzielle
Großoperation zwischen Erzbischof Albrecht und Rom sowie die
Durchführung des Ablasshandels betrafen, rechtsverbindliche Schrift-
stücke ausgestellt. Die wichtigsten dieser Dokumente sind Leos Bulle
Sacrosanctis vom 31. März 1515 und ihre Ausführungsbestimmungen.
Diese Schriftstücke sind erhalten, darunter auch die Handlungsanwei-
sung an den berühmtesten der Subkommissare, den Dominikaner
Johannes Tetzel, der für den Verkauf in den Diözesen Magdeburg und
Halberstadt zuständig war. Tetzel wusste, um was es ging, nämlich um
eine kirchenpolitische Haupt- und Staatsaktion, und legte sich, wie von
zahlreichen Zeitzeugen belegt, mächtig ins Zeug:

> Tetzel gab wahre Ungeheuerlichkeiten von sich: Ablässe seien die Versöh-
> nung zwischen Gott und den Menschen und seien auch dann wirksam,
> wenn der Mensch keine Buße tue und ohne Reue sei. Selbst wenn jemand

die Jungfrau Maria geschwängert hätte, könne er ihn freisprechen. Ebenso versprach er für künftige Sünden Vergebung. Ebenso gelte ein Kreuz, das vom Papst aufgerichtet worden sei, gleich viel wie das Kreuz Christi. Diese Hirngespinste veranlassten mich zum Einschreiten, nicht das Streben nach Ehre oder Gewinn. [1]

So erzählte Luther im Rückblick bei Tisch, wie alles begann, und sein Bericht ist absolut glaubwürdig. Dass die Ablass-Vertreter ihre «Produkte» so reißerisch wie möglich, ohne Rücksicht auf theologische Feinheiten wie die Unterscheidung zwischen Vergebung der Sündenschuld und Nachlass der Sündenstrafen, anpriesen, ist vielfältig bezeugt und darf als sicher gelten, auch wenn die Verantwortlichen dies aus naheliegenden Gründen später bestritten. Allerdings waren die für die Fachleute ausschlaggebenden Differenzen für das breite Publikum ohnehin viel zu hoch; das sollte auch in Zukunft für alle theologischen Finessen, nicht zuletzt die Luthers selbst, gelten. In den Augen der Ablass-Käufer war der Weg ins Paradies ohne schmerzvolle Zwischenstation im Purgatorium gebahnt, mochten zahlreiche Theologen auch vor dieser platten Gleichsetzung warnen und darüber die Hände ringen. Ob Tetzel tatsächlich den berühmtesten Werbeslogan aller Ablasskampagnen «Wenn das Geld im Kasten klingt, die Seele in den Himmel springt» verwendete, lässt sich heute nicht mehr sagen. Auf jeden Fall fand der eingängige Reklamespruch Eingang in die erbitterte Ablassdebatte der Theologen und entsprach fraglos der Auffassung breitester Käufer-Kreise.

Tetzel dürfte umso weniger Skrupel gehabt haben, die theologischen Finessen zu vergröbern, als diese auch in seinen Instruktionen alles andere als korrekt dargestellt wurden. Darin ist zwar zu Beginn zutreffend die Rede davon, dass dem Ablass die aufrichtige Reue *(contritio)*, die Beichte *(confessio)* und die vom Priester ausgesprochene Vergebung der Sünden vorausgehen müssten und erst danach, bei der Wiedergutmachung *(satisfactio)* der Sünden vor Gott, der Ablass ins Spiel komme, aber diese von keinem Theologen der Zeit bestrittene Dreiteilung wurde in den weiteren Passagen der umfangreichen Instruktion nicht aufrechterhalten, sondern sogar ausdrücklich in Frage gestellt. So heißt es zu den durch den Ablass erworbenen Gnaden in Paragraph 19 wörtlich:

> Die erste Gnade ist die vollständige Tilgung aller Sünden; eine größere
> Gnade als diese kann es nicht geben, weil der Mensch ein Sünder ist und
> dadurch der göttlichen Gnade verlustig geht und durch diese Sünden-
> tilgung der Gnade des Herrn wiederum teilhaftig wird.[2]

Diese Aussage war falsch und sogar potentiell häretisch: Kein Ablass der
Welt konnte dem sündigen Menschen die Gnade Gottes verschaffen!

Mit so vollmundigen Heilsversprechen erklärt sich der große An-
klang, den die Ablässe fanden. Für streng denkende Theologen wie
Luther waren sie eine unrechtmäßige Blanko-Lizenz zum Sündigen, da
selbst schlimmste Verbrechen durch den Erwerb der ominösen Zerti-
fikate getilgt wurden. Den einfachen Gläubigen hingegen leuchtete das
Prinzip «Ich zahle, und mir wird vergeben» ein. Auch vor irdischen Gerichten konnten sich die Reichen häufig freikaufen, und die Verehrung
der Heiligen beruhte auf demselben Grundsatz von Geben und Nehmen: Wer seinem Patron im Himmel loyal huldigte, durfte zu Lebzeiten
auf dessen Hilfe in Notlagen und nach dem Tod auf Fürsprache vor Gott
zählen; wer diesen Kult vernachlässigte, stand in der Todesstunde verlassen dar. Wer nach den Anweisungen der Kirche genügend fromme
Werke verrichtete, glich damit seine Missetaten mehr als reichlich aus.
Geldspenden und Zahlungen waren in den großen Religionen schon immer ein Mittel, gute Werke zu tun (und sind es bis heute), aber neu am
Ablasshandel war, dass damit unmittelbar ein garantierter Straferlass
gekauft werden konnte.

Die vollständige Tilgung aller Sünden war nicht das einzige Versprechen, das Tetzel seinen Kunden machte. Die zweite Hauptgnade, die der
Gläubige mit einem Ablassbrief erwarb, bestand darin, sich den Beichtvater frei wählen zu dürfen, und zwar auch für die schwersten Vergehen.
Das war nicht ketzerisch, musste aber verheerende Wirkungen auf die
Disziplin haben. Wer von seinem Priester nicht die Absolution erhielt,
suchte sich dann eben einen anderen, weniger strengen Geistlichen. Die
attraktiven Angebote waren mit dieser Wahl-Freiheit keineswegs erschöpft:

> Die dritte Hauptgnade besteht in der umfassenden Teilhabe an allen Gü-
> tern der universellen Kirche ... Wir erklären auch, dass es zum Erwerb

dieser beiden zuletzt aufgeführten Hauptgnaden nicht obligatorisch ist, die Beichte abzulegen oder Kirchen bzw. Altäre aufzusuchen, sondern nur den Ablassbrief zu kaufen.[3]

Der Ablassbrief wurde so zu einer regelrechten Heils-Aktie, mit der der Käufer am spirituellen Vermögen der Kirche teilhatte. Mit dieser Klausel bewegte sich die Instruktion in einer theologischen Grauzone. Mündlich verkündet, musste Tetzels Instruktion einen Automatismus der Gnadenerlangung und der Vergebung ohne wesentliche innere Regung suggerieren. Das war zwar theologisch nicht so gemeint, entsprach aber dem vertrauten Prinzip, dass Laien bei der Sorge um ihr Seelenheil und um die Aufrechterhaltung einer christlichen Ordnung auf die Autorität der Kirche, ihrer Spezialisten und Heiligen, vertrauten.

Als vierte und letzte Hauptgnade wurde dann aus Luthers Sicht noch viel Bedenklicheres verheißen:

> Die vierte Hauptgnade ist der vollständige Nachlass aller Sünden für die Seelen im Fegefeuer. Diesen Nachlass vergibt der Papst auf dem Weg der Fürbitte *(per modum suffragii).* Dabei legt der Lebende den Betrag in die Schatulle, den eigentlich der Verstorbene hätte entrichten müssen.[4]

Auch dieser Satz war theologisch so verkehrt, dass das Fazit nur lauten kann: Wer sich so ausdrückte, nämlich nach damaliger Auffassung Richtiges und Falsches miteinander vermischte, führte bewusst in die Irre, um den Verkaufserfolg zu steigern. Theologisch richtig wurde, gewissermaßen im Kleingedruckten, angeführt, dass die Toten im Geist der Liebe *(caritas)* verschieden sein mussten, um der Segnungen des Ablasses teilhaftig zu werden. Das war eine nicht unwesentliche Einschränkung. Sie wurde jedoch umso leichter überlesen, als an anderer Stelle die unfehlbare Sicherheit des durch den Ablass bewirkten Heilserwerbs herausgestrichen wurde.

Von den genauen finanziellen Abmachungen des Ablass-Deals zwischen Mainz und Rom kann Martin Luther nichts gewusst haben. Dass dabei viel auf dem Spiel stand, die ganze Operation dem Rivalen seines Landesherrn zugute kam und diesem daher ein Dorn im Auge war, musste ihm jedoch bewusst gewesen sein. Glaubwürdig ist auch sein

Entsetzen über die Reaktionen seiner Beichtkinder, die ihm auf seine Aufforderungen zu Reue und Buße entgegneten, dass sie solcher Übungen durch den Erwerb von Ablässen enthoben seien. Damit war der Seelsorger und der Theologe Luther, den das Problem der Rechtfertigung des sündigen Menschen vor Gott seit Jahren beschäftigte, herausgefordert: So einfach durfte es sich niemand machen! Wer den armen unwissenden Leuten den Ablass als Eintrittskarte in den Himmel predigte, führte sie nach Luthers Meinung in die Hölle. Man musste den Papst selbst vor diesen Irrlehrern in Schutz nehmen.

Luthers Empörung war umso größer, als ihm die Instruktion für Tetzel im Wortlaut vorlag und es sich somit nicht um Entgleisungen eines einzelnen Ablassverkäufers handeln konnte. Als Gegenentwurf verfasste er 95 Thesen, die die Grundlage für eine akademische Diskussion unter Theologen bilden sollten, und machte sie am 31. Oktober 1517 publik. Nach der Überlieferung seines jüngeren Mitstreiters Philipp Melanchthon, die lange für einen Mythos gehalten wurde, aber heute wieder als glaubwürdig gilt, schlug er diese Thesen an die Tür der Schlosskirche von Wittenberg an. Außerdem verfasste er einen Brief an den Verursacher des Problems, den Erzbischof Albrecht von Mainz, dem er die Thesen beilegte. Für Luther begann mit der Publikation der Thesen eine neue Existenz: Gegen seinen Willen sei er aus seiner stillen Studierstube in den Trubel der großen Welt herausgerissen worden, dem er hilflos, fast wie ein Kind, gegenüberstehe. Gottes Wille habe seinen Willen gebrochen, damit die Welt vor dem Verderben durch die Papstkirche bewahrt bleibe, so lauteten im Rückblick seine eigenen Deutungen dieser Lebenswende.

In seinem Brief an Albrecht, seinem ersten Schreiben an eine hochgestellte Persönlichkeit, nahm der Augustiner-Eremit kein Blatt vor den Mund:

> Es zirkulieren zurzeit unter deinem hochberühmten Namen päpstliche Ablassbriefe für die Baustelle von Sankt Peter. Im Zusammenhang damit klage ich nicht die Auslassungen der Prediger, die ich nicht selbst gehört habe, an, sondern bin zutiefst empört über die durch und durch verkehrten Vorstellungen, die das unwissende Volk daraus ableitet und überall stolz verkündet. Offensichtlich glauben diese in die Irre geführten Seelen durch den Kauf von Ablassbriefen ihrer Seligkeit gewiss zu sein ... Oh

lieber Gott, auf diese Weise, bester Vater, werden die deiner Obhut anvertrauten Seelen in den ewigen Tod geführt! ... Ablässe nützen dem Heil
der Seele und deren Heiligkeit ja gar nichts, sie heben nur die äußere
Strafe auf, die man früher nach kanonischem Recht aufzuerlegen
pflegte ... Dazu kommt, hoch verehrter Vater im Herrn, dass laut der
unter deinem erlauchten Namen für die Kommissare erlassenen Instruktion – gewiss ohne Wissen und Zustimmung von deiner Seite – eine der
dadurch gewonnenen Hauptgnaden in dem unschätzbaren Gottesgeschenk besteht, durch das der Mensch mit Gott versöhnt und aller Strafen im Fegefeuer enthoben wird.[5]

Die Mitarbeiter des Erzbischofs öffneten und registrierten den Brief am
17. November. Albrechts Reaktionen zeigen, dass er den Brief als im Ton
reichlich respektlos und als theologisch anstößig empfand. So wandte er
sich an die Theologische Fakultät der Universität Mainz, die ein Gutachten erstellen sollte, und zwar schnell und selbstverständlich gegen die
Kritik des lästigen Mönchs in Wittenberg. Schon am 17. Dezember 1517
lag diese Stellungnahme vor. Sie fiel vorsichtig aus und entsprach damit
nicht Albrechts Erwartungen. Die Mainzer Theologen vermieden es,
sich festzulegen, und schlugen vor, Rat aus Rom einzuholen. Auf diese
Idee war der Erzbischof jedoch schon selbst gekommen.

Zu Beginn des Jahres 1518 lag die Entscheidung, ob der vehemente
Kritiker des Ablasses im fernen Wittenberg einzig und allein schädlichen
Schacher mit den Gewissensnöten der einfachen Leute anprangerte, um
die Kirche und deren Oberhaupt wieder auf den rechten Weg zurückzuführen, oder aber die gesamte Ordnung der Kirche in Frage stellte
und daher als Aufrührer, wenn nicht gar als Ketzer zu betrachten sei,
in Rom. Damit hatten Luthers Thesen nicht nur den Weg in das
kirchliche Entscheidungszentrum, sondern auch ihren angemessenen
Ansprechpartner gefunden: den Papst, um dessen Autorität und Kompetenzen es neben der Sorge um das Seelenheil der Christen vorrangig
ging.

Gleich die erste Reaktion Leos X. zeigt, dass er die Brisanz der damit
eröffneten Auseinandersetzung vollständig erfasste. Schon am 3. Februar
1518 nämlich gab er Gabriele della Volta, der als Nachfolger des kurz
zuvor zum Kardinal erhobenen Egidio da Viterbo zum General der
Augustiner-Eremiten gewählt worden war, die folgenden Anweisungen:

Darüber hinaus übertrage ich dir eine Angelegenheit, in der schon jetzt deine höchste Aufmerksamkeit gefordert ist. Ich will nämlich, dass du dich des Problems Martin Luther annimmst, eines Priesters deines Ordens. Wie du sicher weißt, betreibt dieser in Deutschland unerhörte Neuerungen und lehrt unsere Völker neue Glaubenssätze. Diesen Machenschaften sollst du dich mit der Autorität, die dir dein Vorsitz verleiht, nach Kräften von Anfang an entgegenstemmen, und zwar dadurch, dass du dich schriftlich an ihn wendest und gelehrte und erprobte Vermittler einschaltest, von denen du sicherlich dort nicht wenig hast. Diese sollen versuchen, diesen Menschen zu besänftigen. Wenn du das schnell bewerkstelligst, lässt sich meiner Meinung nach diese Flamme schnell ersticken. Alles, was noch klein und im Entstehen begriffen ist, hält starke Gegenmaßnahmen nicht aus. Wenn du aber zuwartest und das Übel an Kräften zunimmt, so fürchte ich, dass wir den Brand mit keinem Mittel mehr eindämmen können.[6]

Woher rührte diese fast hysterisch anmutende Besorgnis? Außer den 95 Thesen lagen zu diesem Zeitpunkt in Rom keine weiteren Schriften Luthers vor. In den Thesen wurde die Lehre vom Ablass, wie er gegenwärtig gepredigt und praktiziert wurde, und damit zumindest indirekt auch die Machtstellung des Papsttums in Frage gestellt. Aber das hieß nicht, neue Dogmen unters Volk zu bringen – ganz abgesehen davon, dass zum Ablass selbst keine Lehrentscheidung des Papsttums von allgemeiner Gültigkeit und Tragweite vorlag. Und so permanent die Geldknappheit des Medici-Papstes auch war, für sein Budget waren die Zahlungen des Erzbischofs von Mainz in Anbetracht der Größenordnung, in der die päpstliche Finanzverwaltung zu operieren pflegte, von nachgeordneter Bedeutung. Dass Leo X. die Thesen des Wittenberger Professors selbst gelesen hatte, kann ausgeschlossen werden. Dafür hatte ein so vielbeschäftigter Machtpolitiker mit so ausgeprägten Unterhaltungsbedürfnissen keine Zeit; auch seine theologische Vorbildung – schließlich war er bei seiner Wahl zum Papst noch nicht einmal Priester – hätte wohl kaum ausgereicht, um all die Spitzen und Tiefen von Luthers hoch polemischem Text zu erfassen.

Luthers 95 Thesen

Die einzig plausible Erklärung für die panische Reaktion vom 3. Februar 1518 besteht darin, dass Luthers Text in Rom von einem namentlich nicht bekannten Theologen begutachtet worden sein muss, der sogleich erkannte, dass in den 95 Thesen eine Auffassung vom Papstamt und der kirchlichen Ordnung gelehrt wurde, die mit den damals in Rom herrschenden Vorstellungen unvereinbar war.

Luthers Polemik begann schon mit These 5:

> Der Papst will und kann keine Strafen erlassen außer denjenigen, die er selbst nach seinem Urteil oder dem Urteil des geistlichen Rechts auferlegt hat.[7]

Dass ein Herrscher selbst angeordnete Strafmaßnahmen aus eigener Machtvollkommenheit rückgängig machen konnte, war eine politische Binsenwahrheit. Die Spitze der These lag in dem, was sie ausschloss: Nach Luther hatte der Papst keinen Zugriff auf das Purgatorium mehr und konnte daher auch nicht die Seelen befreien, die dort ihre Strafe abbüßten. Überdies waren, so These 13, die Moribunden für das kanonische Recht bereits abgeschieden, so dass ihnen keine Strafen mehr aufgebürdet werden konnten. Damit war der Ablass für die Toten laut Luther erledigt. Der Papst hat von Christus die Schlüsselgewalt nur *super terram*, also auf Erden, nicht für Himmel, Hölle und Purgatorium erhalten. Daher kann er den Seelen im Fegefeuer allenfalls seine Fürbitte zuteil werden lassen, wie These 26 klarstellte. Doch dieses *suffragium* ist kein Heilsautomatismus, sondern ein bloßes Gebet; ob ihm stattgegeben wird, bleibt offen.

Diese Machtbeschränkung des Pontifex maximus kleidete Luther geradezu lustvoll in die provozierende These 25 ein:

> Die Macht, die der Papst insgesamt gegenüber dem Purgatorium besitzt, diese Macht haben Bischof und Pfarrer im Besonderen für ihre Diözese und ihre Pfarrei.[8]

Das klang nach Gleichmacherei. Wenn der Arm des Papstes nicht mehr ins Jenseits reichte und sich seine auf das Hier und Jetzt beschränkte Macht überdies in den Zuständigkeiten untergeordneter Kleriker widerspiegelte, blieb von seinem Primat, wie ihn die Papalisten lehrten, nicht mehr viel übrig. Das galt auch für seine spirituellen Ressourcen. Die Theorie des Ablasses stützte sich auf die Vorstellung von einem *thesaurus ecclesiae*, einem Kirchenschatz. Damit waren die Verdienste Christi und der Heiligen gemeint, die dieser Auffassung gemäß überschüssig und damit anderweitig verfügbar waren; die Heiligen selbst brauchten sie schließlich nicht, um in den Himmel zu gelangen, sondern erwirtschafteten diesen Mehrwert an guten Werken für die sündhafte Rest-Menschheit. Verwaltet wurde dieses Plus vom Papst, der davon in seinen Ablässen konkreten Gebrauch machte. Er hob gewissermaßen von diesem frei disponiblen Guthaben ab, um Seelen aus dem Fegefeuer zu erretten und – sehr zu Luthers Ärgernis – Geld einzuziehen. Wie alle großen und komplizierten Kreditgeschäfte im Stile der Fugger missbilligte der Wittenberger Theologieprofessor auch diese Art von Transfer zwischen Diesseits und Jenseits, und zwar mit einer ebenso knappen wie harschen und definitiven Absage in These 56:

> Die Schätze der Kirche, aus denen der Papst Ablässe gibt, sind weder ausreichend benannt noch dem Volk Christi bekannt.[9]

Was dieser *Thesaurus* nicht ist, weiß Luther in These 57 allerdings genau: Weltlicher Besitz ist nicht gemeint, denn den häufen die Priester lieber an, als ihn für andere auszugeben. Auch die päpstliche Auffassung vom Kirchenschatz ist grundfalsch:

> Doch auch aus den Verdiensten Christi und der Heiligen besteht er nicht, weil diese immer ohne den Papst die Gnade des inneren Menschen sowie Kreuz, Tod und Hölle des äußeren Menschen bewirken.[10]

Diese 58. These ist von beispielloser Kühnheit, weil sie nicht nur die Begründung der lukrativen Ablasspraxis in Frage stellt und erneut die Machtbefugnisse des Papsttums beschneidet, sondern darüber hinaus das Fehlen eines tragfähigen theologischen Fundaments moniert – die

Lehre vom Ablass, so Luther weiter, ist bislang weder ausreichend geklärt noch verbindlich definiert. Ein Zweck der Debatte, die von den 95 Thesen angeregt werden sollte, musste also darin bestehen, diese theologischen Unschärfen zu beheben. Luther ließ dabei außer Acht, dass sich das Papsttum zu den beiden neuralgischen Punkten Kirchenschatz und Ablass für die im Fegefeuer weilenden Seelen sehr wohl geäußert hatte, allerdings an wenig prominenter Stelle. So hatte Clemens VI. 1343 in der – nicht in die einschlägigen Sammlungen aufgenommenen und daher «Extravagante» genannten – Dekretale *Unigenitus* genau das festgelegt, was Luther in These 57 bestritt. Und am 3. August 1476 hatte Papst Sixtus IV. in einem Breve für die Kirche im westfranzösischen Saintes den Ablass für die Verstorbenen genau so dargelegt, wie es Luther vehement in Abrede stellte. Dabei hatte Sixtus ebenfalls vom *modus suffragii* geschrieben, diesen jedoch, was die Wirksamkeit der Fürbitte betraf, mit dem Straferlass für die Lebenden gleichgestellt.

Waren diese in den Augen Luthers eher beiläufigen Verlautbarungen zweier Päpste verbindliche Glaubenssätze für die gesamte Kirche? Für die Anhänger eines starken Papsttums stand das unerschütterlich fest, denn ihrer Meinung nach konnte ein Pontifex maximus bei solchen lehramtlichen Entscheidungen nicht irren. Luther war davon – so die römischen Befürchtungen – offensichtlich weitaus weniger überzeugt, wenn nicht gar anderer Meinung. Die Thesen, die scheinbar nur Detailprobleme betrafen, zogen also von selbst gravierende Bedenken und Fragen nach sich. Die Frage aller Fragen lautete: Worin bestand laut Luther die Macht des Papstes?

Weitere Sätze schürten die Zweifel an Luthers Papsttreue. In den Thesen 45 bis 51, die alle mit dem Satz «Die Christen sind zu belehren» beginnen, will Luther den Gläubigen zeigen, was der Papst von ihnen will – oder genauer: was ein wahrhaft guter Papst von gut unterrichteten Christen erwarten müsste. Luther beanspruchte damit, den Papst gegen seine schlechten Ablasskommissare in Schutz zu nehmen, deren Aktivitäten von Rom nicht legitimiert seien. Doch davon war bisher in päpstlichen Verlautbarungen keine Rede gewesen. Im Gegenteil: Tetzel und seine Kollegen agierten mit voller Rückendeckung der Kurie. Auf diese Weise wurden die sieben Thesen über die Belehrung der Christen zum Programm eines alternativen Papsttums, das es noch nicht gab, aber laut Luther bald geben musste, um die Christenheit vor schweren Schäden zu bewahren. Aus römischer Sicht hieß das: Der kleine Mönch aus dem hinterwäldlerischen Deutschland erdreistete sich, Leo X. zu belehren, wie er sein Amt führen sollte:

Die Christen sind zu belehren, dass derjenige, der einen Bedürftigen sieht, doch diesem das Geld vorenthält und stattdessen für Gnaden ausgibt, sich keine Ablässe des Papstes, sondern die Empörung Gottes einhandelt. Die Christen sind zu belehren, dass sie das Nötige im Hause behalten und nicht für Gnaden zu verschwenden gehalten sind, es sei denn, sie haben viel überflüssiges Geld. Die Christen sind zu belehren, dass der Erwerb von Gnaden frei und nicht vorgeschrieben ist. Die Christen sind zu belehren, dass der Papst mehr der Gnaden eines frommen Gebets als schnellen Geldes bedarf und sich dies auch so wünscht. Die Christen sind zu belehren, dass die Gnaden des Papstes nützlich sind, wenn sie nicht auf sie vertrauen, aber sehr schädlich, wenn sie daraufhin die Gottesfurcht verlieren. Die Christen sind zu belehren, dass der Papst, wenn er von den Erpressungen der Ablassprediger wüsste, die Peterskirche lieber im Feuer zugrunde gehen als durch Haut, Fleisch und Knochen seiner Schafe gebaut sehen möchte. Die Christen sind zu belehren, dass der Papst es vorziehen würde und müsste, bei Bedarf die Peterskirche zu verkaufen und das Geld denjenigen zu geben, denen es gewisse Ablassprediger größtenteils aus der Tasche ziehen.[11]

Dass Leo X. im Gegensatz zu den Belehrungen Luthers all das, was er angeblich wollen sollte, nicht wollte, war nur allzu offensichtlich, von den zahlreichen verbalen Widerhaken im Einzelnen ganz abgesehen. So wurden die Ablässe des Papstes rhetorisch geschickt dem Zorn Gottes gegenübergestellt. Dass der Papst auf die Gebete der Gläubigen angewiesen war, konnte man entweder als Ausdruck von Frömmigkeit oder als Kritik am Papst verstehen, denn hatte er diese Fürbitte etwa nötig, weil er allzu viel auf dem Kerbholz hatte? Rückhaltlos offen wurde schließlich dem Peterskirchen-Neubau und damit einem der Lieblingsprojekte des Renaissance-Papsttums der Krieg erklärt. Anstatt Unsummen an diese Prunkbasilika zu verschwenden, sollte der Papst lieber den Armen Almosen spenden. Gott will keine schönen Kirchen, sondern reuige Sünder. Der wahre Christ, der seine Unfähigkeit, Gesetze wie die Zehn Gebote einzuhalten, erkannte, sollte daher Reue, Buße und Strafe lieben und nicht fliehen. Gott schaute nicht auf Äußerlichkeiten wie Bauten und Bilder, die doch nur der Eitelkeit der Menschen dienten, sondern allein ins Innere des Menschen.

Kritik an der Veräußerlichung der Kirche wird in These 86, die an die Thesen 50 und 51 anknüpft, in Form einer Frage formuliert:

> Warum baut der Papst, der heute reicher ist als die reichsten Krösusse, eine so große Basilika des heiligen Petrus nicht lieber von seinem Geld als von dem der Armen?[12]

In ihrer Gesamtheit mussten die 95 Thesen in Rom ein breites Spektrum von Befürchtungen wecken. Die Ablassproblematik – soviel schien von vornherein klar – war nur der Aufhänger für den Entwurf einer neuen Kirchenordnung mit einem Papsttum, dessen Machtfülle einschneidend geschmälert wurde. Wie das dadurch geschaffene Vakuum aufgefüllt werden sollte, blieb unklar. Konziliaristische Ideen konnten selbst die gewieftesten Theologen in den 95 Thesen nicht entdecken. Ebenso wenig wurde zum Widerstand gegen die Entscheidungen des Papsttums aufgerufen; eher wurde der Eindruck erweckt, dass man böse Päpste wie eine Gottesstrafe erdulden sollte. Auch dogmatisch war nichts Konkretes zu bemängeln. Luthers Aufrufe an die Christen, ihre Sündhaftigkeit nicht durch Ablassbriefe zu verdrängen oder schönzureden, sondern die verdienten Strafen im Vertrauen auf den Opfertod Christi und die daraus entspringende Verzeihung Gottes anzunehmen, waren wie die ihnen zugrunde liegende Christozentrik durchaus zeitgemäß, nicht zuletzt in Italien selbst, wo frühe, noch weitgehend verborgene Reformansätze ähnliche Akzente setzten.

Wie man sich in Rom zum Verfasser dieses Manifests stellen würde, hing davon ab, ob die Kurie dazu bereit war, über die darin enthaltenen Machtfragen und alternativen Konzepte des Papstamts zu diskutieren oder nicht. Dazu bestand auf Seiten Leos X. und seiner Berater nicht die geringste Bereitschaft, denn die kurialen Theologen neigten im Glauben, dass die Christenheit unter römischer Ägide dauerhaft geeint und befriedet sei, dazu, die päpstliche Machtstellung noch weiter auszubauen. Das Klima konnte für eine besonnene Debatte nicht ungünstiger sein.

Der Beginn der Kontroverse und Luthers Brief an Leo X.

Della Volta kam der besorgten Aufforderung Leos X. nach und wandte sich an die Ordensoberen in Deutschland, um die erforderlichen Schritte gegen Luther einzuleiten. Doch so zügig die römische Abwehrmaschinerie auch anlief, und zwar in Rom wie in Deutschland, wo vor allem der renommierte Kontroverstheologe Johannes Eck, aber auch der von Luther heftig attackierte Ablassprediger Johannes Tetzel selbst gegen Luther schrieben und Gegen-Thesen aufstellten – der Urheber des ganzen Streits war ihnen, was die Präsenz und das Echo in den Medien anging, stets mehr als eine Nasenlänge voraus. Ob Briefe wie das Begleitschreiben an Albrecht von Mainz, Predigten zum Ablass und zu anderen, weniger verfänglichen Themen, Andachts- und Erbauungsschriften oder die im Ton immer polemischeren Erläuterungen zu den 95 Thesen – alles Geschriebene aus Luthers Hand wanderte sofort in die Druckerpresse und fand reißenden Absatz. Die Hoffnungen, die Leo X. auf den Orden der Augustiner-Eremiten gesetzt hatte, erfüllten sich hingegen nicht. Auf einem Ordenskapitel, das Ende April 1518 in Heidelberg stattfand und auf dem Luther seine Position erläutern durfte, wurde friedlich über theologische Fachfragen und weniger über die 95 Thesen disputiert. Immerhin wurde ein wohl von Della Volta verfasstes Schreiben verlesen, das gegen den unbotmäßigen Ordensbruder schweres Geschütz auffuhr.

Dass in Heidelberg keine weiteren Schritte gegen ihn unternommen wurden, verdankte Luther seinem Landesherrn, Kurfürst Friedrich dem Weisen, an den er vorsorglich ein Gesuch um Schutz und Schirm gerichtet hatte. Damit dürfte er offene Türen eingerannt haben. Friedrich hatte in einem Brief an den deutschen Ordensoberen von Staupitz, der Luther ohnehin freundschaftlich verbunden war, unmissverständlich darauf bestanden, dass der Wittenberger Professor nach dem Ordenskapitel unbehelligt nach Hause zurückkehren durfte. Das Renommee der ganzen Universität Wittenberg war aufs höchste gefährdet, wenn

Luther in ein Ketzereiverfahren verwickelt wurde. Außerdem entsprach Luthers Polemik gegen den Mainzer Ablass ohne Frage den politischen Interessen des kursächsischen Herrschers, der sich von den Hohenzollern zurückgedrängt fühlte.

Umso energischer trieb Rom jetzt die Untersuchung gegen den suspekten Mönch voran. Anfang März 1518 – so lässt sich aus Luthers Rechtfertigungsschriften erschließen – dürfte an der Kurie eine Denunziation deutscher Dominikaner vorgelegen haben, die den Verfasser der 95 Thesen offen der Häresie bezichtigten. Diese Eingabe muss den letzten Anstoß zur Eröffnung eines kanonischen Prozesses gegeben haben, der auf dem «Dienstweg» dem römischen Fiskalprokurator Mario de Perusco übertragen wurde; dieser bestellte ebenso routinemäßig theologische Gutachter, die die Materie zu prüfen hatten. Dass seine Sache in Rom verhandelt wurde, blieb Luther nicht verborgen. Seinem Temperament und seiner Verteidigungsstrategie entsprechend wartete er den Verlauf des Verfahrens nicht geduldig ab, sondern wandte sich mit einem spektakulären Coup direkt an Papst Leo X. Diesem sandte er am 30. Mai 1518 über von Staupitz seinen ausführlichen Kommentar zu den 95 Thesen zu, der diese nicht nur mit teilweise sehr ausführlichen theologischen Erläuterungen versah, sondern in vieler Hinsicht auch polemisch verschärfte. Dieser Text wurde schon im August 1518 durch den Druck der Öffentlichkeit zugänglich gemacht. Alle mit seinem Fall befassten Zwischeninstanzen kühn überspringend, wandte sich der deutsche Mönch direkt an seinen obersten Richter. Dabei sparte er schon eingangs nicht mit Anklagen gegen seine Ankläger:

> Ich habe, heiligster Vater, gehört, dass das Schlimmste über mich zu hören ist. Daraus ersehe ich, dass gewisse Freunde meinen Namen vor dir und deiner Umgebung übel angeschwärzt haben: Ich soll die Autorität und die Schlüsselgewalt des höchsten Priesters zu schmälern mich erdreistet haben; also werde ich als Ketzer, Apostat, Verräter und mit mindestens sechshundert weiteren noch viel schlimmeren Beschimpfungen eingedeckt, und zwar so, dass es Ohren und Augen graust.[13]

Diese Beschuldigungen – so Luther weiter – lassen ihn jedoch kalt. Er ist sich seiner Unschuld bewusst; die Anwürfe seiner Gegner aber spiegeln deren schlechtes Gewissen und deren Ruhmsucht wider. So möge

der Papst geruhen, den wahren Stand der Dinge vom Hauptbetroffe-
nen selbst «wie von einem Kind und ungebildeten Menschen»[14] zu
vernehmen.

In dieser knappen Schilderung der Ereignisse blieb Luther seiner
Taktik, den Spieß umzukehren, treu: Die habgierigen Ablassprediger
verbreiteten landauf, landab häretische Lehren und brächten dadurch
den Namen Leos X. in Misskredit. Denn die einfachen Leute, die ihre
Informationen nicht aus lateinischen Texten, sondern von ihrem Stamm-
tisch im Wirtshaus und, schlimmer noch, aus den Predigten der Ablasskommissare bezögen, seien felsenfest davon überzeugt, dass deren haar-
sträubende Versprechungen für bare Münze genommen werden dürften.
Da der Papst die Ablässe nicht gratis austeile, sondern für klingende
Münze verscherbele, trete die Geldgier der Kurie krass und peinlich
hervor.

Dagegen erhob Luther in seiner Eigenschaft als Professor Protest,
und zwar mit kräftigen Seitenhieben auf seine Gegner:

> Es lässt mich im Wesentlichen unberührt, dass sie mir diese von Eurer
> Heiligkeit zugestandene Berechtigung zur Lehre neiden. Ja, gegen mei-
> nen Willen muss ich Ihnen noch viel weiterreichende Kompetenzen
> gönnen, vermischen sie die Träumereien des Aristoteles doch mit theo-
> logischen Kerninhalten und disputieren auf diese Weise gegen die ihnen
> verliehenen Fakultäten und verbreiten weit über diese hinaus reine Haar-
> spaltereien über die Majestät Gottes.[15]

Mit den Winkel-Theologen, die mit den obskuren Methoden des Heiden
Aristoteles über die Größe Gottes phantasierten, waren die Thomisten
gemeint, die Dominikaner, die in der Nachfolge des heiligen Thomas
von Aquin Glauben und Wissen zu harmonisieren versuchten und auf
diese Weise für Luther die Bibel und mit ihr die zentralen Heilslehren
der Kirche aus den Augen verloren.

Luther beklagte sich über die Anfeindungen seiner Gegner und teilte
selbst kräftig aus. Auch das gehörte zu seinem Selbstverständnis und zu
seiner Strategie, Konflikte auszutragen. Seine Feinde machten aus seinem uneigennützigen Einsatz für die wahren Interessen der Kirche eine
Ketzerei. Die wahren Ketzer waren daher seine Verleumder:

> Was soll ich jetzt also tun? Widerrufen kann ich nicht, und zugleich sehe
> ich aus dem öffentlichen Aufruhr ungeheuren Neid auf mich zukommen:
> Ich, der ich so ungebildet, arm an Geist, jeder Bildung bar bin, sehe mich
> gegen meinen Willen einer öffentlichen, von verschiedenen Männern ge-
> speisten und daher extrem gefährlichen Urteilsbildung ausgesetzt.[16]

Auch diese Selbststilisierung als ungebildeter, nur an der Wahrheit inte-
ressierter Christ, dem alle taktischen Winkelzüge fern liegen, blieb auf
Dauer ein Markenzeichen Luthers, das man allzu oft für bare Münze
genommen hat. Gegen dieses Bild spricht jedoch seine konsequente, in
vieler Hinsicht revolutionäre Nutzung der Öffentlichkeit und ihrer
Medien, speziell der neuen Gattung des Flugblattes aus Bild und Text.

Dass der Verfasser dieses höchst selbstbewussten Schreibens an den
Papst nicht einfach unbesonnen vorpreschte, sondern sehr genau wusste,
was er tat, zeigt eine Passage kurz vor Schluss:

> Wenn ich so wäre, wie meine Gegner mich sehen wollen, und nicht alles
> durch meine Berechtigung zur Disputation vorschriftsmäßig behandelt
> würde, dann würde der durchlauchtigste Fürst Friedrich, Herzog von
> Sachsen und Kurfürst des Reiches, diese Pest an seiner Universität nie
> und nimmer dulden, liebt er doch die katholische und apostolische Wahr-
> heit über alle Maßen; zudem wäre ich für die äußerst scharfsinnigen und
> fleißigen Männer unserer Universität unerträglich.[17]

Das war ein Wink mit dem Zaunpfahl: Leo sollte es sich reiflich überlegen, ob er gegen Luther vorgehen wollte. Schließlich hatte dieser
starke Beschützer, auf die der Pontifex noch angewiesen sein könnte.

Diese Behauptung war nicht aus der Luft gegriffen, denn zur selben
Zeit verdichteten sich die Nachrichten, dass es mit dem Gesundheits-
zustand Kaiser Maximilians bergab ging. Der Verweis auf die Funktion
Friedrichs des Weisen als Kurfürst und Kaiserwähler war also ange-
bracht. Doch so hochgemut konnte das Schreiben eines Mönchs an den
Papst nicht schließen:

> Daher, heiligster Vater biete ich mich deiner Heiligkeit zu deinen Füßen
> niedergeworfen ganz dar, mit allem was ich bin und was ich habe. Schenke

Leben, töte, berufe, mache rückgängig, nimm an und weise zurück, wie es dir beliebt: Ich werde in jedem Fall deine Stimme als die Stimme Christi, die in dir herrscht und spricht, anerkennen. Wenn ich den Tod verdient habe, werde ich mich nicht weigern zu sterben.[18]

Mit dieser Konsequenz musste Luther um so mehr rechnen, als er durch dieses Schreiben diejenigen bis aufs Blut reizte, die über seinen Fall zu befinden haben würden, nämlich die Dominikaner. Warum dann diese Provokation? Suchte der Wittenberger Professor, des Rückhalts zu Hause sicher, die weitere Eskalation des Streits? Falls ja, war das eine Hochrisikostrategie. Schutz konnte man auch wieder verlieren; hochmächtige Herren entschieden in der Regel nach Staatsräson, also zu ihrem Vorteil. Ohne die Unterstützung seines Landesherrn war Luther der römischen Justiz hilflos ausgeliefert.

Trotzdem schüttete er mit den *Resolutiones disputationum de indulgentiarum virtute*, den «Erläuterungen zu den Disputationen über die Kraft der Ablässe», die er dem Brief an Leo X. beifügte, weiteres Öl ins Feuer. Dieser Kommentar in eigener Sache nahm vieles von den polemischen Debatten auf, die in Deutschland über die 95 Thesen geführt worden waren, und sparte nicht an Seitenhieben und Beschimpfungen. Theologisch stehen die Erklärungen zu den 95 Thesen unter einem Vorzeichen, das die Auseinandersetzung in die von Luther gewünschten Bahnen lenken sollte: Luther beruft sich hier auf die Freiheit des Christen, sich auf das reine und unverfälschte Gotteswort der Heiligen Schrift zu stützen. Daraus folgt, dass alle Lehrmeinungen des heiligen Thomas, des heiligen Bonaventura und anderer Scholastiker null und nichtig sind, wenn ihnen die biblische Begründung fehlt. Damit sollten die Einsprüche der Gegner, die sich auf diese Autoritäten beriefen, von vornherein entkräftet werden. Gegen die Phalanx der Tradition trat Luther in der Vorrede zu den *Resolutiones* als Einzelkämpfer auf, der das Wort Gottes auf seiner Seite hatte:

Durch diesen Einspruch sollte meiner Meinung nach deutlich geworden sein, dass ich auch in Zukunft irren kann, aber ein Ketzer werde ich auch dann nicht sein, mögen die anderen, die es aus eigennützigen Gründen anders empfinden, auch noch so schreien und toben.[19]

In den Kommentaren zu den 95 Thesen werden nicht nur theologische Erläuterungen geliefert, sondern auch neue Feindbilder aufgebaut. An die Seite der «Scholastiker» treten die «Höflinge», also die Kurialen und Kirchenfürsten, die von der reichen und mächtigen Kirche profitieren und daher kein Jota an den herrschenden Verhältnissen ändern möchten. Wie tief die Kluft zur Kurie bereits geworden war, zeigen die Erläuterungen zu These 48, derzufolge sich der Papst fromme Gebete der Gläubigen viel mehr wünscht als deren Geld:

> Diese Schlussfolgerung würden unsere Herren Höflinge an der römischen Kurie sicher verlachen. Dabei steht außer Frage, dass der Papst mehr als alles andere die Fürbitte seiner Untertanen für sich wünschen muss, so wie sie auch der heilige Paulus von den Seinen erbeten hat. Und das ist ein viel gerechterer Grund für Gnadenerweise als der Bau von tausend Basiliken, und das umso mehr, als ein von so vielen dämonischen Ungeheuern und unfrommen Menschen unter Druck gesetzter Pontifex maximus nur zum größten Schaden der Kirche irren kann, am meisten dann, wenn er dieser Pest bringenden Stimme seiner Sirenen, die da sagen «Der Gipfel Ihrer Erhabenheit kann gar nicht irren», sein Ohr leiht.[20]

Mit innerer Notwendigkeit steuerte die Debatte für Luther so auf ihren Kulminationspunkt zu: Stand der Papst über der Bibel oder die Bibel über dem Papst?

Damit drängte sich für die römische Seite eine andere, von Luther tunlichst nicht angesprochene Frage auf: Wer verlieh der Heiligen Schrift ihren gültigen Sinn? Und was berechtigte den deutschen Augustiner-Eremiten zu behaupten, dass er allein, gegen eine anderthalbtausendjährige Tradition, diesen wahren und verpflichtenden Sinn gefunden hatte? Welche neue Autorität erhob sich hier gegen die Macht der Kirche? Beanspruchte Luther besondere von Gott übertragene Gnaden, die ihn zum verbindlichen Ausleger der Schrift erhoben? Wenn ja, welche Nachweise lieferte er dafür?

In den *Resolutiones* mündet die Konfrontation von Bibel und Scholastikern, Gotteswort und Papstsatzung noch in die Konsequenz, dass ein umfassender Klärungsbedarf besteht: Ablass, Kirchenschatz, Schlüsselgewalt, alle diese Lehrsätze sind neu zu erörtern und danach verbindlich festzulegen. Diese Unterscheidung von wahrer und falscher Lehre war für Luther von höchster Wichtigkeit und zugleich Teil eines viel umfassenderen Prozesses:

> Die Kirche bedarf der Wiederherstellung *(reformatio)*, und das ist weder das Werk eines Papstes noch zahlreicher Kardinäle, wie die beiden jüngsten Konzilien erwiesen haben, sondern der ganzen Welt, ja, Gottes. Wann die Zeit für diese Wiederherstellung angebrochen ist, weiß nur der allein, der die Zeit geschaffen hat. Doch in der Zwischenzeit können wir so viele Missstände nicht einfach leugnen. Die Schlüssel werden missbraucht, Habgier und Ehrgeiz unterworfen.[21]

Das musste in römischen Ohren wie eine Drohung klingen. Wenn Papst und Kardinäle die Kirche nicht reformieren konnten, wer dann? Etwa Luther im Bunde mit der weltlichen Gewalt? Ganz zum Schluss nahm dieser die Resonanz seines Textes in Rom vorweg und spielte mit nationalen Klischees: Er habe nicht im Stil eines Cicero, mit anderen Worten: wie ein italienischer Humanist, geschrieben, sondern so, wie es ihm gebühre: roh und barbarisch. Damit schrieb sich der deutsche Mönch die Eigenschaften zu, die nach der Einschätzung der italienischen Humanisten die hervorstechenden Wesenszüge der Deutschen ausmachten. Das war auch ein rhetorischer Demuts- und Bescheidenheitsritus und eine nochmalige Unterwerfung unter die Vollmacht des Papstes. Der Widerspruch zwischen der Aufforderung «Vernichte mich, wenn du es für rechtens und nötig hältst!» und den vollmundig vorgetragenen Ermahnungen, wie das Amt des Papstes richtig geführt werden müsste, blieb allerdings unaufgelöst. In diesem Zusammenhang könnte Luthers selbstironisches Spiel mit den nationalen Stereotypen als Versuch zu verstehen sein, die auf beiden Seiten aufgetürmten Vorurteile zu überwinden.

Der Schlagabtausch mit Prierias

Nach Luthers Brief an den Papst vom 30. Mai 1518 ging es Schlag auf Schlag. Schon im Juni übertrug Leo X. auf Ersuchen de Peruscos dem römischen Kammerauditor Girolamo Ghinucci, dem zuständigen Gerichtsbeamten, die *commissio citandi*, also die Kompetenz, Luther zur Verantwortung nach Rom zu zitieren, falls sich der Verdacht falscher

Lehren und Häresien erhärtete. Zur Klärung der theologischen Problematik erteilte Leo X. seinem Hoftheologen Silvestro Mazzolini, genannt Prierias, den Auftrag, ein theologisches Gutachten zu den 95 Thesen zu erstellen. Diese erste Gegenschrift aus italienischer Feder ist legendenumrankt. Leo X. soll im Nachhinein seiner Unzufriedenheit mit ihr Ausdruck verliehen haben, was nachweislich falsch ist. Richtig hingegen dürfte sein, dass Prierias diesen Versuch, Luther zu widerlegen, in nur drei Tagen verfasste; das behauptet er zumindest in der Vorrede seines Werks an den Papst.

Luthers erster Widersacher in Italien war einundsechzig Jahre alt und blickte auf eine lange, am Ende erfolgreiche Karriere innerhalb des Dominikanerordens zurück. Allerdings mischte sich in diese behagliche Selbstzufriedenheit immer auch ein gewisses Ressentiment gegenüber «Überfliegern» wie dem Ordensbruder Cajetan, der durch vornehmere Abkunft und bessere Protektion bis zum Amt des Ordensgenerals, das er von 1508 bis 1518 bekleidete, aufgestiegen war. Mit dem Kardinal aus Gaeta kreuzte Prierias denn auch mehrfach die theologischen Klingen, ja, er warf diesem sogar nicht unbeträchtliche Irrtümer bei der Auslegung des Thomas von Aquin vor; zudem beziehe Cajetan bei der Frage, ob Aristoteles die Unsterblichkeit der menschlichen Einzelseele leugne oder anerkenne, ähnliche Positionen wie der auf dem V. Laterankonzil bekämpfte Philosoph Pomponazzi. Diese Kritik an einem so prominenten Vertreter der Kurie spiegelte Prierias' langjährige Berufserfahrung als Inquisitor in Norditalien wider. Als solcher war er einer der eifrigsten Befürworter der Hexenverfolgung, worüber es gleichfalls zu Konflikten mit dem moderateren Ordensgeneral Cajetan kam.

Zumindest in diesem Punkt stimmten Prierias und Luther vollständig überein: Der Teufel ist allgegenwärtig; böse Menschen ergeben sich ihm freiwillig, um mit seiner Hilfe ihren Feinden Schaden und Krankheit aller Art an den Hals zu zaubern. Im Sog des 1486 veröffentlichten Traktats *Hexenhammer*, der gleichfalls von einem Dominikaner-Inquisitor verfasst worden war, schrieb Prierias eine eigene Abhandlung zu dem damals hoch aktuellen Thema. Überhaupt hatte er ein ausgeprägtes Gespür für das, was seine Zeitgenossen bewegte, wie sich am Erfolg weiterer Schriften zeigte. Seine Vita der Maria Magdalena war genauso erfolgreich wie seine *Goldene Rose* von 1503. Darin erklärt er in leicht verständlichem Latein dem gebildeten Laien Methoden und Probleme der damaligen Theologie wie zum Beispiel die Auslegung der Bibel nach dem vierfachen Schriftsinn, wobei der *sensus litteralis*, die wörtliche Bedeutung, Vorrang hatte. Zugleich vertrat er die Unfehlbarkeit der Kirche bei Lehrentscheidungen und beantwortete eine Fülle von alltäglichen Gewissensfragen. Dabei stand die Deutung der Evangelien als Anleitung zum guten Leben im Mittelpunkt: Wie kann ich erfolgreich meinen Geschäften nachgehen und trotzdem ins Himmelreich gelangen? Der moralischen Unterweisung der Laien dienten auch Übersetzungen lateinischer Gebete ins Italienische, die Prierias mit erbaulichen Kommentaren versah. Nicht ohne Berechtigung betrachtete er sich als einen der meistgelesenen und am höchsten geschätzten Theologen seiner Zeit in Italien und glaubte sich damit an Bekanntheit und Ruhm dem obskuren Herrn Luther im abgelegenen Wittenberg weit überlegen.

Weiteres Ansehen verschaffte Prierias 1514 eine Professur an der römischen Universität und im Jahr darauf der prestigeträchtige und gut bezahlte Posten des *Magister sacri palatii*. Als «Meister des heiligen Palastes» war der erfolgreiche Seelsorger und Publizist jetzt zum theologischen Chefberater des Papstes aufgerückt. Zu seinen Aufgaben gehörte es von nun an, Gutachten über verdächtige Schriften zu erstellen und diese, wenn nötig, zu verbieten. Allzu viel gab es auf diesem Gebiet nicht zu tun, so dass Prierias sich 1517 ganz seinem Hauptwerk widmete: der ultimativen Zusammenstellung der wichtigsten Lehrsätze des Thomas von Aquin, als dessen Gralshüter er sich betrachtete. Der Auftrag, Luther zu widerlegen, kam ihm daher äußerst ungelegen; diese lästige Pflichtarbeit erledigte er gewissermaßen nebenher.

Alle 95 Thesen ausführlich zu kommentieren, kam angesichts dieser Zeitknappheit nicht in Frage und war in Prierias' Augen auch gar nicht nötig. Luther ging seiner Meinung nach von verkehrten Prinzipien aus; diese zu berichtigen, hieß, zugleich alle nachfolgenden Einzelaussagen zu entkräften. Das Kernstück seiner *Responsio ad conclusiones Magistri Martini Lutheri* bilden daher die vorangestellten vier *fundamenta*. Das erste dieser Grundprinzipien sagte bereits das Wesentliche:

Die universelle Kirche ist wesensmäßig *(essentialiter)* die gemeinsame Berufung aller Christen zum Gottesdienst. Die universelle Kirche aber ist nach ihren Befugnissen *(virtualiter)* die römische Kirche, das Haupt sämtlicher Kirchen und daher der Papst. Die römische Kirche ist, was ihre Vertreter betrifft *(representative)*, das Kollegium der Kardinäle, den Befugnissen nach *(virtualiter)* aber der Papst, der das Haupt der Kirche ist, jedoch anders als Christus.[22]

Diese Unterscheidung zwischen der Bestimmung der Kirche ihrem Wesen nach und ihrer Vertretung durch die Kardinäle schränkt die Machtfülle und speziell das Entscheidungsmonopol des Papstes in allen Fragen, die den Glauben berühren, für Prierias nicht ein, sondern untermauert sie im Gegenteil, wie das zweite *fundamentum* klarstellt:

So wie die universelle Kirche, wenn sie über den Glauben und die Sitten befindet, nicht irren kann, so kann ein rechtmäßiges Konzil nicht irren, wenn es mit aller ihm gegebenen Kraft nach der Wahrheit strebt, und zwar unter Einschluss seines Hauptes und mit seinem endgültigen Ergebnis *(tandem et finaliter)*. Am Beginn seiner Beratungen kann es sehr wohl getäuscht werden, auch solange die Bewegung hin zur zu erforschenden Wahrheit dauert, hat es sich manchmal geirrt, doch hat es am Ende mit der Unterstützung des Heiligen Geistes die Wahrheit erkannt. Genauso kann weder die römische Kirche noch der Papst irren, wenn er als Papst, also in Ausübung seines Amts, eine Entscheidung trifft und dabei alles tut, was ihm gegeben ist, um die Wahrheit zu erfassen.[23]

Das war die römische Antwort auf die Frage nach der Macht des Papstes, die Luther in den 95 Thesen gestellt hatte, und sie ließ an Deutlichkeit nichts zu wünschen übrig. Dabei war es Prierias weniger um die Konzilien als vielmehr um die Unfehlbarkeit der Päpste zu tun, die Luther zumindest indirekt mit seiner These in Zweifel gezogen hatte, dass die Gläubigen für den Papst beten sollten, um potentiellen Schaden von der Christenheit abzuwenden. Die konkrete Nutzanwendung für Zweifler wie ihn folgte im dritten *fundamentum* auf dem Fuße:

Alle diejenigen, die sich nicht auf die Lehre der römischen Kirche und des römischen Pontifex wie auf eine unfehlbare Glaubensregel stützen, aus der auch die Heilige Schrift ihre Stärke und Autorität bezieht, sind Ketzer.[24]

Zur Vollgewalt des Papstes gehört also die verbindliche Auslegung der Evangelien. Umgekehrt gilt der Schluss: Wer diese abweichend von den römischen Vorschriften auslegt, stellt sich selbst außerhalb der Kirche. Luther wurde in der Folgezeit nicht müde zu verkünden, diese Entgegnung sei für ihn ein Schlüsselerlebnis gewesen. Prierias habe ihm ungewollt die Augen geöffnet, wie man in Rom über das Gotteswort dachte, nämlich so, dass sich der Papst über die Bibel und damit über Christus, seinen Herrn, stellte.

Die Lehre, dass der Papst die uneingeschränkte Auslegungshoheit in Sachen der Heiligen Schrift besitze, war keineswegs neu. Im 15. Jahrhundert hatten Wortführer der päpstlichen Vollmacht wie Kardinal Juan de Torquemada sachlich identische und teilweise sogar fast gleichlautende Lehrsätze verkündet. Ihnen ging es im Nachhall der Konzilien von Konstanz und Basel um die Einheit der Kirche nach außen und innen und damit um ihre verbindliche Disziplin und Doktrin. Dabei setzten die Befürworter des päpstlichen Schriftauslegungsmonopols voraus, dass sich der Pontifex maximus bei der verbindlichen Festsetzung des Schriftsinns an der Tradition der Kirche orientierte; doch hatte er das Recht, Schriften der Kirchenväter anzunehmen oder abzulehnen. Christus – so die Auffassung der Papalisten – hatte seiner Kirche versprochen, dass ihre Lehre rein bleiben solle. Das setzte in ihren Augen das eine und unteilbare Wächter- und Interpretenamt seines Stellvertreters auf Erden voraus. Was für Luther eine ungeheuerliche Umkehrung der Autoritäten und eine verbrecherische Anmaßung von Kompetenzen war, bedeutete für Prierias die einzig mögliche Garantie gegen Glaubens-Chaos und Lehr-Anarchie.

In seinem vierten *fundamentum* setzte der *Magister sacri palatii* Worte und Taten der Kirche im Wesentlichen gleich; beide stellten gleichermaßen bindende Entscheidungen dar. Diese Feststellung war notwendig, weil lehramtliche Beschlüsse zur Ablassfrage im engeren Sinne nicht vorlagen:

> Folglich ist nicht nur derjenige, der schlecht über die Wahrheit der Heiligen Schrift denkt, ein Ketzer, sondern auch derjenige, der schlecht über die Lehre und die Praxis der Kirche in den Bereichen denkt, die zu Glaube und Sitte gehören.[25]

Das *Corollarium*, die konkrete Anwendung der Theorie auf den Fall Luther, lautete daher kurz und bündig:

> Wer zu den Ablässen sagt, dass die römische Kirche das, was sie de facto tut, nicht tun dürfe, ist ein Ketzer.[26]

Roma locuta, causa finita: Rom hatte mit der Feder des Prierias gesprochen, damit schien der Fall erledigt. Mit seiner kurzen Schrift glaubte der Dominikaner offenbar am Ziel zu sein: Er hatte im Namen der verbindlichen Lehre, die aus einer langen und bruchlosen Tradition hervorgegangen war, argumentiert und seinen Gegner bezwungen. Jetzt war es an diesem, die Konsequenzen zu ziehen: «Nun tu etwas, Martin, und zeige deine Schlussfolgerungen vor!»[27] Das klang fast sportlich, doch von einem fairen Wettkampf mit offenem Ausgang konnte keine Rede sein. Auf den Verlierer, nämlich Luther, wartete der römische Inquisitionsprozess. «Schlussfolgerungen ziehen» hieß also in Wirklichkeit, in Anbetracht der überwältigenden Übermacht der Gegenbeweise jeglichen Widerstand aufzugeben und schleunigst zu widerrufen.

Bei seiner Kurzwiderlegung der 95 Thesen beschränkte sich der Dominikaner auf die Punkte, die für ihn in offenem Widerspruch zu den vier Grundprinzipien standen. Etwas weiter holte er bei These 5 aus, in der Luther die Ablässe auf die Strafen beschränkte, die vom Papst selbst verhängt worden waren:

> Diese Position ist häretisch, weil sie das Privileg, das Christus seiner Kirche verliehen hat, wegnimmt oder zumindest verstümmelt.[28]

Dieses Privileg bestand für Prierias in der umfassenden Vollmacht des Papstes, zu binden und zu lösen, und zwar selbstverständlich auch im Jenseits. Der Ablass verkürzte daher den Aufenthalt der Seelen im Fegefeuer. Darüber hinaus besaß Leo X. als Nachfolger des Petrus dieselbe Rechtsprechungshoheit wie der Apostelfürst. Wer daran zweifelte und von dieser Autorität auch nur ein Jota fortnahm, machte sich eines schweren Vergehens schuldig: Er zog die Würde des Stellvertreters Christi in den Schmutz. Nicht die Lobredner des Ablasses sollten ihre Zunge hüten, sondern deren Gegner:

In Acht nehmen müssen sich diejenigen, die dem Stellvertreter Gottes am Zeug flicken, und zwar so ungerecht wie falsch und irreführend.[29]

Zur Macht- und Hierarchiefrage kam die Stil- und Anstandsfrage. Luther ließ es nicht nur an theologischen Basiskenntnissen, sondern auch am nötigen Respekt fehlen:

Martin, nachdem du verkehrt *(perverse)* gelehrt hast, fängst du an zu verleumden, und zwar die Ablassprediger und folglich *(consequenter)* auch den Papst.[30]

Zusammen mit der Frage nach der theologischen Wahrheit ging es um die Ehre. Die Ehre des Papstes war auch die Ehre der Ablasskommissare. Wenn Tetzel – wie Luther unterstellte und Prierias bezweifelte – wirklich lehrte, dass es Vergebung der Sünden ohne Reue, nur durch Bargeld, gebe, dann gebot es der Anstand, diesen Missgriff nicht an die große Glocke zu hängen, sondern ihn durch brüderliche Belehrung abzustellen und vor allem den Papst aus dem Spiel zu lassen.

Genauso unangebracht war für den italienischen Dominikaner der spöttische Ton, den er aus These 78 heraushörte, wonach der Papst größere Gnaden als die Ablässe, nämlich das Evangelium und ähnliche spirituelle Schätze, besitze:

Ich fürchte, dass du das Urteil Gottes auf dein Haupt heraufbeschwörst, wenn du vor der ganzen Welt mit Ironie und Spott über einen so großen Papst sprichst.[31]

Nach kurialer Auffassung war die Erhabenheit des Amtes von der Größe des Inhabers nicht zu trennen; auf diese Weise wurde Leo X., der nach dem nüchternen Urteil der Christenheit bislang nicht durch Großtaten zum Nutzen der Kirche auf sich aufmerksam gemacht hatte, zu einem «so großen Papst». Nicht nur über diesen Papst, auch über das Wesen des Papstamts, dessen wichtigste Aufgaben und die bei deren Erfüllung zu gewinnende «Größe» konnten sich Luther und Prierias und, wie sich schnell zeigen sollte, Deutsche und Italiener nicht verständigen.

Nach dem eklatanten Mangel an Nächstenliebe und Nachsicht listete der päpstliche Cheftheologe eine Reihe bedenklicher Bildungslücken auf. So hatte Luther behauptet, dass der Kirchenschatz, aus dem der Papst den Ablass schöpfe, den Gläubigen unbekannt sei:

> Es ist kein Wunder, dass das einfache Volk diesen nicht kennt, wenn selbst du, der du anbietest, mit der ganzen Welt zu disputieren, davon nicht gehört hast oder dies zumindest vortäuschst, wie zu Tage treten wird. Diese Kirchenschätze sind nämlich sehr wohl bekannt und benannt, jedoch nicht durch das Licht unseres Verstandes, sondern des Heiligen Geistes, der uns durch seine Heiligen belehrt. Diesen aber stimmst du aus eigener Autorität oder der Autorität deiner Gesinnungsgenossen nicht zu, um stattdessen andere Schätze zu erfinden.[32]

Damit schließt sich die Argumentationskette. Luther ist ungenügend über die Grundlagen der kirchlichen Lehre und Autorität informiert; und aus dieser Unkenntnis heraus stellt er die päpstliche Machtstellung in Frage, die für die Wahrheit der Doktrin und die Einheit der Kirche unverzichtbar ist. Diese Kritik wird nicht maßvoll und noch viel weniger wissenschaftlich, das heißt mit den Methoden der scholastischen Theologie und dem Wissensschatz der Thomisten vorgebracht, sondern stützt sich auf eine rein subjektive, durch keinerlei verbindliche Autorität abgesicherte Auslegung der Heiligen Schrift.

Willkürliche Bibelauslegung und grenzenlose Selbstüberschätzung, wie sie Luther laut Prierias an den Tag legt, sind seit Anbeginn der Kirchengeschichte die Merkmale des Ketzers, der es voller Dünkel besser zu wissen behauptet als fünfzig Generationen der Kirchenväter und Päpste. Dazu kommt als weiteres Kennzeichen die Dreistigkeit, mit der Luther dem Stellvertreter Christi auf Erden entgegenzutreten und zu widersprechen wagt. Er ist damit als Ketzer erwiesen.

Der typische Ketzer ist zugleich der typische Barbar, er kläfft laut Prierias wie ein Hund. Doch sich über diesen ignoranten Tölpel zu echauffieren, lohnt sich nicht. So ist nicht Polemik, sondern eine fast mitleidige Herablassung das hervorstechende Kennzeichen der *Responsio*. Sie nimmt den Verfasser der 95 Thesen nicht ernst, sondern belehrt ihn wie ein unwissendes Kind, ohne die Schwere der Vorwürfe dadurch abzumildern.

Die protestantische Kritik wirft Prierias, sofern sie sich überhaupt für seinen Standpunkt interessiert, bis heute vor, Luthers Streben nach religiöser Belehrung und sittlicher Besserung der Gläubigen, sein Eintreten für eine christozentrische Theologie, die die Sündhaftigkeit des Menschen und dementsprechend Reue, Buße und Verzeihung durch den Gottessohn in den Vordergrund stellt, aus Ignoranz und Arroganz übergangen zu haben. Doch um die richtige Bibelauslegung – so viel ist dem *Magister sacri palatii* bei nüchterner Betrachtung zugute zu halten – ging es in der Zurückweisung der Thesen nicht primär. Stattdessen hat der päpstliche Haustheologe hellsichtig erkannt, dass manche bei Luther verschlüsselt vorgebrachte Aussage zur Macht des Papsttums und dessen Stellung innerhalb der Kirche nicht mit den in Rom vorherrschenden Vorstellungen vereinbar war, ja dass die Kirche und ihr Haupt als unverzichtbare Vermittler des Heils in Frage gestellt schienen. Durch die polemische Zuspitzung der Auseinandersetzung hat er den unvermeidlichen Trennungsprozess beschleunigt.

Der Beginn des römischen Prozesses

Prierias Gutachten hatte die gewünschte Wirkung. Der römische Kammerauditor Ghinucci erließ Anfang Juli 1518 die *citatio*, mit der Luther nach Rom vorgeladen wurde. Dieses Schreiben ging an den päpstlichen Legaten Kardinal Cajetan, der am 7. Juli in Augsburg eintraf und es nach Wittenberg weiterleitete. Dort erhielt Luther die Vorladung zusammen mit Prierias' *Responsio*. Auf beide Schriftstücke reagierte er sofort. Bereits am nächsten Tag ersuchte er Friedrich den Weisen, sich für ein Verfahren in Deutschland einzusetzen, und hatte damit Erfolg. Ebenso unverzüglich machte er sich an eine geharnischte Replik. Für die Widerlegung von Prierias' Machwerk, so Luther, habe er gerade einmal zwei Tage gebraucht. Seine grenzenlose Geringschätzung des Gegners brachte er auch dadurch zum Ausdruck, dass er dessen *Responsio* auf eigene Faust drucken ließ, nach dem Motto: Niemand schadet der Sache des Papstes so sehr wie dessen eigener Theologe! Schon dieser erste Schlagabtausch zeigt, dass sich beide Seiten aufgrund ihrer unterschiedlichen Prämissen und Beweismittel nicht einmal über die Grundlagen der Auseinandersetzung verständigen konnten. So ging es in Luthers Entgegnung *Ad dialogum Silvestri Prieratis de potestate papae responsio* immer weniger um Argumente, sondern überwiegend um Beschimpfungen und Ausgrenzungen. Das macht schon der erste Satz des «Anschreibens» an seinen Gegner deutlich:

> Zu mir gelangte, ehrwürdiger Vater, ein von dir verfasster, reichlich über-
> heblicher, ganz und gar italienischer und thomistischer Dialog.[33]

Aus Luthers Sicht musste Prierias' Antwort in der Tat arrogant erscheinen; thomistisch war sie von der ersten bis zur letzten Zeile. Doch
warum italienisch? Offensichtlich war das als Ergänzung zu «herablas-
send» gemeint, und auch das traf ins Schwarze. Luther sprach aus, was
Prierias gemeint, aber nicht offen ausgesprochen hatte: nichts als Ärger
mit den grobschlächtigen, unbelehrbaren und zu allem Überfluss auch
noch besserwisserischen Deutschen! Damit wurde der Disput über
Luther zu einem Wettkampf um nationale Ehre. Für Luther war die Ehre
der Italiener ein reines Dekorum, äußerlich und bloße Fassade. Das gleiche galt für ihre Theologie, die mit der Lehre des Thomas von Aquin
zusammenfiel. Seiner doppelten Stoßrichtung gegen Italien und die Dominikaner entsprechend sparte Luther nicht mit heftiger Kritik am *doctor
angelicus*: Wie sein Meister Aristoteles irre Thomas in zahllosen Aussagen. Im Gegensatz zu Thomas' Behauptungen könnten Petrus und
seine Nachfolger keine einzige von Gott verhängte Strafe aufheben oder
gar eine rechtfertigende Gnade Gottes verleihen. Die Heilsvermittlung
durch das Haupt der Kirche wurde damit weiter eingeschränkt. Allerdings wollte Luther diese Kompetenzbeschneidungen ausdrücklich von
der persönlichen Würde und Integrität des regierenden Papstes getrennt
wissen: «Auch ich weiß wohl, dass wir den besten Papst, Leo X., wie
einen Daniel in Babylon haben.»[34]

Dieses Leumundszeugnis bezog sich nicht auf den päpstlichen Hof,
denn dieser war für Luther Babylon, die Lasterhöhle. Den Medici-Pon-
tifex von der Verderbnis seiner Umgebung auszunehmen, war für ihn
keine Speichelleckerei. Die Kurie – so seine Anklage – mache aus dem
Nachfolger Petri einen Papst und Kaiser zugleich. Leos Vorgänger Julius II. hatte sich auf einer Medaille als Julius II. Cäsar bezeichnet und

mit dieser vollmundigen Propaganda das Erbe der Cäsaren in Anspruch genommen. Umso bedrohlicher waren in Luthers Augen die möglichen Folgen der maßlos übersteigerten Papstverherrlichung. Ein künftiger Pontifex, der sich nicht die Zurückhaltung eines Leos X. auferlegte, konnte durch solche Schmeichler zum Unheil der Gesamtkirche verleitet werden.

1518 war die lehramtliche Unfehlbarkeit des Papstes noch lange nicht verbindlich verkündet, das geschah erst im Juli 1870. Mit seinen skeptischen Bemerkungen zur Verführbarkeit des Papstes, der zumindest in Nebendingen irren konnte, bewegte sich Luther daher am äußersten kritischen Rand, doch noch nicht außerhalb des von der Kirche tolerierbaren Ideenspektrums. Allerdings näherte er sich dieser Grenze in seiner Entgegnung auf Prierias immer weiter an:

> Viertens willst du mir Tat und Wort der römischen Kirche zur Regel machen. Ich aber antworte: Wenn du von deiner Kirche gemäß ihrer Macht und ihrer Vertretung *(de virtuali et repraesentativa tua Ecclesia)* sprichst, so will ich deine Regel nicht. Denn, wie ich oben gesagt habe ..., kann eine solche Kirche irren. Die universelle Kirche aber kann nicht irren.[35]

Damit stellte sich die Frage, durch welche Institution die universelle Kirche, von der auch Prierias sprach, repräsentiert wurde, wenn nicht durch das Papsttum. Wenn man die wahre Kirche nicht gleich auf die unsichtbare Gemeinschaft der Gläubigen beschränken wollte, blieb als sichtbare Körperschaft nur das Konzil.

Auch die aus Stein errichtete Kirche erhitzte die Diskussion. Wozu, so Luther, sollte dieser Kult um den Neubau von Sankt Peter gut sein, von dem die Deutschen außer Unkosten gar nichts hatten? Ihnen waren ihre eigenen Kirchen näher als die ferne Basilika. Damit kamen erneut nationale Töne ins Spiel. Sie waren auch in der Frage der Korruption unüberhörbar. Prierias hatte gestichelt, dass ein Martin Luther als Bischof mit lukrativen Ablässen wohl kaum gegen diese protestiert hätte. Luther kehrte den Spieß um: Du schließt von dir und deinesgleichen auf mich:

> Oder glaubst du, ich weiß nicht, auf welchem Wege man in Rom Bistümer und Pfarrstellen gewinnt? Schließlich singen die Gassenjungen der

ganzen Welt den Gassenhauer «Endlich ist es um Rom, das hässlichste Ding auf Erden, geschehen».[36]

Damit näherte sich die Auseinandersetzung sehr schnell dem Stil an, den sie im Streit der Kirchen und Konfessionen ein Jahrhundert lang bewahren sollte: Den Kontrahenten wurde die nationale wie die persönliche Ehre abgesprochen, die Unwahrheit der gegnerischen Glaubenslehren spiegelte sich in der sittlichen Verrohung wider. Da niemand die Prinzipien des Andersdenkenden anerkannte, ging es nur noch darum, ihm die Maske herunterzureißen und der Welt seine niedrigen Beweggründe zu offenbaren. Dafür waren jetzt alle sprachlichen Mittel recht.

Parallel zur Verhärtung der theologischen Debatte verfestigten sich die Fronten der Mächtigen. Auf dem Reichstag von Augsburg schlug die *causa Lutheri*, der Fall Luther, bereits im Sommer 1518 hohe Wellen. Luther, so schien es vielen Fürsten, trat in der Tradition der deutschen Gravamina auf, das heißt: Er machte sich zum Wortführer der berechtigten deutschen Anliegen, die von der Kurie seit mehr als einem halben Jahrhundert lang arrogant zurückgewiesen worden waren. An diesem Image hatte der Wittenberger Professor selbst sorgfältig gearbeitet. Allein in der ersten Hälfte des Jahres 1518 hatte er in kürzester Abfolge mehr als ein Dutzend Schriften erscheinen lassen, die meisten davon zur «heißen» Ablass-Problematik und zu damit verbundenen Fragen wie etwa der päpstlichen Exkommunikations-Praxis. Viele dieser Schriften fanden reißenden Absatz und wurden mehrfach nachgedruckt. Ihr Erfolg erklärt sich daraus, dass Luther ein sicheres Gespür für weit verbreitete Stimmungen, Abneigungen wie Sehnsüchte, hatte und diese direkt ansprach. Der Wettkampf der Nationen um den Vorrang der Ehre, wie ihn die deutschen Humanisten seit zwei Generationen mit ihren italienischen Konkurrenten austrugen, hatte in den gebildeten Schichten ein intensives Echo gefunden; auf diese Weise waren Feindbilder aufgebaut worden, die Luther mit seiner Polemik gegen Rom und die «Römlinge» bestätigte und weiter festigte. In seinen deutschsprachigen Predigten und Schriften klagte der Wittenberger Professor das Papsttum immer heftiger der Verdunkelung des Gottesworts an und weckte damit auch bei der großen Mehrheit der Gläubigen, die seine theologischen Gedankengänge nicht nachvollziehen konnten, tiefe Heilsängste.

Auf diese Weise begann ein Prozess der Polarisierung pro und contra Luther. Dabei machte das Reichsoberhaupt den Anfang. In seinem Brief an Leo X. vom 5. August 1518 ließ Kaiser Maximilian keinerlei Zweifel an seiner Position: Theologische Phantasten wie Luther schürten nicht nur in der Kirche Unruhe, wo sie mit ihren erfundenen Lehren die Gewissen beschwerten, sondern störten auch die öffentliche Ordnung im Reich, wo sie bei neidischen und ehrgeizigen Mächtigen aus durchsichtigen Gründen Gehör fänden. Diese verfolgten jetzt unter dem Vorwand der Kirchenreform und Kurienkritik ihre eigennützigen Machtinteressen. Leo X. solle daher schnell handeln und sich dabei getrost über das kanonische Recht, das für solche Querulanten keine geeignete Handhabe biete, hinwegsetzen. Im Falle des Humanisten Johannes Reuchlin habe man seinerzeit viel zu lange gezögert, zum Schaden der geistlichen wie der weltlichen Autorität. Nur die enge Kooperation von Papst und Kaiser könne solches Unheil verhindern. Das Schreiben des Habsburgers nahm spätere römische Positionen so umfassend vorweg, dass es von protestantischen Historikern lange Zeit als eine Fälschung der Kurie angesehen wurde.

Mit den ehrgeizigen Mächtigen, die sich zu Komplizen Luthers machten, meinte Maximilian vor allem dessen Landesherrn, Kurfürst Friedrich den Weisen. Dass er dem Wittenberger Professor bislang Unterstützung zukommen ließ, wusste auch die Kurie, die deshalb ihr Vorgehen beschleunigte. Für sie galt der aufrührerische Augustiner-Eremit jetzt als erklärter Ketzer; ihn zur Rechtfertigung nach Rom zu zitieren, war daher überflüssig. Von nun an ging es nicht mehr um theologische Beweise, sondern nur noch um die Frage, ob Luther widerrufen würde oder nicht. Ein so verstockter Häretiker, der nicht nur nichts zurücknahm, sondern die Kühnheit seiner Behauptungen mit jeder Gegenschrift weiter steigerte, würde nur klein beigeben, wenn er seine hochgestellten Protektoren verlor. Also musste man gezielt auf den Kurfürsten einwirken, der weiterhin ein unparteiisches, aus deutschen Gelehrten und Bischöfen zusammengesetztes Schiedsgericht vorschlug, das über die Lehre Luthers, nicht jedoch über die Ketzereianklagen, befinden sollte. Damit schürte Friedrich die nationale Stimmung für Luther und provozierte den Papst, der seine Befugnisse jetzt auch durch den Landesherrn des Aufrührers in Frage gestellt sah.

Eine scharfe Entgegnung Leos X. ließ daher nicht lange auf sich warten. In seinem Breve vom 23. August 1518 an den Kurfürsten von Sachsen setzte der Papst ganz auf das Argument der dynastischen und persönlichen Ehre. Friedrichs glorreiche Ahnen hatten sich als Beschützer von Glaube und Kirche hervorgetan. Wollte er selbst dieses hohe Ansehen für einen «Sohn des Unrechts» wie Luther verspielen, der sich unter Berufung auf den Schutz seines Fürsten jeglicher Autorität widersetzte und, wie inzwischen zweifelsfrei erwiesen, gottlose und ketzerische Lehren verkündete? Leo schrieb als Papst an einen weltlichen Fürsten, aber auch von Fürst zu Fürst. Als sächsischer Landesherr war Friedrich verpflichtet, einen notorischen Ketzer auszuliefern:

> Wir ermahnen daher eure Durchlaucht, und befehlen aufgrund des uns schuldigen Gehorsams, dass ihr um der Ehre Gottes, unserer Ehre und eurer Ehre willen veranlasst, dass dieser Martin Luther in Gewahrsam und Urteil des Heiligen Stuhls überstellt wird, wie es der besagte Legat [Cajetan, dessen Mission angekündigt wird] von dir verlangen wird.[37]

Ein Ketzereifall an der Universität Wittenberg war für deren Gründer und Schutzherrn peinlich. Umso sorgfältiger versuchte Leo X., als Mitglied der Familie Medici ein ausgewiesener Experte in Sachen Ehre und Ehrgefühl, die Unehre des Häretikers von der Ehre des Herrschers zu trennen:

> Dies [die Auslieferung Luthers] wird ein willkommenes und heilsames Geschenk an den katholischen Glauben sein und für eure Durchlaucht als Folge der dadurch Frömmigkeit und Religion erwiesenen Ehrerbietung äußerst ehrenvoll.[38]

Ehre endete nicht mit dem Tod, sondern lebte auch in der Nachwelt fort. Nur durch entschlossenes Vorgehen gegen den Ehrverletzer Luther, so Leo X. weiter, werde Friedrich ein ehrenvolles Andenken für sich und seine Familie bewahren. Hier schrieb ein Humanist an einen potentiell Gleichgesinnten.

Ebenfalls am 23. August 1518 unterschrieb der Papst ein Breve für seinen Legaten, den Kardinal Cajetan, der seine Interessen als bevollmächtigter Stellvertreter auf dem Augsburger Reichstag wahrnahm.

Dabei ging es keineswegs vorrangig um die *causa Lutheri*. Leo wünschte sich deutsche Hilfsgelder für den Krieg gegen die Türken, die nach Ungarn vorstießen. Doch solche Gesuche trafen in Deutschland auf immer taubere Ohren. Der Krieg des Medici-Papstes um Urbino war in schlechter Erinnerung, und dass er zwecks Förderung seiner Familie die Kandidatur des französischen Königs für den Thron des Heiligen Römischen Reiches deutscher Nation begünstigte, machte die Sache nicht besser. Die Intervention in der Luther-Sache war für Cajetan also nur ein Zusatz-Auftrag. Luther – so der Tenor des Breves – bringe unaufhörlich neue Schriften und damit Irrlehren unters Volk. Daher solle der Legat ihn so schnell wie möglich vorladen, notfalls mit den Zwangsmitteln der weltlichen Gewalt, also des Kaisers, und verhören. Verweigere der erklärte Ketzer den Widerruf, solle ihn der Legat gefangen nach Rom bringen lassen.

Diese harschen Anweisungen waren (und sind) für die protestantische Luther-Forschung ein Beleg für die Doppelzüngigkeit und Heimtücke des Papstes. Gerade einmal sechzehn Tage zuvor hatte der Beschuldigte die Vorladung nach Rom erhalten, die ihm für sein Erscheinen eine sechzig Tage-Frist und freies Geleit einräumte. Jetzt war nur noch von Widerruf oder Verhaftung die Rede, obwohl der Wittenberger Professor zwar von Experten zum Ketzer erklärt, doch noch nicht als Ketzer verurteilt worden war. Die plötzliche Verhärtung der römischen Position ist wohl darauf zurückzuführen, dass man die *causa Lutheri* an der Kurie aufgrund des Medienechos und der politischen Reaktionen in Deutschland für dringlicher denn je hielt. Wie schon Leos Schreiben an Gabriele della Volta ein gutes halbes Jahr zuvor belegt, kann von Verschleppung und Unterschätzung des Falls Luther keine Rede sein.

Für genaue Sachkenntnis und diplomatisches Fingerspitzengefühl spricht auch die Cajetan knapp drei Wochen später erteilte Vollmacht, im Falle eines Widerrufs den reuigen Sünder freizusprechen und damit den leidigen Fall als ganzen beizulegen. Wenn dem gelehrten Dominikaner-Kardinal das gelang, war die in der Anweisung an Della Volta erwähnte Flamme ausgelöscht, bevor es zum befürchteten Flächenbrand kam. Das für Rom so unerwartete und lästige Interesse der deutschen Öffentlichkeit an diesem sensationellen Fall wäre damit ebenfalls im Keim erstickt.

Doch auch die Gegenseite traf ihre Vorkehrungen. Als Luthers Landesherr stellte Friedrich der Weise seine Bedingungen für das von Rom
geplante Verfahren. Unbeeindruckt durch das Breve vom 23. August
ging er – formell zu recht – davon aus, dass sein Professor noch nicht
rechtsgültig verurteilt sei, übersah dabei jedoch, dass dieser zum notorischen Häretiker erklärt worden war, und verlangte erneut die Verhandlung vor einem deutschen Gericht. Diese Forderung war für Cajetan
unannehmbar, doch sicherte er Friedrich zu, mit Wohlwollen und
Verständnis, väterlich, nicht als Richter, vorzugehen. Selbst diese Formulierung war dem Kurfürsten noch zu unverbindlich. Er forderte die
Zusage, dass Luther auf keinen Fall gefangen nach Rom ausgeliefert
werden dürfe. Im Fall einer Verurteilung als Ketzer werde er ihm jedoch
seinen fürstlichen Schutz entziehen. Daraufhin ließ Leo X. seinem Legaten auch in dieser Hinsicht freie Hand. Wie es weitergehen würde, wenn
Luther den Widerruf verweigerte, war damit von Cajetans Gutdünken
abhängig, also völlig offen.

Das Verhör von Augsburg

Als seriöser Theologe arbeitete sich der Kardinal aus Gaeta gründlich in
die Materie ein, um die es beim Verhör gehen würde; gute Dienste bei
dieser Vorbereitung leisteten ihm vor allem Luthers *Resolutiones*. Ja, der
Legat ging sogar so weit, für die Hauptpunkte eigene theologische Stel-
lungnahmen auszuarbeiten. Am 12. Oktober 1518 kam es zur ersten
Begegnung von Angesicht zu Angesicht. Luther war sich des öffentlichen
Interesses an diesem Aufeinandertreffen bewusst. Schon im nachfolgenden Monat veröffentlichte er unter dem Titel «Augsburger Verhandlungen» *(Acta Augustana)* seine Sicht der Dinge und gewann damit eine
Deutungshoheit über die Unterredungen, die bis heute anhält. Sein Ge-
genüber hingegen hielt sich mit Publikationen zu diesem Thema zurück.
Cajetans Wahrnehmung der Begegnung ist trotzdem erhalten. Nach dem
Tod des Kardinals im Jahr 1534 kam sein langjähriger Sekretär Giambat-
tista Flavio Aquilano in seinem 1535 verfassten Nekrolog ausführlich auf
die Augsburger Geschehnisse zu sprechen. Vermutlich griff er dabei auf
Aufzeichnungen zurück, die er im Nachlass seines Herrn gefunden hatte.

Sie zeigen, wie weit der Blick auf die jeweils andere Seite bereits zum Klischee erstarrt war. Gleich das erste Zusammentreffen am 12. Oktober 1518 – so Flavio Aquilano und damit wohl Cajetan selbst – machte die Verhältnisse ein für alle Mal deutlich. Der Kardinal trat dem irrenden Mönch so gnädig, ja liebenswürdig und zugleich mit so unwiderlegbaren Argumenten gegenüber, dass dieser sich geschlagen gab und einzulenken versprach. Daraufhin baute Cajetan Luther eine goldene Brücke nach der anderen: Die Kirche verfahre mit reuigen Sündern gnädig, nur mit verstockten Irrlehrern kenne sie kein Erbarmen. Daraufhin stammelte der Wittenberger Professor doppeldeutige Formeln; für den Kardinal war das ein untrügliches Zeichen dafür, dass dieser Mensch nicht aus Boshaftigkeit, sondern allein aus Mangel an Bildung und Fachwissen irrte. An theologischen Belehrungen ließ es der gefeierte Thomist Cajetan daher nicht fehlen. Von Luther kam darauf keine Reaktion, nicht einmal mehr Widerstand. Daraus zog der Bevollmächtigte des Papstes den Schluss, dass dem Widerruf jetzt nur noch ein diffuses Schamgefühl entgegenstand. Der zweiten Unterredung am 13. Oktober sah die römische Seite daher mit Optimismus entgegen.

Cajetans Sicht der Dinge liest sich wie eine Matrix späterer Erzählungen vom Zusammentreffen kurialer Gesandter mit dem deutschen Ketzer. Alle römischen Augenzeugen berichten von nun an von derselben Enttäuschung, Erleichterung und Verwunderung angesichts von Luthers kümmerlichem Auftreten und stellen dieselben Fragen: Diese tumbe Figur soll der berühmte Aufrührer und Erzketzer sein, der so viele Seelen vom wahren Glauben abspenstig gemacht hat? Wie kann ein so diabolischer Verführer so ohnmächtig, so arm an Ausdruck und Argumenten agieren? Hat dieser stotternde und lallende Barbar wirklich alle diese hochgiftigen Texte verfasst?

Schon am nächsten Tag – so der Bericht weiter – zeigte Luther sein zweites, dämonischeres Gesicht:

> Jetzt aber, sieh da, trat Martin nicht demütig wie am Tag zuvor, sondern, von mehreren Helfershelfern, die ihn nicht nur am Widerruf hatten hindern, sondern ihm auch neue Kraft hatten einflößen können, gestützt von Hochmut gebläht und von barbarischer Wut erfüllt auf und näherte sich dem Legaten völlig uneingeschüchtert.[39]

Wie das Auftreten, so die Rede des Ketzers: Er müsse sich nicht um die Gnade des Heiligen Stuhls bemühen, noch viel weniger habe er etwas zu widerrufen. Auch könne man mit der Wahrheit niemanden verletzen. Wenn man nicht aufhöre, ihn zu behelligen, werde er sich an ein künftiges Konzil wenden.

Selbst diese gezielten Provokationen – so der rühmende Nekrolog – ließen Cajetan, den Vertreter der christlichen Zivilisation, nicht seine auf einer jahrhundertelangen Tradition beruhende Überlegenheit gegenüber dem dreisten Barbaren verlieren:

> Der durch diese und andere höchst unverschämte Worte betroffene Legat wunderte sich zunächst sehr über diese Veränderung und mahnte danach umso milder: Ein in sich ruhender Mensch wechselt doch nicht so plötzlich die Meinung![40]

Auch das gehörte von jetzt an zum festen Bestand der römischen Luther-Bilder: Luther, der Unstete, Sprunghafte, in sich Widersprüchliche. Der Barbar bleibt anderen und sich selbst nicht treu. Das veränderte Verhalten des erklärten Ketzers erforderte schärfere Gegenmaßnahmen. Cajetan – so der Bericht Flavio Aquilanos weiter – habe den Unberechenbaren daher zuerst mit freundlichen Ermahnungen, danach, als diese nichts fruchteten, mit hartem Tadel und schließlich mit handfesten Drohungen zum Widerruf und damit zur Anerkennung der kirchlichen Herrschaftsverhältnisse zu bewegen versucht: Luther sei schließlich nicht das Oberhaupt der Kirche, Kaiser und Reichsfürsten würden diese Volksverführung nicht dulden, ihr Arm sei lang und ihre Strafe schrecklich. Bei allem Ärger über Luthers Verstocktheit zeigte sich der weltgewandte Kirchenfürst über dessen Auftritt auch amüsiert:

> Zu den Seinen gewandt, sagte er: Dieser Mann sollte mit frischeren Eiern zum Markt gehen! Damit wollte er diskret auf dessen Dummheit verweisen.[41]

Worüber die beiden eigentlich disputierten, wird hier mit keinem Wort erwähnt. Diese Lücke schließt Luthers Bericht von seinem Verhör, der im Hinblick auf die Gegenstände des Gesprächs und die dabei vertretenen Standpunkte unwidersprochen geblieben ist.

Cajetan konzentrierte demnach seine Argumentation auf einzelne Kernpunkte, um die 95 Thesen und deren Erläuterungen von ihrem Kraftzentrum her zu bekämpfen. Daher setzte er bei These 58 an, die durch die Dekretale *Unigenitus* Clemens' VI. genügsam widerlegt sei: In dieser päpstlichen Verlautbarung werde der Kirchenschatz genau so definiert, wie ihn die Ablassprediger verkündeten. Luthers Entgegnung zeigt an, in welchem Maße er die päpstliche Macht inzwischen in Frage stellte:

> Ich antwortete darauf, dass mir nicht nur diese Bestimmung des Papstes Clemens, sondern auch die andere, ähnliche Sixtus' IV. [zum Ablass für die Verstorbenen] wohl bekannt seien … Doch habe sie in meinen Augen zusammen mit vielen anderen nicht genügend Autorität, und zwar deshalb, weil sie die Heilige Schrift missbrauche und deren Worte (wenn deren gewöhnlicher Sinn bestehen bleiben muss) kühn zu einer falschen Bedeutung verdreht, die sie an dieser Stelle nicht besitzen – ja, in Wirklichkeit sagen sie sogar genau das Gegenteil aus.[42]

Der Papst, so Luther weiter, tue der Bibel Gewalt an, um seine Machtstellung zu festigen und den Gläubigen das Geld aus der Tasche zu ziehen. Luthers Schlussfolgerung lautete daher: Ich folge der Heiligen Schrift, die nicht nur der Ansicht des Papstes, sondern auch der Auslegung des Thomas von Aquin vorzuziehen ist. Für Cajetan stellte sich der obskure Augustiner-Eremit damit über alle anerkannten Autoritäten, um wie die meisten Ketzer seine ganz persönliche, durch keinerlei höhere Instanzen oder sonstige Belege gestützte Interpretation der Bibel für die gesamte Christenheit verbindlich zu machen. Aus gutem Grund hatte der Legat laut Flavio Aquilano Luther darauf hingewiesen, dass er nicht der Papst sei.

Beanspruchte Luther für sich die Unfehlbarkeit, die er dem Haupt der Kirche absprach? Für Luther, so schien es, stellte sich diese Frage gar nicht: Er sprach nicht von seiner Deutung der Bibel, sondern von deren ein für alle Mal feststehender Aussage, sah sich also offenbar nicht als ein Interpret unter vielen, sondern als Wiederhersteller des einen und alleine zutreffenden Schriftsinns. Diesen hatte er gemäß seiner Selbsteinschätzung auch gegenüber Cajetan verteidigt – mit einer Einschränkung:

> Nichtsdestoweniger bin ich ein Mensch und kann irren. So unterwarf und unterwerfe ich mich heute dem Urteil und der Bestimmung der legitimen heiligen Kirche und allen, die es besser wissen.[43]

Welche Instanz meinte Luther mit der «legitimen heiligen Kirche», wer hatte das letzte Wort bei der Auslegung der Bibel und damit in Glaubensdingen? Mit der gegenwärtigen römischen Kirche war diese höchste Richterin fraglos nicht identisch. Meinte Luther ein Konzil?

Diese Frage stellte Cajetan jedoch nicht. Im zweiten Teil des Verhörs ging es um die Wirksamkeit der Sakramente; hier erschien dem Legaten Luthers Position weit weniger häretisch, so dass er mit den weiteren Schritten wie einer formellen Verurteilung oder gar der Exkommunikation zögerte. Luther seinerseits überreichte dem Kardinal die schriftliche Rechtfertigung der inkriminierten Sätze und kehrte dann vorsichtshalber ins sichere Wittenberg zurück. Dort schrieb er an Georg Spalatin, seinen Mittelsmann beim Kurfürsten, dass er den Widerruf, den ihm Cajetan befohlen habe, verweigere. In weiteren Briefen verlieh er seiner Furcht Ausdruck, dass der Kardinal hinter seiner freundlichen Fassade Schlimmes plane; Cajetan sei in der Sache besiegt worden und sinne auf Rache für diese Niederlage. Damit beschwor er ein weiteres Feindbild, das schon bald zum nationalen Klischee gerinnen sollte: Italiener sind heimtückisch, sie lächeln dich an, während sie deinen Untergang in die Wege leiten!

Luthers nächster Schritt bestand in einem Appell an den Papst, den schlechte Ratgeber falsch informiert hätten und den es jetzt über den wahren Stand der Dinge aufzuklären gelte. Das notariell beglaubigte Schriftstück vom 16. Oktober 1518 ging mit allen römischen Verfahrensbeteiligten hart ins Gericht. Prierias: als Dominikaner hoffnungslos voreingenommen; Ghinucci: ein Jurist und kein Theologe. Die 95 Thesen und ihre Nachfolgeschriften: ein Beitrag zur Diskussion unter Theologen und damit zur Findung einer Wahrheit, die von der Kirche bisher nicht verbindlich festgelegt worden sei. Cajetan habe Luther daher widerrechtlich zum Widerruf von Sätzen gedrängt, die gar nicht verurteilt seien. Zudem habe sich der Legat nicht auf seine Argumente eingelassen und stattdessen mit wilden Drohungen um sich geworfen. So sei es jetzt am Papst, dem Vater aller Gläubigen, das an Luther verübte

Unrecht wiedergutzumachen. An den beiden folgenden Tagen schrieb Luther in einem völlig anderen Ton zweimal direkt an Cajetan. Er betonte seine Bereitschaft, sich dem Urteil Leos X., bei dem jetzt die Entscheidung liege, zu unterwerfen, und bat den Legaten, seine im Verhör erwiesene Bereitschaft zum Gehorsam gebührend anzuerkennen. Sein plötzlicher Aufbruch aus Augsburg sei vom Zwang der Umstände bestimmt und von Freunden veranlasst worden.

Der Adressat reagierte auf diese Kombination von Aufsässigkeit und Unterwürfigkeit indigniert. In seinem Schreiben vom 25. Oktober 1518 an Friedrich den Weisen zog Cajetan eine ganz persönliche Bilanz der Begegnung. In seinem Kommentar zur Dekretale Clemens' VI. und zur Heiligen Schrift habe sich der Wittenberger Professor weit von den Positionen der Kirche entfernt:

> Diese Ansichten sind teils gegen die Doktrin des Heiligen Stuhls gerichtet, teils sogar regelrecht verdammungswürdig. Und eure Durchlaucht möge mir glauben, dass ich hier wahrhaftig sage und rede, aus tiefstem Wissen und nicht aus bloßen Schulmeinungen heraus.[44]

Der Kurfürst solle Luther daher gefangen nach Rom schicken und sich nicht von falschem Mitleid zu einer Nachsicht verleiten lassen, die seiner Ehre und Würde nur abträglich sein könne. Mit der festen Absicht, die leidige Sache zum Abschluss zu bringen, verfasste Cajetan kurz darauf eine Abhandlung zum Ablass, die der am 9. November 1518 veröffentlichten Dekretale *Cum postquam* Leos X. zugrunde gelegt wurde. Die lehramtlich verbindliche Aussage, deren Fehlen Luther mehrfach moniert und zu seiner Verteidigung herangezogen hatte, war damit geschaffen – Rom hatte gesprochen, und zwar als Reaktion auf die Auslassungen eines erklärten Ketzers!

Cum postquam nimmt auf das Augsburger Verhör Bezug, da die Dekretale *Unigenitus* von 1343 ausdrücklich als gültige Lehre der Kirche bekräftigt wird: Der Papst hat durch seine Schlüsselgewalt Zugriff auf den Kirchenschatz, der durch die Verdienste Christi und der Heiligen gebildet wird. Die aus diesem Überschuss gespeisten Indulgenzen gelten für Lebende und Tote gleichermaßen. Damit fiel die Unterscheidung, die Cajetan zuvor in einer ausführlicheren Abhandlung vorgenommen hatte, endgültig unter den Tisch; darin hatte der Kardinal ausdrücklich betont, dass der Straferlass für die Verstorbenen *per modum suffragii* erfolge, also durch Fürbitte und nicht automatisch wie im Falle der Lebenden. Für solche Feinheiten gab es in der Dekretale *Cum postquam* und den nachfolgenden Auseinandersetzungen keinen Platz mehr. Fortan sollte es auch keine Appelle mehr in Sachen Ablass geben dürfen. Für Luther wurde die Lage dadurch immer bedrohlicher.

Am 19. November 1518 wandte er sich deshalb brieflich an seinen Landesherrn. Wie schon im Appell an den Papst behauptete er darin, zu Unrecht verfolgt zu sein. Irrtümer seien ihm nicht nachgewiesen worden, trotzdem setze man ihn mit allerlei Drohungen unter Druck. Eine Auslieferung nach Rom zu verlangen, so Luther weiter,

> heißt nichts anderes, als von eurer Hoheit zu verlangen, Christenblut zu verraten und zum Mörder zu werden, denn der Papst selbst lebt in Rom nicht sicher genug.[45]

In Rom – so der Tenor des Briefes an Friedrich den Weisen – warte ein Heer heimtückischer Schreiber und Juristen nur darauf, Luther mit gefälschten Belegen als Ketzer zu verurteilen und danach hinzurichten. Ob er falsch oder richtig lehre, könne daher nicht an diesem verrufenen Ort, sondern nur in Deutschland festgestellt werden:

> Schließlich ist es kein Zeichen von Halsstarrigkeit, sondern ein natürlicher Affekt, dass ich als Deutscher zahlreiche bekannte, durch ihr Leben und ihre Autorität ausgewiesene Deutsche einem einzigen Italiener vorziehe.[46]

Deutschland, so Luther weiter, werde ihm die von Rom verweigerte Gerechtigkeit widerfahren lassen. Sein Hilferuf an seinen Landesherrn weitete sich so zu einem Appell an dessen nationales Ehrgefühl: Tu als deutscher Fürst deine Pflicht und schütze deinen Landsmann, der den Mut hat, sich mit dem römischen Natterngezücht anzulegen!

Luthers Schicksal lag damit in Friedrichs Hand. Um dieser Hand nachzuhelfen, versorgte der Wittenberger Professor auch weiterhin die Öffentlichkeit mit den neuesten Informationen zu seinem Prozess, und dies so schnell und ohne Rücksicht auf diplomatische Finessen, dass es dem kurfürstlichen Hof zeitweise angst und bange wurde. Dieser hielt die Publikation der *Acta Augustana*, Luthers Bericht von seinem Verhör in Augsburg, zum gegenwärtigen Zeitpunkt für kontraproduktiv, doch Luther setzte sich über diese Bedenken hinweg. Für ihn zählte, wie er es im Schreiben an Friedrich den Weisen ein für alle Mal darlegte, die Meinung der Menge, für die er immer mehr zum deutschen Nationalhelden wurde. Diese Verehrung war zugleich eine Rückversicherung, denn ein Nationalheld wie Kurfürst Friedrich würde den anderen Nationalhelden Luther wohl kaum dem nationalen Erbfeind in Rom ausliefern.

In Rom hatte Luther nichts mehr zu verlieren. Nachdem er sich noch am 16. Oktober 1518 an den besser zu unterrichtenden Papst gewandt hatte, ging er schon wenige Wochen später, am 28. November, einen entscheidenden Schritt weiter und appellierte an ein universelles Konzil. Pius II. (1458–1464) hatte es den Gläubigen bei schwersten Strafen untersagt, sich gegen die Entscheidung eines Pontifex maximus an ein Konzil zu wenden. Doch Luther missachtete nicht allein dieses Verbot, sondern fügte in die notariell beglaubigte Appellationsurkunde auch noch eine Passage ein, die Leo X. bis aufs Blut reizen musste:

> Aber da zu Genüge bekannt ist, dass ein heiliges, im Heiligen Geist legitim versammeltes Konzil, das die heilige katholische Kirche repräsentiert, in Glaubenssachen über dem Papst steht, ergibt sich daraus, dass kein Papst verhindern kann, dass gegen seine Entscheidung an ein Konzil appelliert wird.[47]

Diese Formulierung rührte an römische Traumata. Luther trat jetzt wie ein Konziliarist auf, der die unheilvolle Tradition von Konstanz und Basel wiederbeleben wollte.

Seine Lage war somit äußerst bedrohlich. Noch Jahrzehnte später beschwor der Reformator in seinen Tischreden die düstere, unheilschwangere Atmosphäre des Spätherbstes 1518, als er alle Ressourcen ausgeschöpft hatte und hilflos den römischen Ränken ausgeliefert war. Just in dieser Zeit unternahm der listenreiche Leo X. den letzten Schritt, um ihn vollends zu isolieren. Er sandte seinen deutschstämmigen Höfling Karl von Miltitz nach Deutschland, der bis an die Zähne mit

geistlichen Waffen gerüstet war. Dazu zählten Dutzende päpstlicher Bre-
ven an einflussreiche Persönlichkeiten, darunter kurfürstliche Räte wie
Spalatin, in denen die «Kühnheiten Bruder Martin Luthers, eines Sohns
Satans»[48] in krassen Farben geschildert und denjenigen, die bei der Auslieferung dieses Teufelsbündlers halfen, reiche Belohnungen in Aussicht
gestellt wurden. Eine solche Gefangennahme sei zum Vorteil der Christenheit und nicht zuletzt des Kurfürsten selbst. Wenn Friedrichs Räte
Luther entgegen dessen Anweisungen auslieferten, verrieten sie ihren
Herrn nicht, sondern wahrten nur dessen Ehre und Vorteil. Barbaren
sind gierig und käuflich: Unter dieser Devise ließ man in Rom nichts
unversucht.

Ganz besondere Strategien wurden in Rom für die Person des Kurfürsten und seine in Rom wohlbekannten Vorlieben ersonnen. Der sächsische Herrscher hatte eine der größten Reliquiensammlungen der
Christenheit mit Tausenden heiliger Überreste angelegt und war stets
bestrebt, diese heilswirksame Kollektion um besonders wertvolle Stücke
zu erweitern. Dem Mann konnte geholfen werden, denn in der Ewigen
Stadt waren selbst nach Luthers Ansicht Tausende von Märtyrern gestorben. Von Miltitz konnte für sein Reisegepäck nach Sachsen daher aus
dem Vollen schöpfen. Außerdem wusste man an der Kurie, dass sich
die kurfürstliche Begehrlichkeit auf die Goldene Rose, die höchste
Tugendauszeichnung für weltliche Herrscher, richtete. Auch dieses heiß
ersehnte Ehrenabzeichen führte von Miltiz daher mit sich; es sollte ihm
als Lockmittel für verschiedene Zwecke, nicht zuletzt in der *causa
Lutheri*, gute Dienste leisten. Für Luther wurde es jetzt noch gefährlicher. Er habe schon mit seinen Freunden einen tränenreichen Abschied
gefeiert, so der Reformator im nostalgischen Rückblick, als ihn die Botschaft des Kurfürsten erreichte, er solle getrost in Wittenberg bleiben.

Mit seiner Antwort auf Cajetans Brief vom 25. Oktober 1518 wartete Friedrich der Weise geraume Zeit, um zunächst Rat einzuholen,
durch Mittelsmänner auch bei Luther selbst, der so indirekt an der
Abfassung des Antwortschreibens mitwirken durfte. Zumindest von
diesem Zeitpunkt an muss er gewusst haben, dass ihn sein Landesherr
nicht fallen lassen würde. Mit knappen Worten lehnte der Kurfürst am
8. Dezember sämtliche Ansinnen des Kardinals ab und verwahrte sich
zugleich gegen alle Vorwürfe:

Denn wenn wir durch irgendeinen sicheren Grund erkennen würden, dass die Lehre des Doktor Martin Luther unfromm oder auch nur unsicher sei, würden wir uns selbst durch Hilfe und Gnade des allmächtigen Gottes so beraten, dass wir keiner Aufmunterung oder Ermahnung durch andere bedürften.[49]

Der Kurfürst verwahrte sich damit gegen einen Zugriff Roms auf seinen geschätzten Professor, der in Wittenberg dringend gebraucht werde und weiterhin keiner Ketzerei überführt sei. Viele gelehrte Deutsche, so der Kurfürst weiter, hätten Luthers Schriften geprüft und nichts Anstößiges darin gefunden. Das waren selbstbewusste Töne.

Das lange Intermezzo von 1519

Friedrichs Antwort an Cajetan spiegelt eine veränderte politische Großwetterlage wider. Ende 1518 ging es mit der Gesundheit Kaiser Maximilians rapide bergab. Eine Neuwahl des Reichsoberhaupts stand unmittelbar bevor. Als Nachfolger des Habsburgers hatte Leo X. ursprünglich den französischen König Franz I. auserkoren. Inzwischen stand die Aussichtslosigkeit dieser Kandidatur fest. Also musste man sich in Rom nach einem anderen Anwärter umsehen, mit dem man die Erhebung von Maximilians Enkel, des spanischen Königs Karl, verhindern konnte. Bei dieser Suche rückte Friedrich der Weise, das angesehenste Mitglied des Kurfürsten-Kollegiums, immer mehr ins römische Blickfeld. Selbst wenn er nicht selbst zur Wahl antreten wollte, war es ratsam, ihn aufgrund seines Einflusses so pfleglich wie möglich zu behandeln.

Daher erhielt Karl von Miltitz neue Direktiven, die seine Mission auf geradezu wundersame Weise verwandelten. Von einer Gefangennahme des Ketzers Martin Luther war jetzt keine Rede mehr. Stattdessen schien der so lange vergeblich gesuchte Kompromiss plötzlich in Reichweite zu sein. Luther müsse den Papst für das Unrecht, das er diesem angetan habe, demütig um Verzeihung bitten. Das war in den Augen des päpstlichen Diplomaten kein Hindernis. Ja, Luther schien ihm in seinem brieflichen Bericht über das Zusammentreffen vom 3. Januar 1519 unter bestimmten Bedingungen sogar zum Widerruf bereit zu sein, so dass man das ganze Verfahren getrost nach Deutschland verlegen könne. Auf beiden Seiten, so schien es, war mitten im Winter 1518/19 theologisches Tauwetter angebrochen. Doch dieser Eindruck täuschte gründlich, wie sich schnell zeigte. Zu den Voraussetzungen für einen Widerruf zählte Luther weiter den auf die Heilige Schrift gestützten Nachweis, dass er sich geirrt habe. Das war schon sein Standpunkt beim Verhör durch Cajetan gewesen. In Rom wiederum hatte man das Verfahren gegen Luther keineswegs eingestellt, sondern nur unterbrochen.

So blieb ein weiterer Brief Luthers an Leo X. das einzig greifbare Ergebnis seiner in Altenburg, der Residenz Friedrichs des Weisen, geführten Verhandlungen mit Karl von Miltitz. Ob dieses Schreiben abgeschickt wurde, ist allerdings ungewiss. Von Miltitz, so die Einleitung des relativ kurzen Textes, verlange im Namen des Papstes eine Genugtuung *(satisfactio)* für die Respektlosigkeit *(irreverentia)* und Kühnheit *(temeritas)*, mit der er, Luther, gegen den Papst vorgegangen sei. Doch diese Vorwürfe, so der Brief vom 5. oder 6. Januar 1519, zielten ins Leere und verkehrten Ursache und Stoßrichtung von Luthers Intervention ins Gegenteil:

> Wenn ich so etwas höre, schmerzt es mich, dass meine vornehmste Pflicht *(officiosissimum officium)* so unglücklich ist, dass das, was ich zum Schutze der Ehre der römischen Kirche unternommen habe, mich der Respektlosigkeit gegenüber dem Haupt der Kirche und aller weiteren bösen Taten verdächtig macht. Doch was, heiliger Vater, soll ich nun tun? Die guten Ratschläge gehen mir geradewegs aus, die Macht deines Zorns kann ich nicht ertragen, und wie ich mich diesem entziehen soll, weiß ich nicht.[50]

Das klang so, als ob es zwischen Luther und Leo X. nie wirkliche Probleme gegeben habe; alle Spannungen wurden demnach von böswilligen Gegnern, die Luther das Wort im Mund verdrehten, künstlich herbeigeführt. Umso weniger kam für ihn ein Widerruf in Frage. Dieser verbot sich schon deshalb, weil Luthers Schriften eine weitere Verbreitung gefunden hatten, als dieser jemals zu hoffen gewagt hatte, nicht zuletzt durch den wütenden Widerstand seiner Gegner, die seinen «Fall» aufbauschten. Das war ein Seitenhieb gegen Prierias: Lasst die Thomisten nur gegen mich wüten, sie helfen nicht euch, sondern mir und meiner Sache!

Ausschlaggebend für die Verweigerung des Widerrufs war, so Luther, dass dadurch diejenigen, die die Kirche mit ihrer Habgier befleckten, Oberwasser gewinnen würden. Welche Zugeständnisse er jetzt noch machen konnte, fasste er knapp zusammen:

> Nun bezeuge ich, Heiliger Vater, vor Gott und den Menschen, dass ich die Macht der Kirche und deiner Heiligkeit niemals beschneiden, geschweige denn ihr mit List Abbruch tun wollte oder will. Im Gegenteil: ich bekenne, dass die Macht dieser Kirche über allem steht und dass ihr nichts im Himmel und auf Erden vorzuziehen ist außer Christus, dem Herrn über alles, allein. Daher möge deine Heiligkeit keinem Gerücht von den bösen Anschlägen glauben, die dieser Martin Luther angeblich anstiftet ... Denn ich habe nur ein Ziel, nämlich dass die römische Kirche, unsere Mutter, nicht von fremder Habgier beschmutzt werden darf, und die Völker nicht zu dem Irrtum verführt werden, dass Ablässe mehr wert sind als Nächstenliebe. Alles andere wird von mir als unerheblich *(neutralia)* gering geschätzt.[51]

Die geforderte Entschuldigung war das nicht. Luther beschuldigte vielmehr die Gegenseite und damit zwischen den Zeilen auch den Papst selbst. Allmählich wurde die Unterscheidung zwischen dem guten Leo X. und der bösen Kurie unglaubwürdig, deren hässliche Habgier fiel auf den Pontifex maximus selbst zurück.

Aus römischer Sicht war die Beteuerung, die Macht des Papsttums nicht einschränken zu wollen, eine reine Schutzbehauptung. Gemessen an der Machtfülle, die die Papalisten dem Heiligen Stuhl zuschrieben und die in den letzten Jahrzehnten zur mehr oder weniger offiziellen Selbsteinschätzung der Amtsinhaber geworden war, reduzierte der deutsche Mönch die Kompetenzen des Nachfolgers Petri auf ein unerträgliches Minimum.

Fasst man alle bis zu diesem Zeitpunkt vorliegenden Äußerungen Luthers zusammen und bringt sie auf den Punkt, dann war der Papst für ihn wenig mehr als das ausführende Organ der Gesamtkirche mit einem gewissen Ehrenvorrang, doch ohne das letzte Wort in Sachen Bibelauslegung und Glaubenslehre und ohne Einflussmöglichkeiten im Fegefeuer. Für alle diese Verluste bot Luther aus kurialer Sicht nur kümmerlichen Ersatz: Der Papst sollte für die Gläubigen beten und Fürbitte leisten, sittliches Vorbild sein und den Frieden in der Christenheit bewahren. Ganz ähnlich hatte sich der große Humanist Erasmus von Rotterdam drei Jahre zuvor in seiner — wohlweislich anonym veröffentlichten — Satire *Julius exclusus* geäußert, die Luther bei aller Aversion gegen den Verfasser hoch schätzte. In diesem zugleich witzigen und ernsten Dialog verlangt der soeben verstorbene Papst Julius II. von Petrus Einlass in den Himmel, lässt aber bei der Eignungsprüfung elementare Wissenslücken und gravierende moralische Mängel erkennen. Für Julius ist das Papstamt Jubel, Trubel, Heiterkeit, für Petrus Weinen, Beten und Fasten. Da es im Himmel offenbar ähnlich asketisch zugeht, wandert der frustrierte Della-Rovere-Papst freiwillig in die viel interessantere Hölle aus, die er ganz neu zu erbauen verspricht – als eine Art zweiten Petersdom. Die Auffassungen, die über das Papstamt, seine Rechte und Pflichten, in Rom und im übrigen Europa gehegt wurden, erwiesen sich immer mehr als unvereinbar.

Welche Befürchtungen Luther insgeheim im Zusammenhang mit dem Papsttum hegte, vertraute er am 18. Dezember 1518 seinem Freund Wenzeslaus Linck brieflich an: Die eigentliche Auseinandersetzung mit Rom habe noch gar nicht begonnen; erst recht dürfe die Kurie nicht auf eine gütliche Beilegung hoffen. Jetzt stand für Luther nämlich erst einmal eine Frage von ungeheurer Tragweite zur Beantwortung an: War der Papst der Antichrist? Von diesem wusste die Offenbarung des Johannes Schreckliches zu berichten. Er ahmte Christus, den Erlöser, nach, um so viele Seelen wie möglich in die Hölle zu schicken, und stürzte die ganze Welt in Chaos und Verwüstung. Mit dem Auftreten dieses Gegen-Christus brach überdies die Endzeit an, weshalb Luther ihn auch als Endchrist bezeichnete. Vorerst war die Identität von Papst und Endchrist nur eine Vermutung, allerdings eine beängstigende. Für Luther sprach nämlich vieles für diese Gleichsetzung: Wie der perfide Nachäffer des Gottessohns stellte sich der Papst über das Gotteswort und verdrehte es nach Gutdünken, um das Gewissen der Menschen zwecks Sicherung seiner weltlichen Macht zu unterdrücken. Die nähere Zukunft musste endgültige Beweise für oder gegen diese These erbringen.

In krassem Gegensatz zu Luthers Haltung und Absichten schickte Karl von Miltitz Jubelnachrichten nach Rom, die den Eindruck erweckten, die *causa Lutheri* sei weitgehend beigelegt. Anders ist das päpstliche

Breve vom 29. März 1519 an Luther jedenfalls nicht zu erklären, in dem
dieser, eben noch der «Sohn des Unrechts», jetzt als «geliebter Sohn»
angeredet wird. Die Botschaft des Schriftstücks war nicht weniger versöhnlich: Wir vergessen mit väterlichem Großmut alles Unrecht, das du
uns angetan hast:

> Wir danken Gott, dem Allmächtigen, dass er geruht hat, dein Herz zu
> erleuchten, und dafür zu sorgen, dass die gläubigen Christen, die in für
> das Seelenheil wichtigen Dingen auf deine Autorität und Lehre vertrau-
> ten, nicht mehr in so schwere und gefährliche Irrtümer verführt werden
> können.[52]

Eine Kleinigkeit war allerdings noch zu erledigen: Luther, der reuige
Irrlehrer, sollte flugs nach Rom kommen, offiziell abschwören und danach wieder in die Gunst des Papstes aufgenommen werden.
Da Luther daran nicht im entferntesten dachte, platzte das Projekt
Aussöhnung wie eine Seifenblase. Bemerkenswert an der Episode ist,
dass man in Rom von Miltitz' Wunschträumen Glauben schenkte. Dazu
hatte fraglos Cajetans Berichterstattung beigetragen, die auf das Fazit
«viel Lärm um ziemlich wenig» hinauslief. Wenn der Wittenberger Professor nur ein Strohmann der Mächtigen war, wofür jetzt fast alles
sprach, musste man konsequent auf politische Mittel setzen, und zwar
in Anbetracht der anstehenden Kaiserwahl mit Zurückhaltung und
Fingerspitzengefühl. Theologisch schien der Fall sowieso ausgereizt. Mit
den Autoritäten und Argumenten, die in Rom anerkannt wurden, war
dem unbequemen Mönch nicht beizukommen. Da dieser nur seine persönliche Auslegung der Heiligen Schrift gelten ließ und alle anderen
Meinungen als irrig verdammte, hatte es auch keinen Sinn, mit ihm
darüber zu disputieren, zumal öffentliche Diskussionen über heilsrele-
vante Fragen nur unnötig Staub aufwirbelten, die unwissenden Gläubigen verwirrten und dadurch den Aufruhr schürten, auch gegen die
weltlichen Gewalten. Mit dieser strategischen Wende hin zu politischen
Maßnahmen überließ das Papsttum Luther kampflos die Öffentlichkeit
und verschaffte ihm zudem einen kostbaren Zeitgewinn, den er zu un-
aufhörlichen Publikationen und damit für ein Medienecho ohnegleichen
nutzte.

Am 12. Januar 1519 trat der lang vorhergesehene Fall der Fälle ein: Kaiser Maximilian segnete das Zeitliche, und damit stand die Wahl eines neuen Reichsoberhauptes auf der Tagesordnung. Dafür hatte Leo X. inzwischen auf seine Weise und im Hinblick auf alle erdenklichen Eventualitäten Vorsorge getroffen. Am engsten lehnte er sich im Winter 1518/19 wiederum an Frankreich und dessen König Franz I. an, der vertraglich zum dauerhaften Protektor des Hauses Medici berufen wurde. Ohne Franz' Wissen schloss der Papst allerdings kurz darauf einen ähnlichen Pakt mit dem spanischen König Karl; das war eine Rückversicherung für den Fall von dessen Wahl, die Leo weiterhin mit allen Mitteln bekämpfte.

Gegen eine Erhebung Karls zum Herrn des Heiligen Römischen Reichs deutscher Nation sprachen aus päpstlicher Sicht die Erinnerung an die Staufer, ein von Julius II. geschlossener Vertrag und das Interesse des Hauses Medici. Zusammen mit dem spanischen Thron hatte Karl die Krone des Königreichs Neapel geerbt, das unter päpstlicher Lehenshoheit stand und bis 1266 der staufischen Dynastie gehört hatte. Deren Hauptvertreter, Kaiser Friedrich II., hatte bis 1250 schwere Kämpfe mit den Päpsten ausgetragen, die sich von ihrem Todfeind im Norden und Süden gleichzeitig bedroht fühlten. Um nicht nochmals so in die Zange genommen zu werden, hatte Julius II. in die Belehnung König Ferdinands von Aragon mit dem Königreich Neapel die Klausel aufnehmen lassen, dass diese Investitur mit der Wahl eines neapolitanischen Königs zum Oberhaupt des Reiches hinfällig würde. Wichtiger als diese traumatischen Erinnerungen und verwickelten Rechtsfragen waren für Leo X. jedoch die Bedürfnisse seiner Familie. Die Herrschaft der Medici in Florenz, die von der republikanischen Fassade nur noch notdürftig verdeckt wurde, erwies sich für die Florentiner durch steigende Abgaben als immer kostspieliger und wurde durch das herrische Gebaren des jüngeren Lorenzo immer unbeliebter. Als dieser im Mai 1519 im Alter von siebenundzwanzig Jahren starb, hing das politische Überleben der Dynastie und ihrer Herrschaft am seidenen Faden: Außer dem Papst und Kardinal Giulio de' Medici hatte die Familie im männlichen Hauptstamm nur noch minderjährige und illegitime Sprosse. Das Manko der Unehelichkeit konnte ein Papst mit einem Federstrich beheben, doch geeignete Herrscher konnte selbst er nicht herbeizaubern. Umso stärker waren die Medici auf die Unterstützung einer Großmacht, sei es Frankreich, sei es Spanien, angewiesen. Eine solche Protektion für seine Familie zu gewährleisten, war für Leo X. jetzt viel wichtiger als die ganze *causa Lutheri*.

Sich die Hilfe des französischen Königs zur Bewahrung und zum Ausbau seiner Herrschaft in Florenz zu sichern, hatte daher für den Papst oberste Priorität. Doch das hieß für den skrupellosen Machtpolitiker Leo X. nicht, seinem Verbündeten ohne Not mehr Macht einzuräumen, als einem einzelnen Herrscher gut tat. Franz I. besaß schon das reiche Mailand. Gewann er auch noch die Kaiserwürde dazu, die mit mancherlei Rechten und Einfluss in Italien verknüpft war, konnte auch er rasch übermächtig werden und einer Erweiterung des mediceischen Machtbereichs entgegenstehen. Besser war es daher aus päpstlicher Sicht, Frankreich und Spanien in etwa gleich stark zu halten, so dass man beide Mächte gegeneinander ausspielen konnte. Dieses Gleichgewicht war jedoch nur gewährleistet, wenn bei der jetzt anstehenden Wahl zum römischen König ein Dritter das Rennen machte – natürlich ohne dass Franz I. von diesen römischen Manövern gegen seine Kandidatur, zu der ihn Leo X. feierlich aufgefordert hatte, erfuhr.

Dieser Dritte war aus römischer Sicht weiterhin niemand anderer als Luthers Landesherr Friedrich der Weise. Der Herzog und Kurfürst aus dem alten und angesehenen Adelshaus Wettin war für Rom der ideale Kandidat. Wurde er tatsächlich gewählt, war er Rom zur Dankbarkeit verpflichtet; so würde sich nach menschlichem Ermessen der Streit um Luther schiedlich-friedlich beilegen lassen. Das waren nicht die einzigen Gesichtspunkte, die die Erhebung Friedrichs für den Papst wünschenswert erscheinen ließen. Der Kandidat war gerade einmal vier Jahre jünger als der soeben verstorbene Kaiser, also höchstwahrscheinlich eine Übergangslösung, die es Rom erlaubte, Zeit zu gewinnen und die Karten neu zu verteilen. Außerhalb seines nicht allzu ertragreichen Herrschaftsgebiets besaß er keine Ressourcen, die ihn zu einer politischen Größe erster Ordnung emporwachsen lassen konnten. Andererseits genoss er bei seinen Standesgenossen hohes Prestige. Friedrich war weithin als milder Patriarch geschätzt, der seine Räte und Diener als «Kindlein» anredete, harte Strafen verabscheute und viel tätiges Mitleid mit den Armen und Entrechteten zeigte. Für Luther war er der ganz persönliche Protektor und in vieler Hinsicht der gute Fürst schlechthin, doch in einem Punkt angreifbar: Um der christliche Idealherrscher zu sein, fehlte es dem Kurfürsten an der nötigen Härte, sein Umgang mit der Todesstrafe zeugte geradezu von gefährlicher Laxheit.

Dieselbe Abneigung wie gegen die Todesstrafe zeigte Friedrich – für einen Adeligen der Zeit völlig untypisch – gegen die Ehe und gegen den Krieg, der nur der Eitelkeit der Mächtigen schmeichelte und das Elend der Armen verschärfte. Stattdessen entwickelte er diplomatische Strategien von höchster Finesse und perfektionierte die Kunst des Hinauszögerns und Verschleppens unliebsamer Entscheidungen. Seine Antworten klangen in fremden Ohren oft ausweichend oder zweideutig. Zudem vermied er es, sich in kritischen Situationen festzulegen und bahnte sich auf diese Weise unerwartete Auswege. Zu diesen Vorgehensweisen gehörte es auch, jeden direkten Kontakt mit Luther zu unterbinden. Diese Kontaktsperre hatte jetzt den Vorteil, dass Friedrich Rom gegenüber behaupten konnte, jeden Umgang mit dem «erklärten Ketzer» zu vermeiden. Auch in religiöser und kirchlicher Hinsicht ließ sich Friedrich alle Optionen offen. Er hielt seine schützende Hand über Luther und dessen Anhänger, doch umging er bei aller privaten Sympathie für dessen Lehre den definitiven Bruch mit dem Papst, der ihn im Gegensatz zu seinem rebellischen Professor denn auch nicht exkommunizierte.

Wie voraussehbar, war Friedrich zu weise, um die ihm von Leo X. angetragene Kandidatur anzunehmen, die ihn allenfalls zu einem Schattenkaiser gemacht hätte. Auch von anderer Seite nahm der sächsische Kurfürst keinerlei «Geschenke» an. Als einziger der sieben Kurfürsten stimmte er ohne Bestechungsgeld für den Habsburger Karl, der zum Entsetzen der Kurie am 28. Juni 1519 zum neuen Römischen König gewählt wurde. Die enormen «Handsalben», die der spanische König an seine Wähler verteilte, hatte ihm das Bankhaus Fugger vorgestreckt. Ein Gutes hatte der Ausgang der Wahl für Rom gleichwohl: Auf Luther und seinen Protektor musste man von nun an keinerlei politische Rücksicht mehr nehmen.

Die Leipziger Disputation

Während die römischen Theologen hinter den Politikern zurückstanden, trat ein deutscher Theologe umso eindrucksvoller auf den Plan: Johannes Eck, seines Zeichens Professor in Ingolstadt, dem Papsttum und den Fuggern eng verbunden. Er hatte mit Luther bereits schriftlich die Klinge gekreuzt; dabei war der Stil auf beiden Seiten schnell zur persönlichen Anklage und Beleidigung abgesunken. Das Klima war also vergiftet, als Eck mit dem gleichfalls romkritischen Theologen Andreas Bodenstein, genannt Karlstadt, und Luther Anfang Juli 1519 in Leipzig vor einem interessierten Publikum und einem Notar, der die Beiträge protokollierte, zu disputieren begann. Die treibende Kraft hinter dieser spektakulären Schauveranstaltung war der katholische Herzog Georg von Sachsen, der dadurch den Anhängern Luthers und seinem ungeliebten Vetter in Wittenberg den Wind aus den Segeln zu nehmen hoffte.

Eck war ein ausgezeichneter Redner und lief in kontroversen Debatten regelmäßig zu großer Form auf. Er lenkte die Auseinandersetzung schnell auf die kritischen Punkte: Welche Rolle spielte der Papst in der Geschichte der Kirche, und welche Macht kommt ihm heute zu? Dazu hatte Luther einiges zu sagen. Für ihn hatte der römische Bischof seine Führungsstellung nicht von Anfang an inne gehabt. Der Primat, wie ihn ein Leo X. in Anspruch nahm, war für Luther das Ergebnis eines Verfallsprozesses, durch den sich die Christenheit von den segensreichen Prinzipien der Urkirche immer weiter entfernte. Der Blick in die historischen Quellen gewann vor diesem Hintergrund eine ganz neue Bedeutung, Geschichtsschreibung wurde zu einem Seitenzweig der Theologie. Am Anfang des Christentums – so Luthers Niedergangstheorie – wählte das Volk seine Oberhirten, die untereinander gleichgestellt waren, bis dann die Bischöfe von Rom diese Führungsstellung und die Kardinäle das Wahlrecht für sie usurpierten.

Auch biblisch entbehrte die Vorrangstellung des Papstes laut Luther jeder Begründung. Christus hatte allen Aposteln die gleiche Befugnis *(potestas)* verliehen, Petrus hatte nur einen Ehrenvorrang vor den übrigen inne, so wie ihn der Papst auch heute noch einfordern durfte. Christus übertrug Petrus die Schlüsselgewalt also stellvertretend für die

Gruppe der Apostel. Eine unumschränkte Herrschaft des Papstes über die Kirche wurde damit nicht begründet, sie ist also nicht göttlichen Rechts und auch für die Einheit der Kirche keineswegs unverzichtbar. Diese Geschlossenheit beruht vielmehr auf dem gemeinsamen Glauben und seinem äußeren Zeichen, der Taufe. Um diese Auffassung zu begründen, interpretierte Luther die Evangelien als historische Quelle:

> Wenn der Herr Doktor [Eck] beweisen kann, dass Petrus auch nur einen einzigen Apostel oder sogar nur einen einzigen der siebzig Schüler geweiht oder ausgesandt hat, gebe ich in allem nach und bekenne mich als besiegt.[53]

Macht musste durch herrschaftliche Handlungen bezeugt werden. Da von Petrus nichts dergleichen belegt ist, war er nur *primus inter pares*. Auch in Sachen päpstlicher Unfehlbarkeit wagte sich Luther in der lebhaften Debatte immer weiter vor: Papst Liberius hatte kurz nach der Mitte des 4. Jahrhunderts der Irrlehre des Arius nachgegeben, dass Christus mit Gottvater nicht wesensgleich, sondern nur wesensähnlich sei. Es konnte also keine Rede davon sein, dass die Päpste – die es als solche ohnehin noch nicht gab – die Reinheit der Lehre durchgehend bewahrt hätten. Folglich war es auch nicht heilsnotwendig, an den römischen Primat zu glauben.

Das klang nicht nur in Ecks Ohren hussitisch, und so wandte sich die Debatte der Doktrin des tschechischen Theologen Johannes Hus zu, der trotz Zusicherung freien Geleits 1415 in Konstanz als Ketzer verbrannt worden war. Auch hier wagte der Wittenberger Professor kühne Aussagen:

> Zudem, und das ist sicher, befinden sich unter den Artikeln des Johannes Hus oder der Böhmen viele sehr christliche und evangelische, die die universelle Kirche nicht verurteilen kann.[54]

Ebenso wenig haben für Luther der Papst oder die Inquisitoren die Kompetenz, neue Glaubenssätze für verpflichtend zu erklären, die nicht durch die Heilige Schrift untermauert sind. Dazu wäre eine neue Offenbarung Gottes nötig. So aber sei allein die Bibel maßgeblich, deren verbindliche Auslegung nicht dem Papst zukomme. Hier zähle allein das tiefere Verständnis:

> Ja, selbst die Juristen, von denen man es am wenigsten erwarten sollte, legen in der Wahl-Bestimmung «Significasti» fest, dass das Urteil eines Privatmannes Vorrang vor dem Papst, dem Konzil und der Kirche hat, wenn es auf die bessere Autorität und Einsicht gestützt ist.[55]

Diese überlegene Interpretation nahm Luther offensichtlich für sich in Anspruch, gegen die kirchliche Tradition und gegen die päpstliche Autorität.

Päpste konnten also laut Luther irren. Galt das auch für die Konzilien, die doch die universelle Kirche repräsentierten?

> Ich werde mich durch die überaus hassenswerten Einschärfungen dieses Artikels [des Konzils von Konstanz] so lange nicht beeindrucken lassen, bis der geehrte Herr Doktor nicht bewiesen hat, dass ein Konzil nicht irren kann, nicht geirrt hat und auch nicht irrt. Denn ein Konzil kann kein göttliches Recht schaffen, da es seiner Natur nach nicht göttliches Recht ist.[56]

Genau zu dieser Aussage wollte Eck seinen Kontrahenten offensichtlich verleiten, wie seine Gegenrede beweist:

> Ich soll seiner Meinung nach beweisen, dass ein Konzil nicht irren kann? Was will er denn mit diesem Anliegen, wenn nicht das löbliche und rühmliche Konzil von Konstanz stillschweigend in Verdacht bringen? Ehrwürdiger Vater, ich sage euch eines: Wenn ihr glaubt, dass ein legitim einberufenes Konzil geirrt hat und irrt, dann seid ihr für mich ein Heide und Zöllner.[57]

Luther war sich bewusst, dass er sich damit weit vorgewagt hatte, und versuchte im Folgenden, von der Frage der Konzils-Autorität abzulenken. Im weiteren Verlauf der Debatte hielt für ihn auch das Fegefeuer seiner biblischen Beweisprobe nicht stand. In den 95 Thesen hatte der Wittenberger Professor geleugnet, dass der Arm des Papsttums bis ins Purgatorium reiche. Jetzt wurde für ihn dessen schiere Existenz im Licht des *sola scriptura*, der alleinigen Autorität der Bibel, unsicher:

Denn das Gotteswort hat schlichtweg nichts vom Purgatorium zu sagen, sondern spricht allenthalben nur von Himmel und Hölle.[58]

Die radikale Konsequenz, dass das Fegefeuer nichts als eine Erfindung der habgierigen Papstkirche sei, zog Luther nicht – noch nicht. Wenn die Bibel dazu schwieg, mussten andere Autoritäten diese Lücke auffüllen.

Das klang eher versöhnlich, und in der Tat versuchte Luther, die Brisanz seiner Äußerung zur potentiellen Fehlbarkeit der Konzilien abzuschwächen. Auf Ecks Schlussfolgerung, dass er sich bei der Schriftauslegung über die Autorität der universellen Kirche stelle, entgegnete er damit, dass er seine These von der Fehlbarkeit von Kirche und Konzil weitgehend zurücknahm:

Ich glaube, dass Konzil und Kirche in Glaubensdingen nicht irren, und bei den übrigen Dingen ist es nicht nötig, dass sie nicht irren.[59]

Dieser Widerruf im Kleinen war Luther so wichtig, dass er ihn im Laufe der Debatte wiederholte und zugleich mit einer polemischen Spitze versah: Ich gebe Eck Recht, dass ein Konzil in Dingen des Glaubens und des Seelenheils nicht irrt, doch dazu gehören die Ablässe nicht.

Auch in Sachen Kurienkritik hielt sich Luther in Leipzig zurück. Im Briefverkehr mit seinen Vertrauten aber nahm er seinen schlimmen Verdacht wieder auf, so im März 1519 gegenüber Spalatin:

Ich untersuche jetzt für meine Disputation die päpstlichen Dekrete und flüstere dir in diesem Zusammenhang ins Ohr: Ich bin im Ungewissen, ob nicht der Papst der Antichrist in Person oder dessen Vorläufer ist.[60]

Nach der Disputation präsentierte sich Eck als Sieger. Er hatte den Gegner gezwungen, Farbe zu bekennen. Auf diese Weise war kostbares Beweismaterial gewonnen, um den Prozess gegen den Ketzer endlich weiter voranzutreiben. Dass die beiden Kontrahenten jeweils ihre Version der Debatte verbreiteten, gehörte inzwischen zum Stil der Auseinandersetzung. Eck hatte außerdem Gelegenheit, seine Sicht der Dinge in Rom vorzutragen.

Dort nahm man nach dem Ende der Mission von Miltitz' den Prozess gegen Luther, der faktisch ein Jahr geruht hatte, Anfang 1520 wieder auf, doch gestaltete sich die Fortsetzung des Verfahrens zunächst eher schleppend. Glaubte man an der Kurie wider besseres Wissen doch noch an eine wundersame Wende durch einen Widerruf des Wittenbergers? Wollte man die Neuordnung der politischen Verhältnisse im Reich abwarten und unüberlegte Schritte vermeiden? Die plausibelste Antwort lautet, dass Deutschland nach dem aufregenden Kaiserwahlkampf für Leo X. politisch wieder an Interesse verlor und damit auch der inzwischen als Politikum eingestufte Fall Luther. Das neue Reichsoberhaupt war – so viel ging schon aus seinen ersten Verlautbarungen hervor – an Romtreue kaum zu überbieten. Wahrscheinlich wiegte sich die Kurie in der trügerischen Gewissheit, dass der neue Universalherrscher, dessen Imperium von Südamerika über Spanien, die Niederlande und Deutschland bis nach Neapel reichte, mit dem frechen kleinen Mönch und dessen reichsfürstlichen Komplizen spielend fertig werden würde.

Unterdessen schlug die Lehre Luthers im Reich immer höhere Wellen. Dazu trug Luthers Textproduktion wesentlich bei. Sie sicherte ihm die ungeteilte Aufmerksamkeit der Öffentlichkeit und damit die Deutungshoheit über die Debatten. Gerade weil das theologische Fachgespräch nach seinem Empfinden unglücklich verlaufen war, musste er um jeden Preis eine Version der Ereignisse verbreiten, die ihn im vorteilhaftesten Licht erscheinen ließ. Diese Sicht der Dinge brachte er in seinem Bericht über die Leipziger Disputation, den *Resolutiones Lutherianae super propositionibus suis Lipsiae disputatis*, wirkungsvoll auf den Punkt: Wenn der Papst das Auslegungsmonopol der Bibel für sich beanspruchte, war er bösartiger als Luzifer selbst. Denn der Teufel wollte dem Herrn ebenbürtig sein, der Papst aber stellte sich mit diesem Anspruch höher als Gott selbst, ganz wie der Antichrist, der an dieser maßlosen Selbstüberhebung erkannt werden kann. Eck, der Lobredner des Papsttums, war dann als Hohepriester des endzeitlichen Monstrums erwiesen.

Die Bannandrohungsbulle

Im Februar 1520 berief Leo X. verschiedene Kommissionen ein, die den Fall Luther kirchenrechtlich zum Abschluss bringen sollten. Dem wichtigsten dieser Expertengremien wurde aufgetragen, den Text einer päpstlichen Bannandrohungsbulle zu konzipieren. Die Ausarbeitung dieses Schriftstücks erwies sich jedoch als unerwartet schwierig. Das lag zum einen an der Fülle der Lutherschen Schriften und zum anderen daran, dass man ihn mit eigenen Waffen, nämlich mit Belegen aus der Heiligen Schrift, schlagen wollte. Zudem drang Kardinal Cajetan, neben Eck der führende Kopf in dieser Runde, darauf, die Lehre des Wittenberger Professors nicht in Bausch und Bogen zu verurteilen, sondern differenziert und vor allem mit sorgfältigen Textbelegen. Schon der kleinste Zitatfehler würde dem Gegner in die Hände spielen und das römische Vorgehen in Frage stellen. Damit brach ein neues Zeitalter mit vorher unbekannten Beweiszwängen an. Theologen und Historiker im Dienste der rivalisierenden Glaubensrichtungen mussten von jetzt an damit rechnen, dass ihre Konkurrenten ihre Schriften mit Argusaugen überprüften.

Für die Unterfütterung der Bulle mit geeigneten Textpassagen und deren Endkontrolle war Eck zuständig, der sich auf diese Weise als sachkundigster Luther-Gegner an der Kurie profilierte, bis ihm schon bald mit Girolamo Aleandro ein übermächtiger Konkurrent erwuchs. Den allgemeinen Teil der Bulle steuerten Cajetan und der gleichfalls theologisch beschlagene Kardinal Pietro Accolti bei. Durch die intensive Zusammenarbeit kam ein umfangreiches Schriftstück zustande, das schließlich 41 Aussagen Luthers verurteilte, und zwar entgegen Cajetans Wunsch ohne Unterscheidung hinsichtlich des Schweregrades. Nach Auskunft der Bulle waren sämtliche aufgeführten Luther-Zitate entweder ketzerisch oder anstößig oder irrig oder eine Beleidigung für fromme Christen und damit gegen die Wahrheit der katholischen Lehre gerichtet. Das war ein breites Spektrum von Anklagen, aus denen im Einzelnen sehr unterschiedliche Konsequenzen und Strafen abgeleitet werden konnten. Luther hat es denn auch nicht versäumt, diese Pauschalauflistung als unzulässig anzuprangern.

Der abtrünnige Mönch kocht mit Ausgeburten der Hölle sein teuflisches Süppchen: In diesem Flugblatt aus dem Jahr 1520 oder 1521 wird dem Publikum «Luthers Ketzerspiel» vor Augen geführt.

Luthers vnd Lutzbers
eintrechtige vereinigung/so in xxij
eygenschafften sindt allenthalben gleychförmig verfüget/
Durch M. pet. Sylium der Christenheyt zu seliger warnung trewlich
beschriben/vnd mit Göttlicher schrifft vnwderspprechlich ergrünt
der/wie es am letzten blat ist volkomlicher berürt.

Hie ist keyn spot noch leichtfertigkeyt/
Sonder ist die ernste warheyt/
Die alhie ist gnugsam erklert/
Vnd mit der Göttlichen schrifft bewert.
Anno M. D. XXXV.

Luthers Pakt mit dem Teufel: Das Pamphlet aus dem Jahr 1535 zeigt Luther und Luzifer, seinen Lehrmeister, in trauter Unterredung. Ein weiterer Dämon flüstert dem Ketzer Lästerungen ins Ohr, besiegelt wird der Pakt mit der Hand auf der Bibel.

Wie in solchen Fällen üblich, wurde in der Einleitung der Bulle, die am 15. Juni 1520 mit den Anfangsworten «Exsurge Domine» («Erhebe dich, Herr») erlassen wurde, die Vorgeschichte des Falls zusammengefasst. So wurde hervorgehoben, dass sich Luther der Vorladung nach Rom entzogen habe, mehrfach abgemahnt worden sei, gegen das ausdrückliche Verbot Pius' II. an ein Konzil appelliert habe und allein schon dadurch der Strafe für Ketzerei verfallen sei. Dessen ungeachtet habe sich der Heilige Stuhl, der nicht die Vernichtung, sondern die Besserung des Irrenden wünsche, zu Milde und Langmut entschlossen und räume dem notorisch der Ketzerei verdächtigen Augustiner-Eremiten daher eine letzte Frist von sechzig Tagen zum Widerruf seiner Irrtümer ein. Lasse er diese verstreichen, müsse er mit der definitiven Verurteilung als Häretiker rechnen. So weit herrschten im Text Formeln und Konventionen vor. Das gilt auch für die Motive, die dem Abweichler unterstellt wurden. So wurde Luther als ein «neuer Porphyrius»[61] tituliert, der wie sein Vorgänger, ein notorischer Ketzer, längst widerlegt sei und als Zeichen seiner Ohnmacht umso heftiger sein Gift verspritze.

Damit führte die Kurie ein Standardmotiv in ihre Auseinandersetzung mit Luther ein: Dem Widersacher wurde die Eigenständigkeit im theologischen Denken abgesprochen. In römischen Augen war das Spektrum der möglichen Ketzereien ebenso beschränkt wie die Bandbreite der Motive, die die Häretiker zum Aufstand gegen die wahre Lehre und die gottgewollte Führung der Kirche bewegten. Als eigentliche Anstachelung nennt die Bulle Luthers *superbia*, seinen Hochmut, mehr sein zu wollen als die legitimen Autoritäten, dazu Ehrgeiz sowie Gier nach Ruhm und weltlichen Gütern. Wie alle Irrlehrer der Geschichte wolle er so viele Menschen wie möglich von sich einnehmen und ins Verderben stürzen. Das war wohl als Hinweis auf Luthers Medienpräsenz zu verstehen. Wie bei allen Abweichlern stehe hinter diesem finsteren Treiben der Teufel. Dessen Plan sei es, mit Hilfe seines gefügigen Helfershelfers Luther Deutschland zu verderben, das vom Heiligen Stuhl seit jeher bevorzugt und ausgezeichnet worden sei, zum Beispiel durch die *translatio imperii*, die vom Papst vorgenommene Übertragung der Kaiserwürde von den Griechen in Konstantinopel an die Oberhäupter des Heiligen Römischen Reiches deutscher Nation, also an deutsche Herrscherdynastien. Als Gegenleistung für diese Rangerhöhung verpflichteten sich die Kaiser aus Deutschland dazu, die legitimen Vorrechte des Papstes und dessen uneingeschränkte Hoheit über die Kirche zu schützen, notfalls mit dem Schwert in der Hand. So habe Deutschland mehr als jede andere Nation Grund zu ewiger Dankbarkeit und Treue gegenüber Rom. Luthers Aufstand verkehre diese Verhältnisse zur Freude der Hölle ins Gegenteil und sei daher besonders verwerflich.

Mit ähnlichen Argumenten aus dem Arsenal römischer Humanisten hatte sich die Kurie seit Jahrzehnten gegen die Gravamina der deutschen Nation verwahrt, also gegen den Vorwurf der Aussaugung Deutschlands durch kirchliche Abgaben: Für die Schätze des Glaubens und der Zivilisation, die Rom nach Deutschland gebracht hatte, konnten die Deutschen gar nicht zu viel zahlen! Solche Tiraden waren für die deutschen Humanisten und die von ihnen dominierte Öffentlichkeit längst ein rotes

Tuch. Dass der Kurie in diesem kritischen Moment nichts Besseres ein-
fiel, als die nördlich der Alpen verhassten Thesen von der kulturellen
und religiösen Überlegenheit Italiens aufs Tapet zu bringen, zeugt von
einer völligen Verkennung der politischen Lage im Reich und der Ressentiments, die sich dort seit langem angesammelt hatten. Ja, mit diesen
für national gestimmte deutsche Gemüter unerträglichen Theorien
spielte Leo X. Luther und seiner Kampagne gegen die Bulle direkt in die
Hände. Dieser konnte medienwirksam behaupten, sein Vaterland gegen
die unersättlichen Begierden des Papsttums zu schützen und deshalb
von Rom verfolgt zu werden. Während die Bulle *Exsurge Domine* verkündete, dass die Ehre Deutschlands durch das Wüten Luthers in höchster
Gefahr sei, kehrte Luther in seinen polemischen Kommentaren zur
Bulle diese Stoßrichtung um und warf dem Papst vor, sich anzumaßen,
Deutschland groß gemacht zu haben. In Wirklichkeit habe er sich seine
Stellung über Kaiser und Reich unrechtmäßig erschlichen. Deutschland
sei nicht durch Rom, sondern gegen Rom groß und ehrenvoll geworden. In seinen späteren Tischreden berief sich der Reformator wie die
deutschen Humanisten auf Arminius, den Befreier vom Joch des römischen Imperiums, und stellte sein Wirken in diese Kontinuitätslinie.

Die theologisch wichtigsten der 41 inkriminierten Sätze betrafen
Luthers Kritik am Ablass und an der vorherrschenden Beichtpraxis, speziell an der nach Reue und Beichte geforderten Genugtuung. Damit
rückte die Rechtfertigungslehre in den Mittelpunkt der Auseinandersetzung. Diese hatte der Wittenberger Professor in seinen Kommentaren zu
den 95 Thesen, in den Entgegnungen auf Prierias und in seinen Bemerkungen zur Leipziger Disputation stetig weiterentwickelt. Nach Luther
wurden dem Menschen die Sünden durch den Glauben vergeben; die
von der Kirche geforderten guten Werke waren eine Frucht dieses
Glaubens, doch nicht heilswirksam. Der Mensch blieb für Luther auch
nach der Taufe Sünder, und zwar so sehr, dass er sich aus eigenem Willen
nie und nimmer von der Sünde lösen konnte. Ja, seine Sünden waren so
zahlreich, dass er sie nicht einmal alle beichten, sondern nur auf die
grenzenlose Barmherzigkeit Christi vertrauen konnte. Nach der Erbsünde war der Wille des Menschen nicht mehr frei, sondern neigte un-
weigerlich zum Bösen. Dagegen trat die priesterliche Heilsvermittlung
durch die Sakramente immer weiter zurück. Für die Theologenkommis-

sion, die *Exsurge Domine* ausgearbeitet hatte, war das eine unerträgliche Herabwürdigung der Kirche und der Verheißungen, die ihr von Christus gemacht worden waren.

Heftig angeprangert wurde auch Luthers Behauptung, dass das Fegefeuer aus der Bibel nicht zu belegen sei. Ansonsten standen die mit den theologischen Schriften aufgeworfenen Machtfragen im Zentrum, so der ganz frisch aus den *Resolutiones* zur Leipziger Disputation gezogene Satz Luthers, dass Kirche und Papst keine Vollmacht hätten, Artikel des Glaubens festzulegen oder Gesetze zum sittlichen Verhalten und zu guten Werken zu erlassen. Aus dieser Schrift stammt auch der inkriminierte Satz, dass es das gute Recht eines Christenmenschen sei, nach dem Maßstab der Heiligen Schrift Entscheidungen eines Konzils anzunehmen oder zu verwerfen. Selbstverständlich gehörten auch Luthers in Leipzig vorgetragene Theorien zur gemeinsamen Schlüsselgewalt aller Apostel und die daraus gezogenen Schlüsse zu den häretischen, skandalösen und irrigen Aussagen, die in *Exsurge Domine* aufgelistet wurden.

Auf die Aufzählung der Hauptirrtümer folgte eine Zusammenfassung, die das römische Bild von Luther auf den Punkt brachte: Er verführe die armen Unwissenden, beschneide die Ehre der Kirche und beschädige dadurch die Disziplin,

den Nerv der Kirche, den Gehorsam, Quelle und Ursprung aller Tugenden, ohne die jeder leicht als ungläubig erwiesen ist, wie alle bestens wissen.[62]

Mit seiner Lehre, dass die Kirche in Gestalt des Papsttums und der Konzilien geirrt habe und auch künftig irren werde, stellte sich Luther in römischen Augen gegen die Verheißung Christi, bis an das Ende der Welt unter seinen Gläubigen zu weilen. So drohte die Gefahr, dass er die Kirche mit der von ihm verbreiteten Pestilenz des Ungehorsams immer stärker infizierte – auch der Vergleich mit einer ansteckenden Krankheit war ein uralter Gemeinplatz zur Kennzeichnung der Häresie. Dieser Ansteckungsgefahr hatte der Papst aus Fürsorge für die Gläubigen entgegenzutreten. Trotzdem belasse er es bei einer letzten Warnung: Wenn der Ketzer den Widerruf weiterhin verweigerte, drohte ihm die Exkommunikation. War dieser Bann ausgesprochen, machte er den Ketzer amtsunfähig, stellte ihn außerhalb der kirchlichen und bürgerlichen Gemeinschaft und verpflichtete den «weltlichen Arm», Kaiser, Fürsten, städtische Magistrate, mit aller Härte gegen ihn einzuschreiten – zumindest in der Theorie. Dass Rom mit dieser Drohung nachhaltigen Eindruck auf Luther machen würde, war allerdings kaum zu erwarten. Schließlich behauptete dieser im 24. seiner inkriminierten Sätze, die Christen sollten angehalten werden, den Bann mehr zu lieben als zu fürchten!

Um eine weitere Ausbreitung der geistlichen Pest zu verhindern, wurden Luthers Bücher verboten; die bereits veröffentlichten sollten eingezogen und, wie in solchen Fällen üblich, verbrannt werden. Hierauf folgte nochmals Luthers Sündenregister, verbunden mit einer ausführlichen Selbstrechtfertigung des Papstes:

> Was aber den besagten Martin betrifft, gütiger Gott, was haben wir versäumt, was nicht getan, was an väterlicher Liebe ausgelassen, um ihn so zum Widerruf seiner Irrtümer zu bewegen?[63]

Die Fragen waren rein rhetorisch: Nichts hatte der Heilige Stuhl seiner Meinung nach unterlassen, um den Abweichler zur Ordnung zu rufen. Auch an Belehrung hatte es der Papst nicht fehlen lassen:

> Wir haben ihn auch unterwiesen und ganz klar gezeigt, dass die heiligen römischen Päpste, unsere Vorgänger, die er gegen allen Anstand schimpflich schmäht, in ihren Kanones und Konstitutionen, die er sich zu zerfetzen anmaßt, niemals geirrt haben.[64]

Wer war mit den heiligen römischen Päpsten gemeint? Die Formulierung war von gefährlicher Doppeldeutigkeit. Den römischen Pontifex maximus redete man mit «Eure Heiligkeit» oder «Heiliger Vater» an, doch das hieß nicht, dass er sich im Stand der Heiligkeit befand. Heilig gesprochen worden war seit der Jahrtausendwende nur ein einziger Papst, nämlich der fromme, aber regierungsuntaugliche Einsiedler Cölestin V., der die päpstliche Würde im Dezember 1294 bezeichnenderweise so schnell wie möglich wieder niedergelegt hatte. Von «sanctos Romanos Pontifices, nostros predecessores» konnte also im eigentlichen

Wortsinn seit langem keine Rede mehr sein; zudem war die Erinnerung an Papst Alexander VI. und die Borgia, die unheilige Sippe im Vatikan, noch frisch. Das anschließende Wortspiel war nicht weniger irritierend: In Galahad fehlt weder Harz *(resina)* noch Arzt *(medicus)*. Dieses Wort des Propheten Jeremia wurde auf den Medici-Papst als Heiler der Kirche gemünzt. Hieß das, dass er Heiligkeit für sich in Anspruch nahm?

Das Bild des Ketzers

Die Bannandrohungsbulle galt für die gesamte Christenheit, war aber in erster Linie für Deutschland bestimmt. Vor dem Hintergrund der romfeindlichen Stimmung, die dort herrschte, waren ihre Verlautbarungen unangebracht; mit ihren selbstgerechten Formulierungen mussten sie die antipäpstlichen Affekte weiter anheizen. Allzu deutlich wurde Luther, der verstockte Irrlehrer, als Prototyp des deutschen Barbaren dargestellt, der sich weigerte, das sanfte Joch der römischen Vorrangstellung und der zivilisatorischen Überlegenheit Italiens zu tragen. Noch härtere Worte fand Leo X. in einem gut drei Wochen nach *Exsurge Domine* verfassten Breve an Luthers Landesherrn, Friedrich den Weisen. Von dessen Verhalten hing weiterhin der Erfolg der kurialen Anti-Luther-Strategien ab. Ließ er dem Ketzer unverändert seinen allerhöchsten Schutz angedeihen, wurde es in Anbetracht der Machtverhältnisse im Reich schwierig, die Infektion auszulöschen oder auch nur einzudämmen. So musste der Papst alles daran setzen, die unheilige Allianz von Kurfürst und Mönch aufzubrechen.

Zu diesem Zweck schilderte Leo X. in seinem Breve vom 8. Juli 1520 den Ernst der Lage in den düstersten Farben. Luther sei vollends der blinden Raserei *(vesania)* verfallen und begehe ein Verbrechen nach dem anderen:

> So rufen wir den allmächtigen Gott und eure Durchlaucht zum Zeugen an: Seit wir die fortgeschrittene Verrücktheit Martin Luthers (den wir unseren Sohn nicht länger nennen dürfen) erkannten, der zuerst aus reiner Bosheit und mit unerhörtem Hass gegen den Heiligen Stuhl und alles, was römisch ist, wütete und danach die Grundlagen der Rechtgläubigkeit

umstürzte, die guten Sitten und die gutgesinnten Menschen verdarb und jegliche Ordnung in der Kirche zerstörte, haben wir dieses Treiben länger geduldet, als es die Wachsamkeit des Hirten und seiner Fürsorge vielleicht erforderte.[65]

Damit müsse es sofort ein Ende haben. Wenn er Luther weiter schütze, versündige sich Friedrich an den Verdiensten seiner Vorfahren, die sich bei der Bekämpfung der hussitischen Ketzerei ausgezeichnet hatten, und breche vor allem sein fürstliches Wort, was einen unverzeihlichen Verstoß gegen das aristokratische Standesethos bedeute:

> Wir rufen dir die Versprechungen voller Frömmigkeit und Standhaftigkeit in Erinnerung, die du dem Kardinal Cajetan, der damals als Legat in Deutschland weilte, und durch ihn uns selbst gemacht hast. Demnach wolltest du diesen Mann so lange ertragen, wie ihn der Apostolische Stuhl nicht verwerfen würde. Sollte dies jedoch geschehen, wolltest du ihm danach keinerlei Gunst mehr angedeihen lassen.[66]

Dieser Augenblick – so Leo X. – sei nun gekommen: Friedrich soll die Natter Luther von seinem Busen reißen, die Bannandrohungsbulle veröffentlichen, befolgen und umsetzen. Weigere er sich, gerate die ganze Christenheit in höchste Gefahr, denn Luther habe sich

> in einen so zügellosen Wahnsinn hineingesteigert, dass er in seinen Verkündigungen einzig und allein seine eigene Autorität, sein Urteil, sein Schriftverständnis allen anderen Verlautbarungen von Universitäten, Kirchenlehrern, ökumenischen Konzilien oder Päpsten voranstellt.[67]

Mit der Bulle und dem Breve versuchte die Kurie, ihre Interessen durchzusetzen, insofern sind beide Schriftstücke politische Instrumente. Zugleich sind sie bis in einzelne Formulierungen hinein von der theologischen Tradition geprägt und brandaktuell. Sie zeigen, welche Kernmotive Rom aus den Lutherschen Texten zu Feindbildern ausbaute und so zur Festigung der eigenen Standpunkte und der eigenen Identität heranzog. Dazu gehörte auch der Vorwurf, der Wittenberger Professor stecke mit den Türken unter einer Decke. Schon die Bannandrohungsbulle hatte im 34. der verurteilten Sätze diesen Vorwurf erhoben: Luther lehre, dass der Kampf gegen die Türken Widerstand gegen Gott sei, der die Ungerechtigkeit der Christen durch die Türken bestrafe. In der Tat hatte Luther in seinen *Resolutiones* zu den 95 Thesen die Türken als die Rute *(virga)*[68] bezeichnet, mit der Gott die pflichtvergessenen Christen züchtige. Anstatt zum «Türkenkrieg» aufzurufen, sollten die Mächtigen Europas ihre Sünden bereuen. Erst danach könne dem Kampf gegen die Feinde der Christenheit Erfolg beschieden sein. Zugleich ließ Luther aber keinerlei Zweifel daran, dass der Krieg gegen das Osmanische Reich unter diesen Voraussetzungen gottgewollt und daher Christenpflicht sei. Ihn pauschal zum Sympathisanten der «ungläubigen» Gegenwelt abzustempeln, hieß, den Sinn seiner Worte zu verdrehen, davon konnte sich jeder Leser seiner Schriften selbst überzeugen. Wollte die Kurie die tatsächliche Bedeutung dieser Passagen nicht verstehen, war sie bereits so sehr in ihren Feindbildern befangen, dass sie dem Ketzer auch diesen Verrat an der Christenheit unterstellte? Vieles spricht dafür, dass die römische Wahrnehmung der Gegenseite bereits so getrübt war, dass man ihr reflexartig die niedersten Motive zuschrieb.

Ein weiterer Schlüssel zum Verständnis der römischen Reaktion ist der Vorwurf, der Wittenberger Professor überschätze und übersteigere seine Autorität bei der Auslegung der Bibel ins Grenzenlose. Nach päpstlicher Auffassung sprach die Bibel nicht einfach aus sich selbst und durch sich selbst, erst recht nicht für unbelehrte Leser wie Luther. Wer wie er die allein gültige Botschaft Gottes freigelegt zu haben behauptete und mit dieser Begründung die kirchliche Ordnung stürzen wollte, war entweder ein armer Irrer oder, wie in *Exsurge Domine* betont, ein von Satan angestifteter Aufrührer. Beide Klischees ließen sich in der Folgezeit leicht miteinander verbinden. Für das Papsttum und seine Anhänger war der Sinn der göttlichen Offenbarung, wie sie in der Bibel Niederschlag gefunden hatte, in einem anderthalbtausendjährigen Prozess der Exegese, der Deutung und Normierung, verbindlich festgelegt worden. Diese Bestimmung des göttlichen Heilsplanes und der daraus entspringenden Christenpflichten war ein Prozess der Kooperation zwischen Gott und Mensch. Gott hatte einzelnen Auslegern der Schrift wie dem heiligen Augustinus und dem heiligen Thomas von Aquin die besondere Gnade zuteil werden lassen, seine Absichten und sein Handeln mit den

Menschen allgemeingültig zu erfassen und verpflichtend darzustellen; ihre Schriften waren im Gegensatz zu Luthers Pamphleten von Päpsten und Konzilien als wahr erkannt und angenommen worden. Die Festlegung des Schriftsinns durch die Kirchenväter und Kirchenlehrer war zwar Menschenwerk, doch von Gott geleitet und inspiriert. Luthers *sola scriptura*-Prinzip wertete aus römischer Perspektive dieses Menschenwerk ab und setzte an die Stelle der vielfach beglaubigten Auslegung in maßloser Selbstüberschätzung das eigene Verständnis der Bibel.

Auch gemäß römischer Auffassung neigte der Mensch nach der Erbsünde zum Bösen und konnte diesem zerstörerischen Trieb nur durch die Annahme der göttlichen Gnade wirksam entgegentreten. Doch stand es in seiner Willenfreiheit, dieses göttliche Angebot zu akzeptieren oder auszuschlagen. Durch die Annahme der Basisgnade erwarb sich der Mensch speziellere Gnaden, die ihn dazu befähigten, frommen Sinns gute Werke zu tun, und gewann dadurch eigene Verdienste. Luther aber leugnete diese Freiheit, diese Würde und diese Meriten. Dadurch drückte er den Menschen zu einer jämmerlichen Kreatur herab. Diesem negativen Menschenbild entsprach sein verächtlicher Umgang mit Menschen, vor allem mit hochgestellten Persönlichkeiten. Durch seine rüden Anwürfe verlieh er seiner Verachtung für Rang, Anstand und Hierarchien aller Art Ausdruck, die doch eine gottgewollte Abstufung zur Bewahrung der Schöpfung darstellten. Wer die sichtbaren Abzeichen der Größe und der irdischen Ordnung wie prachtvoll ausgeschmückte Kirchen, kostbare Gewänder von Klerikern und edle liturgische Geräte mit Hohn und Spott überzog, hatte nicht nur von menschlichen und damit politischen Grundbedürfnissen, sondern auch von der Heil stiftenden göttlichen Ordnung nichts begriffen.

Der Reformator und die neue Kirche

Mit der Veröffentlichung der Bannandrohungsbulle *Exsurge Domine* waren die Fronten ein für allemal abgesteckt. Für Luther bestätigte sich seine Befürchtung, dass der Papst der Antichrist sei, endgültig. Diese Bestätigung war zugleich eine Befreiung, mit der die letzten Rücksichtnahmen auf Rom entfielen. In rascher Folge entstanden in den Jahren 1520 und

1521 die Hauptschriften, durch die der Wittenberger Professor für die einen zum Reformator, das heißt: zum Wiederhersteller des wahren, durch die päpstlichen Machenschaften eigennützig verdunkelten Gotteswortes und der verschütteten kirchlichen Tradition, für die anderen hingegen vollends zum Erzketzer, zum Haupt einer vom Teufel inspirierten Gegen-Kirche wurde. Den Anfang machte die Ende März 1520 abgeschlossene und Anfang Juni gedruckt vorliegende Abhandlung *Von den guten Werken*. Darauf folgte – Ende Juni abgeschlossen und im August gedruckt – *An den christlichen Adel deutscher Nation von des christlichen Standes Besserung*. Ende August war das Manuskript von *De captivitate Babylonica ecclesiae praeludium* beendet, in Druck ging das «Vorspiel zur babylonischen Gefangenschaft der Kirche» Anfang Oktober; schon im Monat darauf wurde *Von der Freiheit eines Christenmenschen* veröffentlicht. In diesen Haupttexten arbeitete Luther vieles, was er vorher nur angedeutet oder verklausuliert ausgedrückt hatte, systematisch aus und fügte es zu einem in sich geschlossenen Alternativentwurf von Glauben und Kirche zusammen. Dabei zeigte sich, dass die Theologenkommission, die die Bannandrohungsbulle ausgearbeitet hatte, mit ihren Schwerpunktsetzungen und manchen Vorausahnungen richtig gelegen hatte.

Der Mensch – so die neue Heilsbotschaft – wird von Gott nicht durch seine Werke, sondern allein durch seinen Glauben gerecht gesprochen, obwohl er vor seinem Herrn keine Verdienste geltend machen kann. So bleibt auch der Gläubige *simul justus et peccator*, gerecht und Sünder zugleich. Die guten Werke sind eine Frucht des Glaubens, gewissermaßen das äußere Siegel unter diesen; sie tragen nichts zum Heil bei und sind trotzdem Christenpflicht. Alle Werke, die im Glauben getan werden, sind vor Gottes Auge gleich gut, und zwar nicht wegen ihrer Tragweite oder Verdienstlichkeit, sondern allein wegen des Glaubens. Der Glaube aber ist ein Geschenk der Gnade, die nicht allen Menschen gewährt wird. Erst recht kann die Gnade des Glaubens vom Menschen nicht verdient werden. In seinem unerforschlichen Ratschluss hat Gott die einen erwählt und die anderen verworfen, und zwar bereits vor ihrer Geburt. Der menschliche Wille ist also nicht frei, um aus eigenem Antrieb den Weg zu Gott zu wählen; im Gegenteil, er ist durch die Erbsünde einseitig auf die Konkupiszenz, das Böse und die Sünde, ausgerichtet. Eine göttliche Gnade auf der Grundlage von Verdiensten oder auch nur die Freiheit des Menschen, die Gnade anzunehmen oder nicht, waren damit vollends ausgeschlossen.

Radikal umgedeutet wurden auch die Sakramente; von den sieben der katholischen Kirche blieben bei Luther zwei, mit Einschränkung drei: Taufe, Abendmahl und Beichte, die im Gegensatz zu den beiden ersteren aus der individuellen «Ohrenbeichte» in das kollektive Schuldbekenntnis der Gemeinde umgeformt wurde. Doch auch die beiden vollgültigen, da für Luther in der Heiligen Schrift angelegten Sakramente gewannen eine völlig neue Bedeutung. Für Luther waren sie nicht mehr, wie die Kirche lehrte, *ex opere operato*, aus sich heraus heilswirksam und damit auch heilsnotwendig, sondern ein reines Versprechen *(promissio)* Gottes und damit ein Stärkungsmittel zur Bewahrung des Glaubens. Die Eucharistie war nach seinem Verständnis, das in diametralem Gegensatz zur offiziellen Doktrin der Kirche stand, keine Transsubstantiation, bei der sich die Substanz von Brot und Wein in Fleisch und Blut Christi verwandelte, während die Form, das heißt die sinnlich fassbare äußere Erscheinung, gleich blieb. Es fand also keine Wandlung statt, sondern beides, die vergängliche Substanz und der Leib des Herrn, bestand in einem. Diese Präsenz von Leib und Blut des Erlösers verstand Luther jedoch nicht symbolisch, sondern real. Christus – so seine Begründung – hatte bei der Einsetzung des Abendmahls «Hoc est corpus meum» gesagt, «Dies ist mein Leib», und nicht: «Dies bedeutet meinen Leib».

Die theologische Umwertung, mit der Luther an die reine Lehre der christlichen Anfänge anzuknüpfen glaubte, hatte einschneidende Folgen für die Organisation der Kirche und des Glaubenslebens. In seiner Schrift an den deutschen Adel rief Luther dazu auf, die drei Mauern einzurennen, mit der das Papsttum seine unrechtmäßige Machtstellung befestigt hatte. Sie bestanden seiner Ansicht nach allesamt aus Lügen und mussten jetzt, da durch sein Auftreten die Wahrheit zu Tage trat, fast wie von selbst in sich zusammenfallen. Das erste dieser Bollwerke war für Luther die Erfindung des geistlichen Standes mit seinen zahlreichen Sonderrechten, die ihn dem Zugriff der weltlichen Obrigkeit entzogen, ja, zum Staat im Staat machten, das zweite war das in seinen Augen angemaßte Bibelauslegungs-Monopol des Heiligen Stuhls und das dritte das angebliche Vorrecht des Papstes, allein ein Konzil einberufen zu dürfen. Luthers teils bibelexegetisch, teils historisch untermauerter Versuch, diese römischen Machtansprüche zu widerlegen, ging mit beißender Kritik an der Pfründenvergabe und den Finanzpraktiken der Kurie sowie mit drastischen Ratschlägen zur Behebung dieser Missstände einher. Sie zielten darauf ab, die Einkünfte der Kardinäle einzudämmen, die Stellung des Papsttums auf einen reinen Ehrenvorrang zu reduzieren und so die Kirche zu einer pastoralen, allein um das Seelenheil der Gläubigen besorgten Institution umzugestalten. Gemessen an Luthers inzwischen gefestigter Überzeugung, dass der Antichrist im Vatikan residierte, waren diese Vorschläge allerdings noch moderat.

Am folgenreichsten war die Forderung nach Abschaffung des *ordo ecclesiasticus*, des Standes der geweihten Priester, die sich mit zahlreichen Privilegien und eigenen Gerichten dem Zugriff der weltlichen Obrigkeit lange Zeit weitgehend entzogen hatten, im Laufe des 15. Jahrhunderts jedoch immer stärker unter die Hoheit von Fürsten und Republiken gerieten, die diese Freiräume als unzulässige Einschränkungen ihrer Kompetenzen betrachteten. Mit der Abschaffung der Weihen sollte auch die Pflicht zum Zölibat entfallen, den das Papsttum ohnehin erst im 11. Jahrhundert eingeführt hatte, laut Luther, um dadurch seine Macht zu festigen. Da es keinen speziellen Priesterstand mehr gab, waren alle Christen gleichermaßen Priester – so lautete eine der wirkungsvollsten und zugleich am häufigsten missverstandenen Kampfparolen der Reformation. Aus dem «Priestertum aller Gläubigen» konnten aufständische Bauern das Recht ableiten, ihren Pfarrer selbst zu wählen, und radikale Gruppierungen wie Täufer und Spiritualisten alte und neue Formen der Kirche gleichermaßen in Frage stellen.

Das Priestertum aller Gläubigen bedeutete für Luther die spirituelle Ebenbürtigkeit aller Christenmenschen beiderlei Geschlechts, die keinen Heilsvermittler zwischen sich und Gott benötigten und zum Beispiel bei Gefahr im Verzug auch die Taufe spenden konnten. Doch war keineswegs jede Christin und jeder Christ zur selbständigen Auslegung der Heiligen Schrift und zur eigenständigen Ausgestaltung einer persönlichen Frömmigkeitspraxis aufgerufen, ganz im Gegenteil. Der verbindliche Sinn der göttlichen Offenbarung lag für den Reformator Martin Luther ein für allemal fest, und zwar so, wie er ihn seiner Selbsteinschätzung als Dolmetscher Gottes entsprechend deutete und damit festlegte. Den Titel eines Propheten hat der Wittenberger Professor niemals für sich in

Anspruch genommen, auch wenn sein Selbstverständnis als Verkünder des Gottesworts diesem Amt recht nahe kam.

Pfarrer war damit ein akademischer Lernberuf wie andere auch geworden. Er setzte eine gründliche Ausbildung in Theologie, sittliche Verantwortung und vor allem die Fähigkeit zu predigen voraus, denn an die Stelle der Messe, die für Luther kein Opfer und damit kein verdienstliches Werk, sondern ein papistisches Gräuel war, trat die theologische und moralische Unterweisung durch die Predigt. Nur dort, wo das wahre Gotteswort verkündet wurde, konnte die göttliche Gnade nach Luthers Auffassung den wahren Glauben hervorbringen. Konkret lief die Neuordnung schnell auf eine Kirche unter Schutz, Schirm und Herrschaft der weltlichen Obrigkeit, also der Fürsten und städtischen Magistraten, hinaus. Alle Versuche der Gemeinden, sich selbst zu organisieren, mündeten für Luther schnell in Aufruhr und Anarchie. Der Mensch neigte zur Sündhaftigkeit und bedurfte strenger Aufsicht und Führung. Da die kirchliche Führung der letzten Jahrhunderte seiner Ansicht nach auf der ganzen Linie versagt hatte, mussten jetzt Fürsten und städtische Magistrate als «Notbischöfe» einspringen.

Auch Luthers Proklamation der «Freiheit eines Christenmenschen» wurde oft und folgenreich missverstanden. Diese Freiheit bestand für ihn nicht in der Auflehnung gegen die etablierte Machtordnung, die die aufständischen Bauern 1525 unter Berufung auf seine Schriften vollzogen, denn die bestehende Herrschaft hatte der Apostel Paulus im 13. Kapitel des Römerbriefs auch dann gerechtfertigt, wenn sie böse war und schlecht handelte. Wahre Christen unterwarfen sich der irdischen Gewalt widerstandslos. Sie beteten dafür, dass sich die Tyrannen besserten, und sie wanderten aus, wenn diese den wahren Glauben unterdrückten, doch ansonsten fügten sie sich der verdienten Strafe Gottes. Andererseits konnte für Luther selbst ein Sklave, der äußerlich der Willkür seines Herrn bedingungslos unterworfen war, im christlichen Verständnis wahrhaft frei sein: frei durch seinen Glauben an die Vergebung seiner Sünden und die Erlösung durch Christus und damit frei von allen menschlichen Satzungen und Geboten, die sein Seelenheil betrafen und wie sie die Papstkirche laut Luther so überreichlich erfunden hatte. Fastengebote, Feiertage, Ablässe, Wallfahrten und zahlreiche weitere Vorschriften waren damit hinfällig.

Mit seiner unermüdlichen Textproduktion hatte Luther seit dem Herbst 1517 bestens vorgearbeitet: Die Bannandrohungsbulle Leos X. erregte in Deutschland einen Sturm der Entrüstung. Der wortmächtige Reichsritter und Publizist Ulrich von Hutten verhöhnte und verdammte sie als Krieg gegen das Gotteswort im Allgemeinen und als eine unerträgliche Herabsetzung Deutschlands im Besonderen. Auch Luther selbst machte den Kampf gegen «seine» Bulle zu einem Medienereignis.

Schon im Juni 1520, als *Exsurge Domine* noch auf dem Kurierweg nach Deutschland war, schritt Luther mit der sofort in zahlreichen Exemplaren gedruckten Schrift *Von dem Papstthum zu Rom wider den hochberühmten Romanisten zu Leipzig* zur Generalattacke gegen seine deutschen und römischen Gegner. Sie alle werden mit den Pharisäern gleichgesetzt, für die Christus ein Ärgernis ist, so wie Luther dem Papst und seinen deutschen Speichelleckern, den Verrätern am eigenen Vaterland, ein Dorn im Auge ist. Die «Römlinge» sind für ihn aus schmutzigem Eigeninteresse zu Ketzern und Schriftlästerern geworden, behaupten sie doch, dass jeder Christ der von Gott eingesetzten römischen Kirche unterworfen sein müsse. Dabei sei diese längst zum Zerrbild einer frommen Gemeinschaft abgesunken. In Rom werde jeder fromme Christ als Narr verspottet: Diese Behauptung sollte ein Leitmotiv der Lutherschen Texte und Tischreden werden. Besonders hämisch, so Luther weiter, lachten die Höflinge des Papstes über die tumben Deutschen, und zwar aus ihrer Sicht zu Recht, denn diese ließen sich nach allen Regeln der Kunst bis auf den letzten Pfennig ausplündern. Dadurch sehe das Papsttum dem Antichristen, der ja auch nach den Schätzen dieser Welt giere, beängstigend ähnlich. Der wahre Erlöser, den der Antichrist so perfide nachäffe, habe dagegen verkündet, dass sein Reich nicht von dieser Welt sei. Von der äußeren Gestalt seiner Kirche habe er hingegen kein Sterbenswörtchen geredet, da er, Christus, selbst das Haupt der einzig wahren Kirche, der Kirche des Glaubens, sei.

Die historische, nach Gregor dem Großen (590–604) endgültig vom Papsttum beherrschte und damit in Luthers Augen unterdrückte Kirche aber sei von einem Irrtum in den anderen gefallen. Das sei kein Wunder, seien doch immer häufiger böse Oberhirten an ihre Spitze gewählt worden. So werde die Verheißung Christi, dass die Pforten der Hölle seine Kirche nicht überwältigen würden, für Rom zum endgültigen

Verdammungsurteil, denn hier habe der Teufel oft genug triumphiert. Am Ende dieser geharnischten Streitschrift stand eine unerwartet milde Kehrtwendung: Die tyrannischen Päpste waren in Luthers Augen eine Gottesstrafe und mussten von den wahren Christen wie die Schreckensherrschaft der Türken geduldig ertragen werden.

Doch dieser Langmut des Reformators hielt nicht lange an. Kurz nach seiner Polemik gegen das Papsttum ließ Luther eine erneute Kampfschrift seines ersten italienischen Gegners Prierias mit seinen eigenen spöttischen Randbemerkungen drucken. Texte der Gegenseite herauszugeben, die seiner Ansicht nach kaum eines Kommentars bedurften, um ihre Autoren und deren Unterstützer der Lächerlichkeit preiszugeben, gehörte weiterhin zu Luthers innovativer Medienstrategie.

Was es aus seiner Sicht zu Prierias' erneuter Verteidigung des Papsttums und der Thomisten zu sagen gab, drückte Luther in Vor- und Schlusswort gewohnt drastisch aus:

> Wenn man in Rom so empfindet und so lehrt, und zwar mit Wissen des Papstes und der Kardinäle (was ich nicht hoffe), dann verkünde ich in diesem Schreiben offen, dass jener wahre Antichrist im Tempel Gottes sitzt und in Babylon, jenem purpurgeschmückten Rom, regiert und dass die Kurie die Synagoge Satans ist.[69]

Das kam einer definitiven Gleichsetzung des Papstes mit dem Antichristen sehr nahe. Dass die finsteren Winkeltheologen am Tiber ihre Irrlehren ohne Wissen des Pontifex maximus unters Volk brachten, war höchst unwahrscheinlich, schließlich hatte Leo X. Prierias zwei Jahre zuvor mit dem offiziellen Gutachten zur *causa Lutheri* beauftragt und musste daher über dessen Thesen informiert gewesen sein. Einen weiteren Beleg dafür, dass der «Endchrist» in der Ewigen Stadt residierte, sah Luther darin, dass die Kurie den Papst zum Gott und die Gültigkeit der Heiligen Schrift von seinem Urteil abhängig machte. So wurden die Schlusspassagen des Prierias-Kommentars zu einer regelrechten Trennungserklärung zwischen Wittenberg und Rom:

> So fahre nun dahin, unseliges, verderbtes und gotteslästerliches Rom: Der Zorn des Herrn ist über dich gekommen, so wie du es am Ende ver-

dient hast, denn trotz so vieler Gebete für dich hast du nur noch immer schlechter werden wollen. Wir haben nämlich Babylon zu bessern versucht, doch es ist nicht geheilt worden. So wollen wir es nun zurücklassen, auf dass es die Wohnstätte von Drachen, Lemuren, Larven und Hexen sei.[70]

Das klang wie ein Abschiedsfluch und war auch so gemeint. In einer im Oktober 1520 verfassten Schrift gegen Johannes Eck warf Luther diesem vor, durch Verleumdung und Intrigen die Bulle *Exsurge Domine* gegen ihn erwirkt zu haben – falls diese Verlautbarung überhaupt echt war, was Luther bezweifelte, denn die römischen Spitzbuben hätten sich schon öfter durch falsche Dokumente in Deutschland zum Narren und Affen gemacht. Warum sollte man jetzt ausgerechnet Johannes Eck, der sich durch seine Schriften als «einen landruchtigen ertzlugener eroffnet hat»,[71] Glauben schenken, wenn er die angebliche Bannandrohungsbulle gegen Luther nach Deutschland im Gepäck mit sich führte? Eck verriet laut Luther die evangelische Wahrheit und sein Vaterland zugleich. Solchen Doppel-Verrätern schenkte kein aufrechter Deutscher Glauben.

Allerdings stellte sich schnell heraus, dass Eck die Bulle nicht gefälscht hatte. So ließ Luther Ende Oktober eine weitere Broschüre gegen *Exsurge Domine* folgen, die er vorsorglich in einer lateinischen und in einer frei übersetzten deutschen Fassung verbreitete. Die Schriften *Adversus execrabilem Antichristi bullam* und *Wider die Bulle des Endchrists* wurden noch im selben Jahr jeweils zweimal gedruckt. Darin steigerte Luther die Polemik gegen seine Gegner mit immer wütenderen Beschimpfungen:

> Wohlan nun, ihr gottlosen und wahnsinnigen Papisten, so schreibt nur in aller Ruhe, was euch in den Sinn kommt. Denn diese Bulle wirkt so, als sei sie bei einer nächtlichen Huren-Orgie ausgeworfen oder von tollwütigen Hunden zusammen geschmissen worden. Nicht einmal die schlimmsten Narren würden solche Verrücktheiten zustande bringen.[72]

Diese Invektiven folgen einer stringenten Logik. Wenn theologisch alles gesagt und trotzdem keine Einigkeit erzielt war, musste es an der Verworfenheit der anderen Seite liegen. Wer sich der ein für alle Mal freigelegten Wahrheit verschloss, musste abgrundtief lasterhaft sein. So abgefeimt konnte nur der «Endchrist» leugnen und lügen. Durch die Gleichsetzung des Papsttums mit dem Antichristen schärfte sich Luthers eigenes Rollenprofil. Er war der von Gott berufene Gegenspieler des personifizierten Bösen. Ein menschlicher Widerpart des «Endchristen» kam im Buch der Apokalypse nicht vor. Am ehesten ähnelte diese Rollenbeschreibung erneut einem Propheten, mit dem Unterschied, dass ein Prophet Botschaften unmittelbar von Gott erhielt, was Luther nie für sich in Anspruch genommen hat. Zudem musste sich ein Prophet in seiner Funktion als Sprachrohr des Herrn bewähren. Auch so weit ging Luther nicht, doch sah er in seiner Freilegung des angeblich wahren Schriftsinns und in der Demaskierung des Antichristen in Rom einen göttlichen Auftrag. Der Antichrist hatte für ihn also eine Adresse, nämlich Rom, und ein Ambiente, die Kurie; so fehlte jetzt nur noch ein Personenname.

Luthers Gegenspieler

Die Ausfertigung der Bannandrohungsbulle vom 15. Juni 1520 war für die Kurie ein wichtiger Schritt; weitere mussten folgen. Die nächste Maßnahme bestand darin, *Exsurge Domine* in Deutschland zu publizieren, wobei man mit erheblicher Gegenwehr, nicht nur in Sachsen, rechnen musste. Luther hatte nicht umsonst nationale Töne angeschlagen. Die einflussreichsten deutschen Humanisten, allen voran Ulrich von Hutten, sahen ihn als Verteidiger der deutschen Ehre und standen daher fest auf seiner Seite. Darüber hinaus machten sich frustrierte Reichsritter, die sich mit ihren Miniterritorien als die Verlierer der politischen Arrondierung durch die größeren Reichsfürsten fühlten und ihre Unabhängigkeit akut bedroht sahen, blockierte städtische Sekundäreliten und andere politisch unzufriedene Gruppierungen in Stadt und Land seine Thesen gegen Rom mit Begeisterung zu eigen. Also musste man der Bulle den nötigen Begleitschutz in Gestalt überzeugender Vertreter des päpstlichen Standpunkts verschaffen, so lautete die römische Schlussfolgerung. Die beiden Inquisitoren und Nuntien, die Leo X. im Sommer 1520 mit Referenzschreiben und Instruktionen versah, waren niemand anders als die beiden «Lutherspezialisten» Johannes Eck und Girolamo Aleandro. Ecks Mission verstand sich in Anbetracht seiner Vorgeschichte von selbst; er war für die Kurie der deutsche Deutschlandspezialist.

Mit Aleandro wurde Eck ein brillanter Humanist und gewandter Diplomat zur Seite gestellt, der schnell zu Luthers wichtigstem Gegenspieler wurde und es sich zur karriereträchtigen Lebensaufgabe machte, Deutschland von der «Infektion» durch die Luthersche Irrlehre zu heilen. Die Berichte, die er über diese Mission verfasste, sind die scharfsichtigsten Quellen aus römischer Perspektive überhaupt. Als intellektueller Hauptgegner ihres Glaubenshelden Luther wurde Aleandro von der protestantischen Luther- und Reformationsforschung des 19. und frühen 20. Jahrhunderts denn auch zu einer Art römischem Mephistopheles dämonisiert: hochbegabt, glänzend im Auftreten, listen- und fintenreich, wortgewandt und bei der Verfolgung seiner Ziele völlig skrupellos. Diese Einschätzung ist nicht falsch, doch gilt sie eben auch für die andere Seite.

Girolamo Aleandro wurde 1480 im venezianischen Friaul geboren. Seine Familie rühmte sich adeliger Wurzeln im gleichfalls venezianisch beherrschten Istrien, doch diesen (ohnehin zweifelhaften) Rang hatte sie am Ende des 15. Jahrhunderts nicht. Wegen seiner ausgezeichneten Hebräisch-Kenntnisse bezeichneten die Anhänger der Reformation Aleandro als Marranen, das heißt als einen nur zum Schein getauften Juden, eine Erfindung, die bestens zu Luthers wütendem Judenhass passte. Aleandro studierte in Padua und Venedig, wo er für den berühmten Drucker Aldo Manuzio die Herausgabe antiker Texte besorgte. Sein Ruf als Humanist war so groß, dass er schon mit fünfundzwanzig Jahren zum Universitätslehrer für Latein und Griechisch an die Pariser Sorbonne berufen wurde. 1514 trat Aleandro als Sekretär in die Dienste des Lütticher Fürstbischofs und machte sich dort in den nachfolgenden drei Jahren mit den kulturellen und kirchlichen Verhältnissen in den Niederlanden und im rheinischen Deutschland vertraut. Dabei erkannte er hellsichtig, dass sich hier ein Unmut von bislang unbekannten Ausmaßen gegen Rom und das Papsttum zusammenbraute, und schickte Warnungen an die Kurie, die jedoch ohne Gehör blieben. 1517 gelang Aleandro der für seine weitere Laufbahn entscheidende Patronagewechsel: Er trat als Sekretär in die Dienste Kardinal Giulio de' Medicis, des zweitmächtigsten Mannes von Rom und Florenz. Dieser erkannte Aleandros herausragende philologische Begabung und machte ihn 1519 zum Chef der Vatikanischen Bibliothek.

Aleandros Entsendung nach Deutschland im Jahr darauf spiegelt die römische Sicht der *causa Lutheri* zu diesem Zeitpunkt wider: Die Theologen hatten gesprochen und ihr Urteil gefällt, jetzt waren die Diplomaten am Zuge, um die kirchenrechtliche Entscheidung politisch durchzusetzen. Dazu benötigten sie gute Sprachkenntnisse, rhetorisches Talent, sicheres Auftreten und psychologischen Scharfblick. Alle diese Gaben besaß Aleandro reichlich, und er benötigte sie mehr, als er für möglich gehalten hatte. Seine erste Deutschlandmission wurde für ihn eine Entdeckungsreise, auch in eigener Sache. Denn es zeigte sich bald, dass es nicht damit getan war, die mitgeführten Instruktionen zu befolgen und den römischen Standpunkt in Kolloquien mit den Mächtigen des Reiches zu vertreten. Die Situation im Deutschland der Jahre 1520 und 1521 fiel völlig aus dem Rahmen und verlangte dem päpstlichen Nuntius außergewöhnliche Fähigkeiten ab. Er musste improvisieren, neue Strategien entwerfen und flexibel auf neue, unerwartete Lagen reagieren können. So sah sich Aleandro früh gezwungen, sich mehr mit Theologie zu beschäftigen, als ihm von seiner humanistischen Ausbildung her lieb war.

Aleandros Referenzschreiben sowie seine Instruktion, die beide vom 16. Juli 1520 datieren, wiesen ihm den Hof Kaiser Karls V. und die Niederlande als erste Wirkungsstätten zu. Er sollte den Kaiser dazu drängen, gemäß der päpstlichen Bulle gegen Luther, dessen Anhänger und Bücher vorzugehen. Jeder Rechtfertigungsversuch des Ketzers oder seiner Gefolgsleute war im Keim zu ersticken. Wenn Luther die letzte Frist zum Widerruf nutzen wollte, wurde ihm weiterhin, wie in der Bulle vorgesehen, freies Geleit nach Rom zugesichert. Seine Schriften aber waren sofort zu verbrennen; diese Anweisung setzte Aleandro schon Ende 1520 um.

Im Gegensatz zu dieser Strategie der Härte trat um dieselbe Zeit nochmals der päpstliche Kammerherr Karl von Miltitz in Aktion. Ob er dabei von Leo X. bevollmächtigt war oder auf eigene Faust handelte, ist lange kontrovers diskutiert worden. Für die protestantische Forschung war von Miltitz ein Hochstapler, der sich eine Vermittlung zur Unzeit anmaßte, als das Tischtuch zwischen Wittenberg und Rom bereits zerschnitten war. Dabei handelte der deutsche Höfling Leos X. tatsächlich in dessen Auftrag. Das ändert nichts daran, dass sein Unterfangen schon nicht mehr in die Zeit passte. Wie schon zwei Jahre zuvor drängte von Miltitz darauf, dass Luther ein Schreiben an den Papst verfassen sollte, um damit den endgültigen Bruch doch noch in letzter Minute zu verhindern. Bezeichnenderweise bestand Friedrich der Weise darauf, dass sich sein Professor trotz reichlich bekundeter Skepsis diesem letzten Einigungsversuch nicht entzog. So konnte der kluge Kurfürst darauf pochen, wirklich alles Menschenmögliche versucht zu haben.

Sodom und Gomorrha: die Absage an Leo X.

Der Wunsch des Kurfürsten war für Luther ein Befehl. Von seiner Begegnung mit ihm berichtete von Miltitz auch diesmal sehr optimistisch. Luther, so sein Plan, sollte alle Schuld an der Eskalation des Streits schriftlich auf Eck abwälzen, diesen Text binnen zwölf Tagen drucken lassen und danach nach Rom gehen, um sich von allen Vorwürfen zu reinigen. Bei nüchterner Betrachtung musste das auf einen Widerruf hinauslaufen, zu dem Luther weniger denn je bereit war. Einer Einigung standen außerdem die immer heftigeren Anklagen Luthers an die römische Adresse im Wege. Vor diesem Hintergrund stellt sich sein Sendbrief an Leo X., den er bald nach dem 12. Oktober 1520, dem letzten Treffen mit von Miltitz, verfasste, als taktische, von den politischen Umständen erzwungene Maßnahme dar. In der Sache näherte er sich der päpstlichen Seite kein Jota an. Stattdessen wurde der *Sendbrief an Papst Leo X.* (den er vor die Veröffentlichung der Bannandrohungsbulle in Ostdeutschland auf den 6. September vordatierte) zu einer polemischen Bilanz aller seit 1517 ausgetragenen Auseinandersetzungen und zu einer erneuten Generalabrechnung mit Rom.

Einleitend betont Luther, dass er seit drei Jahren im Streit «mit etlichen wusten menschen»[73] liege. Um sich gegen die Verleumdungen der unchristlichen Schmeichler zu wehren, habe er an ein künftiges Konzil appelliert, ohne sich dadurch dem Papst und dem Heiligen Stuhl entfremden zu wollen. Er habe Leo X. stets verteidigt und gegen die gottlosen Bibelschänder vom Schlage eines Prierias in Schutz genommen. Auch habe er seine Feinde immer nur wegen ihrer Lehre, nie wegen ihrer Lebensführung bekämpft, wie Paulus «peyssig»[74] – bissig, das heißt kämpferisch – in der Sache, doch nie gehässig gegen Personen. Auch die Propheten des Alten Testaments hätten kein Blatt vor den Mund genommen, wenn es irrige Ansichten zu bekämpfen galt.

Diese Aussagen waren in römischen Augen nachweislich falsch: Die Wendungen, mit denen Luther den regierenden Papst von seiner Kurienkritik ausgenommen hatte, waren mehr als durchsichtig, es konnte also keine Rede davon sein, dass er den Papst in Schutz nahm. Und die Beschimpfungen, die sich ein Prierias gefallen lassen musste, sprachen diesem nicht nur die theologische Ehre, sondern auch die persönliche Moral ab. Die an Leo X. direkt gerichtete Bitte, Luthers Entschuldigung anzunehmen, klang dadurch unglaubwürdig. Die nachfolgende Anklagerede gegen Rom und die Kurie vertiefte diesen Eindruck. Der Hof des Papstes – so ihr Leitmotiv – war schlimmer als Sodom und Gomorrha. Auch das war ein Argument «gegen das Leben» und nicht primär gegen die Lehre. Rom betrüge aus niedersten Motiven die Christenheit. Er, Luther, aber werde dagegen kämpfen, «ßo lang yn myr meyn christlicher geyst lebet».[75] Damit schrieb sich der Wittenberger Professor selbstbewusst eine führende Rolle zu: «das ich mich eynen schuldigen diener erkenne aller Christen menschen».[76] Diese Formulierung kam der päpstlichen Selbstbezeichnung als «Diener der Diener Gottes» aus gutem Grund sehr nahe. Rom verdunkelte das Gotteswort und diente nicht, sondern herrschte; in seinem Falle, so die stolze Behauptung Luthers, war es genau umgekehrt. Die Christenheit mochte ihre Schlüsse daraus ziehen, wer Gott und wer dem Bösen diente. Ein guter Papst legte den wahren Schriftsinn frei und zeigte der Christenheit damit Heilswege auf. Genau das nahm Luther, der bessere Hirte, für sich in Anspruch.

Hierauf folgt das bei Luther inzwischen übliche Sündenregister, das mit neuen, verschärften Wendungen gespickt wird. Leo X., so Luther, wisse selbst sehr genau, welche Mördergrube seine Kurie sei. Spätestens hier wird die Unterscheidung zwischen dem Herrscher und seinem Apparat hinfällig: «Es ist auß mit dem Romischen stuel, gottis tzorn hatt yhn ubirfallen on auffhoren.»[77]

Im selben Atemzug bezeichnet Luther in seinem Sendbrief Leo als Schaf unter den Wölfen seines Hofes. Da Leo «Löwe» bedeutet, war das blanker Hohn. So sprach alles dafür, dass Leo als Leitwolf unter den Wölfen seines Hofes in seinem Element war. Er selbst hingegen – so Luthers Kurzabriss der Ereignisse ab 1517 – habe immer nur Frieden gepredigt und alle Beleidigungen, die ihm widerfahren seien, klaglos hingenommen. Mit seinen Mahnungen und Warnungen sah er sich in der Tradition eines heiligen Bernhard von Clairvaux, der schon vor dreihundert Jahren die Missstände in der Kirche angeprangert hatte. Für sein mutiges Auftreten gegen den römischen Hof, diesen Rachen der Hölle, hätte er sich vom Papst Dank statt einer Ketzereianklage erwartet. An dieser Verkehrung der wahren Wertordnung seien Eck, den der Teufel aufgehetzt habe, und Cajetan schuld, der in Augsburg unbescheiden, unwahr und untreu aufgetreten sei und damit die harmlose Debatte über den Ablass zu einer theologischen Grundsatzfrage zugespitzt habe. Entgegen allen Einflüsterungen und Pressionen werde er niemals widerrufen, da er allein Gottes Wort verkünde. Trotzdem liege er dem Papst zu Füßen, der endlich den Schmeichlern das Handwerk legen und erkennen solle, dass sein Amt der gefährlichste und elendste Stand auf Erden sei und keinerlei Gewalt im Himmel, im Fegefeuer und in der Hölle, ja nicht einmal über ein Konzil habe. Im Übrigen könne Leo seine Pflichten der beigefügten Schrift über die Freiheit eines Christenmenschen entnehmen.

Luthers *Sendbrief an Leo X.* war nicht das «Ende gut, alles gut»-Schreiben, das von Miltitz erhofft hatte, sondern eine eigentümliche Mischung aus Anklage, Selbstrechtfertigung und Bedauern, eine angestammte Ordnung endgültig aufzugeben. Dadurch ähnelt das Schreiben den Profanierungsakten, die erregte Volksmengen von jetzt an immer häufiger an Bildern und Statuen von Heiligen verübten: aus Zorn über deren Wirkungslosigkeit, aus Wut, betrogen worden zu sein, doch zugleich mit der unstillbaren Sehnsucht, dass sich das ersehnte Wunder doch noch ereignen möge. Luther, der Mönch, hatte länger als ein Jahrzehnt den Papst als selbstverständliches Haupt der Kirche akzeptiert, auch wenn er in dieser Frühzeit nicht der eingeschworene Papalist war, als der er sich in den späteren Tischreden darstellte. Durch solche Zuspitzungen wollte der Reformator den Kontrast zwischen einst und jetzt

und die unfassbar große Gnade betonen, die ihm Gott durch seine Berufung zum Verkünder des wahren Glaubens erwiesen hatte. Trotzdem
war es für den Augustinereremiten, der im Gehorsam der Kirche erzogen worden war, ein existenzieller Schritt, von der Verehrung des
Papstes zum Angriff auf ihn überzugehen. Dass sich diese Absage mit
allen Zeichen der Schändung und Götzendämmerung vollzog, ist zeit-
typisch und nur allzu verständlich.

Gut einen Monat nach seinem Sendbrief vom Oktober 1520 appellierte Luther nochmals gegen den Papst an ein Konzil. Auch dieser notariell beglaubigte Akt wurde auf Latein und Deutsch zusammen mit dem
zwei Jahre älteren Appell der Öffentlichkeit zugänglich gemacht und
stieß auf reges Interesse. Allein für November und Dezember 1520
lassen sich sechs Drucke der deutschen Fassung ermitteln. 1518 war
Luther noch von der Fiktion des schlecht beratenen Papstes ausgegangen. Jetzt hieß es zu der Zeit seit 1518:

> Danach verharrte besagter Leo X. in seiner gottlosen Tyrannei weiter
> verhärtet und wütete immer schlimmer, so dass er mich, wie berichtet
> wird, in einer gewissen Bulle ohne Vorladung, ohne Anhörung und ohne
> mich in meinen Büchern zu widerlegen, verdammt hat.[78]

Natürlich war Luther nach Rom zitiert und zuvor von Cajetan angehört
worden; auch seine Bücher waren nach der römischen Prozessordnung
geprüft und für häretisch befunden worden. Doch um nüchterne Fakten
ging es auf beiden Seiten längst nicht mehr.

Am 10. Dezember 1520 verbrannte Luther im Beisein seiner Studenten die Bannandrohungsbulle vor den Stadtmauern von Wittenberg. Mit
diesem spektakulären Akt reagierte er darauf, dass seine eigenen Schriften seit dem Herbst 1520 auf Drängen Girolamo Aleandros in Löwen,
Köln und Mainz den Flammen übergeben worden waren. Natürlich
setzte der Wittenberger Professor die Öffentlichkeit sofort von seiner
Gegenaktion in Kenntnis. Noch im selben Monat verließ seine Recht-
fertigungsschrift *Warum des Papstes und seiner Jünger Bücher von D. Martin
Luther verbrannt sind* die Druckerpresse und fand wie üblich weite Verbreitung. Zu Asche zerfielen vor den Toren Wittenbergs zusammen mit
Exsurge Domine kirchenrechtliche Schriften und theologische Traktate,

vor allem solche, die das päpstliche Bibelauslegungsmonopol begründeten, doch auch ein Druck des *Constitutum Constantini*. Mit dieser Urkunde hatte Kaiser Konstantin angeblich Papst Silvester und seinen Nachfolgern als Dank für die Heilung vom Aussatz die Stadt Rom und die Oberhoheit über das gesamte Imperium geschenkt. Dass es sich dabei um eine Fälschung aus dem Umkreis der Kurie handelte, wie der Humanist Lorenzo Valla schon 1440 nachgewiesen hatte, war für Luther ein weiterer Beweis dafür, mit welch perfiden Methoden sich das Papsttum seine Oberhoheit über Kaiser und Reich ergaunert hatte.

Zur selben Zeit verfasste und veröffentlichte Luther eine ausführliche Entgegnung auf die Inkriminierung von 41 Sätzen aus seinen Schriften in der päpstlichen Bulle vom 15. Juni 1520. Diese *Assertio omnium articulorum M. Lutheri per bullam Leonis X. novissimam damnatorum* («Bekräftigung aller Artikel Martin Luthers, die in der jüngsten Bulle Leos X. verdammt worden sind») hatte ihm sein Landesherr aufgetragen. Friedrich der Weise wollte sich im Hinblick auf die demnächst anstehenden Verhandlungen im Reich in der *causa Lutheri* so gut wie möglich absichern. So musste sich der Wittenberger Professor abermals zu seinen Thesen äußern. Das ging nicht ohne mancherlei Wiederholungen ab, doch wurden zahlreiche Aussagen jetzt geradezu genüsslich zugespitzt. Luther war jeder Rücksichtnahme auf Rom ledig und kostete diese Freiheit der Rede lustvoll aus:

> Zum anderen nennen sie mich zu Unrecht einen Hussiten. Denn dieser steht nicht für mich. Wenn dieser ein Ketzer war, dann bin ich zehnmal ketzerischer als er, weil er viel weniger und weniger Wichtiges gesagt hat und mit ihm das Licht der Wahrheit erst aufzugehen begann.[79]

Ein verehrungswürdiger Vorläufer war Hus für Luther gleichwohl. Nicht nur einzelne Sätze, sondern alle seine Artikel, die auf dem Konzil von Konstanz verbrannt wurden, seien evangelisch. Erst er selbst decke jedoch das höllische Wesen des Papsttums vollständig auf.

3. Luther, der Barbar
(1521–1523)

Die Bannbulle und ihre Folgen

Die sechzig Tage, die Luther nach Erlass der Bannandrohungsbulle vom 15. Juni 1520 als Frist zum Widerruf eingeräumt wurden, verstrichen ohne ein Entgegenkommen von seiner Seite. Es war aus römischer Sicht im Herbst also höchste Zeit, den allerletzten Schritt zu gehen und Luther als verurteilten Ketzer aus der Kirche auszuschließen. Mit besonderem Nachdruck drängte der Nuntius Aleandro auf die Ausfertigung eines solchen Dokuments. Er führte seit November 1520 Verhandlungen mit den deutschen Fürsten und stellte dabei deren geringe Neigung fest, auf der Basis der gegenwärtigen Rechtslage gegen Luther vorzugehen. Vor allem bei Friedrich dem Weisen stieß er mit seiner Forderung, endlich entschlossen gegen Luther einzuschreiten, auf eisige Ablehnung. Hier war noch viel diplomatische Überzeugungsarbeit zu leisten, so lautete sein Fazit.

Die auf den 3. Januar 1521 datierte Bulle *Decet Romanum Pontificem* kam Aleandros Wunsch nach, endlich klare kirchenrechtliche Verhältnisse zu schaffen. In enger Anlehnung an *Exsurge Domine* sprach sie den Bann gegen Luther, den Ketzer, aus, der auf Anstiften des Teufels in Deutschland wütete. Zusammen mit ihm verurteilt wurden

auch andere, von nicht geringer Autorität und Würde, die ihres eigenen Seelenheils uneingedenk der Pest bringenden Ketzer-Sekte desselben Martin öffentlich und notorisch folgten und ihm offen, vor aller Augen Hilfe, Rat und Gunst gewährten, ihn in seinem Ungehorsam und in seiner Widerspenstigkeit bestärkten, die Veröffentlichung der Bannandrohungsbulle verhinderten und auf diese Weise den in dieser aufgeführten Strafen verfielen.[1]

Wer mit diesen Komplizen gemeint war, konnte niemandem verborgen bleiben: die deutschen Fürsten. Aleandro reagierte entsetzt: Wie konnte man die Mächtigen in Deutschland, auf deren Votum gegen Luther es ankam, so ungeschickt vor den Kopf stoßen! Er sollte mit halsstarrigen Landesherren darüber verhandeln, wie man einem notorischen Ketzer das Handwerk legen konnte, und die Kurie tat alles in ihrer Macht Stehende, um diejenigen, auf die es ankam, gegen sich aufzubringen.

Eine von diesen anstößigen Formulierungen bereinigte Fassung der Bulle traf jedoch erst im Mai 1521 in Deutschland ein und konnte den Gang der Ereignisse nicht mehr beeinflussen. In der Zwischenzeit fühlte sich Aleandro auf seinem deutschen Vorposten ziemlich allein gelassen. Formell unterstand er dem höhergestellten Nuntius Marino Caracciolo aus einer der vornehmsten neapolitanischen Adelsfamilien, doch de facto hatte er die ganze Arbeit allein zu machen – zumindest wenn man den Briefen glaubt, die er ab dem 15. Dezember 1520 nach Rom schickte und die sich durch Glücksfälle der Überlieferung vollständig erhalten haben. Diese Depeschen sind zum einen Berichte über das Geschehen vor und hinter den Kulissen und zum anderen Dokumente einer virtuosen Selbstdarstellung. Vor allem aber sind die Briefe, die die römische Sicht Luthers für die nächsten Jahrzehnte prägten, durch ihre Leidenschaftlichkeit und Anschaulichkeit einzigartige Zeugnisse dafür, wie ein italienischer Humanist in Diensten des Papsttums Luther, seine Anhänger, die Mächtigen im Reich und Deutschland insgesamt wahrnahm. Da Aleandro an die Kurie, also an Gleichgesinnte, schrieb, tat er sich in seinen Äußerungen keinen Zwang an. Um sich selbst karriereförderlich ins rechte Licht zu rücken, färbte er seine Berichterstattung oft dramatisch ein und stilisierte sich zum unbeugsamen Helden unter lauter Feinden, die ihm nach dem Leben trachteten. Diese Selbstinszenierung ähnelte nicht zufällig der Legenden- und Mythenbildung seines Todfeindes Luther.

Bei aller Rücksicht auf hochgestellte Persönlichkeiten im Reich setzte Aleandro beim Vorgehen gegen Luther auf einen harten Kurs. Speziell die Bücherverbrennungen wie zuletzt in Mainz schienen ihm ein probates Mittel zu sein, gerade weil der Scheiterhaufen mit den häretischen Schriften die Emotionen hochkochen ließ:

Obwohl die verkappten Lutheraner, diese Schurken, die behaupten, unsere Sache zu vertreten, uns von dieser Verbrennung abraten, und zwar unter dem Vorwand, dass wir damit unsere Gegner, falls das überhaupt noch möglich ist, nur noch mehr gegen uns aufbringen, hat sich nach umfassender Erörterung aller Gesichtspunkte doch der Standpunkt bestätigt, dass diese Bücherverbrennung eine sehr heilsame und nützliche Sache ist. Erstens, weil sich auf diese Weise die Verurteilung der betreffenden Bücher viel besser in Deutschland und in allen anderen Nationen verbreitet als durch eine bloße Anzeige an die zuständigen kirchlichen Stellen und ihre Vertreter – obwohl ich natürlich auch dafür immer und überall tätig bin. Zum anderen, weil die Laien, die durch die Predigten und die volkssprachigen Schriften dieses mehr als tausendfachen Arius bereits infiziert sind, durch den Anblick eines solchen Feuers, das durch die Autorität des Papstes und mit Befehl des Kaisers entzündet wurde, leicht geneigt sind, von solchen Büchern Abstand zu nehmen.[2]

«Più che milliarii» war eine originelle Wortschöpfung Aleandros: Luther war mehr als tausendmal schlimmer als Arius, der Erzketzer der Spätantike, der mit seiner Irrlehre, dass Christus ein Geschöpf Gottvaters, diesem nicht ebenbürtig und auch nicht ewig sei, so viele Seelen in die Hölle gestürzt hatte. Bei allem Ernst der Lage konnte man an der Kurie über derlei geistreiche Wortspiele sicherlich schmunzeln. Zugleich spiegelt sich darin so etwas wie eine widerwillig bezeugte finstere Hochachtung: Der Erzketzer aus Wittenberg war von wahrhaft satanischer Produktivität und ebensolcher Verführungskraft. Diese hatte viel mit der Wesensart der Deutschen zu tun, die aufgrund ihrer schlechten Nationaleigenschaften für solch böse Verlockungen besonders anfällig waren.

An der Frage, ob man Luthers Bücher verbrennen sollte, schieden sich die Geister. Alle, die davon abrieten, konnte man nach Aleandros Meinung in Zukunft getrost als Feinde des Heiligen Stuhls betrachten und als solche bekämpfen. Der Nuntius verstand seine Mission als eine medizinische Operation. Seine Aufgabe bestand darin, die Epidemie einzudämmen, so viele Kranke wie möglich zu heilen, doch faule Glieder zum Wohl des übrigen *corpus christianum* abzutrennen. Dabei setzte er auf die Kooperation von Papst und Kaiser: Der Pontifex maximus hatte als oberster Richter der Kirche sein Urteil in letzter Instanz ge-

Luther, der Narr: Das erste Bild aus Thomas Murners Kampfschrift «Von dem grossen lutherischen Narren» aus dem Jahr 1522. Als Motto der ganzen Schrift steht auf dem Spruchband: «Manchmal ist es ein Anzeichen der höchsten Weisheit, Narrheit vorzuspiegeln.» Um den ganzen Wahnwitz der Reformation, für die Luther hier steht, aufzudecken, spielt der Autor selbst mit der Rolle des weisen Narren. In den Illustrationen fällt diese Rolle einer klugen Katze im Mönchsgewand zu. Vgl. die Abbildungen S. 150 f., 153, 155, 180

fällt; dem Oberhaupt des Reiches oblag es nun, diesen Spruch umzusetzen. Der Haltung Karls V. in der Luther-Frage kam damit die höchste Bedeutung zu. Zu seiner grenzenlosen Erleichterung konnte Aleandro vom Kaiser nur Positives berichten. Der junge Habsburger hatte sich unmissverständlich zum Glauben seiner Vorfahren und damit zum Schutz des Papsttums gegen die Ketzerei bekannt. Doch allein auf das Reichsoberhaupt durfte sich Rom nicht verlassen, flankierende Maßnahmen waren unerlässlich. Als Humanist kannte Aleandro die Macht des Wortes, auf die Luther so sehr vertraute. Auch auf diesem Kampfplatz mussten ihm die Verteidiger des katholischen Glaubens entschlossen entgegentreten. In diesem Sinne gab der Nuntius Anweisung, in ganz Deutschland gegen Luther zu predigen und dabei dessen rechtsgültige Verurteilung durch den Heiligen Vater zu Rom gebührend herauszustellen. Der Endzweck seiner Bemühungen bestand darin, eine für das ganze Reich verbindliche Verurteilung Luthers durch den Kaiser zu erlangen und deren Durchführung zu garantieren.

Diesem Ziel, so weiter Aleandro in seinem Schreiben vom 15. Dezember 1520, stand jedoch ein ärgerliches Hindernis entgegen:

> Jetzt aber zeigen sich selbst die Anhänger des Kaisers unzuverlässig und wetterwendisch; sie sagen nämlich, dass alle diese Maßnahmen im besagten Fall, das heißt gegen einen von Rom verurteilten Deutschen, nicht ohne größtes Ärgernis ergriffen werden können. Stattdessen sei es gut, ihn zu hören, er möge also nur kommen, selbstverständlich, wie sie behaupten, nur um zu widerrufen.[3]

Aleandro, die Deutschen und andere Feinde

Karl V. berief seinen ersten Reichstag nach Worms ein, wo er sich seit dem 28. November 1520 selbst aufhielt. Für die gemeinsamen Beratungen und Beschlussfassungen mit den Fürsten und Freien Städten standen wichtige Verfassungs- und Steuerfragen auf der Tagesordnung. Die *causa Lutheri* war nicht einmal als eigenes Traktandum vorgesehen, rückte jedoch aufgrund des enormen Interesses der Öffentlichkeit und der damit verknüpften Furcht vor Unruhen immer stärker ins Zentrum. Luther selbst hatte sich im August 1520 mit einer Flugschrift an Karl V. gewandt. In diesem *Erbieten* drückte er zwar seine Bereitschaft aus, seine Lehre zu rechtfertigen, doch stellte er sich vor allem als Opfer heimtückischer Verleumdung und Verfolgung dar und machte am Ende deutlich, dass er sich nur mit Belegen aus der Heiligen Schrift widerlegen lassen werde. Für die päpstliche Seite waren das unannehmbare Konditionen. Karls Ratgeber aber waren anderer Meinung.

Für Aleandro war die Einladung ein bloßer Vorwand, um dem Ketzer einen großen Auftritt zu verschaffen, doch darin täuschte er sich. Aus der Sicht von Karls Räten musste man im Streit um Luther mit höchster Vorsicht vorgehen. Eine Verurteilung des Ketzers durch Karl V. allein, aus eigener Machtvollkommenheit und auf der Grundlage der päpstlichen Bannbulle, wäre als Bruch der Reichsverfassung aufgefasst worden und hätte angesichts der antirömischen Stimmung in Deutschland Aufruhr verursacht, so ihre Befürchtungen; solchen Belastungen war die noch ungefestigte Autorität des jungen Herrschers im Reich nicht gewachsen.

Der große Narr wird von der Mönchskatze gewürgt und speit einen kleinen Narren aus. Aus Thomas Murner, «Von dem grossen lutherischen Narren», 1522

Dass sich der «erwählte römische Kaiser» – so der Karl V. von Leo X. verliehene Titel – mit den wichtigsten Fürsten im Reich absprach, war für die Kurie hinnehmbar, nicht jedoch, dass man zu diesem Zweck den rechtskräftig verurteilten Ketzer Luther auf den Reichstag vorlud. Aleandro drängte daher auf ein verkürztes Verfahren: Acht und Bann des Reiches gegen Luther ohne Vorladung und Verhör! Wenn diese optimale Lösung nicht herbeizuführen war, sollte sich das Verhör auf die Frage des Widerrufs beschränken. Um jeden Preis aber musste eine ausführliche Anhörung verhindert werden. Wenn Luther in einer Stadt wie Worms, wo seine Anhänger in der Überzahl waren und die Stimmung täglich mehr zu seinen Gunsten anheizten, die Gelegenheit bekam, für seine perversen Ideen zu werben, war das Schlimmste zu befürchten.

Um einen großen Auftritt Luthers zu verhindern, bearbeitete der rastlos tätige Nuntius die kaiserlichen Räte und die wichtigsten Reichsfürsten unter Aufbietung aller diplomatischen Künste und theologischen Gelehrsamkeit. Speziell auf diese Kenntnisse hielt sich der Autodidakt Aleandro viel zugute:

Der Bauch des großen Narren ist immer noch von zahlreichen Narrheiten geschwollen. Aus Thomas Murner, «Von dem grossen lutherischen Narren», 1522

Und weil ich mich durch die Ungunst der Zeitumstände genötigt sah, mich den Schriften dieses Basilisken so intensiv zuzuwenden, dass ich diese fast alle auswendig weiß, hielt ich eine Rede über die ungeheuerlichsten und rohesten von diesen, die mir für den Glauben schädlich und für die Zuhörer widerwärtig schienen. Als Beleg dafür führte ich Stellen aus dem Neuen Testament an, auf das dieser [Luther] sich am allermeisten zu stützen behauptet, doch stützte ich mich auch auf die Konzilien und die alten griechischen wie lateinischen Kirchenlehrer, die ihm widersprechen – denn von den neueren Theologen und den Dekretisten will dieser Hund ja nichts wissen, im Gegenteil, er verlacht und verwirft sie ja als suspekt.[4]

Der selbsternannte Luther-Spezialist Aleandro hatte seinen Luther tatsächlich gelesen. Wenn dieser sich auf das *Sola scriptura*-Prinzip, also auf die alleinige Gültigkeit der Heiligen Schrift berief, dann musste man es ihm mit derselben Münze heimzahlen. Dafür bot sich vor allem das sechzehnte Kapitel des Matthäus-Evangeliums an: Christus – so führte Aleandro aus – hatte Petrus allein die Schlüssel zum Himmelreich übergeben und zum Felsen erklärt, auf den er seine Kirche bauen wolle. Wer wie Luther diese Botschaft des Erlösers zum Kollektivauftrag für die Apostel verdrehe, mache durch die bewusste Fehldeutung seinen bösen Willen deutlich.

Mit diesen goldenen Worten, so Aleandro, hatte er die Fürsten für die gute Sache schon gewonnen, als seine Pläne in letzter Minute doch noch durchkreuzt wurden.

> Ich sprach mit dem Großkanzler Gattinara, der auch der wahnhaften Meinung anhing, es sei gut, wenn Luther zum Reichstag komme. Darauf entgegnete ich, dass auch ich dafür sei, vorausgesetzt, dieser widerrufe nur. Doch das würde er, soweit ich sehe, niemals tun, so begierig nach Ruhm und aufgebläht von Hochmut, wie er augenblicklich ist.[5]

Wenn der Ketzer aber nicht widerruft und aufgrund seines freien Geleits unversehrt von dannen ziehen kann, wird der Eindruck verheerend sein:

> Das hätte die völlige Verwirrung der Welt zur Folge, denn alle würden urteilen, dass seine gottlose Lehre bestätigt worden sei; gerade deshalb wollen die Lutheraner, dass ihr Mohammed kommt, und streuen schon aus, dass er kommen und Wunder wirken wird.[6]

Das war eine geradezu prophetische Einschätzung. Aleandros Schlussfolgerung lautete daher: Wenn Luther kommt, müssen wir um jeden Preis verhindern, dass daraus das geplante Medien-Großereignis wird. Sonst schenken wir dem Ketzer eine Propagandaveranstaltung.

Um Luther den Auftritt zu verderben, führte Aleandro rastlos Verhandlungen mit den einflussreichen Persönlichkeiten bei Hof. Wie er dabei vorging, lässt er in einem nach Rom gesandten Brief durchblicken:

> Der Beichtvater des Kaisers ist durch die Gefälligkeiten, die ihm der Papst erwies, gegenüber den römischen Angelegenheiten viel gerechter gestimmt worden als vorher. Ich bin also nicht erfolglos für die gute Sache tätig, und man sieht wohl, dass es gut ist, anderen stets etwas Gutes zu tun.[7]

Auch der Kopf des großen Narren platzt geradezu vor Narrheiten. Aus Thomas Murner, «Von dem grossen lutherischen Narren», 1522

Die Menschen finden erst zu guten Gesinnungen, wenn sie darin ihren persönlichen Vorteil entdecken; so muss man ihnen diskret auf die Sprünge helfen, damit sie der guten Sache dienen. Diese Menschenkenntnis lief auf stilvolle Bestechung hinaus, welche Aleandro in Vollendung beherrschte. Auf derlei Art gewann er nach seinen eigenen Worten den Reichs-Vizekanzler Nikolaus Ziegler und den einflussreichen Diplomaten Paul von Armstorff für die römische Partei.

Solches Fingerspitzengefühl ließ die Kurie im Falle Friedrichs des Weisen zum Bedauern Aleandros weiterhin vermissen:

Ich habe übrigens gehört, dass er wegen einer gewissen Kommendatar-Sache empört ist. Diese Pfründe hatte seinerzeit jemand, der sich in Rom aufgehalten hatte und der uneheliche Sohn des Kurfürsten gewesen sein soll, als Koadjutor erhalten. Doch auf dem Rückweg nach Deutschland erfuhr er in Bologna, mit der Ernennung in der Tasche, für die er viel Geld bezahlte hatte, dass nach dem Tod des alten Inhabers irgendein Kardinal das Rennen gemacht hatte. Darüber kann sich der Herzog [Fried-

rich der Weise], wie mir einer der Seinen sagt, überhaupt nicht beruhi-
gen, obwohl er an sich ein schweigsamer und verschlossener Mann ist,
der seine Ansicht nicht gerne preisgibt.[8]

Wenn Rom den einflussreichsten deutschen Fürsten nach dem Kaiser so
vor den Kopf stieß, brauchte man sich nicht zu wundern, dass dieser
Luther, den Feind des Papsttums, unterstützte. Damit schien für Aleandro und seine römischen Auftraggeber eine befriedigende Erklärung für
eine der Hauptfragen der letzten Jahre gefunden: Warum deckte ein in
Würde ergrauter Reliquiensammler wie der sächsische Kurfürst einen
Mönch, der diesen einzigartigen Schatz und alle weiteren, in jahrzehnte-
langen Anstrengungen von Rom erworbenen Gnaden für wertlos,
schlimmer noch: für finsteren Aberglauben erklärte? Blut war eben auch
in Deutschland dicker als Wasser, gerade Barbaren waren in Fragen der
Ehre äußerst empfindlich; hinter jeder Zurücksetzung witterten sie die
Verachtung der zivilisierten Welt, die sie im Grunde ja auch verdienten.

Darüber hinaus hatte Friedrich laut Aleandro einen weiteren Grund,
mit der Kirche zu hadern, nämlich den Streit mit Albrecht von Mainz
um die Stadt Erfurt. Dieser hatte sich zu tödlichem Hass auf beiden
Seiten gesteigert. Trotzdem taten die beiden Todfeinde bei ihrem Zusammentreffen so, als seien sie die besten Freunde. Barbaren konnten
besser heucheln, als man es ihnen zutraute. Speziell im Falle Friedrichs,
so Aleandros Warnung, war höchste Vorsicht angebracht: Der Landesherr des Ketzers war ein Meister der Verstellung! Und noch etwas
musste Rom unbedingt in Rechnung stellen: So zerrüttet das Verhältnis
zwischen den beiden Kurfürsten aus den konkurrierenden Dynastien
der Wettiner und der Hohenzollern auch war, in einem Punkt stimmten
sie völlig überein: in der Abneigung gegen Rom und das Papsttum.

So dachten und fühlten auch ihre Untertanen. Ganz Deutschland ist
gegen die Kurie, so lautet das Leitmotiv von Aleandros Stimmungsbe-
richt vor dem entscheidenden Reichstag in Worms. Umso wichtiger war
es, den Grund für diesen tief verwurzelten Hass zu ergründen:

Alle anderen Bischöfe sind gut, doch schaden sie uns in einem Punkt: Sie
beharren hinsichtlich Essen und Kleidung auf ihrem gewohnten Lebensstil und steigern dadurch den Hass der Deutschen gegen den kirchlichen

Stand, über die ohnehin schon bestehende Abneigung hinaus, die sie von Natur aus gegen die Geistlichkeit hegen, wie die Vergangenheit lehrt.[9]

Das protzige Auftreten der deutschen Kirchenfürsten, ihre maßlose Prunksucht, war Aleandro zufolge schuld an der romfeindlichen Stimmung, die zusätzlich angeheizt wurde durch eine in den Tiefen der deutschen Geschichte verankerte Urfeindschaft gegen die Geistlichkeit sowie durch gelegentliche Begünstigungen italienischer Kleriker bei der Vergabe lukrativer deutscher Pfründen. Für einzelne Personengruppen ließ sich die Abneigung gegen Rom und den Klerus sogar noch näher erklären. So hatte sich eine Liga verarmter deutscher Adeliger unter der Führung Ulrich von Huttens gegen die Kleriker und das Papsttum verschworen, um sich an ihnen zu bereichern.

Die Motive dieser Reichs- und Raubritter waren immerhin noch nachvollziehbar im Gegensatz zur Haltung der deutschen Rechtsgelehrten, speziell der Kanonisten. Sie alle waren gegen Rom und offene Anhänger Luthers, obwohl sie es doch besser wissen mussten:

*Der große Narr beim
Saufen und Schlemmen:
Die Reformation löst
alle sittlichen Fesseln.
Aus Thomas Murner,
«Von dem grossen
lutherischen Narren»,
1522*

Und obwohl Martin Luther ihr Metier landauf, landab verdammt und herumschreit, dass man ihre Schriften vom ersten bis zum letzten Buchstaben verbrennen müsste, sind sie so dumm und verworfen, dass sie für ihn predigen und ihn verteidigen.[10]

Damit stellt Aleandro seine im gleichen Brief vertretene These, dass die Menschen ihre Gesinnung nach ihrem Vorteil ausrichten, wieder in Frage. Eine Erklärung für diesen Widerspruch bot allein die grenzenlose menschliche Dummheit:

> Das kommt daher, dass sie von der Wissenschaft, die sie zu pflegen behaupten, keine Ahnung haben. Doch sobald sie einen Doktortitel ergattert haben, führen sie in den allgemeinen Studien das große Wort, ohne wirklich studiert zu haben.[11]

Wenn man Barbaren Bildung vermittelte, zog man sich ruhm- und habgierige Schwätzer heran, die sich zu allem Überfluss gegen die Wohltäter verschworen, denen sie die Bildungsstätten verdankten. Noch verheerender als bei den Juristen war das Ergebnis dieser gescheiterten römischen Bemühungen um die Veredelung der deutschen Barbaren laut Aleandro bei den deutschen Humanisten. Kaum hatten sie sich mit den Anfangsgründen der lateinischen Grammatik vertraut gemacht, fingen sie auch schon an, grausige Verse zu schmieden und hielten sich für große Dichter. Wie bei den Kanonisten gehörte es auch bei diesen Sprach-Verhunzern zum guten Ton, von der Lehre der Kirche abzuweichen. Mindestens ebenso unbegreiflich wie bei den Juristen war die Luther-Begeisterung bei den Mönchen, deren Lebensform der Wittenberger Professor ja gleichfalls aufs schärfste bekämpfte. Diese Parteinahme gegen die eigenen Interessen konnte sich Aleandro nur durch einen alles beherrschenden Hass auf Rom erklären. Am heftigsten zogen gerade die Kleriker gegen das Papsttum vom Leder, die diesem alles verdankten. Nur die wenigen, die selbst in Rom studiert und auf diese Weise etwas zivilisierte Lebensart angenommen hatten, bekannten sich zu ihrem Wohltäter im Vatikan. Das Bild des Barbaren rundete sich damit ab.

Auf allen Seiten sah der Nuntius nur niedrigste Beweggründe. Dass es andere Ursachen für den vollständigen Vertrauensverlust des Papsttums in Deutschland gab, und zwar solche, die mit Herrschaftspraxis und Lebensstil der Päpste zu tun hatten, drang nicht einmal ansatzweise in sein Blickfeld. Selbstkritik verbot sich in Zeiten vehementer Kontroversen offensichtlich von selbst, da sie als Stärkung der gegnerischen Position verstanden werden musste. Dass auch aufrichtige religiöse Überzeugungen eine wichtige Rolle spielten, wenn Menschen so offensichtlich gegen ihre beruflichen Interessen verstießen, zog Aleandro genauso wenig in Erwägung wie seine lutherisch gesinnten Gegner.

Stattdessen stimmte der Nuntius im Vorfeld des Wormser Reichstags um die Jahreswende 1520/21 je nach Stimmungslage tragische oder larmoyante Töne an: Er harrte im finsteren Barbarenland aus, von Feinden umzingelt. Reuchlinianer, Lutheraner, Erasmianer: sie alle hatten sich gegen ihn verschworen und sannen auf sein Verderben! Mit diesen dramatischen Akzenten bastelte Aleandro, ähnlich wie sein Gegenspieler Luther, weiter an seinem eigenen Worms-Mythos:

Der große Narr vor dem Altar mit dem Gekreuzigten: Er schafft den wahren Gottesdienst ab, um sich ganz dem irdischen Wohlleben hinzugeben. Aus Thomas Murner, «Von dem grossen lutherischen Narren», 1522

Sie schimpfen mich einen Verräter an den *bonae litterae*, den guten Wissenschaften, einen Speichellecker der Höflinge, einen Verteidiger der Mönche, Henker und Verbrenner guter und heiliger Bücher aus der Feder Luthers und Huttens, und was der bösen Nachrede, über die ich zur Ehre Gottes bloß lache, mehr ist. So aber fühle ich mich von ganz Deutschland geächtet; am meisten sind diejenigen gegen mich, die bei mir Vorlesungen gehört haben. Sie fliehen mich, als wäre ich exkommuniziert, und auch darüber lache ich nur. Andere wollen mit mir zur Verteidigung Luthers disputieren; sie zu widerlegen, wäre leicht, doch was soll's, sie sehen es ja doch nicht ein.[12]

Andere wurden sogar handgreiflich, so Aleandro weiter, Hutten habe ihm mit dem Tod gedroht, der Vermieter habe ihn für eine ungeheizte und schmutzige Kammer Unsummen bezahlen lassen, doch trotz aller Anfeindungen und Krankheiten, die ihn plagten, habe er dem Bösen unverdrossen die Stirn geboten. Sieht man von den effektvollen Übertreibungen ab, schilderte Aleandro die Stimmung in Worms zutreffend. Der Fall Luther war zu einem Kampf Deutschlands gegen Rom und damit

*Der große Narr predigt
vor dem Teufel und
einer Gans, also vor
Bosheit und Habgier:
Murner wendet sich
damit nicht nur gegen
die Lehre der Reforma-
tion, sondern plädiert
zugleich für eine bessere
Predigt der Mönche.
Aus Thomas Murner,
«Von dem grossen
lutherischen Narren»,
1522*

gegen Italien geworden. Über diese Grenzen hinweg war jede Verständigung ausgeschlossen.

Der Abfall von der religiösen Wahrheit, von der gottgewollten Kirche und der heilsamen Lebensordnung war für Aleandro von Emotionen bestimmt, die mit der Sache selbst nichts zu tun hatten:

> Das Volk lässt sich von den Worten anderer leiten und hinreißen, am meisten in Mainz und in Worms, doch auch anderswo, zumindest mehr oder weniger .... Sie alle sind nicht etwa wegen der Fundamente der Lutherschen Lehre in Bewegung geraten; von dieser verstehen sie nur seine Flüche und Huttens Satiren. Sie waren schon vorher gegen die römische Kirche erbittert, sie verbinden die Sache des Glaubens mit ihren privaten Affekten, ihrer Missgunst und ihrem Neid, den sie Rom gegenüber hegen.[13]

Auch diese Analyse trifft ins Schwarze. Natürlich hatte der Mann auf der Straße nichts von Luthers *sola fide* und *sola gratia* gelesen, geschweige denn begriffen. Dafür hatte er umso begieriger die Feindbilder in sich aufgesogen, die in Form illustrierter Flugblätter unaufhörlich aus den Wittenberger Druckerpressen hervorströmten. Solche Druckerzeugnisse wurden in Worms zu Aleandros Entsetzen täglich feilgeboten und fanden reißenden Absatz.

Auf diesen Flugblättern war zu sehen, wie der Papst mit dem leibhaftigen Satan paktierte und was man dagegen tun sollte: Kirchenfürsten an den Galgen, so lautete die gemalte und geschriebene Parole. Das war nicht der einzige zündende Slogan. Die Angst, dass die Kirche die wahren Heilswege verdunkelte und verschüttete, ging in allen Schichten um, verbunden mit der euphorischen Erwartung, dass das göttliche Wort jetzt endlich freigelegt und der göttliche Wille damit erfüllt war. Diese Heilsangst und Heilserwartung, die durch Luthers Auftreten ausgelöst worden waren, hatte Aleandro bei seinen Spaziergängen durch Worms stets aufs Neue vor Augen. Verstehen konnte er diese Mentalitäten nicht.

Seine tiefe Abneigung gegen Land und Leute machte Aleandro blind. Trotz seines Scharfsinns übersah er und mit ihm fast die gesamte Kurie zwei weitere elementare Tatbestände: Zum einen hatte das Papsttum die deutschen *gravamina* seit einem Menschenalter an sich abprallen lassen und so das gefühlte wie das reale Ungleichgewicht von Geben und Nehmen zwischen Deutschland und der Kurie nicht behoben. Dadurch war Rom in so schweren Misskredit geraten, dass nur eine einschneidende Reform der Kirchenspitze, verbunden mit einer ebenso durchgreifenden Umverteilung der Pfründenvergabe und Gnadengewährung, einen Stimmungswechsel hätte herbeiführen können. Dazu aber war es 1520 zu spät. Aleandros Ratschläge, lukrative Benefizien in Deutschland bevorzugt an Deutsche zu verleihen, ging zwar in die richtige Richtung, reichte jedoch bei weitem nicht aus.

Zum anderen erhielten die italienischen Humanisten jetzt die Quittung für die Verachtung, die sie den hinterwäldlerischen Barbaren nördlich der Alpen seit mehr als einem Menschenalter in zahlreichen Satiren und «landeskundlichen» Schriften bezeugt hatten. Schon am Ende des 15. Jahrhunderts hatten deutsche Humanisten wie Conrad Celtis vehement gegen diese Herablassung und die damit verknüpften Ansprüche auf Führungsstellung und Dankbarkeit protestiert. Diese Aversion steigerte sich eine Generation später mit Luthers und Huttens Schriften zu einem vehementen Nationalismus, der weit über die altmodischen Streitpunkte, wer wen kulturell veredelte oder das bessere Latein schrieb, hinausging und in wütende Mordaufrufe und Tötungsphantasien mündete. In diesen emotional aufgeladenen Debatten bewahrte nur einer Distanz und Augenmaß: Erasmus von Rotterdam. Dieser «Fürst der Humanisten» übte in seinen moralphilosophischen und satirischen Schriften harte Kritik an den Zuständen der Kirche und speziell der Kurie; für Aleandro reihte er sich dadurch in die Legion der Rom-Schmäher ein. Dabei übersah der Nuntius, dass der große Gelehrte zunehmend auf Distanz zu Luther und seinen Anhängern ging und der alten Kirche verbunden blieb. Diese Ausblendung zeigt, wie massiv und festgefügt die Feindbilder bereits geworden waren. Für feine Unterschiede und eine feinsinnige Kritik an beiden Seiten, wie sie Erasmus formulierte, war längst kein Platz mehr. Darüber hinaus focht Aleandro mit dem Niederländer Privatfehden über die von ihm angeordneten und von Erasmus verabscheuten Bücherverbrennungen und den Vorrang in der Gelehrtenwelt aus. Er selbst zeigte damit unfreiwillig, wie richtig seine These von der Verquickung religiöser und privater Motive im Kampf für oder gegen Luther war.

Das Tauziehen um den Wormser Reichstag

Wie sollte Rom vor diesem düsteren Hintergrund vorgehen, um zu verhindern, dass sich die Ansteckung durch die Luthersche Seuche weiter ausbreitete? Aleandro gab folgenden Rat:

> Das einfache Volk bessert sich jeden Tag mehr durch Predigten gegen Luther und durch die Bücherverbrennungen, und in Zukunft werden sich die einfachen Leute in den Advents- und Fastentagen noch viel mehr eines Besseren besinnen. Gegen die anderen aber werden sich, so hoffe ich, auf diesem Reichstag mit Hilfe Gottes und durch die Güte des Kaisers die geeigneten Heilmittel finden lassen.[14]

Aleandros plötzliches Vertrauen auf die Wirksamkeit der von ihm selbst angeordneten Gegenmaßnahmen war um die Jahreswende 1520/21 von Zweckoptimismus diktiert und vor allem Reklame in eigener Sache.

Mit seiner Polemik gegen die klösterliche Lebensform hat der große Narr Luther die Nonnen ins Elend gestürzt. Aus Thomas Murner, «Von dem grossen lutherischen Narren», 1522

Auch die späteren Nuntien in Deutschland neigten zu so abrupten Stimmungswechseln von himmelhoch jauchzend bis zu Tode betrübt. Diese emotionalen Pendelausschläge erklären sich aus einer eigentümlich gespaltenen Seelenlage: aus der Unfähigkeit, die Anziehungskraft der Lutherschen Lehre auf breitere Schichten nachzuvollziehen, und aus der humanistischen Erwartung, dass sich die Kraft der Vernunft und der Sittlichkeit schließlich durchsetzen werde, verbunden mit dem Überlegenheitsgefühl gegenüber einer barbarischen Gegenwelt.

Obwohl die theologischen Debatten seiner Ansicht nach dazu dienten, die Emotionen anzufachen und die wahren Interessen zu verbergen, las Aleandro alle neuen Luther-Schriften, derer er habhaft werden konnte, darunter auch das «Vorspiel zur babylonischen Gefangenschaft der Kirche»:

Ich glaube, dass man in Rom dieses Werk des neuen Arius, das ich bereits zuvor erwähnt habe, zur Genüge kennt. Es ist so abgrundtief böse und gottlos, dass es unseren Zwecken aufs Beste dient.[15]

Der große Narr ver-
nichtet den Kult der
Heiligen und beraubt
die Menschen dadurch
ihrer Fürsprecher im
Himmel. Aus Thomas
Murner, « Von dem
grossen lutherischen
Narren», 1522

Auch diese Erwartung trug zu den euphorischen Stimmungsumschwün-
gen Aleandros bei. Um den engsten Ratgebern Karls V. die Einladung
des Ketzers auszureden, hielt ihnen Aleandro nach eigenen Worten einen
langen Vortrag über dessen schlimmste Irrlehren. Zu diesem Zweck
hatte er Kernsätze aus Luthers Hauptwerken zusammengestellt, die er
jetzt Punkt für Punkt zu widerlegen versuchte:

> Ebenso erwähnte ich viele Stellen gegen Luther, die ich aus den alten Kon-
> zilien und aus den lateinischen wie griechischen Kirchenlehrern zog. Die
> Theologen der letzten 700 Jahre hingegen lohnen in diesem Zusammen-
> hang keine Erwähnung, da Luther sie nicht anerkennt. So ist die viele Zeit,
> die ich Ärmster darauf verwendet habe, um Petrus Lombardus, Thomas
> von Aquin sowie die Nominalisten zwecks Widerlegung dieses Schurken zu
> hören und zu lesen, zu meinem großen Ärger als verloren zu betrachten –
> da sieht man, wie schädlich dieser Meuchelmörder für alle ist![16]

Bei allem Stress mit den zögerlichen Räten, den romfeindlichen Fürsten
und den Texten des monströsen Ketzers selbst bewahrte sich Aleandro

seinen sarkastischen Humor. Als Humanist war er einer praxisnahen Lebensphilosophie zugetan, die die Annehmlichkeiten des irdischen Daseins aufwertete, ohne das Seelenheil als dessen höchsten Zweck in Frage zu stellen. Die scholastischen Theologen, die er in seinem Brief aufführt, hingegen erörterten mit ihrer pedantischen Methode weltfremde Probleme, die sich dem tätigen Menschen im täglichen Leben niemals stellten, während sich die Nominalisten auf mindestens ebenso verstiegene, da unbeweisbare Spekulationen einließen. Diese Lektüre war nun in jeder Hinsicht vergebens: für die *causa Lutheri* wie für ihn selbst! Das waren bemerkenswert freimütige Bekenntnisse, da die Thomisten an der Kurie weiterhin sehr einflussreich waren.

Zugleich machte der gelehrte Nuntius deutlich, mit welchen Methoden er die Irrlehre zu entkräften dachte. Da er vor weltklugen Politikern sprach, ließ er die theologischen Spitzfindigkeiten beiseite. Theologische Argumente zu vernachlässigen, war umso berechtigter, als es für die hochgeborenen Anhänger Luthers nicht um Glauben und Heil, sondern um Machtfragen ging. Im Mittelpunkt des ganzen Streits stand für die Entscheidungsträger des Reichs laut Aleandro die Machtstellung des Papstes. Sie wurde von Luther mit Hilfe seiner willkürlichen Bibelexegese, aber auch mit kirchenhistorischen Argumenten bestritten. Mit der wahren Auslegung des Gottesworts konnte man diesem Publikum nicht beikommen, solche Argumente wurden von Fürsten achselzuckend als Theologengezänk abgetan. Anders sah es mit authentischen Urkunden geschichtlich belegter Ereignisse aus:

> Da die Lutheraner in ihren Artikeln zur Macht des Papstes, zum Purgatorium und zu den Fürbitten für die dort weilenden Seelen sich sehr stark auf die griechische Kirche beziehen, die ihrer Ansicht nach stark von der lateinischen abweicht, zog ich nicht nur zahlreiche griechische Glaubenslehrer heran, sondern zog auch die Originalbulle des Konzils von Florenz aus der Tasche, und zwar auf Griechisch und Latein, in der mit Zustimmung und Unterschrift die Union von Ost- und Westkirche besiegelt wurde. Diese Bulle fand ich übrigens im Wormser Archiv.[17]

Das war ein schöner Gelehrten-Erfolg, doch dass sich die lutherisch gesinnten Zuhörer von diesem Urkunden-Fund beeindrucken ließen, ist sehr zu bezweifeln. Der Zusammenschluss der griechischen mit der

Die kleinen Narren, die dem großen Narren in den Ohren sitzen, hindern ihn daran, die Weisheit der Heiligen und Kirchenväter aufzunehmen. Aus Thomas Murner, «Von dem grossen lutherischen Narren», 1522

lateinischen Kirche kam 1439 nur unter dem Zwang der osmanischen Bedrohung zustande und wurde von der griechischen Geistlichkeit kurz darauf wieder rückgängig gemacht. Dass Aleandro bei seinen Versuchen, die deutschen Fürsten gegen Luther einzunehmen, auf solche Dokumente setzte, lässt tief blicken.

Als Philologe und Historiker glaubte Aleandro, einem von Luthers Wahnvorstellungen noch nicht verblendeten Publikum dessen Lehre dadurch widerlegen zu können, dass er ihre falschen Prämissen und ihre verfälschte Faktenbasis durch harte Fakten korrigierte. Da sich die Lutheraner selbst auf die Vergangenheit einließen, musste er sie mit historischen Waffen schlagen. Daher förderte der unermüdliche Archivforscher Aleandro Urkunden zu Tage, in denen Karl der Große und Otto der Große den Papst als Pontifex der universellen Kirche bezeichneten. Beide Herrscher waren deutsche Nationalhelden und sollten ihre Landsleute jetzt von der Rechtmäßigkeit der römischen Ansprüche überzeugen. Die Operation hatte nur einen kleinen Schönheitsfehler: Luther behauptete, dass es bis zu Gregor dem Großen keinen römischen Primat

gegeben habe; erst dessen Nachfolger hätten diese falschen Führungs-
ansprüche vertreten und leider auch durchgesetzt. Diese heimtückischen Strategien führten dann laut Luther dazu, dass sich der arg- und
ahnungslose Karl der Große von Leo III. zum Kaiser krönen ließ und
damit wie 162 Jahre später Otto der Große ungewollt den Führungsanspruch des Papstes bestätigte, den dieser aus der gefälschten Konstan-
tinischen Schenkung ableitete. Karl und Otto waren also aus Luthers
Sicht vom Papsttum an der Nase herumgeführt worden; für Luther-
Anhänger, die Aleandro unter seinen Zuhörern zu recht reichlich vermutete, war seine sorgfältig konstruierte Beweisführung daher Wasser
auf ihre Mühlen.

Eigenwillige Thesen bot Aleandro auch in seiner Kurzzusammen-
fassung von Luthers Schrift über die babylonische Gefangenschaft der
Kirche:

> So habe ich viel zur Macht des Papstes gesucht und gefunden, denn da-
> von dürfte alles abhängen. Denn dieser neue Mohammed hat in diesem
> entsetzlich gottlosen Werk geschrieben, dass es zwischen den Christen
> keinerlei Unterschied gibt: Wo der Papst Dispens erteilen kann, kann es
> jeder einfache Laie genauso halten, mit seinem Nächsten wie mit sich
> selbst.[18]

Grotesker konnte man die These vom Priestertum aller Gläubigen
kaum missverstehen. Aleandro wollte in diesem Entwurf einer neuen
sakramentalen Ordnung der Kirche die Auflösung aller Hierarchien
und Bindungen erkennen. Sein Feindbild besagte, dass der Ketzer der
geschworene Feind jeder Ordnung sei, also musste Luther in diesem
Text seinen Anhängern die Lizenz zu Ausschweifung und Selbstsucht
erteilen. Ähnlich deutete der Nuntius wenig später Luthers Schrift von
der Freiheit eines Christenmenschen. Aus ihr las er gleichfalls den Aufruf zur Anarchie heraus: Von jetzt an ist alles erlaubt, alle Menschen
dürfen ihren niedersten Instinkten freien Lauf lassen. Dass der Christ
unter dem Gesetz Christi und dazu freiwillig unter dem Gesetz der
weltlichen Obrigkeit lebt und dass diese für Luther, ob gut oder
schlecht, von Gott legitimiert und daher unantastbar ist, wird vollkom-
men ausgeblendet.

Ein wichtiges Betätigungsfeld fand der selbsternannte Luther-Spezia-

Der große Narr Luther ruft zur Zerstörung von Kirchen und Klöstern auf und findet willige Gefolgschaft. Aus Thomas Murner, «Von dem grossen lutherischen Narren», 1522

list Aleandro zu Beginn des Reichstags, der am 27. Januar 1521 endlich eröffnet wurde, im Kampf um die öffentliche Meinung. Hier musste er den Feinden widerwillig Respekt zollen: Sie verstanden es, ihren Helden Luther in Szene zu setzen, bevor dieser überhaupt in Worms ankam! Dass sich neun Zehntel der Deutschen für Luther erklärten und die übrigen zehn Prozent zumindest gegen Rom und für ein deutsches Nationalkonzil waren, war seiner Ansicht nach in erster Linie auf die Medienkampagnen Luthers beziehungsweise für Luther zurückzuführen:

> Die Lutheraner lassen es täglich neue Bücher auf Deutsch wie auf Latein regnen. Sie beschäftigen hier, wo dieser Beruf bis dato unbekannt war, sogar einen eigenen Drucker. Andere Bücher als die von Luther verkaufen sich überhaupt nicht, selbst am Kaiserhof. Es ist verblüffend, wie vereint sie in diesen Bemühungen sind und wie viel Geld sie auftreiben.[19]

Andererseits erzählten Romreisende bei ihrer Rückkehr nach Deutschland, dass man an der Kurie über Luther lache und seiner Sache nicht die geringste Bedeutung beimesse. Solche Nachrichten – so Aleandros Kritik an die Adresse Roms – dienten nur dem Feind und seiner Strategie, das Papsttum anzuschwärzen.

Ihre Meisterleistung vollbrachten die Medienstrategen der Gegenseite dadurch, dass sie den Ketzer zum Heiligen machten:

> In den vergangenen Tagen verkaufte man in Augsburg das Bildnis Luthers mit Heiligenschein, hier in Worms ohne. Es fand so reißenden Absatz, dass es ausverkauft war, bevor ich eines erwerben konnte.[20]

Auch eine Taube, das Symbol des heiligen Geistes, konnte das Porträt Luthers zieren. Der Effekt war in jedem Fall derselbe: grenzenlose Verehrung für den neuen heiligen Martin!

Dagegen musste laut Aleandro dringend etwas geschehen:

> Es ist höchst erstaunlich, dass einige Deutsche, die auf Deutsch und Latein gegen Luther schreiben, keine Drucker finden, und wenn ausnahmsweise nach vielen Bitten und für viel Geld doch, dann kaufen die Lutheraner, die wie die Marranen ihr Geld zusammenwerfen, diese Bücher auf, soweit sie ihrer habhaft werden, und vernichten sie.[21]

Um dagegenhalten zu können, müssten die Verfechter der Wahrheit planvoll vorgehen und ihre Schritte genau aufeinander abstimmen. Zuerst müssten sie die Hintermänner des Verlagsgeschäfts ausfindig und sich durch Bestechung gewogen machen. Dann müssten sie geeignete Autoren finden und diese durch Pfründen und andere Vergünstigungen motivieren. Parallel dazu müssten in Form von Predigten und Bücherverbrennungen Werbe- und Abschreckungskampagnen gestartet werden, die diesen guten Schriften die rechte Resonanz aus Furcht und Ehrfurcht verschafften.

Dabei konnten die Verfechter der guten Sache von ihren Feinden eine Menge lernen:

> Kürzlich ist mir ein Flugblatt von Huttens in die Hände gefallen, wahrscheinlich eine Vorstudie seines Briefes gegen die Priester, die an mehr als hundert Stellen durchgestrichen ist und deren Wörter an die zehnmal ausgetauscht wurden.[22]

So sorgsam feilte der deutsche Romfresser seine Skizzenblätter aus!
Mochten ihn sich andere in dieser Hinsicht zum Vorbild nehmen:

> Beim Barte unserer Meisterredner und Poeten in Rom, die im Monat vier
> Verschen produzieren und sich gegenseitig wegen des Gebrauchs eines
> Wörtchens verleumden: Sie sollen sich endlich einig werden und ein-
> mütig zur Verteidigung unseres Glaubens schreiben! Mit ihrem Talent und
> ihrem Urteilsvermögen könnten sie wirklich etwas Gutes bewirken.
> Jeder von ihnen würde dann mit Gottes Hilfe mehr als sieben von denen
> das Maul verschließen, die mit ihrer Marktschreierei das Volk so beein-
> druckt haben, als ob sie die echte Theologie endgültig überwunden
> hätten.[23]

Aleandro glaubte das Recht zu haben, mit seinen Mit-Humanisten so
hart ins Gericht zu gehen. Ja, er sah sich geradezu als ihr leuchtendes
Vorbild, nicht nur durch seine Studien der Scholastiker und der Lutheraner. Am 13. Februar 1521 nämlich hielt er vor dem Kaiser, den Kurfürsten (ohne Friedrich den Weisen, der wegen angeblicher Unpässlich-
keit fehlte), den übrigen Fürsten und den Vertretern der Städte, also vor
der gesamten Elite des Reiches, eine dreistündige Rede, in der er sein
Programm zur Bekämpfung Luthers und seiner Lehre noch einmal
kompakt zusammenfasste. Mit seiner Mischung aus politischem Druck
auf höchster Ebene, Abwerbung der Eliten, Gewinn wortmächtiger Intellektueller, Abschreckungsmaßnahmen und Volksmission nahm dieses
Konzept die wichtigsten Elemente der katholischen Reform vorweg,
die, sehr zum Leidwesen Aleandros, erst ab der Mitte der 1530er größere Fortschritte machte und auf dem Konzil von Trient ab 1545 feste
Formen annahm.

Mit dem Argument, dass Luthers Lehre eine Gefahr für alle etablierten Mächte darstellte, nicht nur für die kirchliche Hierarchie, sondern
auch für die weltliche Obrigkeit, dürfte er bei seinem vornehmen Publikum Gehör gefunden haben. Schließlich machten in Worms täglich
neue Schreckensbotschaften die Runde: Der Reichsritter Franz von
Sickingen, der sich auf der Ebernburg verschanzt hatte, drohte die
versammelten Mächtigen des Reiches zu überfallen; sein Verbündeter
Ulrich von Hutten plante angeblich eigene Anschläge. Zudem wurde
die Furcht vor dem gemeinen Mann, einer Lieblings-Phantomfigur der

Propaganda für und gegen Luther, geschürt. Wenn Karsthans, die literarische Verkörperung des ebenso gewitzten wie aufmüpfigen Bauern,
seine Muskeln spielen ließ, würde von der Herrlichkeit der Fürsten
nichts übrig bleiben.

Die Angst vor einem allgemeinen Volksaufstand konnte jedoch nicht
nur für ein entschlossenes Vorgehen gegen Luther, den Aufrührer, sondern auch zur Verteidigung von dessen Sache herangezogen werden. In
diese Kerbe schlugen die Räte des Kurfürsten von Sachsen: Man dürfe
die einfachen Leute nicht durch Maßnahmen gegen ihr Idol Luther reizen, sonst gebe es ein allgemeines Blutbad!

Weniger glücklich war Aleandro in seiner Grundsatz-Rede mit seiner Reichs-Rhetorik:

> Danach zeigte ich die Gefährdungen auf, die aus der Lutherschen Lehre
> entsprangen, und hob Schimpf und Schande hervor, die daraus für die
> deutsche Nation entspringen mussten. Zudem erinnerte ich sie daran,
> dass das Reich nur durch dieselben Maßnahmen bewahrt werde, durch
> die es gewonnen wurde. Sie sollten doch bitte daran denken, dass Karl
> der Große und die Ottonen die deutsche Kaiserwürde nebst der Einrich-
> tung der Kurfürsten nur durch die dem Papsttum erwiesene Gunst von
> diesem erhalten hatten.[24]

Genau diese in ihren Ohren fadenscheinigen Thesen wollten die versammelten Reichsfürsten jedoch nicht hören; einen schlimmeren Bären-
dienst konnte sich Aleandro gar nicht erweisen. Offensichtlich gingen in
diesem Augenblick die Emotionen mit dem scharfsinnigen Gesandten
durch. In diesem kritischen Moment vermochte er seine Verachtung für
das barbarische Deutschland, dessen Sprache er im Gegensatz zu so vielen anderen nie lernte, und seine Wut über die Hinterwäldler, die sich
erdreisteten, die Italiener religiös und moralisch belehren zu wollen,
nicht mehr zu zügeln. Am Ende stauchte er seine gekrönten Zuhörer
regelrecht zusammen:

> Das alles tat ich unerschrocken durch Gottes Hilfe, als ob ich zwanzig
> schulpflichtigen Knaben eine Lektion erteilte, obwohl ich bemerkte, dass
> viele lutherisch gesinnte Fürsten, die mich schon vorher bedroht hatten,
> mich mit bösem Gesicht anstarrten.[25]

So machte der vatikanische Bibliothekar sich und seinem Auftraggeber keine neuen Freunde, auch für diese kontraproduktiven Reaktionen war er blind. Seine Rede sei bei den Gutgesinnten, und das hieß vor allem: bei Kaiser Karl V., auf ungeteilte Zustimmung gestoßen, so lautete seine Einschätzung. Doch so sehr der Kaiser auch in der *causa Lutheri* mit den römischen Positionen übereinstimmte, in der wichtigsten taktischen Frage konnte ihn Aleandro nicht umstimmen.

Luther auf dem Weg nach Worms: die Fakten

Luther würde nach Worms kommen, so viel stand im März 1521 fest. Damit hatte Friedrich der Weise auf der ganzen Linie gesiegt. Luthers Landesherr hatte sich auf den Standpunkt gestellt, dass ein Deutscher von Deutschen beurteilt werden sollte. So forderte er weiterhin, als ob in Rom nichts geschehen wäre, ein Schiedsgericht aus deutschen Experten, das ausgewogen und unvoreingenommen über die Lehre des Wittenberger Professors befinden solle; dass diese «Ombudsjury» für den Papst eine Provokation ohnegleichen bedeutete, war dem klugen Taktiker wohl bewusst. Die beiden Bullen vom 15. Juni 1520 und 3. Januar 1521 wischte er auf diese Weise vom Tisch: Bislang sei er nicht davon überzeugt, dass Luthers Schriften widerlegt seien, geschweige denn verbrannt werden müssten. Mit dieser Methode, störende Fakten nicht zur Kenntnis zu nehmen und sich, ungeachtet der schweren Vorwürfe Leos X., als folgsamen Sohn der Kirche darzustellen, trieb der sächsische Kurfürst Aleandro zur Weißglut – und hatte bei seinen Mit-Fürsten im Reich Erfolg. Am 19. Februar 1521 machten sie sich seine Forderung zu eigen, dass Luther vor Karl V. und den Ständen angehört werden müsse, bevor in seiner Sache ein Beschluss gefasst werden könne. Dahinter stand das tiefe Misstrauen gegenüber einer Kurie, die als feindlich, käuflich, korrupt und inkompetent verschrien war, und das Bestreben, die kirchlichen Angelegenheiten auf eigenem Territorium in eigener Verantwortung zu regeln. Anstrengungen, diese Kirchenhoheit zu gewinnen, wurden seit einem Menschenalter unternommen; mit Luthers Auftreten schienen sie endlich zum Ziel zu führen.

Mit der Entscheidung Karls V., den von Rom verurteilten Ketzer vorzuladen, hatte Aleandro eine Niederlage erlitten. Doch noch war in seinen Augen nicht alles verloren, denn noch war nicht festgelegt, unter welchen Bedingungen und zu welchem Zweck Luther in Worms erscheinen würde. Beschränkte sich sein Auftritt auf ein knapp gehaltenes Verhör und die Alternative Widerruf oder nicht, mochte ihm die Verhandlung sogar mehr schaden als nützen, so Aleandros verzweifelte Hoffnungen. Setzte sich hingegen die sächsische Partei mit ihrem Drängen nach einer eingehenden Diskussion der Lutherschen Thesen vor dem ominösen Schiedsgericht durch, würde der deutsche Volkstribun noch mehr Seelen ins Verderben stürzen.

Luther selbst wurde in Wittenberg über die Verhandlungen in Worms genauestens auf dem Laufenden gehalten. Die Kooperation mit dem dort weilenden Kurfürsten und seinem Hof wurde in bewährter Weise über vertraute Mittelsmänner wie Spalatin und den Kanzler Gregor von Brück abgewickelt, so dass Friedrich wie gehabt gegenüber der päpstlichen Seite die Hände in Unschuld waschen konnte. Für Luther war die Vorladung nach Worms ein Triumph, da sie mit der Garantie freien Geleits auch im Falle einer Verurteilung verbunden war. Zudem wurde er nicht als verurteilter Ketzer, sondern nach den offiziellen Verfahrensregeln des Reiches vom Reichsherold, der am 29. März 1521 in Wittenberg eintraf, in den ehrenvollsten Wendungen zum Reichstag aufgeboten.

Über den Standpunkt des Reichsoberhauptes durfte er sich allerdings keine Illusionen machen. Karl V. würde er – falls er sich überhaupt näher erklären durfte – mit all seiner Beredsamkeit nicht auf seine Seite bringen. Trotzdem nahm er «das junge Blut» auf dem Kaiserthron vorerst von seiner harschen Kritik an der katholischen Partei aus und behalf sich mit der Fiktion, dass das an sich wohlmeinende Reichsoberhaupt von schlechten Ratgebern in die Irre geführt werde. Umso wichtiger war die Propagandawirkung, die von der Fahrt nach Worms und dem dortigen Auftritt zu erwarten war; beides, die Reise und das Erscheinen, wurde mit großer Sorgfalt geplant. In dieser Inszenierung trat der inzwischen weithin berühmte Theologe und Publizist Luther als einfacher Augustiner-Eremit auf, spielte also die Rolle des unschuldigen Opfers, fast wie Christus bei seinem Einzug nach Jerusalem. Um ihm

Der große Narr Luther hat auf dem Thron Kaiser Karls V. Platz genommen, den er mit seiner falschen Lehre in die Irre führen möchte. In der anschließenden Klage beschwört Murner das Reichsober-haupt, diesen Narrhei-ten nicht zu verfallen. Aus Thomas Murner, «Von dem grossen lutherischen Narren», 1522

die passenden Requisiten zu verschaffen, wurde ein klappriger Pferde-wagen gemietet, ein Transportmittel, das sich mit seinem Mangel an Bequemlichkeit positiv vom Prachtaufwand der Papstkirche abheben sollte. Zu Luthers Reisegesellschaft zählten der einflussreiche Jurist Nikolaus von Amsdorff und Justus Jonas, der als Jurist und Theologe später einer der engsten Mitarbeiter des Reformators werden sollte. Bei der Fahrt von Sachsen an den Rhein kam es zu zahlreichen Kundgebun-gen für Luther, den Glaubens- und Nationalhelden, doch auch zu eini-gen «Gegendemonstrationen», je nach kirchenpolitischer Ausrichtung des jeweiligen Landesherrn.

Bei einer dieser Feindschaftsbekundungen wurde ein Porträt des florentinischen Reformators und Propheten Girolamo Savonarola ge-schwenkt, und zwar mit klarer Botschaft: Savonarola war 1498 auf dem Scheiterhaufen verbrannt worden, so wie 83 Jahre zuvor Johannes Hus aus Prag. Freie An- und Abreise war auch Hus zugesichert worden, doch geholfen hatte es dem Kritiker des Papsttums nicht. Schwebte Luther in derselben Gefahr? Seine Anhänger schürten diese Angst mit großem Erfolg und steigerten damit die Verehrung ihres Heros, der sich von seinem Gewissen getrieben furchtlos in die Höhle des Löwen begab. Einige Jahre später versuchte Luthers erbittertster Feind aus dem Lager der radikalen Reformation, Thomas Müntzer, dessen Auftritt in Worms als reine Schauveranstaltung ohne jedes Risiko herabzuwürdigen. Die Wahrheit dürfte in der Mitte liegen. Die Stimmung in und um Worms war so aufgeheizt, dass ein hartes Vorgehen gegen Luther Überfälle von Reichsrittern oder sogar einen Aufstand des «gemeinen Mannes» befürchten ließ. Andererseits konnten die Verhandlungen auf dem Reichstag, nicht zuletzt durch Interventionen der päpstlichen Seite, eine unvorhersehbare Eigendynamik zum Nachteil des Wittenberger Professors entwickeln. Luther schlugen die Aufregungen, die mit der Reise und dem Erscheinen vor Kaiser und Reich verbunden waren, jedenfalls heftig auf den Magen, was er wie üblich als Anfechtungen des Teufels deutete.

Am 16. April 1521 hatte Luther sein Ziel erreicht: Trompeter auf dem Dom von Worms kündigten seine Ankunft an, eine ungewöhnliche Begrüßung für einen von Rom rechtskräftig verurteilten Häretiker. Seine Unterbringung wurde sogleich zur Machtfrage. Die kaiserliche Seite wollte ihn in ihrer Nähe einquartieren und damit unter Kontrolle halten. Doch auch hier setzte sich die sächsische Partei durch.

Luther in Worms: Aleandros Sicht

Luthers Weg von Wittenberg nach Worms verfolgte der päpstliche Nuntius mit höchster Aufmerksamkeit: «Wir haben Neuigkeiten von Martin», berichtete er nach Rom.

> Er ist auf dem Weg und wird in zwei Tagen hier eintreffen. Auf seiner Reise betreibt er großen Aufwand; so führt er Edelleute und sechs Doktoren mit sich. Zuvor hat er in Erfurt gepredigt, wo er von Vertretern der freien Künste und Juristen ehrenvoll abgeholt wurde. Doch darüber will ich nichts Näheres behaupten, weil viel geredet wird und Gerüchte umgehen. Doch kann ich versichern, dass sich der schurkische Herold, der ihn herführt, wie ein toller Hund verhält. Er ist unser bösartiger Feind und lässt Martin unterwegs, wie berichtet wird, wahre Triumphe

feiern. Wenn wir gewusst hätten, dass ihm dieser Auftrag erteilt würde, hätten wir es mit allen Kräften verhindert, denn wir kannten ihn zur Genüge. Aber die Kaiserlichen wollten uns zur Person und zum Zeitplan nie etwas sagen, ich weiß nicht, weshalb.[26]

In einer so wichtigen Frage bekennen zu müssen, schlecht informiert zu sein, schien für einen Diplomaten einem Armutszeugnis gleichzukommen. In Wirklichkeit lautete Aleandros Botschaft anders: Wir können zwar dem Kaiser, aber nicht seiner Umgebung vertrauen. Am Ende halten diese verfluchten Deutschen doch zusammen, selbst höchste kaiserliche Würdenträger stecken mit dem Ketzer unter einer Decke. Das wurde mehr denn je zur traumatischen Erfahrung des Nuntius in Worms: Er hatte den Eindruck, gegen eine Wand zu reden, man gab ihm gute Worte, doch am Ende wurden seine Absichten durchkreuzt oder seine Maßnahmen zumindest abgeschwächt. So war für ihn von Anfang an alles schief gelaufen, und zwar ohne seine Schuld. Jetzt kam es darauf an, das Schlimmste zu verhindern, denn das Luthertum konnte auf die Schnelle kaum ausgerottet werden, dazu war es den deutschen Fürsten als Druckmittel zu willkommen. Vorrangig war es jetzt erst einmal, «den sächsischen Drachen», das heißt: Friedrich den Weisen, und die «lutherischen Schlangen»[27] zu isolieren, dann würde sich mittelfristig mit Gottes Hilfe der Rest von selbst erledigen lassen.

Zu diesem Zweck musste auch Luther, der lebende Ansteckungsherd, in Worms von der Außenwelt abgeschnitten werden:

Wir sagen dem Beichtvater des Kaisers, der unsere Meinung hören wollte, dass der Kaiser Luther so unbemerkt wie möglich in Worms einziehen lassen und ihm danach in seinem Palast einen Platz zuweisen solle, wo kein anderer Verdächtiger sich mit ihm unterreden dürfe. Danach sollte er nur befragt werden, ob er widerrufe. Von der Beachtung dieser Vorgehensweise hängt alles ab, sonst werden wir vom Regen in die Traufe geraten.[28]

Dieser Rat, so der skeptische Aleandro weiter in seinem Brief vom 13. April 1521, stieß sofort auf Zustimmung, doch befolgen würden ihn die unzuverlässigen Kaiserlichen doch nicht. Mit dieser Einschätzung lag der Nuntius richtig, wie schon sein nächster Brief vom 16. April belegt:

Kaum hatte ich meinen letzten Brief abgeschlossen, als ich auch schon von verschiedenen Boten und durch das hastige Gerenne des Volkes erfuhr, dass der Erzketzer seinen Einzug hielt. Ich schickte einen meiner Diener hin, der mir berichtete, dass er bis zum Stadttor von nahezu einhundert Berittenen begleitet wurde, wahrscheinlich Leute von Sickingens. Dann fuhr er auf einem Wagen in die Stadt ein, gefolgt von drei weiteren Wagen und acht Reitern; er stieg beim Quartier seines sächsischen Herzogs ab. Beim Verlassen des Wagens wurde er von einem Priester umarmt, dieser berührte dreimal sein Gewand und rühmte sich dessen, als habe er eine Reliquie des größten Heiligen aller Zeiten angefasst. So darf man voraussagen, dass bald von seinen Wundern die Rede sein wird. Als dieser Luther vom Wagen stieg, wandte er sich hierhin und dorthin und sagte mit seinen dämonischen Augen: Gott wird für mich sein![29]

Damit hatten sich die Kaiserlichen eine schöne Suppe eingebrockt! Waren sie nur dumm und feige oder sogar bösartig? Für Aleandro stand weiterhin fest, dass im entscheidenden Augenblick alles anders als geplant kam. Zufall konnte das nicht mehr sein. Doch wer zog da insgeheim die Fäden in die falsche Richtung? Der «sächsische Drache» allein konnte es nicht sein. Er musste die Mehrheit der Fürsten auf seiner Seite haben, auch wenn diese das Gegenteil behaupteten: verfluchtes Deutschland!

Am nächsten Tag dann der mit Spannung erwartete Auftritt: Der Häretiker musste Kaiser und Reich Rede und Antwort stehen. Dieses Verhör führte ein Vertrauensmann Aleandros, der Trierer Offizial Johann von Eck, mit dem Ingolstädter Professor weder verwandt noch verschwägert, doch ohne Frage ein Gesinnungsgenosse und zudem Zimmernachbar des römischen Nuntius. Von Eck fragte Luther zunächst, ob die vor ihm aufgeschichteten Schriften von ihm seien; Aleandro spricht von 25 Büchern, nennt in seiner späteren Publikation jedoch nur 19, darunter die Hauptwerke des Jahres 1520. Luther bekannte sich zu diesen und sprach damit laut Aleandro zum ersten Mal die Unwahrheit:

Dabei log er, denn man weiß, dass einige von anderen stammen, obwohl sie unter Martins Namen zirkulieren.[30]

Die zweite Frage von Ecks war die alles entscheidende: Hältst du an den Aussagen fest, die du in deinen Schriften vorgelegt hast? Mit einem Nein rechnete der päpstliche Nuntius nicht. Wie fast alle Zuhörer erwartete er eine vehemente Verteidigungsrede. Umso größer war seine Verblüffung, als Luther um Bedenkzeit bat, um diese schwierige Sache in Ruhe zu erwägen. Dachte der Erzketzer ernsthaft an einen Widerruf? Mit seiner Verzögerung handelte er sich den Tadel des Offizials ein: Er habe gewusst, worum es in Worms gehe, und daher Zeit genug gehabt, um seine Antwort vorzubereiten! Trotzdem vertagte sich die Versammlung auf den nächsten Nachmittag, vier Uhr. Bis dahin gab von Eck Luther einige passende Ermahnungen mit auf den Weg: Er möge bedenken, was er mit seinen Ketzereien angerichtet hatte, und durch deren Zurücknahme den Schaden für das Reich und die ganze Christenheit begrenzen! Damit sprach er Aleandro aus dem Herzen, der jetzt triumphierte:

> Der Verrückte war lachend eingetreten und hatte vor dem Kaiser andauernd mit dem Kopf gewackelt, nach links und nach rechts, nach oben und unten. Doch beim Weggehen sah er gar nicht mehr so fröhlich aus.[31]

Der Häretiker hatte sich selbst gründlich entzaubert; bei näherem Hinsehen entpuppte er sich als komische Figur. Damit verstärkte sich der von römischer Seite unterschwellig gehegte Verdacht, dass der Wittenberger Professor nur eine Marionette mächtiger Hintermänner war. Als Verfasser seiner Schriften kam vor allem sein junger Mitstreiter Philipp Melanchthon in Frage; für die päpstliche Partei war er ein schöner Geist, der für eine hässliche Sache kämpfte. Sie hatte durch Luthers missglückten Kurzauftritt zu Aleandros Freude schweren Schaden genommen:

> Nachdem sie ihn gesehen haben, halten ihn viele von denjenigen, die ihn an sich begünstigen, entweder für verrückt oder für vom Teufel besessen, viele andere für heilig und voll des Heiligen Geistes. Doch wie dem auch sei, er hat unbestreitbar in der öffentlichen Meinung viel von seinem ursprünglichen Ansehen verloren.[32]

Mit umso größerer Spannung sah der römische Nuntius dem zweiten Erscheinen Luthers entgegen: Würde er durch eine weitere Blamage seinen Untergang besiegeln?

Dieser erste Auftritt ist insgesamt nicht schlecht über die Bühne gegangen. Jetzt kommt alles darauf an, dass er morgen nicht auf Anstiften seiner Leute Antworten gibt, die eine weitere Verzögerung verursachen; dafür muss unbedingt Vorsorge getroffen werden.[33]

Das sah auch der Kaiser so, der sein Vorgehen mit dem römischen Gesandten abstimmen wollte. Was sollte jetzt noch schief gehen? Bei aller Siegeszuversicht machte Aleandro am Vorabend der Entscheidung aus seinen Befürchtungen kein Hehl:

> Gott möge es so fügen, dass die Anreise dieses Antichristen, die wir immer als widersinnig bekämpft haben, dem Frieden und der Ruhe der Christenheit dienlich werde![34]

Das von allen Seiten mit großer Ungeduld erwartete zweite Verhör begann mit anderthalb Stunden Verspätung; der Kaiser und die Fürsten hatten zuvor Wichtigeres zu beraten. Dann stellte von Eck nach erneutem Tadel wegen des Aufschubs zum zweiten Mal die Frage aller Fragen: Beharrst du auf deinen Positionen, obwohl diese von der Tradition der Kirche und vom gegenwärtigen Papst verurteilt wurden, oder widerrufst Du? Bitte eine klare Antwort, ohne Wenn und Aber!

Martin entgegnete, er habe drei Sorten von Büchern verfasst. Die erste Art betreffe die römischen Missbräuche, worauf er mit viel Gift den Papst und Rom beschimpfte, bis ihn der Kaiser nach seinen endlosen Tiraden befahl, dazu zu schweigen und fortzufahren. Die zweite Sorte Bücher habe er gegen die Angriffe seiner Gegner geschrieben, und wenn er sich darin bitter ausdrücke, so sei das die Schuld seiner Widersacher. Die dritte Sorte handle von der Lehre des Evangeliums, und darunter seien einige, die weder von seinen Feinden noch von der Kirche verdammt würden. In allen drei Arten von Büchern habe er nicht ein einziges Wort zu widerrufen, es sei denn, man widerlege ihn in einer Disputation allein mit der Autorität des Alten oder Neuen Testaments. Wenn er aber aus einem anderen Grunde widerriefe (was er nicht beabsichtige), würde er gegen sein Gewissen und gegen die göttliche Wahrheit handeln. Stattdessen bitte und ermahne er die kaiserliche Majestät, dass sie den Lauf seiner Lehre nicht behindern möge, sonst würde sie nicht nur der hochberühmten deutschen Nation, sondern auch seinen anderen Reichen und Herrschaften Schaden zufügen. Er, Luther, werde jedenfalls die christliche Wahrheit nicht verleugnen, weil ihn Christus sonst vor seinem Vater verleugnen werde.[35]

Daraufhin erwiderte ihm von Eck, dass alle seine Irrlehren seit Jahrhunderten widerlegt und verurteilt seien; die Einrichtung einer Expertenkommission, die im Falle neuer Doktrinen zu erwägen sei, werde dadurch überflüssig. Ganz zum Schluss stellte ihm der Offizial noch die nationale Ehr-Frage: Wie hältst du es mit dem Konstanzer Konzil, willst du den Dekreten dieser heiligen Versammlung auf deutschem Boden wirklich widersprechen und ihr damit die Ehre absprechen? Doch selbst damit konnte er den Ketzer nicht rühren. Luthers Antwort lautete nämlich: Konzilien haben nur dann Recht, wenn sie auf dem Boden der Heiligen Schrift stehen, doch das ist keineswegs immer der Fall. Als von Eck der These, dass Konzilien geirrt haben und weiter irren, widersprach, hatte der Kaiser laut Aleandro von diesen Schändlichkeiten genug und brach die Sitzung ab. Trotzdem fühlte sich der Gemaßregelte als Sieger:

> So wurde Luther entlassen und von einer großen Menge, vor allem Edelleuten des sächsischen Herzogs, begleitet. Und als er aus dem Kaisersaal heraustrat, hob Martin die Hand nach Art der deutschen Landsknechte, wenn sie im Wettkampf über einen gut gelungenen Schlag jubeln.[36]

Den Ausgang des Treffens sah Aleandro umgekehrt. Der Kaiser stand mehr denn je in Treue fest zum alten Glauben und damit auch zum Heiligen Stuhl, wie er am 19. April in einer ausführlichen Erklärung kundtat. Zudem hatte er den deutschen Eiferern den Wind aus den Segeln genommen. Nach dem Auftritt ihres Helden in Worms konnten sie nicht mehr behaupten, dass dieser ungehört der römischen Tyrannei zum Opfer falle. Ende gut, fast alles gut: Bald, so der Nuntius in seiner Schlusswendung im Brief vom 19. April, werde man sich der überstandenen Unbill mit Behagen erinnern!

Zu dieser Selbstzufriedenheit trug ein weiteres Verhör Luthers am 24. April vor weltlichen und geistlichen Fürsten bei. Dabei, so der römische Gesandte, verspielte der Wittenberger Professor sein letztes

Luther stirbt ohne Sakramente und wird der Verdammnis über- antwortet. Aus Thomas Murner, «Von dem grossen lutherischen Narren», 1522

Prestige. Bei einer Vorbesprechung mit dem Erzbischof von Mainz ließ er sich von zwei Doktoren begleiten und bestätigte damit einen Verdacht, den Aleandro seit langem hegte: «Ohne diese will er nirgendwo hingehen oder reden, als ob er unter ihrer Vormundschaft stehe.»[37] Damit erhärtet sich die Strohmann-These zur Gewissheit:

> Viele von denjenigen, die mit ihm diskutiert haben, haben bemerkt, dass er weder Grammatiker noch Dialektiker noch Theologe, sondern schlicht und ergreifend von Sinnen ist. Und so glauben alle, dass er den größten Teil seiner Schriften nicht selbst verfasst hat. Und er selbst hat insgeheim einigen Leuten gestanden, dass seine Freunde die schlimmsten seiner Schriften verfasst haben; doch müsse er diesen als Mitwisser seiner Verschwörung die Treue halten.[38]

So bildeten sich Gerüchte, aus Gerüchten Gewissheiten und aus Gewissheiten unerschütterliche Überzeugungen: Luther hat heimlich zugegeben, ein Verschwörer und eine Marionette der Mächtigen zu sein! Der Leiter des letzten Verhörs, der badische Kanzler Hieronymus Vehus, war an dessen Ende überzeugt, Luther so in die Enge getrieben zu haben, dass sein Widerruf unmittelbar bevorstand. Doch stattdessen zog der verstockte Ketzer seine letzte, laut Aleandro gezinkte Karte:

> Und als der Offizial auf dialektische Art und Weise argumentierte, entgegnete ihm Luther, dass er nicht wolle, dass dieser sich der Logik bediene. Das ist nun wirklich der schiere Wahnsinn, so lohnt es sich nicht, überhaupt zu sprechen. Und mit solchen himmelschreienden Unsinnigkeiten gewinnt dieses Ungeheuer die Dummen für sich. [39]

Wer die Methoden der Logik und Dialektik ablehnte und die Lehre der Kirchenväter, Konzilien und Päpste verwarf, schottete sich ab, um sich unangreifbar zu machen:

> Aber es gibt keine Möglichkeit, ihn zu überzeugen, ja, nicht einmal die Hoffnung, sinnvoll mit ihm zu disputieren, weil er jeden Richter ablehnt und offen zugibt, kein Konzil oder irgendeine andere Autorität anzuerkennen, sondern allein das Wort des Alten und des Neuen Testaments, das er ganz und gar in seinem Sinne auslegt. Und wer es anders interpretiert, den verhöhnt er und behauptet, nicht überzeugt zu sein. [40]

Wie ein ungebildeter deutscher Mönch sich über die gesammelte Weisheit von anderthalb Jahrtausenden stellen konnte, war für Aleandro damit psychologisch und politisch geklärt: Narren, die sich als Helfershelfer der Mächtigen gebrauchen lassen, findet man leicht! Doch selbst ein Narr schuldete für seine Narrheiten Begründungen. Eigentlich, so Aleandro, müsste Luther das Amt des Propheten für sich in Anspruch nehmen, so wie es Girolamo Savonarola ein Vierteljahrhundert zuvor in Florenz behauptet hatte. Doch auch in diesem wichtigen Punkt blieb der Ketzer unklar. Einmal behauptete er, gewisse Botschaften empfangen zu haben, ein anderes Mal nahm er diese Aussage wieder zurück. Überhaupt hatte er in einer Unterredung mit dem Erzbischof von Trier Lehren verkündet, die seinen Schriften widersprachen – ein weiterer Beleg für die Fremdautoren-These. Am Ende stand ein düsterer theologischer Ausblick des Nuntius: Das Ketzer-Kollektiv, das in Wittenberg sein Unwesen treibe, leugne schon jetzt die Realpräsenz Christi im

Abendmahl, welches für sie nur ein Zeichen sei. Noch schlimmere Häresien waren daher in nächster Zukunft zu erwarten.

Angesichts dieser haarsträubend falschen Aussage zu Luthers Eucharistie-Verständnis drängt sich erneut die Frage auf, ob Aleandro Luthers Schriften wirklich gelesen hatte. Auch seine Prognose, dass der Wittenberger Professor als nächstes die Wesensgleichheit Christi mit Gottvater leugnen und behaupten werde, dass der Gottessohn nicht von Anbeginn der Zeiten existiert habe, mutet befremdlich an. So würde Luther zwar in der Tat zu einem neuen Arius werden, doch widersprach diese These der Christozentrik der Lutherschen Theologie diametral. Feindschaft machte blind.

Luthers Auftritt in Worms: Luthers Sicht

Für Aleandro war der bisherige Verlauf des Reichstags ein voller Erfolg. Jetzt musste nur noch die Reichsacht gegen den Ketzer ausgesprochen werden, dann war die *causa Lutheri* erledigt, auch wenn sich ihre finale Abwicklung aus den genannten Gründen noch einige Jahre hinziehen würde. Die ersten Anzeichen des Niedergangs waren für ihn unübersehbar. Nicht nur die Gebildeten, sondern auch die einfachen Leute fielen scharenweise von ihrem früheren Idol ab, das in Worms sein wahres, hässliches Gesicht gezeigt hatte. Und wem verdankte die Christenheit diesen grandiosen Erfolg? Diese Frage wird in den Briefen des Nuntius zwischen den Zeilen gestellt und zugleich beantwortet: Aller Ruhm gebührt Aleandro, dem Bezwinger Luthers!

Die lutherische Seite sah den Ausgang naturgemäß anders und zögerte nicht, der Öffentlichkeit ihre Sicht der Dinge bekannt zu machen. Schon im Mai 1521 konnte das interessierte Publikum Luthers Version der *Verhandlungen mit D. Martin Luther auf dem Reichstage zu Worms* gedruckt lesen, und zwar im Original auf Latein und von Spalatin übersetzt auf Deutsch. Aleandro hatte das vorhergesehen und seinen Gegenzug vorbereitet. Wenig später erschienen auch seine *Acta* von Worms auf dem Buchmarkt, doch hatten sie einen Schönheitsfehler: Sie wurden nur lateinisch publiziert und kamen deshalb für ein breiteres Publikum nicht in Frage. Aleandros Bericht entsprach in allen wichtigen Punkten seinen Briefen, wurde jedoch durch die Ausschmückung von Reden und pathetische Floskeln dramatisch gesteigert.

Das gilt auch für die lutherische Version, die, wahrscheinlich von Luther selbst zusammengestellt und auf jeden Fall von ihm genehmigt, rasch die Deutungshoheit gewann und, immer weiter ausgestaltet, zu einem deutschen Mythos wurde, der sich bis heute lebenskräftig erhalten hat. In der Schilderung des ersten Verhörtages stimmen beide Versionen, was die reinen Fakten betrifft, weitgehend überein. Allerdings erklärte Luther seine Bitte um Aufschub sehr viel überzeugender, als es bei Aleandro klang:

> Weil es um den Glauben und das Heil meiner Seele geht und das göttliche Wort betrifft, das Größte im Himmel und auf Erden, das wir alle verdientermaßen verehren müssen, wäre es vermessen und gefährlich, wenn ich unüberlegt antworten würde .... Aus diesem Grund erbitte, ja, erflehe ich von eurer Majestät Zeit zum Nachdenken, damit ich ohne Beleidigung des göttlichen Wortes und Gefahr für mein Seelenheil das Verhör bestehe.[41]

So wurde aus dem Verhör des verurteilten Ketzers unvermittelt eine Gewissensprobe für alle Anwesenden: Nicht nur Luthers Seelenheil, sondern das Seelenheil aller stand auf dem Spiel. So wie Luther sein Gewissen vor einer endgültigen Antwort eingehend prüfen musste, waren seine Zuhörer und Richter ebenfalls gehalten, in sich zu gehen. Damit gewann der Antrag auf Vertagung einen völlig neuen Sinn und eine moralisch überhöhte Bedeutung. Zugleich lief der anschließende Vorwurf des Offizials, dass der Vorgeladene sich diese Antwort vorher hätte überlegen müsse, ins Leere. So wie Luther seine Begründung formuliert hatte, konnte man schließen, dass nicht er die Bedenkzeit brauchte, sondern die Richter, die über ihn zu befinden hatten und dabei Gefahr liefen, ihr Seelenheil zu verspielen. Darüber hinaus drängt sich der Eindruck auf, dass Luther durch die Verschiebung des Hauptereignisses dessen Regisseur zu werden versuchte.

Auch bei der Schilderung des zweiten Tages weicht die Darstellung des Verhörten nicht bei der Wiedergabe der Verhandlungsgegenstände, wohl aber bei der Schilderung von Stimmungen und Motiven wesentlich von der römischen Version ab. Das zeigt sich schon an den Vorbemerkungen zu Luthers großer Rede vom 18. April 1521:

Doktor Martin antwortete selbst auf Latein und auf Deutsch, und zwar demütig, leise und bescheiden, doch auch mit christlichem Mut und so viel Standhaftigkeit, dass sich seine Gegner seine Rede und seinen Sinn ganz anders, nämlich niedergedrückt und verzagt, gewünscht hätten.[42]

An Karl V. gewandt, bat Luther, seinem gerechten Anliegen Gehör zu schenken und dabei über manches hinwegzusehen:

> Bitte verzeiht mir gnädig, wenn ich hier durch meine Unkenntnis jemandem seine verdienten Titel vorenthalte oder sonst auf irgendeine Weise gegen die Sitten und Gebräuche des Hofes verstoße. Denn ich bin nicht an die Hofluft, sondern an die stillen Winkel eines Mönchsdaseins gewöhnt und kann nichts anderes von mir bezeugen, als dass ich bislang in derselben Einfachheit des Geistes gelehrt und geschrieben habe, um damit allein dem Ruhm Gottes und der aufrichtigen Unterweisung der Christen zu dienen.[43]

Im Gegensatz zu Aleandro in seiner großen Rede vom 13. Februar hatte Luther sein Publikum genau im Auge: Ich bin ein Deutscher, offen und direkt, kunstvolle Verstellung ist meine Sache nicht, so lautete seine Eingangsbotschaft, die ihm zumindest bei den deutschen Fürsten Sympathie einbringen sollte. Von weltfremder Naivität im Umgang mit den Mächtigen dieser Welt konnte in Wirklichkeit jedoch keine Rede sein. Der Wittenberger Professor hatte seine kurfürstlichen Berater, hatte einem Kardinallegaten mündlich Rede und Antwort gestanden und selbstbewusste Schreiben an den Papst gerichtet, von seinen virtuosen Strategien im Umgang mit Medien und Öffentlichkeit ganz zu schweigen.

Vom selben Geschick zeugt Luthers Klassifizierung seiner eigenen Schriften, mit der er die Antwort auf die Frage einleitete, ob er zum Widerruf bereit sei:

> Eure Majestät und die erlauchten Herrschaften mögen geruhen, zur Kenntnis zu nehmen, dass meine Bücher nicht alle von derselben Art sind. In einigen von diesen habe ich nämlich die richtigen Regeln für Frömmigkeit und Sitten so einleuchtend und evangelisch behandelt, dass selbst die Gegner zuzugeben gezwungen sind, dass sie nützlich, unschädlich, ja, der christlichen Unterweisung höchst förderlich sind. Sogar die gehässige und

grausame Bulle macht deutlich, dass einige meiner Bücher unschädlich sind, obwohl sie in ihrem monströsen Urteil auch diese verdammt. Wenn ich anfangen würde, diese Texte zu widerrufen, was würde ich tun – so beschwöre ich euch –, wenn nicht als Einziger aller Sterblichen die Wahrheit verdammen, die Freunde und Feinde gleichermaßen bekennen, als Einziger im Widerspruch zum einträchtigen Bekenntnis aller?[44]

Damit verkehrte sich der Zweck der ganzen Veranstaltung vollends ins Gegenteil: Rechenschaft ablegen musste nicht Luther, der Verkünder einer einfachen und allen einleuchtenden Wahrheit, sondern das Papsttum, das diese Wahrheit gegen die Überzeugung der gesamten Christenheit aus Eigennutz und Heimtücke bekämpfte! Mit der kühnen Fiktion, dass seine theologischen Texte von allen Theologen als reines Gotteswort angenommen wurden – von den einen offen und lauter wie ihr Verfasser, von den anderen heimlich und heimtückisch wie die Kurie –, umging Luther zur Verblüffung beziehungsweise Empörung seiner Zuhörer die theologische Problematik seines Falles und Prozesses: Über diese Lehre gab es für Luther nichts zu disputieren, denn sie hatte sich längst als evangelische Wahrheit durchgesetzt; auf die Anklagebank gehörten für ihn die wenigen, die sich ihr aus durchsichtigem Machtinteresse widersetzten.

Wütende Anklagen gegen dieses letzte Widerstandsnest der Bösen folgten auf dem Fuße. In einem zweiten Buchtypus, so Luther, habe er gegen das Papsttum und dessen Anhänger gewettert, die durch ihre üblen Dogmen und ihr wüstes Leben die Christenheit an Geist und Körper zerstörten:

> Denn auch das kann niemand leugnen oder verheimlichen, weil es von der Erfahrung und der Klage aller bezeugt ist, dass durch die Gesetze des Papstes und die Doktrinen der Menschen die Gewissen der Gläubigen auf das Elendeste verletzt, gequält und gefoltert werden und Hab und Gut der edlen deutschen Nation durch eine unfassbare Tyrannei verschlungen worden sind und weiter verschlungen werden, und zwar bis heute, ohne Ende und auf die abscheulichste Art und Weise.[45]

Wer diese offen zu Tage liegenden Tatbestände widerruft, wird für Luther zum Handlanger der päpstlichen Despotie. Mit dieser Schlussfolgerung wurde das hohe Gericht, das eigentlich über den verurteilten Ketzer befinden sollte, zum Zeugen der päpstlichen Unrechtsherrschaft aufgerufen. Der Kaiser und die Fürsten mussten sogar auf der Hut sein, um nicht durch Falschaussagen selbst zu Angeklagten zu werden. Vor den Großen des Reiches trat der angeblich so schüchterne Mönch mit einem schwindelerregenden Anspruch auf ein absolutes Wahrheitsmonopol auf, das seine Gegner in ein ebenso absolutes Unrecht versetzte. Nicht nur dass alle, die nicht seiner Meinung waren, irrten – sie wussten es auch und machten sich damit für immer schuldig. Schlimmer noch: Luther behauptete, alle wüssten, dass der Papst dem Bösen diene. Er aber werde verdammt, weil er als einziger den Mut habe, diese schreckliche Wahrheit auszusprechen.

Diesen Anspruch erhob Luther auch im Kommentar zum dritten Typus seiner Schriften. In diesem Textgenre habe er gegen einzelne Gegner mit größerer Schärfe vom Leder gezogen, als es der Sache der Religion und der Würde des theologischen Metiers gut tat. Doch sei es ihm dabei um den Schutz der Christenheit gegen die römische Tyrannei und deren falsche Lehren gegangen. Das war keine Entschuldigung, sondern eine erneute Attacke und eine Selbstglorifizierung zugleich. Gegen die böswilligen Verdreher der offenbarten Wahrheit konnte niemand zu hart vorgehen. Auch die danach bekundete Bereitschaft, sich durch Schriftbeweise eines Besseren belehren zu lassen, war durch die zuvor aufgestellte Behauptung, dass die eigene Lehre allenthalben als evangelisch anerkannt sei, ein reines Lippenbekenntnis. Zudem wurde diese Unterwerfung unter die Autorität der Heiligen Schrift mit einem Vergleich ausgeschmückt, der für die Feinde Luthers etwas von dessen maßloser Selbstüberschätzung durchscheinen ließ:

> Doch weil ich ein Mensch bin und nicht Gott, kann ich für meine Bücher keinen anderen Schutz anführen als mein Herr Jesus Christus selbst für seine Lehre. Als dieser nämlich vor Anna über seine Lehre befragt wurde und von einem Diener einen Backenstreich empfangen hatte, sagte er: Wenn ich schlecht gesprochen habe, bringe mir ein Zeugnis für diesen Fehler bei![46]

Christus wusste, dass er nicht irren konnte, und stellte sich gleichwohl der Kritik der irrenden Menschen. Umso mehr musste sich ein sündiger

Mensch wie Luther mit solchen Einsprüchen auseinandersetzen. So war dieser Vergleich ohne Frage gemeint. Doch für die päpstliche Seite klang er nach Blasphemie. Luther setzte seine Lehre mit der Botschaft des Herrn gleich; stellte er sich damit an die Seite des Erlösers, oder trat er «nur» als Prophet auf? Aufhorchen ließ auch die Schlusswendung von Luthers Worms-Bericht. Christus war, wie er selbst sagte, nicht gekommen, um Frieden zu stiften, sondern um das Schwert zu bringen. An seiner Lehre musste sich die Menschheit in Gut und Böse scheiden. So hieß es auch jetzt, sich vor den billigen Aufrufen zu Verständnis und Eintracht zu hüten. Die falschen Propheten rieten zum Frieden, die echten Propheten hingegen riefen zum unvermeidlichen Krieg gegen das Böse auf:

> Ich könnte mit zahlreichen Beispielen der Schrift zum Pharao, zum König von Babylon und zu den Königen Israels belegen, dass sie sich am schlimmsten ins Verderben stürzten, wenn sie sich bemühten, ihre Herrschaft durch kluge Ratschläge zu befrieden und zu stärken.[47]

Die so hoffnungsvoll begonnene Regierung des jungen Kaisers würde dann in eine Katastrophe münden. Das waren apokalyptische Töne. Nur leicht verklausuliert sprach Luther zu seinem Kaiser wie ein Prophet des Alten Israel zu seinem König. Noch war Zeit zu Einkehr und Umkehr. Folgte Karl seiner Lehre, würde er als guter Monarch glücklich regieren.

Nach der Aufforderung, endlich auf die Frage zu antworten, ob er widerrufen wolle, fasste Luther nach eigener Aussage den Tatbestand ein letztes Mal zusammen: Es stehe fest, dass Päpste und Konzilien häufig geirrt und sich widersprochen hätten. Solange er nicht durch die Heilige Schrift oder eindeutige Vernunftbeweise vom Gegenteil überzeugt *(convictus)* werde, sei er von der Heiligen Schrift besiegt *(victus)* und sein Gewissen im Wort Gottes gefangen. Gegen das Gewissen zu handeln, aber sei «beschwerlich, unheilsam und ferlich,»[48] wie es in Spalatins deutscher Übersetzung heißt. Luther selbst wechselte in seiner lateinischen Darstellung an dieser entscheidenden Stelle ins Deutsche über: «Ick kan nicht anderst, hie stehe ich, Got helff mir, Amen.»[49] Der Gebrauch der Muttersprache machte Sinn: Luther hatte als Deutscher zu

Deutschen gesprochen. Das sollte auch dem gelehrten Publikum, das die lateinische Version seines Wormser Tatenberichts las, eingeschärft werden. Mit welchem Geschick er dabei an die Ressentiments und Erwartungen seines Publikums appellierte, blieb Aleandro in Ermangelung von Deutschkenntnissen verborgen.

Zum Verhör durch Vehus am 24. April 1521 äußert sich Luther in den *Acta* auffallend knapp. Der Vorwurf, dass seine Schrift über die Freiheit eines Christenmenschen vom Volk als Begründung für Gehorsamsverweigerung und Aufruhr herangezogen werde, lasse sich durch Verweis auf seine gegenteiligen Aussagen leicht entkräften: In irdischen Dingen müsse der Christ auch einer bösen Obrigkeit gehorchen, nur in Glaubensdingen verlange Gott passiven Ungehorsam. Im Übrigen habe er nicht behauptet, dass alle Konzilien geirrt hätten, sondern nur die falsche Lehre des Konstanzer Konzils angeprangert. Dieses habe den Satz des Johannes Hus verdammt, dass die Kirche Christi die Gemeinschaft der Prädestinierten sei, und sich damit an der evangelischen Wahrheit vergangen.

Das Wormser Edikt und die Folgen

Für Aleandro ging es nach Abschluss der Verhöre darum, deren Ertrag in eine reichsrechtlich verbindliche Verurteilung einzubringen, und zwar

> gegen die Feinde unserer Patrone, unserer Ehre, unseres Vaterlandes und des Heiligen Stuhls, des Fundaments unseres heiligen Glaubens![50]

Luther und Aleandro beschworen sich selbst und ihre Anhänger, den Ruhm Gottes nicht mit «weltlichen» Anliegen zu verquicken, und verstießen doch permanent gegen diese selbst auferlegte Regel. Für Luther und die Lutheraner waren der Papst und die Papalisten Verbrecher an der deutschen Nation und ihrer Ehre, für Aleandro galt das Gleiche für Luther und die Lutheraner.

Je länger die Verhandlungen in Worms dauerten, desto klarer glaubte Aleandro die Strippenzieher hinter der Marionette Luther zu erkennen:

Man sagt, dass der Erzbischof von Mainz diese Woche abreisen wird, ebenso wie sein Bruder und der infame Sachse, der ganz fett und verjüngt, aber deswegen nicht schön geworden ist, sondern einem fetten Murmeltier mit Hundsaugen ähnelt, mit denen er den Menschen nie ins Gesicht sieht, es sei denn mit einem kurzen Seitenblick. Wenn dieser nicht bereut, so kann man ihm doch den Hals brechen, bevor er noch mehr Seelen aus der Herde des Herrn ins Verderben stürzt.[51]

Auch die wahren Antriebe von Luthers verstocktem Landesherrn glaubte Aleandro endgültig ausfindig gemacht zu haben:

> Dieser Herzog ist so aufgeblasen, dass er lieber seine Seele verlieren und die Seelen der Seinen ins Verderben stürzen sehen will, als diesen – doch so eitlen und zweifelhaften! – Ruhm einbüßen möchte. So sehr haben ihm die Lutheraner den Kopf verdreht, dass er wirklich zu glauben scheint, dass das der wahre Glaube sei. Besagter Kurfürst Joachim [von Brandenburg] hat mir gesagt, dass ihm dieser [Friedrich der Weise] öfter gesagt habe, ihm scheine unser [der katholische] Glaube seit langem des Lichtes zu ermangeln, das Martin neuerdings wieder erscheinen lasse.[52]

Dass diese Diagnose im Widerspruch zu seiner Beobachtung stand, wie klug, verschlagen und strategisch geschickt der «sächsische Fuchs» bislang in der *causa Lutheri* vorgegangen war, merkte Aleandro gar nicht.

So glätteten sich jetzt, da die Zeichen auf Triumph zu stehen schienen, die Widersprüche, und die Risse, die zeitweise im Weltbild des wortmächtigen Humanisten aufbrachen, schlossen sich:

> Der Kaiser und sein Rat haben mir den Auftrag erteilt, dass ich selbst das Dekret [zur Verurteilung Luthers] verfassen soll, mit so vielen Rechtfertigungen wie irgend möglich, damit auch das Volk sich zufrieden geben möge. Das ist umso ratsamer, als Martin Luther seine Taten vor dem Kaiser bereits auf Deutsch herausgegeben hat und sich darin geschickt rechtfertigt, allerdings mit Lügen, um die Seinen bei der Stange zu halten und sich mit dem Volk zu versöhnen. Dieses nämlich hat sich zum großen Teil von Luther abgewandt, und zwar wegen seiner üblen Sitten und Handlungen, seiner Verstocktheit und bestialischen Worte gegen die Konzilien, was diese Leute hier sehr bewegt.[53]

Zusammengehalten werde die Gegenseite fast nur noch durch den Hass auf Rom und die Gier nach den Kirchengütern; für beides liefere Luther weiterhin probate Vorwände.

Doch damit – so das optimistische Fazit des päpstlichen Nuntius – werde man dank der Unterstützung des Kaisers, durch das Entgegenkommen des Papstes bei der Vergabe von deutschen Pfründen an Deutsche und vor allem kraft des in Vorbereitung befindlichen Verdammungs-Edikts mühelos fertig werden. Dass ihm der Auftrag, eine erste Fassung dieser Verurteilung aufzusetzen, nicht nur wegen seiner überragenden sprachlichen Fertigkeiten und seiner profunden theologischen Kenntnisse, sondern auch aus strategischen Erwägungen übertragen worden war, schwante Aleandro in der Folgezeit. Am Ende konnten die Ratgeber des Kaisers so seinen Entwurf abschwächen, wo sie es für opportun hielten. Vor allem schoben sie auf diese Weise die Verantwortung für das Edikt, das sich im Gegensatz zu Aleandros Einschätzung der deutschen Seelen- und Stimmungslage als äußerst unpopulär erweisen sollte, auf einen «Römer» – ein «römisches Schandedikt» ist es für überzeugte Lutheraner bis heute geblieben.

Einen ersten Entwurf schrieb der päpstliche Nuntius am 1. Mai 1521; neun Tage später war die Schlussfassung erstellt. Am 12. Mai lag das Mandat auf Lateinisch und Deutsch zur Unterschrift auf dem Schreibtisch Karls V. Doch dieser wollte das Edikt vorher den Ständen vorlegen, um sich gegen den Vorwurf abzusichern, selbstherrlich und willkürlich zu handeln. Die öffentliche Verlesung fand laut Aleandro am 25. Mai statt; im Anschluss daran billigten Aleandro zufolge die Stände durch ihren Sprecher, den brandenburgischen Kurfürsten, den Text. Am Tag darauf unterschrieb Karl V. das Edikt, das in seiner deutschen Fassung veröffentlicht wurde und so Rechtskraft erlangte – zumindest nach Auffassung von Kaiser und Kurie. Von Luthers Anhängern wurde diese Gültigkeit bestritten. Protestantische Historiker des 19. Jahrhunderts machten sich diesen Standpunkt zu eigen; sie verwiesen darauf, dass die reichsrechtliche Ächtung Luthers nicht in die Sammlung der offiziellen Reichstagsabschiede aufgenommen worden war. Ihnen wurde von rechtshistorischer Seite entgegengehalten, dass der Kaiser hier nicht als Gesetzgeber, sondern als oberster Richter des Reiches gehandelt habe.

Für das Reichsoberhaupt und den Papst war der Fall damit juristisch erledigt, was er nach römischer Auffassung schon durch die Bulle vom 3. Januar 1521 hätte sein müssen. Der Kaiser hatte sich die Eigenmächtigkeit erlaubt, den verurteilten Ketzer nochmals vorzuladen und zu verhören. Dadurch hatte er den traditionellen Automatismus, durch den Häretiker an die staatliche Strafjustiz überwiesen wurden, aufgehoben. Durch das Wormser Edikt vom 26. Mai 1521 war für die Kurie diese Einheit wiederhergestellt und die Welt wieder in Ordnung. Nicht nur rechtlich, sondern auch theologisch schloss Rom mit diesem Text der reichsrechtlichen Verdammung Luthers die Akten.

Um dem Edikt die Wucht der endgültigen Abrechnung und Verdammung zu verleihen, holte Aleandro weit aus und verkehrte die Argumente Luthers ins Gegenteil. Dieser hatte mit nationalen Ressentiments und Emotionen Stimmung für sich zu machen versucht. Durch die Umkehrung dieser Stoßrichtung wird er im Edikt als Zerstörer seines eigenen Vaterlandes und der ganzen Christenheit gebrandmarkt. Auch die Fülle seiner theologischen Schriften in der Volkssprache wird ihm zum Vorwurf gemacht. Unter Aleandros Feder wird er zum Volks-Verführer, der dem Teufel die von ihm getäuschten Seelen zutreibt. Besonders durch seine Leugnung der sieben Sakramente verschließe der «Sohn des Ungehorsams» den Gläubigen die von der Kirche gebahnten Heilswege. Alle diese Häresien – so das Edikt – seien in Wirklichkeit alt und seit Jahrhunderten verurteilt. Das gelte zum Beispiel für Luthers frevelhafte Leugnung des freien Willens, die er von den Manichäern der Antike übernommen habe. Mit seinem maßlosen Hochmut setze er an die Stelle der kollektiven Weisheit der Kirche sein eigenes, von purer Willkür und zerstörerischer Lust am Aufruhr geleitetes Urteil. Diesem schreibe er wie alle Ketzer, die mehr sein wollten als Gott selbst, absolute Gesetzeskraft zu. Unter dem Deckmantel des Befreiers, der die Christen von der Tyrannei des Papsttums erlösen wolle, werde er zum schlimmsten Unterdrücker der Wahrheit und der Gewissen, der den Untergang des Menschengeschlechts anstrebe. Diesem Teufel in Menschengestalt das Handwerk zu legen, sei daher eine vordringliche Aufgabe von Kaiser und Papst, die dabei auf die Mithilfe aller Christen angewiesen seien:

> haben wir zu ewiger gedechtnus diss handels, zu volstreckung des decrets, sententz und verdamnus laut der bullen, so unser hailiger vater babst, als

diser sachen ordentlicher richter, hat außgeen lassen, den gedachten Martin Luther, als von Gots kirchen abgesündert gelide und einen verstopfen zertrenner und offenbarn ketzer von uns und eüch allen und yedem insonderhait zu achten und ze halten erkennet und ercleret und thun das wissentlich in kraft diß brieffs.[54]

Damit wurde Luther aus der Gesellschaft ausgeschlossen und zur Unperson erklärt. Bei schwerster Strafe war es nun vorgeschrieben,

das jr samentlich und sonderlich … den vorgemelten Martin Luther nit hauset, hoffet, etzt, drencket, noch endthaltet, noch yme mit worten oder wercken haimlich noch offenlich kaynerlay hilff, anhang, beystandt noch fürschub beweyset.[55]

Stattdessen war der Geächtete zu ergreifen und dem Kaiser auszuliefern. Alle diese Gebote galten allerdings erst in zwanzig Tagen, nach Ablauf der Frist, die Karl V. dem Ketzer zum freien Abzug aus Worms gewährt hatte. Zum Ärger Aleandros und der Kurie hielt dieser Kaiser im Gegensatz zu seinem Vorgänger Sigismund auf dem Konzil von Konstanz sein Wort. Luther durfte unbehelligt den Rückweg nach Sachsen antreten.

Dabei konnte er sich weiterhin auf den Schutz seines Landesherrn verlassen. Friedrich der Weise zog es vor, das Wormser Edikt ebenso wie die Bulle *Decet Romanum Pontificem* zu ignorieren. Allerdings hielt er es für sinnvoll, dem inzwischen allzu berühmten Wittenberger Professor eine Atempause zu verschaffen. So wurde Luther auf dem Rückweg von Worms mit einer spektakulären Schein-Entführung auf die Wartburg verbracht. Diese Aktion war so geheim, dass selbst bestinformierte Kreise in Worms nicht wussten, wo der scheinbar vom Erdboden verschluckte Ketzer geblieben war. Dementsprechend brodelte die Gerüchteküche. Auch gegen den umtriebigen Aleandro wurden Beschuldigungen erhoben, Beschimpfungen laut und Drohungen ausgestoßen. Natürlich wusste auch er von nichts. Wie viele andere vermutete er, dass sich Luther nach Dänemark abgesetzt habe.

Machtwechsel in Rom

Für Leo X. und seine rechte Hand, Kardinal Giulio de' Medici, hatte die *causa Lutheri* ihren befriedigenden Abschluss gefunden. So gab es viel Lob für Aleandro, allerdings nicht den erhofften Kardinalshut. Auf diesen musste der Lutherspezialist aus dem Friaul noch siebzehn Jahre warten. Aus römischer Sicht lag der Ball jetzt beim Kaiser. Als Beschützer und Sachwalter der Kirche hatte er das Wormser Edikt durchzusetzen. Wenn sich das auf dem Wege der Verordnungen und durch diplomatischen Druck nicht bewerkstelligen ließ, sollte Karl V. seiner Autorität gewaltsam Nachdruck verleihen. Konkret hieß das für Rom: Wenn der «sächsische Fuchs» sich nebst dem von ihm gehätschelten Ketzer in seinem Bau verkroch, musste man ihn eben ausräuchern. Die päpstlichen Appelle an Karl V., die Lutherfrage mit militärischer Gewalt zu lösen, rissen von jetzt an nicht mehr ab. Doch dieser scheinbar so einfachen Lösung standen mehr Hindernisse entgegen, als die Kurie erkennen konnte oder wollte: der Vormarsch des Osmanischen Imperiums im Osten, die Machtverteilung im Reich, wo immer mehr Städte und Fürsten heimlich oder offen mit der Lutherschen Lehre sympathisierten, aber auch der in vieler Hinsicht desolate Zustand der alten Kirche selbst.

Mit diesem Papst, diesen Kardinälen, dieser Pfründenvergabepraxis, diesem kulturellen und sittlichen Stand des Klerus konnte man in Deutschland keine wirkungsvolle Propaganda gegen Luther betreiben: Diese bittere Erkenntnis reifte in der Umgebung Karls V. schnell heran. Um der «Glaubensneuerung» – so der Sprachgebrauch auf katholischer Seite für das, was die Lutheraner «Reformation» nannten – erfolgreich entgegentreten zu können, waren einschneidende Reformen der katholischen Kirche erforderlich. Solange diese ausblieben, gab es auch für Katholiken wenig Anlass, sich für die Rechte des Papsttums einzusetzen. Wie Aleandro erkannt hatte, war die Abneigung gegen alles Römische so weit verbreitet und so tief verwurzelt, dass selbst höchste geistliche Würdenträger diese Ressentiments teilten und die Sache der alten Kirche stillschweigend verloren gaben.

Unvorhersehbare Entwicklungen und zufällige Ereignisse kamen hinzu. Sieht man vom langen Intervall des Kaiserwahlkampfs und dessen

Folgen ab, so hatte Leo X. den Fall Luther insgesamt nicht vernachlässigt. Dass auf Phasen intensiver theologischer Auseinandersetzungen stärker juristisch und politisch ausgerichtete Strategien folgten, lag in der Natur der vielschichtigen *causa Lutheri*. Bei alledem standen für den Medici-Papst auch während der Wormser Verhandlungen die große europäische Politik und aufs Engste damit verknüpft das Eigeninteresse des Hauses Medici im Mittelpunkt. Er versuchte weiterhin, die beiden Großmächte Frankreich und Spanien gegeneinander auszuspielen und zum Vorteil seiner Familie das Zünglein an der Waage zu sein. Konkret lief das auf eine Schaukel- und Hinhaltepolitik hinaus, die mit der Unabhängigkeit der Kirche begründet wurde, doch in Wirklichkeit den Medici zugute kommen sollte. Während Aleandro in Worms an der letzten Fassung des Edikts feilte, schloss der Papst mit Karl V. eine geheime Offensivallianz. Die Rhetorik der Diplomatie schlug zwischen dem Edikt und dem Bündnis sogar eine Brücke: Ziel des vorerst geheim gehaltenen Paktes zwischen den beiden Häuptern der Christenheit sei es, alle Irrtümer auszurotten, einen umfassenden Frieden zu stiften, die Türken zurückzuschlagen und so eine allseitige Reform aller Lebensbereiche auf den Weg zu bringen. Luther, Frankreich und die Türken zu bekämpfen, diente also demselben hehren Zweck. Der wohlklingende Verhüllungsjargon der Machtpolitik stellte die erstaunlichsten Zusammenhänge her! Natürlich wurde auch noch die Freiheit Italiens beschworen, um dem ganzen Unternehmen aus römischer und florentinischer Sicht einen patriotischen Anstrich zu geben.

Um diese Ziele zu erreichen, sollten die Franzosen aus Mailand und Genua vertrieben und dort mit den Familien Sforza und Adorno loyale Reichsstatthalter eingesetzt werden. De facto musste die Operation, wenn sie denn gelang, den französischen Einfluss in Italien gegen die spanische Vorherrschaft austauschen. Doch für Leo X. war dieser Machtwechsel nebensächlich. Ihm sollten mit Parma und Piacenza wichtige Städte im Norden des Kirchenstaats zurückgegeben werden; zudem würden die Este ihre Macht in Ferrara verlieren. Für die Medici boten sich damit verlockende Expansionsmöglichkeiten. Ihnen versprach der Kaiser ausdrücklich seinen rückhaltlosen Schutz gegen alle Feinde, und zwar gemäß dem pathetischen Stil der damaligen Diplomatie für alle Ewigkeit, was erfahrungsgemäß kurze Verfallszeiten solcher

Gelöbnisse nicht ausschloss. Um diesen nepotistischen Kern des Vertrags zu verschleiern, ließen sich beide Seiten eingehend über das gemeinsame Vorgehen gegen die Feinde der Kirche aus. Um diesen Beteuerungen Nachdruck zu verleihen, wurde kurz darauf ein Bildnis Luthers zusammen mit dessen Schriften auf der Piazza Navona in Rom öffentlich verbrannt.

Bald danach setzten die Feindseligkeiten ein, zuerst in Genua und Mailand, wo antifranzösische Aufstände geschürt wurden, doch erfolglos verpufften. Das große Rätselraten, für wen und was der Papst so viele Truppen anwarb, hatte Ende Juni 1521 ein Ende, als die vereinten päpstlichen und kaiserlichen Truppen gegen Mailand marschierten. Warum dieser Feldzug im Interesse des Papsttums oder gar der Kirche liegen sollte, blieb der italienischen Öffentlichkeit allerdings verborgen. Zwei Jahre zuvor hatte derselbe Papst noch alles getan, um die habsburgische Tripelmonarchie in Spanien, Deutschland und Neapel zu verhindern. Jetzt half er dem übermächtigen Kaiser Karl V. dabei, auch noch die lombardische Metropole zu gewinnen. Damit zerstörte er den letzten Rest des Mächtegleichgewichts.

Mit der Anwerbung eidgenössischer Söldner wendete sich das Kriegsglück zugunsten von Kaiser und Papst, der die militärischen Aktionen im Norden der Halbinsel mit höchster Spannung verfolgte. Hinter diesen aufregenden Ereignissen traten alle anderen Geschäfte, sei es in Deutschland, sei es in Italien, völlig zurück. Als am 24. November 1521 die Nachricht eintraf, dass die Verbündeten Mailand erobert hatten, brach Leo X. auf seinem Jagdschloss La Magliana zwischen Rom und Ostia in Jubel aus: Der Gewinn der Stadt freue ihn mehr als seine Wahl zum Papst! Eine Woche darauf starb er, nach Verlautbarung seiner Ärzte an einer Erkältung.

Nach den Regeln der päpstlichen Wahlmonarchie kamen damit alle Geschäfte und Verhandlungen zum Stillstand. Fast alle Inhaber von Führungspositionen innerhalb des kurialen Apparats und der päpstlichen Diplomatie mussten jetzt damit rechnen, binnen Kurzem ausgetauscht zu werden, und konzentrierten ihre Energien darauf, beim jetzt anstehenden Revirement möglichst günstig davonzukommen. Im fernen Wittenberg hatte Luther nicht nur den Gegner verloren, den er als Person so lange von seiner immer heftigeren Kritik am Papsttum ausgenommen hatte, sondern auch eine weitere Atempause gewonnen. Sie zog sich in Anbetracht besonderer Umstände noch viel länger hin als bei einem normalen Pontifikatswechsel. Denn schon vor Beginn des Konklaves zeichnete sich ab, dass es diesmal noch schwerer als sonst werden würde, für einen Kandidaten eine Zweidrittel-Mehrheit zu finden. Der verstorbene Papst hatte nicht nur die Finanzen der Kirche auf Jahre hinaus ruiniert, sondern auch viel Vertrauen verspielt und die Eliten in Italien wie in Rom hochgradig polarisiert. So kehrten die von Leo vertriebenen Territorialherren im Norden des Kirchenstaats schnell in ihre angestammten Herrschaften zurück. Auch Francesco Maria della Rovere zog nahezu kampflos in sein Herzogtum Urbino ein, das ihm die Medici fünf Jahre zuvor entrissen hatten.

Innerhalb des Kardinalskollegiums schienen die Gegensätze zwischen profranzösischen und kaisertreuen Mitgliedern diesmal unüberwindlich zu sein. An sich waren die Parteigänger Karls V. in der Überzahl, doch schieden sich innerhalb dieser Gruppierung die Geister an dessen Kandidaten Giulio de' Medici. Wenn sich Leos Cousin im Konklave durchsetzte, würde das höchste Amt der Kirche als eine Medici-Pfründe angesehen werden, so lautete das Hauptargument seiner Gegner. Zwei Medici-Pontifikate nacheinander wären Wasser auf die Mühlen der Kurienkritiker nördlich der Alpen; selbst in Italien würde eine solche Nachfolge Stirnrunzeln erregen. Giulios Hauptgegner war Franz I. Der französische König tat alles in seiner Macht Stehende, um die Wahl des «Verräters», den er für den Übertritt Leos X. auf die Seite Karls V. verantwortlich machte, zu verhindern. Als die 37 Kardinäle am 27. Dezember 1521 in der Sixtinischen Kapelle eingeschlossen wurden, war daher mit einem langen Konklave zu rechnen. Die wichtigsten Parteien blockierten sich so hartnäckig, dass schließlich ein Kompromisskandidat gefunden werden musste. Doch auch ein solcher, mit den einflussreichen Parteiführern nicht verfeindeter und für beide Großmächte akzeptabler Übergangspapst war nicht in Sicht.

In dieser Lage schlug Giulio de' Medici – ob im Ernst oder als wahltaktisches Manöver, ist bis heute ungeklärt – den abwesenden Kardinal von Tortosa vor. Hinter diesem Namen verbarg sich der Niederländer Adrian Florensz d'Edel, der in jüngeren Jahren als Erzieher Karls V. gewirkt hatte und nun für diesen als Statthalter in Spanien amtierte. Als angesehener Theologe hatte Adrian mit den Auswirkungen der *causa Lutheri* in den Niederlanden zu tun gehabt und dabei entschieden gegen die «Religionsneuerer» Stellung bezogen. Ob ernst gemeint oder nicht: Giulio de' Medicis Vorschlag wurde von Kardinal Cajetan aufgenommen, der dafür sein ganzes theologisches und moralisches Gewicht in die Waagschale warf, und zwar mit Erfolg. Weitere Kardinäle traten seinem Votum bei, so dass die nötige Mehrheit von 26 Stimmen schnell erreicht und der erste nichtitalienische Papst seit fast anderthalb Jahrhunderten gewählt war. Einen kaisertreueren Kandidaten als diesen hätte man schwerlich finden können. Die Medici setzten damit ihre Politik der Anlehnung an Karl V. konsequent fort; ihren alten Alliierten Franz I. von Frankreich reizten sie dadurch bis aufs Blut.

Nicht nur deshalb hegten die Wähler schon bald die schwersten Bedenken gegen ihre eigene Entscheidung. Sie hatten sich ein Oberhaupt gewählt, das im Rufe eines Asketen und Sittenreformers stand. Was würde dieser strenge alte Mann zum lockeren Lebensstil der Kurie und ihrer humanistischen Kultur sagen? Man musste befürchten, dass er diese innovativen Trends als Neuheidentum ablehnen und unterdrücken würde, von der anstößigen Pfründenverteilungs-Praxis ganz zu schweigen. Zu allem Überfluss hatte sich Adrian vor seiner Erhebung auf den Stuhl Petri mehrfach für ein Konzil zur umfassenden Reform von Kirche und Klerikern ausgesprochen, was aus der Sicht der Kurie das Schlimmste erwarten ließ.

So konnte der neue Papst nicht einmal auf die Unterstützung einer eigenen Partei zählen, wenn ihm die Günstlinge seines Vorgängers wie üblich das Leben schwer machten. Die wenigen Kardinäle, die wie Cajetan für eine maßvolle Reform nach humanistischen Selbstbeschränkungs-Vorstellungen eintraten, sahen seinem Pontifikat mit einer Mischung aus Zuversicht und Skepsis entgegen. Die übrigen Kirchenfürsten waren entschlossen, die Regierung des barbarischen Pontifex mit Spott und Boykott zu behindern. Hoffnungen, diesen Nordländer zur römischen Lebensart zu bekehren, hegte niemand. Adrian nannte sich als Papst Hadrian VI., behielt also seinen Taufnamen bei und machte schon dadurch deutlich, dass er nicht ein Jota von seinen Reformideen abzuweichen bereit war.

Hadrian VI. traf erst am 28. August 1522, fast acht Monate nach seiner Wahl, in Rom ein, so dass seine Gegner reichlich Gelegenheit hatten, ihre Abwehrmaßnahmen zu treffen. Von einer aktiven Amtsführung des neuen Papstes konnte erst ab dem Herbst die Rede sein. Die ablehnende Haltung des kurialen Apparats führte zu weiteren Verzögerungen, so dass in der *causa Lutheri* fast ein ganzes Jahr lang von römischer Seite aus so gut wie nichts geschah. Rom hatte mit sich selbst zu tun und zog sich auf sich selbst zurück. Was in Deutschland vor sich ging, blieb weitgehend unbeachtet.

Bibelübersetzung und Neuordnung der Kirche

Luthers Scheinentführung bei der Burg Altenstein im Thüringer Wald am 4. Mai 1521 war ein Propagandamanöver ersten Ranges, das im ganzen Reich hohe Wellen schlug und seine Anhänger das Schlimmste befürchten ließ. Man glaubte, die «Römlinge» hätten den deutschen Wahrheitszeugen in ihre Gewalt gebracht, so dass dieser jetzt dem Martyrium entgegensehen musste. In dieser perfekten Inszenierung spielte Luthers Begleiter von Amsdorff den Verblüfften, und zwar so lebensecht, dass niemand auf die Idee kam, er könnte eingeweiht gewesen sein. Der «sächsische Fuchs» Friedrich der Weise lieferte mit diesem Coup sein Meisterstück.

Friedrich sorgte dafür, dass dem «Gefangenen» der Aufenthalt auf der Wartburg so angenehm wie möglich gemacht wurde. Der Kommandant Hans von Berlepsch ließ «Junker Jörg», wie Luthers Pseudonym lautete, opulente Mahlzeiten auftischen und versorgte ihn darüber hinaus mit den neuesten Publikationen. Auch in der nahe gelegenen Stadt Eisenach konnte sich der Geächtete frei bewegen. Die komfortablen Lebensbedingungen schützten Luther jedoch nicht vor Niedergeschlagenheit und Anfechtungen. Die schlimmsten Zweifel, von denen er über ein Jahrzehnt danach in seinen *Tischreden* berichtete, betrafen den Bruch mit dem Papsttum und mit der von diesem in Anspruch genommenen Tradition: Hatte er allein wirklich Recht gegen so viele andere, gegen Heilige und Kirchenlehrer? War es nicht viel wahrscheinlicher, dass er selbst die Irrtümer verkündete, die er den anderen vorwarf? Ob diese Bedenken schon in der Wartburg-Zeit oder später aufkamen, lässt sich wie immer in solchen Berichten aus der Rückblick-Perspektive nicht sicher entscheiden. Wie immer in solchen Fällen – so weiter der Tischredner Luther – habe er sich dadurch geheilt, dass er in den überwiegend nächtlichen Einsprüchen gegen seine Lehre und sein Wirken den Teufel am Werk sah. Dass er mit einem Tintenfass auf den Leibhaftigen geworfen habe, ist allerdings eine spätere Legende.

Seinen Aufenthalt auf der thüringischen Festung verglich «Junker Jörg» selbstbewusst mit der Verbannung des Apostels Johannes auf die kleine Insel Patmos in der Ägäis. Dieser schrieb dort nach christlicher Überlieferung ein apokalyptisches Buch, in dem er das Ende der Zeiten vom Erscheinen des Antichrist bis zum Jüngsten Gericht schildert. Schon durch seine inzwischen leitmotivische Gleichsetzung des Papstes mit dem Antichrist gab Luther seine Überzeugung zu erkennen, dass das Ende der Welt nahe sei und er einer der letzten Generationen des Menschengeschlechts vor der Wiederkehr Christi angehöre. Umso dringlicher erschien es ihm, in diesen bedrängten Zeitläufen dem personifizierten Bösen in Rom entgegenzutreten, um so viele Seelen wie möglich vor der Verdammnis zu retten.

Zu diesem Zweck entfaltete Luther in der erzwungenen Ruhe der Wartburg eine vielfältige publizistische Tätigkeit. Seelsorgerliche und polemische Schriften, zum Beispiel gegen Erzbischof Albrecht von Mainz und seine Reliquiensammlung, wechselten sich wie bisher ab. Ihr Erscheinen bezeugte schon wenige Monate nach seinem mysteriösen Verschwinden, dass der Gebannte am Leben und keineswegs in den Händen seiner Feinde war. Das Hauptprojekt aus der Zeit der «Gefangenschaft» aber war die Übersetzung der Bibel ins Deutsche, die selbst zu einem Mythos wurde. Entgegen dem Mythos war Luther nicht der erste, der eine solche Übertragung in die Volkssprache vornahm; als er sich im Dezember 1521 an die langwierige, erst 1534 abgeschlossene Arbeit machte, lag bereits eine ansehnliche Zahl deutscher Bibeln vor. Ein Mythos protestantischer Sprachhistoriker des 19. Jahrhunderts ist auch, dass Luthers Übersetzung gewissermaßen die Geburtsstunde einer «gesamtdeutschen» Hochsprache gewesen sei. Aber auch wenn man solche Übertreibungen zurechtrückt, bleibt seine Verdeutschung der Bibel eine herausragende literarische und sprachschöpferische Leistung, die dem deutschen Protestantismus durch viele einprägsame Wendungen eine eigene Identität des Ausdrucks und des Gemüts verschaffte. Die Übersetzung war auf Anhieb erfolgreich. Im September 1522 erschien zunächst das Neue Testament in deutscher Sprache und musste in kurzer Zeit mehrfach nachgedruckt werden. Davon, dass Luther auf der Wartburg weltabgeschieden in die Mysterien des Gottesworts eintauchte, konnte gleichwohl keine Rede sein, denn er war durch seine vertrauten Mittelsmänner sehr genau darüber informiert, was sich im Kurfürstentum Sachsen und speziell in Wittenberg abspielte.

Nach der Ausarbeitung einer theologischen Basis ging es für Luther und seine Mitstreiter nun darum, die neue Lehre unters Volk zu bringen. Dies sollte in Form einer neuen Gottesdienstordnung und neuer Zeremonien für Taufe und Abendmahl geschehen. Mit der Abschüttelung der päpstlichen Oberhoheit stellte sich außerdem die Machtfrage: Wer sollte künftig in der Kirche das Sagen haben, in welcher Form und mit welchen Institutionen? Damit war die Organisationsfrage untrennbar verknüpft. Mönchtum und Zölibat waren theologisch abgetan, schieden also als Lebensformen der neuen Kirche aus. Aber was sollte an ihre Stelle treten? Dieses Vakuum musste dringend gefüllt werden. Während Luthers Abwesenheit auf der Wartburg erschien mit Andreas Bodenstein, genannt Karlstadt, ein alter Bekannter aus den Zeiten der Leipziger Disputation auf der Bildfläche, der auf rasches und konsequentes Handeln drängte. Er war keineswegs der einzige und auch nicht der radikalste unter denjenigen, die darauf pochten, dass die neue Doktrin endlich Folgen für das Leben in einer «evangelischen» Gesellschaft haben sollte, die man sich nach frühchristlichem Vorbild gerecht und solidarisch wünschte. Vor allem der hochgebildete Theologe Thomas Müntzer tat sich von jetzt an immer mehr als Prediger der nahenden Endzeit hervor und forderte eine durchgreifende Umgestaltung der sozialen und politischen Verhältnisse, um damit die Wiederkehr Christi und den Anbruch des Millenniums vorzubereiten. Wollte Luther nicht die Fäden des von ihm angestoßenen Neuordnungsprozesses aus der Hand geben, musste er theoretisch und praktisch Farbe bekennen. Zu diesem Zweck verfasste er eine Reihe von Texten, darunter die später so genannten «Wartburgpostillen», mit denen er sich gegen das in seinen Augen allzu ungestüme Vorgehen Karlstadts und seiner Anhänger wandte.

Luther selbst hatte anfangs eine aktive Mitwirkung der Gemeinde an der Organisation der neuen Kirche vorgesehen, zum Beispiel durch die Wahl des Pfarrers, rückte aber jetzt von diesen Forderungen ab. Karlstadt und seinen Anhängern schwebte hingegen eine viel weitergehende Kirchenträgerschaft der Gläubigen vor, die Luther mit Chaos und Anarchie gleichsetzte. Sein designierter «Stellvertreter», der vierundzwanzigjährige Philipp Melanchthon, stand diesen Agitationen seiner Ansicht nach tatenlos und hilflos gegenüber, sodass er im März 1522 glaubte, selbst eingreifen zu müssen, und nach Wittenberg zurückkehrte. Hier setzte Luther den Kontroversen mit seinem entschiedenen Votum für eine obrigkeitliche Leitung der Kirche ein Ende. Der Landesherr sollte aus christlicher Nächstenliebe als eine Art Not- oder Oberbischof amtieren und dadurch dem gottgewollten Werk der Glaubenswiederherstellung den Weg bereiten. Zu diesem Zweck durfte er auf die ehemaligen Kirchengüter zugreifen; an die Stelle des alten Klerus mit seiner Hierarchie trat so eine Hierarchie von Amtsträgern, die vom Fürsten bestellt, bezahlt und beaufsichtigt wurden.

Diese Entwicklung hatte Aleandro vorhergesehen, und durch sie sah er sich in seinem Urteil bestätigt: Die Fürsten hatten den Popanz Luther gebraucht, um unter dem Deckmantel der Glaubenserneuerung ihr altes Ziel, die Eingliederung der Kirche in den Staat, zu erreichen. Dass sich dadurch nicht nur die fürstliche Herrschaft erweiterte und sakralisierte, sondern auch eine neue Kirche mit neuer Liturgie und neuen Frömmigkeitsformen und damit ein Gegenentwurf zum römischen Modell Gestalt annahm, wurde von den Gesandten der Kurie hingegen lange Zeit nicht erkannt. Der herbe Gottesdienst ohne liturgische Gewänder, Weihrauch und Messopfer spiegelte für sie die Barbarei der «Neugläubigen» wider. Dass sich die neue Kirche durch diesen Verzicht auf althergebrachte Ordnungen und symbolische Formen bewusst von Rom abgrenzte und für sich in Anspruch nahm, durch die Betonung des Glaubens, der göttlichen Gnade und des Bibelwortes unmittelbar an die Urkirche anzuknüpfen, verschloss sich der Gegenseite vollständig, die darin nichts als ungeschlachte Profanierung und politische Auflehnung wahrnahm.

Das Schuldbekenntnis

Für einen Verzicht auf kostspielige Repräsentation und Luxus trat auch der neue Papst Hadrian VI. ein, allerdings aus anderen Gründen. Für ihn bestand die Reform der Kirche darin, die höfische Gesellschaft der Kurie zu einer asketischen Lebens- und Gesinnungsgemeinschaft von Seelsorgern und Menschenerziehern umzuformen. Zu diesem Zweck wurde der Speiseplan des Vatikans radikal vereinfacht und auch der übrige Aufwand für den Haushalt auf ein Minimum reduziert. Der von den Erscheinungsformen der römischen Prälaten angewiderte Pontifex maximus aus Utrecht strich zudem mehr oder weniger wahllos Stellen des aufgeblähten kurialen Apparates zusammen. Diese Sparmaßnahmen kosteten viele Humanisten ihre üppig dotierten Posten, die daraufhin gegen den «barbarischen Papst» zur Feder griffen. Damit trat das Gegenteil der von Aleandro geforderten Propagandakampagne ein: Die römischen Intellektuellen verhöhnten den Papst, als dieser ihre Unterstützung am dringendsten brauchte, und lieferten damit den Gegnern der Kurie in Deutschland zusätzliche Munition.

Auch Hadrians Vorgehen gegen den ausufernden römischen Pfründenmarkt, der allen Reformkräften seit langem ein Dorn im Auge war, hatte unliebsame Folgen. Seine Maßnahmen, die von tiefer Abneigung gegen die hemmungslose Bereicherung der einflussreichen Kleriker diktiert waren, erzeugten Rechtsunsicherheit und stachelten den Hass der Kurialen gegen den Papst weiter an. Spätestens jetzt zeigte sich, dass man das alte System bis in seine letzten Verästelungen kennen und beherrschen musste, um es reformieren zu können. Hadrian selbst besaß dieses Wissen nicht, und die Insider der Kurie waren zu einer solchen Zusammenarbeit nicht bereit oder fähig. Die wenigen Reformer wie Cajetan wussten, welche Kirche sie wollten, doch den Weg, der dahin führen sollte, kannten sie nicht. Zum vollständigen Scheitern der Reformversuche Hadrians VI. trug weiter bei, dass er mit seinem Landsmann Enckenvoirt ausgerechnet einen der erfolgreichsten Pfründenjäger der letzten Jahrzehnte zum Kardinal und Ratgeber in Sachen Erneuerung erhob. So wurde der letzte nichtitalienische Pontifikat vor 1978 zu einem regelrechten Kulturkonflikt zwischen Mittel-

europa und Italien und insofern der *causa Lutheri* ähnlich. Reformbe-
reite Kardinäle wie Cajetan und Lorenzo Campeggio verprellte
Hadrian durch sein kaum verhohlenes Misstrauen gegenüber den
«Welschen» und seine kurz angebundene, nicht selten schroffe Art zu
kommunizieren. Damit bestätigte er auch in den Augen seiner italienischen Gefolgsleute das Grundmuster des Barbaren, dem nicht nur die
Beherrschung der Sprache fehlte, sondern auch das Gefühl für die
menschliche Würde.

Viel stärker als die Kurie war sich Hadrian VI. bewusst, dass das
Problem Luther trotz aller optimistischen Beteuerungen Aleandros
weiterhin ungelöst war. Darüber hinaus hatte er erkannt, dass die Voraussetzung für eine Lösung darin bestand, eine durchgreifende Reform
der Kirchenspitze in Angriff zu nehmen. Ohne eine glaubwürdige Ver-
sicherung dieser Art war in Deutschland, so glaubte Hadrian, nichts
zugunsten Roms und gegen Luther zu bewegen. Dieser Überzeugung
war auch Aleandro, doch glaubte er, dass dafür ein paar symbolische
Akte und eine stärker auf die Interessen der deutschen Kirchenfürsten
ausgerichtete Pfründenvergabe ausreichten. Ganz im Sinne der Kurie
riet er jedoch entschieden davon ab, weiterreichende Missstände ein-
zugestehen, aus Angst, auf diese Weise die Kritik der Lutheraner zu
bestätigen und darüber hinaus gefährliche Präzedenzfälle für weitere
Forderungen zu schaffen.

Hadrian VI. entschied sich für eine andere Strategie aus Anklage
und Selbstkritik. Er beauftragte seinen Nuntius Francesco Chierigati
damit, die auf dem Reichstag zu Nürnberg versammelten deutschen
Stände zum Kampf gegen die Türken und zur Abwehr der lutherischen
Irrlehre aufzufordern. So war schon Leo X. vorgegangen. Am 3. Januar
1523 verlas Chierigati in Nürnberg ein Breve des Papstes. Dieses begann ganz im Sinne Aleandros mit der Schuldzuweisung an Luther, den
Ketzer:

> Wir können das Unfassbare nicht glauben, dass die erhabene und fromme
> deutsche Nation durch ein einziges dem Glauben untreu gewordenes
> Mönchlein, das selbst jahrelang diesen wahren Glauben verkündet hat,
> vom Wege der Wahrheit abgebracht wird, den Christus mit seinen Apos-
> teln aufgezeigt hat und den so zahlreiche Märtyrer mit ihrem Blutopfer
> bestätigt haben.[56]

Die Warnung an die deutschen Fürsten war unmissverständlich: Wer sich wie Luther nicht nur gegen das Wort des Herrn, sondern auch gegen die gesammelte Weisheit so vieler Generationen erhob, der werde auch nicht davor zurückschrecken, die weltliche Ordnung zu untergraben. Der selbsternannte Prophet der evangelischen Freiheit sei in Wirklichkeit ein Unruhestifter und damit ein Sohn Satans, der die Schöpfung zerstören wolle – auch dieses Argument hatten die Reichsstände schon zwei Jahre zuvor in Worms vernommen. Doch mit dieser Verlautbarung war der Auftrag des Legaten noch nicht erschöpft. Er hatte eine weitere Instruktion des Papstes vorzulesen, die einer geharnischten Strafpredigt an die Adresse der Kurie gleichkam:

> Es ist uns wohl bekannt, dass sich am Heiligen Stuhl seit vielen Jahren abscheuliche Dinge zugetragen haben: Missstände in geistlichen Dingen, Verletzungen von Normen, und zwar so arg, dass sich die Verhältnisse ins schiere Gegenteil verkehrt haben. Es ist daher kein Wunder, dass sich die Seuche vom Kopf auf die Glieder, von den Päpsten auf die Kirchenfürsten und Prälaten übertragen hat. Wir alle sind vom Pfad des Rechts abgewichen, und seit langer Zeit gibt es niemanden mehr, der gut gehandelt hat.[57]

Das kam einem pauschalen Schuldbekenntnis der Kurie gleich und wurde von den Zuhörern auch so verstanden. Die darin vorgebrachten Anklagen wurden abgestuft vorgetragen. Der Hauptvorwurf traf die vorangehenden Päpste, die ihrem Amt nicht gerecht geworden seien. Mit dieser Bezichtigung brach Hadrian VI. ein Tabu. Es lautete (und lautet bis heute): keine Kritik an den Vorgängern, denn diese beraubt die Kirche als ganze ihrer Reputation und Legitimation! Das Papsttum zog seine Autorität aus der Bruchlosigkeit der Nachfolge. Nur so ließ sich sein Anspruch auf verbindliche Festlegung der Lehre und auf Herrschaft über die Kirche aufrechterhalten. Diese Glaubwürdigkeit ging verloren, wenn ein Papst seine Vorgänger schwerwiegender Pflichtverletzungen bezichtigte. Schlimmer noch, mit dieser Kritik schien sich Hadrian VI. Luthers Sicht der Kirchengeschichte zu eigen zu machen, denn so stand eine gute alte Kirche einer schlechten neuen Kirche gegenüber, wann auch immer man die Zäsur ansetzte. Konnten Päpste, die sich so gravierende Verstöße gegen die Normen ihres Amtes zuschulden kommen ließen, überhaupt noch als unumstößliche Autorität der Christenheit auftreten, wenn sie im Bereich der Glaubens- und Morallehre verbindliche Entscheidungen trafen? Christus hatte seiner Kirche seinen Beistand bis ans Ende der Zeiten verheißen. Konnte sich diese Zusage auf eine Kirche beziehen, deren beklagenswerten Zustand ihr eigenes Haupt eingestand? Und wenn der Papst selbst Missstände beklagte, dann drängte sich die Vermutung auf, dass die Verhältnisse in Wirklichkeit noch viel schlimmer waren.

Mit seinem Schuldeingeständnis verspielte Hadrian VI. an der Kurie seinen letzten Kredit. Er hatte gegen die Grundregel verstoßen, das Prestige der Institution zu wahren, und war durch den Bruch dieses *pietas*-Gebotes nach den Maßstäben seiner eigenen Untergebenen ein Feind des Systems. Dass er sich selbst von dieser demütigenden Kritik nicht ausnahm, tat man in Rom als reines Lippenbekenntnis ab. Hier wollte ein fremder Papst ein anderes Papsttum, das nicht mehr römisch war. Hadrians Strategie, sich durch das schonungslose Schuldbekenntnis die moralische Autorität für die Herkulesaufgabe der Reform zu verschaffen, verpuffte nicht nur wirkungslos, sondern bewirkte sogar das Gegenteil. Für seine deutschen Zuhörer hatte Rom mit dem Schuldeingeständnis seine Unfähigkeit zur Reform bekannt. Diese musste daher von Deutschland ausgehen, dem einzigen Teil der Christenheit, der von der römischen Seuche der Käuflichkeit, Glaubenslosigkeit und Unsittlichkeit noch nicht infiziert war. Diesen Standpunkt teilten Lutheraner wie Nicht-Lutheraner. Für die einen war die Erneuerung längst im vollen Gang, ja, bereits weitgehend abgeschlossen; für die anderen musste sie von einem Konzil in Deutschland ihren Ausgang nehmen.

So hatte der niederländische Papst gleich gegen mehrere Regeln verstoßen, die erfolgreiche Politiker bis heute eisern beherzigen: In Zeiten weltanschaulicher Konflikte darf man niemals eigene Fehler eingestehen und noch weniger das eigene System schwächen. Vollends kontraproduktiv war der abschließende Aufruf an alle, Vorschläge zu machen, wie sich der Abfall von der Kirche aufhalten und rückgängig machen ließ. Damit öffnete der vom besten Willen beseelte Papst eine Büchse der Pandora. Vom Nachfolger des Petrus erwartete die Christenheit konkrete Maßnahmen, nicht Eingeständnisse der Ratlosigkeit.

Das Munchkalb zu freyberg

*«Das Munchkalb zu
Freyberg»: Gottes
Widerlegung des
Klosterlebens in einer
Missbildung der Natur,
zusammen mit dem
«Bapstesel» 1523
publiziert*

Für die Anhänger Luthers war der Auftritt Chierigatis ein taktischer
Vorteil und eine Bedrohung zugleich. Erstmals zeigte sich die Kurie re-
formbereit und in Sachen der deutschen Gravamina potentiell zum Ein-
lenken geneigt. Hatte sie zuvor durch ihre als hochmütig empfundene
Haltung kräftig dazu beigetragen, antirömische Affekte zu schüren, so
widerlegte sie diese wirkungsvollen Klischees jetzt durch ihr unerwartetes Entgegenkommen. Auf diese Weise drohte der Reformation eines
ihrer wichtigsten Instrumente, das nationale Feindbild Italien, abhanden
zu kommen. Darüber hinaus mussten sich die Reichsfürsten überlegen,
ob sie von einem so kompromissbereiten Papst nicht weitreichende
Konzessionen zur Ausweitung ihrer Kirchenhoheit erlangen konnten,

Der Bapstesel zu Rom

«Der Bapstesel zu Rom»: Mit diesem Mischwesen will Gott – so Luther in seinem Pamphlet von 1523 – die Menschen vor dem Antichrist am Tiber warnen.

ohne den riskanten Bruch mit der alten Kirche zu vollziehen. Aus all diesen Gründen war es für die lutherische Seite unumgänglich, den propagandistischen Druck zu erhöhen. Der Papst, der Einsicht heuchelt, ist endgültig als Antichrist entlarvt.

Diesen Nachweis zu liefern, war der Zweck des Bildpamphlets, das Luther und Melanchthon 1523 unter dem Titel *Der Bapstesel zu Rom* herausgaben. Mit dieser satirischen Kampfansage in Gestalt eines Holzschnitts und dazugehöriger Verse erreichte die protestantische Polemik gegen Rom und das Papsttum eine neue Dimension. Das Pamphlet nahm auf ein angeblich 1496 im Tiber gefundenes Mischwesen aus Mensch und Tier Bezug. Mit diesem Monstrum – so die erläuternden

Verse – habe Gott der Welt zeigen wollen, was er vom Papsttum halte. Diese Warnung vor dem Bösen war auch für Betrachter offensichtlich, die nicht lesen konnten. Zwischen dem Turm der Engelsburg zur Linken, auf dem das päpstliche Banner weht, und dem römischen Gefängnis Tor di Nona zur Rechten steht ein unheimliches Lebewesen, das zum großen Teil von Fischschuppen bedeckt ist. Sein Eselskopf steht für Uneinsichtigkeit und Ignoranz, die Kralle des linken Beins und der Huf zur Rechten verweisen auf die Hölle, den Geburtsort der ekelerregenden Kreatur. Wonach es diese gelüstet, zeigen die weiblichen Geschlechtsmerkmale. An der Stelle des Gesäßes prangt ein lüstern blickender Männerkopf mit Bart, der in ein Drachenhaupt mit gespaltener Zunge mündet. Die Auflösung des Bildrätsels fällt leicht: Der Papst ist der Erzlügner, der die Menschen ihrem Erlöser abspenstig macht und dem Teufel zutreibt. Rom ist Babylon, wo sich die Anhänger Satans unsäglichen Ausschweifungen mit beiderlei Geschlechtern hingeben, und zugleich eine Zwingburg der Tyrannei, die die ganze Welt unterdrücken möchte. Gott aber hat der Welt dieses Zeichen und mit Luther dessen Interpreten geschenkt. Jetzt ist es am Betrachter, daraus die richtigen Konsequenzen zu ziehen: Er muss die Urheber der römischen Gräuel mit Stumpf und Stiel ausrotten.

4. Luther, der Vergessene
(1523–1534)

Clemens VII. und die causa Lutheri

Mit dem Eingeständnis von Missständen hatte Hadrian VI., der «barbarische» Papst, seine Autorität vollends verspielt. Bis zu seinem Tod am 14. September 1523 wurden seine Anweisungen nur noch widerwillig, verzögert oder schließlich gar nicht mehr befolgt. Durch sein Scheitern war für die Kurie ein für alle Mal erwiesen, dass es einen Weg zurück in eine vermeintlich bessere Vergangenheit nicht geben konnte. Die Reform der Kirche als Wiederherstellung eines älteren Zustands war damit definitiv ausgeschlossen. Für die nun angestrebte Erneuerung der Kirche von oben waren mehr denn je Konzepte des zeitgemäßen Wandels erforderlich. Um den beklagenswerten Zustand von Klerus und Laien zu verbessern, musste sich die Kirche den Zeitverhältnissen behutsam anpassen, um sie danach durchgreifend zu reformieren. Solche Reformvorstellungen wurden seit einigen Jahren in intellektuellen Zirkeln von Klerikern und Laien erörtert; an der Kurie fanden sie jedoch vorerst kein Echo.

Bei der Wahl des neuen Papstes, zu der am 1. Oktober 1523 fünfunddreißig Kardinäle zusammenkamen, standen wie üblich politische Gesichtspunkte und Interessen im Vordergrund. Für Giulio de' Medici, den Vetter Leos X., ging es in diesem Konklave um sehr viel mehr als um die Nachfolge Petri. Für ihn war das Papstamt ein Mittel für einen höheren Zweck: Es galt die mehr denn je schwankende Machtstellung der Familie Medici in Florenz von außen, mit den Mitteln der Kirche und des Kirchenstaats, auf Dauer zu sichern. Ohne diese zusätzlichen Ressourcen sah es für die Zukunft seines Hauses düster aus. Die führenden Patrizierfamilien von Florenz waren die immer schroffere Vorherrschaft Giulios und seiner meist niedrig geborenen Handlanger leid und lieb-

äugelten mit der Rückkehr zu einer offenen Republik, selbst wenn sie
die Herrschaft mit einigen Handwerkern teilen mussten.

Im Konklave durfte Giulio de' Medici auf mehr Loyalität als in seiner
Heimatstadt zählen. Hier standen immer noch viele Kirchenfürsten in
der Dankesschuld Leos X. Auf diese Weise verfügte der Chef des Hauses
Medici über eine komfortable Sperr-Minorität von sechzehn Gefolgsleuten. Ohne seine Zustimmung konnte niemand Papst werden, erst recht
nicht sein Hauptrivale Alessandro Farnese. Wie seit längerem üblich,
spielte wieder das spanisch-französische Ringen um Mailand in das Konklave hinein. Karl V. begünstigte erneut die Medici-Kandidatur, während
Franz I. von Frankreich sich dieser ebenso energisch widersetzte. Doch
nach acht Jahren als «Vizepapst» Leos X. kannte Giulio de' Medici Mittel
und Wege, um aus der scheinbar verfahrenen Lage zum Ziel zu gelangen.
Er spielte die Kardinäle aus den verfeindeten römischen Adelshäusern der
Orsini und Colonna gegeneinander aus, versprach seinen Wählern seine
fettesten Pfründen und wurde mit diesen Methoden am 19. November
1523 zum Papst gewählt. Die Vorzeichen für den zweiten Medici-Ponti-
fikat standen nach Einschätzung der meisten Diplomaten günstig. Im
Gegensatz zum Genussmenschen Leo X. galt Clemens VII., wie sich der
neue Pontifex nannte, als seriös, arbeitsam, besonnen, sparsam, persönlich anspruchslos und allen Wagnissen abgeneigt. Auch die wenigen Theologen an der Kurie waren erfreut. Clemens war zwar nicht vom Fach,
doch in die *causa Lutheri* profunde eingearbeitet.

So war es nur konsequent, dass der neue Papst dieses Problem gleich
in seinem ersten Konsistorium am 2. Dezember 1523 ganz oben auf die
Prioritätenliste seines Pontifikats setzte:

> Der Papst sprach die Unglücksfälle der gegenwärtigen Zeiten, nämlich
> die Luthersache und die Türkengefahr, an und stellte zur Diskussion, ob
> man zwei Kardinalskommissionen bilden sollte; die erste von diesen hätte
> die geeigneten Mittel in der Luthersache zu prüfen, die andere sollte
> untersuchen, wie sich der Friede unter den christlichen Fürsten herbei-
> führen und den Angriffen der Türken wirksam entgegentreten lasse.[1]

Schon eine Woche später war die Einrichtung der Luther-Kommission
beschlossene Sache. Kurz darauf wurde die Entsendung eines Nuntius

nach Deutschland verfügt, der an die Tätigkeit Aleandros in Worms an-
knüpfen sollte. Eigentlich wäre es logisch gewesen, diesen ausgewiese-
nen Spezialisten selbst an den Brennpunkt des Geschehens zu schicken,
doch einer solchen Kontinuität standen die verschlungenen Klientelver-
hältnisse der Kurie entgegen; unter dem zweiten Medici-Papst hatte der
diplomatisch beschlagene Intellektuelle aus dem Friaul einen viel schwe-
reren Stand als unter Leo X. Immerhin bat man ihn um ein Gutachten,
das als Instruktion für seinen Nachfolger dienen sollte.

Diese Denkschrift zeigt, wie der kuriale Humanist seine in Worms
gewonnenen Erfahrungen auswertete und welche Schlussfolgerungen er
in der Zwischenzeit daraus gezogen hatte. Im Mittelpunkt des Memoran-
dums steht die Frage, wie man die deutsche Öffentlichkeit für Rom und
gegen Luther einnehmen konnte. Dass Erfolg oder Misserfolg beider Seiten in höchstem Maße von der Wirksamkeit der jeweiligen Propaganda
abhingen, hatte Aleandro schon 1521 klar erkannt. Nach zweieinhalb für
die Kurie verlorenen, für die Lutheraner aber höchst ergiebigen Jahren
war es für ihn längst überfällig, der überwältigenden Medienpräsenz des
Erzketzers und seiner Anhänger mit eigenen Publikationen entgegenzutreten. Zu diesem Zweck, so Aleandro, müsse man die geeigneten Autoren durch gezielte Gunsterweise motivieren und ihnen Zugang zu den
großen Druckerpressen des Reiches verschaffen. Wie Rom dabei vorgehen sollte, welche Netzwerke zu knüpfen und welche Summen für diesen Zweck zu investieren waren – das alles legte der Deutschlandexperte
Aleandro mit größter Ausführlichkeit dar.

Nur mit Streitschriften und theologischen Traktaten ließ sich die
deutsche Öffentlichkeit jedoch nicht für das Papsttum einnehmen. Den
kämpferischen Worten mussten entschlossene Taten folgen. Das ver-
lorene Vertrauen ließ sich nur durch eine durchgreifende Kurienreform
zurückgewinnen. Dabei sollte der Papst an besonders unwürdigen
Priestern harte Exempel statuieren; speziell die Abstrafung notorischer
Pfründenjäger würde in Deutschland gut ankommen. Auf diese Weise
würde das Papsttum die nötige Autorität gewinnen, um die deutschen
Bischöfe im Kampf gegen das Luthertum zu disziplinieren und die
Mönchsorden zu gezielter Predigt gegen die Irrlehre zu motivieren. Ge-
gen die unheilbar Infizierten aber halfen nur die härtesten Maßnahmen.
Ein verstockter Häretiker wie der sächsische Kurfürst sollte mit dem

Bann belegt, das Ketzernest Wittenberg durch Entzug der Universitäts-
privilegien ausgeräuchert und die Unterstützerszene in den Reichsstädten durch die Verhängung von Interdikten und Handelssperren ausge-
schaltet werden. Wie schon drei Jahre zuvor nahm Aleandro mit seiner
Instruktion das Programm der späteren katholischen Reform vorweg
und setzte dabei nicht nur kämpferische, sondern erstmals auch selbst-
kritische Akzente. Alle diese Gegenmaßnahmen – so der Tenor seines
Gutachtens – konnten nur fruchten, wenn sich in Rom selbst ein grund-
sätzlicher Wandel vollzog.

Zumindest Aleandros taktische Ratschläge zum Vorgehen in Deutschland fielen auf fruchtbaren Boden. Clemens VII. sandte nicht nur einen
Nuntius ins Reich, sondern ließ diesem kurz darauf sogar einen Legaten
im Kardinalsrang folgen. Ganz im Sinne Aleandros wurde für diese Mission mit Lorenzo Campeggio ein Vertreter der römischen Reformfrak-
tion ausgewählt. Für ihn verfasste Aleandro ein weiteres Gutachten, das
noch stärker als das vorangehende Memorandum auf die deutschen Verhältnisse abgestimmt ist, ja, geradezu eine germanische Landeskunde
unter besonderer Berücksichtigung der vorherrschenden Mentalitäten
und so einen Leitfaden für den erfolgreichen Umgang mit fanatisierten
Barbaren bieten soll.

In Anbetracht der krisenhaften Umstände lautete die Erfolgsregel
Nummer eins, Feindbilder abzubauen. Die antirömischen Affekte ließen
sich am besten entkräften, wenn der Legat zurückhaltend, würdevoll
und freundlich zugleich auftrat. Barbaren hassten nichts mehr als den
Ausdruck der Verachtung; umgekehrt waren sie für die Bezeugungen
von Ehre und Respekt empfänglich und durch Schmeichelei leicht zu
gewinnen. Der Abgesandte der Kurie musste sich daher verstellen
können und zugleich mit größtmöglicher Diskretion die Überlegenheit
der römischen Zivilisation ausspielen: nicht um einzuschüchtern oder
Ressentiments zu schüren, sondern um die Guten anzuspornen und die
Verstockten zu entmutigen. Als Vertreter einer höheren Kulturstufe
sollte es Campeggio tunlichst vermeiden, sich auf theologische Disputationen einzulassen. Allzu schnell konnte die Überlegenheit in einer
solchen Debatte, in der es nicht um Argumente, sondern um die Gunst
der Masse ging, verspielt werden. Wenn sich Kontroversen dieser Art
um keinen Preis vermeiden ließen, sollte der Legat nicht die in Deutsch-

land verhassten scholastischen Autoritäten zitieren, sondern nach den Regeln des Gegners, nämlich *sola scriptura*, nur auf die Bibel gestützt, argumentieren. Den Barbaren so weit wie möglich entgegenzukommen, hieß jedoch nicht, ihre Gravamina in Bausch und Bogen als berechtigt anzuerkennen. Unbegründet, so Aleandro, seien vor allem die Klagen über die hohen Annatenzahlungen.

Damit hatte der Deutschlandexperte der Kurie zwar Recht, doch mit solchen Minimalzugeständnissen ließ sich die tiefe Abneigung gegen Rom und den Heiligen Stuhl in Deutschland nicht überwinden. Sie schlug dem Legaten Campeggio auf dem Reichstag von Nürnberg im März 1524 wie eine Schockwelle entgegen. Seine Aufforderung, endlich das Wormser Edikt reichsweit umzusetzen, verhallte fast ungehört. In gesonderten Verhandlungen ließen sich in Regensburg nur der habsburgische Erzherzog Ferdinand, die bayerischen Herzöge und zwölf Bischöfe für ein energisches Vorgehen gegen die Lutheraner gewinnen; immerhin war damit ein Anfang für die Bildung eines katholischen Abwehrbündnisses innerhalb des Reiches gemacht. Dem Kern des Problems am nächsten kam Campeggio mit seinem Vorschlag, die Reichsstände sollten über ihre Beschwerden auf diplomatischem Wege mit Rom verhandeln, zu diesem Zweck regelmäßige Gesandtschaften einrichten und auf diese Weise dauerhafte Bindungen herbeiführen. Aushandeln statt anklagen: das Rezept war richtig, doch kam es um Jahrzehnte zu spät. In Deutschland sah man 1524 nur noch einen einzigen Weg zur Lösung des Religionsproblems:

> Daraufhin protestierten fast alle auf dem Reichstag vertretenen Freien Städte und forderten ein allgemeines Konzil, das in Deutschland einberufen werden sollte. Bis dahin sähen sie sich wegen der Ärgernisse und Unruhen, die aus einem Predigverbot [für die Lutheraner] entstehen könnten, außerstande, irgendetwas Neues in der Religionssache zu unternehmen.[2]

So lautet der Eintrag zum Konsistorium, das Papst und Kardinäle am 2. Mai 1524 in Rom abhielten. Die Spitze der Kirche war also durch Campeggios Berichte über den Ernst der Lage in Deutschland unterrichtet. Mit ihrer Forderung nach einem Konzil in Deutschland hatten die deutschen Stände den wunden Punkt der Kurie und speziell Clemens' VII. getroffen.

Die Kurie insgesamt laborierte weiterhin an ihrem Konzilstrauma und war daher bestrebt, die Einberufung einer allgemeinen Kirchenversammlung zwecks Reform der Kirche an Haupt und Gliedern mit allen Mitteln zu verhindern. Ihr Argument lautete: Die Erneuerung muss vom Papsttum allein ausgehen! Das war auch der Standpunkt Hadrians VI. gewesen. Im Gegensatz zu ihm hatte Clemens VII. jedoch auch persönlich von einem Konzil viel zu befürchten, im schlimmsten Fall sogar die Absetzung, da seine uneheliche Geburt ihn nach kanonischem Recht vom geistlichen Stand ausschloss. Darüber hinaus war zu befürchten, dass ein Konzil einen gravierenden Machtverlust für den Heiligen Stuhl mit sich brachte und die Kirchenfürsten zahlreicher Privilegien und ihres liebgewonnenen Lebensstils berauben würde. Gegen diese Gefahr mussten die geheiligten Traditionen geschützt werden: So lautete die Position eines anonymen Gutachters, der seine Sicht der Dinge gleichzeitig mit Aleandro zu Papier brachte. Er riet dazu, nicht von den bewährten Prinzipien der Kirchenführung abzurücken, nur weil ein aus dem Ruder gelaufener Barbar im hinterwäldlerischen Deutschland halluzinatorische Irrlehren verkündete.

Dieser Meinung war letztlich auch Clemens VII. Doch hatte er Aleandros Mahnungen, dass einem kraftvollen Auftreten in Deutschland eine Reform der Kurie vorausgehen müsse, nicht vergessen und entschied sich daher für einen ziemlich verwässerten Kompromiss. Worin er bestand, zeigte das Protokoll der Konsistoriumssitzung vom 9. September 1524:

Seine Heiligkeit brachte zur Sprache, dass es in Erwartung des Heiligen Jahres 1525 angebracht wäre, einige Besserungen *(aliquas reformationes)* zum Vorbild aller Christen und speziell der nach Rom kommenden Pilger vorzunehmen ... Erstens sollen einige Priester benannt werden, die die römischen Kirchen visitieren und bei Bedarf korrigieren, reformieren und restaurieren sollten. Zweitens sollen alle Weltpriester überprüft werden, und diejenigen von ihnen, die für ungeeignet und ungebildet befunden werden, sollen während des Jubiläumsjahres keine Messe feiern dürfen. Drittens sollten von allen Ordensgeneralen gute Mönche angefordert werden, die zusammen mit den Pönitentiaren dazu abgestellt werden sollten, in den Basiliken von Sankt Peter, San Giovanni in Laterano und Santa Maria Maggiore die Beichte abzunehmen.[3]

Am 7. November wurden alle Kleriker angewiesen, sich in Sachen Kleidung und Tonsur korrekt aufzuführen und Sittenskandale zu vermeiden. Selbst nach den lockersten römischen Vorstellungen war das eine «Reform» der oberflächlichsten Art. Das Erscheinungsbild der Ewigen Stadt und damit ihren Ruf zu verbessern, war an sich eine kluge Maßnahme. Imagepflege dieser Art gehörte zum Kampf um die öffentliche Meinung, doch konnte die von allen Seiten eingeforderte Reform mit solcher Kosmetik kaum ihr Bewenden haben.

Im Streit um das Konzil griff die Kurie auf ähnliche Strategien zurück. Alle drei Varianten, die in der öffentlichen Debatte erörtert wurden, waren für sie unannehmbar, allerdings in unterschiedlichem Maße. Die schlimmste Variante war das von deutschen Städten und Fürsten immer häufiger angedrohte deutsche «Nationalkonzil». Ein Konzil auf deutschem Boden und unter deutscher Kontrolle würde entweder mit dem Sieg des Luthertums oder mit dem faktischen Austritt des deutschen Katholizismus aus der römischen Obödienz enden, was für Rom nahezu auf das gleiche hinauslief. Ein allgemeines, von sämtlichen europäischen Nationen beschicktes Konzil an einem deutschen Tagungsort, so die zweite Variante, war zwar kirchenpolitisch und theologisch weniger brisant, aufgrund der beschränkten römischen Einflussmöglichkeiten jedoch immer noch viel zu gefährlich. Aber auch die dritte, potentiell unschädlichste Variante, ein allgemeines Konzil in Italien oder sogar in Rom, kam für den Papst aufgrund der genannten Befürchtungen nicht in Frage. So bot sich für Clemens VII. nur noch ein Ausweg: Er musste seine grundsätzliche Bereitschaft zu einem Konzil stets aufs Neue betonen, doch zugleich auf die schwierigen politischen und militärischen Umstände wie zum Beispiel den Dauerkonflikt zwischen Spanien und Frankreich verweisen, um eine solche Kirchenversammlung zum gegenwärtigen Zeitpunkt für nicht opportun zu erklären. Ein Konzil – so die daraus zu ziehende Schlussfolgerung – kann erst stattfinden, wenn in der Christenheit ein dauerhafter Friedenszustand herrscht – also am Sankt-Nimmerleinstag. Konzilsorte in Italien oder sogar im Kirchenstaat selbst, wie sie der Papst vorschlug, boten die Garantie, dass ein solches Konzil nie und nimmer zustande kommen würde.

Dass hinter allen päpstlichen Vorschlägen der Wille stand, ein Konzil um jeden Preis zu verhindern, blieb weder in Deutschland noch im übrigen Europa lange verborgen.

Römische Hochrisikopolitik

Mit der Instruktion, auf die Forderung nach einem Konzil ausweichend zu antworten und auf bessere Zeiten zu vertrösten, wurde die Legation Campeggios zu einer unmöglichen Mission. Da gleichzeitig jeglicher Reformansatz ausblieb, verlor das Papsttum in Deutschland auch bei den katholischen Reichsständen weiter an Glaubwürdigkeit. Wie sollte man diesen Papst, dem es offensichtlich nur um Italien, Florenz und seine Familie ging, in Deutschland verteidigen? Solche Fragen mussten sich die römischen Gesandten in den folgenden zehn Jahren immer häufiger von anderen anhören und sich schließlich sogar selbst stellen. Der Vertrauensschwund wurde durch die riskante Außenpolitik weiter beschleunigt, die Clemens VII. im Laufe des Jahres 1524 betrieb und bis zu seinem Tod im September 1534 nicht mehr rückgängig machte. Diese neue Prioritätensetzung hatte nicht nur die fast vollständige Abkehr von der *causa Lutheri*, sondern auch ein immer verstörender hervortretendes Desinteresse an den deutschen Angelegenheiten insgesamt zur Folge, verbunden mit einer bizarren Verdrängung und grotesken Schönfärbung der dortigen Entwicklungen.

Im Kampf zwischen den verfeindeten christlichen Großmächten den väterlichen Schiedsrichter zu spielen, gehörte seit jeher zum Rollenverständnis des Papsttums. Clemens VII. aber interpretierte seinen Part anders: Er schloss in immer rasanterem Tempo Bündnisse mit beiden Parteien, mit Franz I. und Karl V., um in jedem Fall auf der Seite des Siegers zu stehen und dadurch für sich und seine Familie das Maximum an Zugewinn herauszuschlagen. Schon Leo X. hatte eine ähnliche Schaukelpolitik betrieben, insgesamt mit mäßigem Erfolg. Doch hatte er dabei ein gewisses Augenmaß gewahrt, verbunden mit Rücksichtnahme auf die Empfindlichkeiten der Hauptakteure. Von beidem konnte in der Politik seines Vetters ab Ende 1524 keine Rede mehr sein. Schon für nüchtern urteilende Zeitgenossen wie die päpstlichen Spitzendiplomaten Francesco Guicciardini und Francesco Vettori betrieb der zweite

Medici-Papst eine Politik der Unvernunft, die in den Abgrund führen musste. Damit verspielte das Papsttum auch auf europäischer Bühne seinen Restkredit. Bislang hatte der Pontifex maximus bei seinen diplomatischen und militärischen Unternehmungen selbst nach schweren Niederlagen auf einen Bonus zählen dürfen, der ihn vor allzu gravierenden Repressalien der Sieger schützte. Mit dieser Sonderstellung war es jetzt vorbei. Warum sollten weltliche Herrscher auf einen Papst Rücksicht nehmen, der mit seiner Schaukelpolitik alle Seiten vor den Kopf stieß?

Für die Rolle, die Clemens VII. jetzt spielen wollte, war er nach dem Urteil seiner engsten Berater denkbar ungeeignet. Gewiss, er war nach wie vor der Intellektuelle unter den Medici, dem keine literarische Debatte zu hoch war. Doch was er an Scharfsinn besaß, fehlte ihm an Willens- und Durchsetzungskraft – so lautet die bis heute bestechende Charakteranalyse Guicciardinis, der ihn täglich vor Augen hatte. Kaum hatte sich der Papst nach ausgiebiger Erwägung von Pro und Contra zu einem Entschluss durchgerungen, da machte er ihn, von der Überzeugungskraft der Gegengründe gepeinigt, schon wieder rückgängig und erließ eine Gegenorder – um danach erneut in die Qualen der Unsicherheit und Angst abzustürzen. Leo X. und Giulio de' Medici, so Guicciardini, waren ein starkes Team, weil sie ihre Schwächen durch ihre Gegensätze neutralisierten. Mit Clemens VII. allein aber hielt das Chaos im Vatikan Einzug, umso mehr, als sich die prospanische und die profranzösische Partei an der Kurie die Waage hielten, der ohnehin schon entschlussunfähige Papst also auch noch von diesen Lobbys hin- und hergezerrt wurde. So kam es – so der ratlose Guicciardini – immer öfter so weit, dass Kuriere mit wichtigen Anmachungen nach Frankreich oder Spanien geschickt wurden, denen in kurzem Abstand Boten folgten, die alle eben getroffenen Vereinbarungen wieder rückgängig machten. Auf diese Weise wurden gültige Verträge missachtet und Animositäten geschürt, doch für die heraufziehenden Gefahren hatte der Papst trotz seiner Überängstlichkeit kein Gespür – er sah Risiken, wo sie nicht waren, und verkannte sie, wo sie bedrohlich wurden.

So unbestreitbar richtig diese Diagnosen sind, so reichen sie doch nicht aus, um die bis an den Rand der Selbstzerstörung reichenden Auflösungserscheinungen des vatikanischen Machtzentrums zwischen 1524 und 1534 zu erklären. Einen weiteren Schlüssel zum Verständnis der chaotischen Zustände liefert Clemens' extremer Nepotismus. Florenz stand so sehr im Mittelpunkt seiner Aspirationen, dass die Belange des Papsttums und Roms völlig dahinter zurücktraten. Doch auch so bleibt ein unauflöslicher Rest an Irrationalität, Verdrängung und Wahn.

Wie sehr von jetzt an in Rom reines Wunschdenken die Einschätzung der *causa Lutheri* und der von ihr ausgelösten Konflikte beherrschte, zeigte sich rasch. So wurden die Nachrichten Campeggios, dem die unaufhaltsame Ausbreitung des Luthertums, vor allem in den Reichsstädten, nicht entging, nur noch sehr selektiv wahrgenommen, wie die Notizen zu den Besprechungen von Papst und Kardinälen im Konsistorium Ende November 1524 belegen:

> Der Papst berichtete, er habe Briefe von Kardinal Campeggio, dem Legaten für Deutschland, dass man größte Hoffnungen auf eine Beilegung des Streits mit den Böhmen setzen dürfe.[4]

Tatsächlich wurden kurz darauf solche Unionsverhandlungen mit der böhmischen Kirche geführt, doch scheint man sie in Rom heillos überschätzt und für den Anfang vom Ende des Luthertums im Reich gehalten zu haben. Campeggios pessimistische Sicht der deutschen Verhältnisse trat dagegen völlig in den Hintergrund. Man verschloss einfach die Augen davor, um nicht handeln zu müssen.

In der Illusion, die Probleme in Deutschland ließen sich bald beilegen, fühlte sich Clemens VII. zu einer Großmachtpolitik legitimiert, die Ende 1524 mit einem französischen Bündnis ihren Anfang nahm, als der französische König Franz I. mit einem starken Heer zur Eroberung Mailands aufbrach und alles dafür sprach, dass die Stadt bald in die Hand der Franzosen fallen würde. Doch es kam anders, als der Papst erhoffte. Am 24. Februar 1525 wurde das französische Aufgebot von den Landsknechten Karls V. im Schlosspark von Pavia vernichtend geschlagen, der König selbst geriet in spanische Gefangenschaft. Der unerwartete Ausgang des Kriegs erzeugte an der Kurie helle Panik. Sie schwand erst mit den beruhigenden Nachrichten des spanischen Nuntius, dass der Sieger keine Ressentiments gegenüber dem Papst hege und seine Rache daher nicht zu befürchten sei. Zu politischer Einsicht führte der Schock von Pavia in Rom jedoch nicht. Obwohl einsichtige Berater wie Vettori dem

Papst dringend rieten, sich von jetzt an auf die Seite des Kaisers zu stellen, und andere dafür votierten, sich aus diesen mörderischen Konflikten ganz herauszuhalten, setzte Clemens VII. seine profranzösische Politik fort, als sei nichts geschehen. In der Folgezeit löste er Franz I. von den eidlichen Verpflichtungen, die dieser als Voraussetzung für seine Freilassung aus der spanischen Gefangenschaft gegenüber Karl V. eingegangen war, und schloss weitere Bündnisse gegen den Habsburger.

Hinter diesen diplomatischen und militärischen Ereignissen traten die kirchlichen und politischen Entwicklungen im Reich immer stärker zurück, bis sie schließlich nur noch schemenhaft und nicht selten verzerrt wahrgenommen wurden.

Die Briefe des apostolischen Nuntius in Deutschland wurden verlesen; sie handelten von den Tumulten, die die Lutheraner in Deutschland angezettelt hatten, und von den schweren Niederlagen, die sie dabei erlitten haben. Man sagt, dass sie dabei siebzig- oder achtzigtausend Mann verloren haben.[5]

Mit den «Tumulten» war der deutsche Bauernkrieg gemeint, der im Frühjahr 1525 große Teile Süddeutschlands erschütterte. Für Rom war diese ländliche Aufstandsbewegung von den «Lutheranern» angezettelt worden. Bei dieser verzerrten Wahrnehmung spielten die längst zu Gemeinplätzen geronnenen Feindbilder erneut eine Schlüsselrolle.

Dass Luther, der Aufrührer, über kurz oder lang eine allgemeine Rebellion gegen jegliche Form von Herrschaft und Obrigkeit anzetteln würde, hatte für Girolamo Aleandro schon im Frühjahr 1521 festgestanden. Wer sich erdreistete, den verbindlichen Sinn der Heiligen Schrift nach eigenem Gutdünken festzulegen, würde auch nicht davor zurückschrecken, die Autorität der Fürsten zu untergraben. Jetzt war es offensichtlich so weit. Der Ketzer war zum Sozialrevolutionär geworden, hatte damit seine Teufelsfratze enthüllt und, wie man glaubte, eine schwere Niederlage erlitten.

Bauernkrieg und Familiengründung

Dass Luther keinerlei aktive Gegenwehr gegen einen bösen Herrscher rechtfertigte, war dem römischen Nuntius bereits in Worms entgangen. Um solchen Missverständnissen unter Anhängern wie Gegnern vorzubeugen, hatte der Wittenberger Professor in seiner 1523 erschienenen Schrift *Von weltlicher Obrigkeit, wie weit man ihr Gehorsam schuldig sei* seine politische Doktrin weiter ausgebaut. Seiner Lehre von den zwei Reichen und Regimenten gemäß war die weltliche Obrigkeit dazu bestimmt, dem Bösen auf Erden mit dem Schwert in der Hand zu wehren, und zwar in all seinen Erscheinungsformen.

Das hieß konkret, mit aller Härte gegen die Störer der öffentlichen Ordnung, gegen Diebe, Mörder, Hexen, Zauberer und Aufruhrprediger, einzuschreiten. Wer sich als Fürst scheute, von der Todesstrafe reichlich Gebrauch zu machen, hatte seinen Beruf verfehlt, denn seine Berufung bestand darin, die Schöpfung gegen die Bösen zu schützen. Das Urteil seines Herrschers, dessen Macht für Luther gemäß der Lehre des Apostels Paulus im 13. Kapitel des Römerbriefs von Gott gegeben und daher unantastbar war, nahm der Christ, dem die Gnade des Glaubens geschenkt worden war, klaglos hin, auch wenn es ungerecht ausfiel, denn die unsichtbare Minderheit der Gläubigen führte ihr wahres, geistliches Leben unter dem Regiment Christi. In diesem Reich galten keine anderen Gesetze als die Gebote des Evangeliums wie Nächstenliebe und Opferbereitschaft. Wer als Fürst zugleich Christ sein wollte, musste seine Herrschaft also nach beiden Seiten ausrichten. Er hatte wie alle weltlichen Machthaber, ob Christen oder nicht, die Bösen in Schach zu halten und musste dabei zugleich die Regeln der Uneigennützigkeit beachten. Konkret hieß das, dass er bei seiner Regierung nicht auf seinen persönlichen Ruhm, sondern ausschließlich auf das *bonum comune*, den allgemeinen Nutzen und die Wohlfahrt seiner Untertanen, zu achten hatte. Das war eine schwierige Gratwanderung, denn wo endete die Wahrnehmung öffentlicher Interessen und wo begann die individuelle Vorteilsnahme?

Vom breiten Publikum konnte diese Zwei-Reiche-Lehre kaum in ihrer ganzen Komplexität verstanden werden. Die politische Deutung, ja, Umfunktionierung der reformatorischen Ideen durch unzufriedene Gruppierungen und Schichten, die von der Freiheit eines Christenmenschen auf die Freiheit von Unterdrückung schlossen, hatte allerdings noch andere Gründe. Während Luther Herrschaft ganzheitlich dachte – zumindest bevor sich die Konflikte mit dem Kaiser ab 1530 zuspitzten –, war für rebellische Reichsritter und unzufriedene Bauern die Macht aufgeteilt, und zwar vom Herrscher bis hinab ins Dorf. Die Teilhabe an der Macht berechtigte zu Protesten und Gegenmaßnahmen, wenn die Rechte der niedriger Gestellten von oben verletzt wurden. So pochten die aufständischen Bauern im Frühjahr 1525 auf ihre guten alten Rechte, die der dörflichen Gemeinde und vor allem der ländlichen Oberschicht eine gewisse Autonomie und Mitsprache garantierten, jetzt aber durch Landesherrn, Grundherrn, Leibherrn und Gerichtsherrn immer weiter zurückgedrängt wurden. Diese Rechtsverweigerung und Rechtsverschlechterung war für die ländliche Elite, die die Führung des Bauernaufstands übernahm, kein Schicksalsschlag, den sie im Sinne Luthers als fromme Christen hinnehmen musste, sondern ein Rechts- und Vertragsbruch, der sie zum Widerstand aufrief. Dass sie sich dabei auf den Reformator in Wittenberg beriefen, war für diesen zuerst ein Missverständnis und am Ende eine teuflische Pervertierung seiner ureigenen Anliegen.

So sprach Luther den Aufständischen von Anfang an das Recht ab, sich auf ihn und das Evangelium zu berufen, kritisierte jedoch auch die Ausbeutung durch die Herren aufs Schärfste und mahnte zur gütlichen Einigung und Verständigung unter den Konfliktparteien. Als diese Aufrufe ungehört verhallten, rief er die Fürsten mit beispielloser Brutalität dazu auf, die Aufrührer abzuschlachten. Jetzt – so der Höhepunkt seiner antibäuerlichen Polemik – war die Gelegenheit gekommen, als wahrer christlicher Märtyrer zu sterben: Wer im Kampf gegen die rebellischen Bauern fiel, handelte im Geiste evangelischer Uneigennützigkeit und Nächstenliebe! Dieser Aufruf zur massenhaften Tötung erregte selbst im Lager der Sieger tiefes Unbehagen und provozierte mancherlei Kritik. Doch Luther sah keinen Anlass, seine Thesen zu widerrufen. Im Gegenteil, auf den Aufruf folgte ein kaum weniger polemischer Nachruf: Wer Mitleid mit den Aufrührern hatte, war selbst der Unruhestiftung verdächtig. Besonders hart ging Luther mit den Theologen ins Gericht, die wie Thomas Müntzer den Bauernkrieg nicht nur gerechtfertigt, sondern in Thüringen selbst mit angeführt hatten. Müntzer war für ihn der Prototyp des falschen Propheten und damit des «Schwärmers» in seiner abschreckendsten Ausprägung; Müntzers Blut, so Luther, kam auf sein Haupt. Schwärmer wie er und die Täufer wollten das Evangelium «fleischlich» machen, das heißt: auf Erden, wo die Bösen stets in der Mehrheit sein würden, ein falsches Paradies einrichten, das durch die Aufhebung aller Ordnung die Heuchler an die Macht bringen und die Schöpfung zerstören würde.

Überhaupt war 1525 für Luther das Jahr der Scheidungen und Entscheidungen. Im Jahr zuvor hatte sich Erasmus von Rotterdam mit seiner Schrift *De libero arbitrio diatribe sive collatio* («Abhandlung oder Erörterung über den freien Willen») in einem Kernpunkt, nämlich der menschlichen Willensfreiheit, von Luther distanziert. Luther entgegnete darauf mit der Abhandlung *De servo arbitrio* («Vom unfreien Willen»), in der er den gefeierten Gelehrten scharf attackierte. Für Luther repräsentierte der große Humanist den arroganten Verstandesmenschen, der sich nach seinem eigenen Bild einen Gott schuf, mit dem man sich bequem arrangieren konnte. In den Tischreden der 1530er Jahre wurde Erasmus für Luther sogar zum «Epikuräer» schlechthin, der im Grunde seiner Seele nicht an Christus, sondern an einen von menschlichen Eitelkeit erdichteten Gott und damit nur an sich selbst glaubte. In diesem Hass auf den Humanisten waren sich Luther und Aleandro ausnahmsweise einig. Am meisten missfiel beiden Seiten der Ton der milden Ironie, der seine Texte durchzog, und die dabei zugrunde gelegte Methode der Schriftauslegung. Für Erasmus enthielt die Bibel eine große Zahl dunkler, dem beschränkten Fassungsvermögen der menschlichen Ratio unzugänglicher und daher hochgradig strittiger Stellen, die für das gute Leben unmaßgeblich waren und tunlichst auch nicht erörtert werden sollten. Sie auf sich beruhen zu lassen, war umso ratsamer, als der eigentliche Kern der göttlichen Botschaft davon unabhängig feststand: Gott bot dem nach dem Sündenfall zum Bösen neigenden Menschen durch den Opfertod Christi seine Gnade an; wer guten Willens war, konnte diesen Rettungsanker ergreifen. Ihm wurde danach durch weitere Gnaden so aufgeholfen wie einem kleinen Kind, das einen vom Baum gefallenen Apfel ergreifen möchte, doch dazu der Hilfe des

liebevollen Vaters bedarf. Für Luther war das menschliche Selbstüberschätzung. Der Mensch konnte aus eigener Kraft gar nichts für sein Heil
tun. Vom Strom der göttlichen Gnade, die sich nicht verdienen ließ,
sondern immer ein unverdientes Geschenk war, wurde er mitgerissen
wie ein Mehlsack. Das sah Erasmus anders: So unverzichtbar die verschiedenen Gnaden Gottes für den Heilserwerb auch waren, ein Rest
Würde durch freiwillige Kooperation blieb dem sündhaften Menschen
dennoch.

Am 5. Mai 1525 starb Friedrich der Weise, Kurfürst von Sachsen.
Luther verlor damit seinen Förderer und Beschützer, ohne dessen klu-
ges Vorgehen er nach menschlichem Ermessen der römischen Kirche
kaum hätte die Stirn bieten können. Friedrich hatte sich – seinen Ver-
zögerungs- und Verschleierungsstrategien bis zum Ende treu – in seinen
letzten Lebensjahren der Lehre seines Wittenberger Professors immer
weiter angenähert, ohne formell mit der alten Kirche zu brechen. Einen
Bruch bedeutete auch der Herrschaftswechsel für Luther nicht, denn
der neue Herzog und Kurfürst Johann setzte das Werk seines Bruders
fort.

Die große persönliche Entscheidung Luthers in seinem 42. Lebensjahr war die Eheschließung mit Katharina von Bora. Er hatte die zölibatäre Lebensform des Klerus als unnatürlich und gottfeindlich angeprangert; dass es ihm nicht erspart bleiben würde, auch persönlich daraus die
Konsequenzen zu ziehen, schwante ihm seit 1521. Nach seiner Rückkehr
von der Wartburg hatte er in Wittenberg weiterhin im Augustinerkloster
gelebt und Mönchskleidung getragen, die er erst im Herbst 1524 ablegte.
Zu diesem Zeitpunkt hatten sich in Kursachsen die Klöster beider Geschlechter bereits zum großen Teil geleert, was Luther zu Recht als eine
Folge seiner Lehre ansah und in eigenen Schriften rechtfertigte. Speziell
die «herrenlosen» Nonnen wurden nach dem patriarchalischen Familien-
verständnis der Zeit zum Problem. Bisher hatten Adelige ihre Töchter
standesgemäß in Klöstern versorgt, wo sie als Äbtissin Karriere machen
und das Prestige der Familie mehren konnten. Diese Schutz- und Freiräume für unverheiratete Frauen gab es jetzt nicht mehr. Wer als Frau
ehelos blieb, setzte sich dem Verdacht aus, unmoralisch und unangepasst
zu sein. So betätigte sich Luther wie später auch Calvin in Genf als Ehe-
vermittler im Freundes- und Bekanntenkreis sowie darüber hinaus. Zu

den entflohenen Nonnen, die nach Meinung der neuen Kirchenherren einem Eheherrn zu unterstellen waren, gehörte auch die verarmte Landadelige Katharina von Bora, die mit sechsundzwanzig Lebensjahren das damals übliche Heiratsalter schon deutlich überschritten hatte. Mit dem ihr eigenen Selbstbewusstsein fasste sie eine Heirat mit Luthers Vertrautem Nikolaus von Amsdorff oder, besser noch, mit Luther selbst ins Auge und hatte damit schließlich Erfolg.

Die Eheschließung fand am 15. Juni 1525 statt, das Hochzeitsfest zwölf Tage danach. Es fiel somit in die Schlussphase des Bauernabschlachtens, zu dem der Bräutigam selbst aufgerufen hatte. Diese «Wittenberger Bluthochzeit» schlachteten Luthers Gegner in Deutschland weidlich aus. Für sie war die Heirat nach der Enteignung des Kirchenguts durch die Fürsten und dem Aufstand des gemeinen Mannes der dritte Beweis dafür, dass sich die Ordnungen dieser Welt durch Luthers Wirken auflösten: In ihren Augen trat an die Stelle der klösterlichen Askese die wilde Gier des Fleisches. Eines gewissen Unbehagens konnten sich auch Freunde des Bräutigams nicht erwehren; ihren verehrten geistlichen Lehrer als Ehemann und bald auch als Familienvater zu erleben, war für sie anfangs mit einer gewissen Peinlichkeit verbunden. Für Luther selbst bedeutete seine Heirat nicht die Auflösung aller Ordnung, sondern das Bekenntnis zu einer natürlichen und gottgewollten Lebensform, die von Ausschweifung ebenso weit entfernt war wie von unnatürlicher Enthaltsamkeit, wie sie das Papsttum befahl. Das Ehepaar Luther richtete seinen großen Haushalt, der sich bald um Kinder, Bedienstete und studentische Logiergäste erweiterte, demonstrativ im alten Augustinerkloster ein. An die Stelle der monastischen Lebensform trat jetzt der Pfarrhaushalt, mit unabsehbaren Folgen für die deutsche Kulturgeschichte.

Römische Illusionen und Positionen

Was sich im weiteren Verlauf des Jahres 1525 in Deutschland zutrug, wurde in Rom wie schon zuvor entweder gar nicht oder nur entstellt zur Kenntnis genommen. Wie die Beratungen von Papst und Kardinälen bezeugen, betrachtete man an der Kurie Luther weiterhin als den eigentlichen Urheber des Bauernkriegs und damit auch als dessen wichtigsten Verlierer, denn ein Ketzer war für Rom überhaupt nur als Aufrührer denkbar.

Am 6. September verlas der Kardinal Cesi Briefe des ungarischen Nuntius aus Böhmen, wonach Johannes, der neue Herzog und Kurfürst von Sachsen, mit eintausendsechshundert Reitern und viertausend Fußsoldaten in Wittenberg eingezogen sei und dort alle lutherisch gesinnten Adeligen vertrieben sowie weitere Anhänger dieser Sekte zum Tode verurteilt habe. Darüber hinaus habe er die kirchlichen Zeremonien und Predigten und alle weiteren Elemente des Gottesdienstes wiederherstellen lassen, wie es die heilige Mutter Kirche befiehlt. Und nur wenig habe gefehlt, dass ihm Martin Luther selbst in die Hände gefallen sei.[6]

Dass sich bei der blutigen Niederschlagung des Bauernkriegs katholische und lutherische Reichsfürsten einträchtig zusammengeschlossen hatten, war der Kurie völlig entgangen. Dass die Ketzer beim Herrscherwechsel in Sachsen dann gleich mit entsorgt werden mussten, entsprach dem römischen Unvermögen, zwischen radikalen Reformatoren wie Thomas Müntzer und der obrigkeitstreuen lutherischen Reformation zu unterscheiden. Darüber hinaus spiegelt die von Wunschdenken diktierte Falschmeldung wider, wie ausschließlich Clemens VII. und seine Kardinäle die *causa Lutheri* als politischen Konflikt betrachteten, der sich durch politische Gegenmaßnahmen lösen ließ. Dass sich mit der Einrichtung einer neuen kirchlichen Ordnung auch neue Glaubensgewissheiten, Gefühlswelten, Mentalitäten, Loyalitäten und Identitäten ausformten, die nicht einfach durch einen fürstlichen Federstrich rückgängig gemacht werden konnten – dieser Einsicht verschloss sich die Kurie vollständig. Selbst den Überblick über die kirchenpolitische Entwicklung im Reich verlor sie zeitweise. So richtete Clemens VII. ein Glückwunschschreiben an den Landgrafen Philipp von Hessen, dem er zum Sieg über die Lutheraner gratulierte, und übersah dabei, dass dieser ehrgeizige und tatkräftige junge Fürst seit einem Jahr auf der romfeindlichen Seite des Reiches stand.

Auch in den gleichzeitigen Schriften der römischen Theologen lässt sich keine tiefenscharfe Wahrnehmung des Luthertums erkennen. An mangelnder Produktivität der Luther-Gegner lag es nicht. Schon Prierias hatte die Auseinandersetzung nach dem ersten Schlagabtausch mit dem Wittenberger Professor unverdrossen fortgesetzt, ohne dass dieser die späteren Schriften des Dominikaners noch einer Widerlegung für wert befand. Danach waren bis zur Mitte der 1520er Jahre alle wichtigen Orden mit ihren führenden Theologen in die Arena der kontroverstheologischen Debatte hinabgestiegen; offenbar gehörte es jetzt zum guten Ton, die Feder gegen die deutschen Häretiker zu wetzen. Doch dem Appell Aleandros, dem Gegner im Kampf um die Öffentlichkeit Paroli zu bieten, kamen die gelehrten Mönche nicht nach. Mit ihren lateinisch verfassten Schriften beraubten sie sich jeder Massenwirkung und führten oft genug, etwa in Sachen Ablass oder Primat des Papsttums, Rückzugsgefechte auf verlorenem Posten. Dass man den Lutheranern nicht mit Thomas von Aquin und päpstlichen Dekreten beikommen konnte, hatte Aleandro auf seiner Deutschlandmission früh erkannt. Die italienischen Theologen im Umkreis der Kurie aber taten sich schwer, diese lieb gewonnenen Positionen kampflos aufzugeben; noch größere Schwierigkeiten hatten sie, die theologischen Überzeugungen Luthers zu erfassen, die hinter der Infragestellung der päpstlichen Macht standen. So erschöpften sich ihre Schriften zum großen Teil in Gemeinplätzen: Luther, der von *superbia* getriebene Ketzer, der sich in hemmungsloser Selbstüberschätzung über die Kirchenväter stellt, sich permanent selbst widerspricht, Zwietracht sät und dem Teufel dient.

Worum es theologisch wirklich ging, schälte sich auch für so ausgewiesene Fachleute wie den Dominikaner Ambrogio Catharino erst nach und nach heraus. In seiner späteren Polemik konzentrierte er sich auf Luthers Hermeneutik, also auf die Methode, die Bibel auszulegen, und, aufs Engste damit verknüpft, auf seine Gnadenlehre. Hier war für Catharino das Prinzip des *sola fide*, der Rechtfertigung allein durch den Glauben, der Ursprung aller Übel. Luther übersteigerte in den Augen Catharinos die Bedeutung der Erbsünde, die den Menschen zwar beschädigte, doch seine freie Willensentscheidung nicht völlig auslöschte. Zwar gab er Luther darin recht, dass der Mensch durch den Sündenfall im Paradies ganz und gar von der Gnade Gottes abhängig wurde, doch diese erste Rechtfertigung *(prima justificatio)*, die dem Menschen durch den Opfertod Christi ohne menschliche Verdienste zuteil wurde, war für ihn nicht das Ende, sondern erst der Anfang der menschlichen Gerechtwerdung. Diese ist keine einseitige Gerechtsprechung durch Gott, der nach Luther dem Sünder die unverdiente Gerechtigkeit gewissermaßen überstülpt, sondern wird durch aktive Kooperation gewonnen und daher verdient. Denn der Mensch kann sich der Gnade, die durch die Kreuzigung des Erlösers in die Welt gelangt ist, öffnen oder verschließen; darüber entscheidet allein sein freier Wille:

> Doch deswegen nehmen wir die Ehre Christi nicht hinweg, noch schmälern wir seine Verdienste, sondern erhöhen und vergrößern diese im Gegenteil, während wir die menschliche Arroganz demütigen, die sich in allem erdreistet, sich ohne jeden Rechtstitel Verdienste zuzulegen, die Christus gebühren – das ist die wahre Überheblichkeit. Doch wer seine guten Werke und seine Verdienste richtig betrachtet und sich dabei nicht wie ein Pharisäer täuscht, der schlechte Werke für gute Werke hielt, und dabei berücksichtigt, dass seine guten Werke von der Gnade Gottes und seinen verschiedenen Geschenken und Hilfen herrühren, ohne die wir gar nicht gut hätten handeln können, und nur durch die Verdienste Christi verdienstlich sind, der überhebt sich nicht, sondern demütigt sich, je mehr Geschenke des Herrn er erkennt.[7]

Menschliche Werke sind verdienstvoll, wenn sie dem Willen entspringen, mit der göttlichen Gnade zusammenzuarbeiten, und wenn derjenige, der sie vollbringt, sich stets bewusst ist, dass er ohne diese Gnade unfähig zum Guten ist. Damit sind die guten Werke zugleich sichtbarer Ausweis des Glaubens und unverzichtbarer Bestandteil der zweiten, ausschlaggebenden Rechtfertigung des Menschen vor Gott. Ganz ähnlich hatte Erasmus in seiner Kontroverse mit Luther über die Freiheit und Unfreiheit des Willens argumentiert. Die schroffe Prädestination, wie sie Luther und später noch weiter zugespitzt Calvin lehrte, war für die überwältigende Mehrheit der italienischen Intellektuellen unfassbar und unannehmbar, und zwar auch dann, wenn sie den Luther'schen Prinzipien der Rechtfertigung allein aus dem Glauben – *sola fide* – und der alleinigen Verbindlichkeit des biblischen Wortes – *sola scriptura* – zustimmten. Dass aber der Mensch Spielball der göttlichen Gnade und unfähig sein sollte, aus eigener Kraft zu seinem Heil beizutragen, widersprach dem Bild vom Menschen, das für Dominikaner und Franziskaner, Humanisten und religiöse Skeptiker gleichermaßen verbindlich war.

Catharinos hermeneutische Kritik schoss sich auf Luthers selektiven Umgang mit den Büchern des neuen Testaments sowie auf seine Übersetzungspraxis ein: Mit welchem Recht konnte der Wittenberger Professor die Texte des Paulus für verbindlich und den Brief des Jakobus, der mit seiner Betonung der guten Werke für den Heilserwerb seinem *sola fide* widersprach, für unwesentlich erklären? Noch willkürlicher war die eigenmächtige Hinzufügung von Worten und Bedeutungen: Paulus sprach im Römerbrief von der Gerechtwerdung durch den Glauben, doch nicht durch den Glauben *allein* – das «sola» stand nicht da, wurde durch Luthers Formel aber maßgeblich, weil es andere Formen der Gerechtigkeit wie die guten Werke ausschloss. Wie konnte sich der Wittenberger Professor erdreisten, Paulus, dem Heidenapostel und Lehrer der Völker, Nachhilfeunterricht in Sachen klarer Ausdrucksweise zu erteilen?

In diese Kerbe schlug mit Alberto Pio, dem Grafen von Carpi, ein weiterer literarischer Kontrahent Luthers, der auf Augenhöhe mit Catharino argumentierte. Wenn der ehemalige Augustiner-Eremit den Anspruch erhob, als erster Mensch seit anderthalb Jahrtausenden den wahren Sinn der Bibel ergründet zu haben, dann musste er dafür seine Legitimationstitel präsentieren. Propheten mussten sich ausweisen, dieser Grundsatz galt schon im Alten Testament und umso mehr in einer Gegenwart, in der sich so viele selbsternannte Heilsprediger als Sprachrohr des Herrn ausgaben. Doch wo waren Luthers Wunder? Das, was er durch sein Auftreten bewirkt hatte, nämlich Glaubensspaltung, Bauernkrieg und allgemeine Verwirrung, sah nicht nach Gott, sondern nach Satan aus. Satanisch war für Pio auch die Prädestinationslehre, die den Menschen zur Aufgabe allen sittlichen Strebens und damit zur vollständigen Unmoral verführte.

Katastrophe und Stillstand

Ende 1525 spitzte sich der Kampf zwischen den Großmächten Spanien und Frankreich so zu, dass Clemens VII. nicht einmal mehr Legaten oder neue Nuntien auf die deutschen Reichstage schickte. So entging der Kurie, dass auf dem Reichstag zu Speyer im Juni 1526 das schwer erkämpfte Wormser Edikt de facto außer Kraft gesetzt wurde. Künftig sollten sich die Stände des Reichs in der Religionsfrage so verhalten, wie sie es vor Gott und dem Kaiser verantworten konnten. Diese Formel wurde von den lutherischen oder zum Luthertum neigenden Fürsten und Städten als Freibrief zur Reformation ausgelegt, ohne dass der Papst überhaupt erwähnt wurde oder ein päpstlicher Abgesandter lauthals dagegen Einspruch erhob.

Einen Monat zuvor hatte Clemens VII. mit Frankreich, Venedig und weiteren italienischen Staaten die Liga von Cognac geschlossen und dieses Vorgehen kurz darauf in einem geharnischten Breve an Karl V. gerechtfertigt: Das Bündnis sei nicht gegen den Kaiser persönlich, wohl aber gegen dessen alles erdrückende Hegemonie gerichtet. Der Text war so schroff abgefasst, dass ihn der Empfänger auf dem Reichstag nicht einmal vorzeigen konnte, weil sich sonst die Lutheraner in ihrer Ablehnung des Papsttums bestätigt gesehen hätten. Mit seinem unbesonnenen Vorgehen lief Clemens VII. Gefahr, seinen wichtigsten Verbündeten im Reich zu verprellen, auf dem sämtliche Hoffnungen im Kampf gegen die Lutheraner ruhten. Offenbar glaubte er, dieses Risiko eingehen zu können. Es blieb nicht seine einzige Fehleinschätzung. Auch mit seinen Alliierten Frankreich und Venedig verkalkulierte sich der Papst gründlich. Franz I. hatte das ewige Hin und Her der römischen Politik kaum weniger satt als sein Konkurrent Karl V. Und die Republik Venedig verfolgte ohnehin eine Politik des heiligen Eigennutzes. Mit Francesco Maria della Rovere stellte sie den Feldherrn des Bündnisses. Diesen hatte Leo X. ein Jahrzehnt zuvor mit tatkräftiger Mithilfe seines Cousins aus Urbino vertrieben. In der Zwischenzeit hatte der Herzog zwar seine Hauptstadt und seinen Titel, nicht jedoch das gesamte Territorium zurückgewonnen. Er hatte daher einige Rechnungen mit dem zweiten Medici-Papst offen. Für eingeweihte Beobachter war klar, dass Clemens von diesem Oberkommandierenden und seiner Truppe keine Unterstützung zu erwarten hatte.

Umso bedrohlicher stellte sich die Streitmacht der Gegenseite dar. Karl V. gelang es, den legendären Landsknechtsführer Georg von Frundsberg und dessen Veteranen zu reaktivieren; dazu kamen die nicht minder gefürchteten spanischen Söldner. Überdies wechselte mit dem Connétable Charles de Bourbon der höchste französische General die

Seiten. So standen jetzt die kampferprobtesten Soldaten und die fähigsten Kommandanten der Zeit auf der Seite des Kaisers. Allerdings fehlte dem Auftraggeber dieser imponierenden Armee das Geld, um sie zu bezahlen. Das zwang Frundsberg und seine Landsknechte dazu, zu plündern und zu rauben, um nicht zu verhungern. Je schwieriger dieser Überlebenskampf wurde, desto mehr sank die Disziplin des kaiserlichen Heeres bei seinem Weg durch Norditalien. Im März 1527 trat das Unerhörte ein: Die Landsknechte rebellierten offen gegen ihren «Vater» Frundsberg, der bei der Meuterei einen Schlaganfall erlitt und für die weiteren Operationen ausfiel. Sie bestanden darauf, so schnell wie möglich nach Süden, in den Frühling und gegen Florenz vorzurücken, wo die immer wildere Soldateska auf reiche Beute hoffte. Vom Heer der Liga bekam sie während der ganzen Zeit kaum etwas zu sehen. Francesco Maria della Rovere begnügte sich damit, dem Feind aus sicherer Entfernung zu folgen und jede Schlacht zu vermeiden. Unterdessen führte Charles de Bourbon intensive Verhandlungen mit Clemens VII., von dem er hohe Lösegelder forderte. Wenn der Papst die feindlichen Söldner auszahlte, würden sie Florenz und Rom verschonen. In diesem entscheidenden Moment schlug Clemens' zweiter Hauptcharakterzug durch: sein pathologischer Geiz. So wie er im Vorjahr den Ungarn im Kampf gegen die Türken nur geringe Summen in Aussicht gestellt hatte, feilschte er jetzt mit dem kaiserlichen General, bis es zu spät war.

Die Florentiner konnten Ende April 1527 die ausgehungerte Armee unter Einsatz aller Kräfte an ihren Mauern vorbeilenken. Vor Rom aber war Endstation. Obwohl Clemens VII. nicht einmal für eine schlagkräftige Garnison in seiner Hauptstadt gesorgt hatte, schlug er letzte Angebote Charles de Bourbons aus, gegen Lösegeld abzuziehen. Daraufhin setzte am Morgen des 6. Mai 1527 der Sturm auf die Mauern der Ewigen Stadt ein. Bei der ersten Attacke fiel Bourbon, aber im zweiten Anlauf erstürmten die deutschen und spanischen Berufssoldaten die Stadt, obwohl sie keine Artillerie einsetzen konnten. Die führerlose Armee konnte jetzt niemand mehr aufhalten. In der Nacht auf den 7. Mai begann die große Plünderung, der *Sacco di Roma*, und mit ihr eine Anarchie, die einige Monate lang anhielt. Schon bald nämlich gehorchten die Söldner nicht einmal mehr ihren eigenen Hauptleuten. In Rom, dem neuen Schlaraffenland, sollte nur noch das Gesetz der Stärkeren gelten, und die Stärkeren, das waren sie. Clemens VII. hatte sich unter dem Schutz seiner Schweizer Gardisten mit knapper Not in die Engelsburg zurückgezogen, wo er als Gefangener des Kaisers dessen Friedensbedingungen erwartete.

Von dieser uneinnehmbaren Stadtfestung aus hatte der Papst tagtäglich den Sieg der Reformation vor Augen. Die Mehrzahl der deutschen Landsknechte war nämlich «lutherisch» gesinnt, was bis heute Spuren hinterlassen hat. In ein Fresko der Villa Farnesina ist zum Beispiel deutlich lesbar das Graffito «Babilon» eingeritzt. Hier hatte einer der deutschen Eroberer offensichtlich Flugblätter Luthers in der Hand gehabt, verstanden und in die Tat umgesetzt: Rom war nicht mehr die Stadt der Apostel Petrus und Paulus und der Sitz des Statthalters Christi auf Erden, sondern der Hort aller Verworfenheit und Sündhaftigkeit! Und bezwungen hatten die tapferen Landsknechte keinen Geringeren als den Antichrist höchstselbst. Luther hatte immer wieder in Bild und Wort dazu aufgerufen, dessen Unwesen durch die Ermordung des Papstes und der Kardinäle ein Ende zu bereiten. Jetzt war es endlich so weit. Den Papst konnten die Söldner zwar nicht ergreifen, doch dafür verloren viertausend Römer ihr Leben, darunter Kardinäle und führende Luther-Gegner wie Silvestro Prierias.

Ihren Triumph feierten die Sieger nicht nur mit dem Griffel in der Hand. Um was es in diesem Krieg wirklich ging, spielten sie dem Papst und seinen Getreuen in lebenden Bildern vor. So verkleidete sich ein Landsknecht als Papst, mit der echten Tiara auf dem Kopf, und ließ sich zur Verspottung des Amtsinhabers vor dessen Augen auf einem Esel herumführen. Überhaupt wurde alles profaniert, was der Kirche heilig war: Reliquien, liturgische Gerätschaften, Kirchen und ihre Bilder wurden entweiht und zerstört. Die entfesselten Berufssoldaten spielten Szene für Szene getreulich nach, was in Hunderttausenden von Flugblättern im Reich zuvor für den Kampf gegen den Antichrist vorgezeichnet worden war. Damit rechtfertigten sie sich selbst, so wie die aufständischen Bauern in den Thesen Luthers eine biblische Begründung für ihre Revolte gefunden hatten.

Für den Papst, die Kurie und die Römer war die monatelange Terrorherrschaft der Landsknechte ein Schlüsselerlebnis, das sämtliche Vorannahmen über die Deutschen im Allgemeinen und die Reformation im Besonderen für Jahrhunderte bestätigte und verfestigte. Warnende Stimmen wie die Aleandros hatten es vorhergesagt: Der Aufstand der Barbaren gegen die segensreiche Herrschaft des Papstes über die Kirche würde in einer Orgie der Gewalt und in einer sozialen Revolution enden. Diesen Umsturz erlebten die Einwohner der Ewigen Stadt jetzt am eigenen Leibe. Die einfachen Söldner erpressten mit der Waffe in der Hand die Besitzenden bis aufs Blut.

In einer offiziellen Stellungnahme zum *Sacco di Roma* wies der Papst jegliche Schuld an der Katastrophe von sich und stellte sich als unschuldiges Opfer des Wütens dar. Aus seiner Sicht war alles die Schuld eines rasenden Mönches, der seiner ausschweifenden Neigungen nicht Herr zu werden vermochte und daher der ganzen Welt predigte, dass es keinen Zölibat, keine Ordensregeln und kein verbindliches Sittlichkeitsgebot mehr gab. Alles war jetzt erlaubt. Wohin das führte, musste Rom, die Heilige Stadt, als erste erfahren. So wie Christus die Sünden der Menschheit auf sich genommen hatte, erduldete der Stellvertreter Christi auf Erden jetzt eine Strafe, die die übrige Menschheit aufgrund ihrer Sünden verdient hatte.

Allerdings fehlte es an der Kurie nicht an kritischen Stimmen, die der ziellosen Politik des Papstes und noch mehr seiner Unfähigkeit zur Reform der Kirche ein gerüttelt Maß an Verantwortung zuschrieben. Einfluss auf den Papst und seine Politik hatten diese Kritiker jedoch nicht. Als Ende 1529 wieder von einem einigermaßen geordneten Geschäftsgang an der Kurie die Rede sein konnte, zeigten sich die Prioritäten Clemens' VII. völlig unverändert: Er schloss ein Bündnis mit Karl V., das ihm die kaiserlichen Truppen zur Rückeroberung von Florenz sicherte. Dort war die Herrschaft der Medici wenige Tage nach dem Beginn des *Sacco di Roma* gestürzt und eine Republik im Geiste des 1498 verbrannten Propheten Savonarola eingerichtet worden, die sich schnell radikalisierte, gegen die Patrizier vorging, Christus zum König von Florenz ausrief und damit den Anbruch des letzten, seligen Jahrtausends vor dem Jüngsten Gericht einleiten wollte. Anklänge an die Endzeiterwartung Luthers waren im Florenz der Jahre 1527 bis 1530 unüberhörbar. Für den Wittenberger Reformator wie für die Florentiner war der florentinische Papst die Kraft des Bösen, die niedergerungen werden musste, um die Welt zum Heil zu führen.

Mit dem *Sacco* wurde der Kampf des Papsttums gegen Luther und das Luthertum, der durch die familien- und machtpolitischen Prioritäten des Papstes in Italien seit 1524 ohnehin nur halbherzig geführt wurde, erneut ausgesetzt. Nach dem «Kaiserwahljahr» 1519 und dem Intermezzo von 1522, das durch die Erhebung Hadrians VI. eintrat, war das schon die dritte Unterbrechung, die der Gegenseite in höchstem Maße zugute kam. War das ein bloßer Zufall, das Ergebnis einer Politik der Unvernunft, göttliche Fügung oder eine notwendige Folge innerer Widersprüche der Institution des Papsttums selbst? Alle diese Erklärungen fanden unter den Zeitzeugen ihre Befürworter. Für Historiker und politische Denker wie Clemens' enge Mitarbeiter Francesco Guicciardini und Francesco Vettori hatte der Papst alles auf seine Sonderstellung als Stellvertreter Christi auf Erden gesetzt und alles verloren, weil diese Ausnahmeposition infolge der päpstlichen Großmachtpolitik und des Nepotismus nicht mehr akzeptiert wurde. Für die reformbereiten Kräfte an der Kurie war der *Sacco* eine letzte Mahnung Gottes, endlich das Werk der kirchlichen Erneuerung in Angriff zu nehmen. Offensichtlich hatte der Herr beschlossen, die Feinde der römischen Kirche eine Zeitlang triumphieren zu lassen, um dadurch die pflichtvergessenen Kleriker zu Reue, Buße und Besinnung aufzurufen. Wenn sie diese verdiente Strafe demütig annahmen und die richtigen Schlüsse daraus zogen, würde ihnen der Himmel seine Hilfe nicht versagen.

Zu bitteren Meditationen über die Ungerechtigkeit der Welt sah sich insbesondere Luthers Widerpart Girolamo Aleandro veranlasst. Im August 1524 hatte der wortmächtige Humanist mit dem Erzbistum Brindisi eine erste, in seinen Augen allerdings ungenügende Belohnung für seine Dienste in den Niederlanden und in Worms erhalten. Immerhin hatte diese Ernennung den Vorteil, dass sich Aleandro Anfang 1527 in seine Diözese zurückziehen konnte und so dem Schrecken des *Sacco* gerade noch entrann. Doch traf ihn bald darauf ein anderes, unerwartetes Verhängnis, das in die Vorgeschichte der Katastrophe zurückreichte. Anfang 1525 war Aleandro im Auftrag der Kurie nach Pavia gereist und dort prompt in die Gefangenschaft der kaiserlichen Truppen geraten. Um sich freikaufen zu können, zahlte ihm Jacopo Salviati, die graue Eminenz Clemens' VII., 500 Dukaten. Dieser Betrag wurde vier Jahre später von der Kurie plötzlich zurückgefordert, und zwar zusammen

mit zweihundert weiteren Dukaten, die der Gesandte aus der päpstlichen Schatulle erhalten und bei dem Überfall verloren hatte. Aleandro
stellte sich begreiflicherweise auf den Standpunkt, dass nicht er, sondern
der Papst für diese Summe haftete. Was die 500 Dukaten betraf, ließ
Clemens VII. mit sich reden, doch bei den 200 stellte er sich stur. Als
deren Zurückzahlung ausblieb, exkommunizierte er den säumigen
Schuldner kurzerhand und machte ihn damit berufsunfähig. Wegen einer
uneingelösten Schuld, die zwei Monatsgehältern eines päpstlichen Leib-
arztes entsprach, musste die Kurie während des Reichstags von Augsburg 1530 also auf die Dienste ihres führenden Deutschland-Experten
und gewieftesten Diplomaten verzichten.

Im Gegensatz zu vielen seiner Zeitgenossen hat sich Luther über den
Sacco di Roma nur sehr zurückhaltend geäußert. Das erstaunt, da das
Papsttum in zahllosen Schriften Luthers als Feindbild allgegenwärtig ist;
auch in den ab 1531 von seinen Famuli aufgezeichneten Tischreden ist
die römische Verworfenheit ein Hauptthema. Selbst einzelne Päpste wie
der «blutschänderische Alexander VI.», der «blutige Julius II.» und der
«kupplerische Clemens VII.», der seine eigene Tochter mit dem Sohn
des französischen Königs verheiratet, ziehen sich als Leitmotive durch
die Gespräche des Reformators mit seinen Schülern und Gästen. Die
Plünderung, durch die Luthers Fluch über das Babylon am Tiber einge-
löst zu werden schien, aber wird in Texten und Unterredungen ausge-
spart – mit zwei Ausnahmen. In seinem Brief an Nikolaus Hausmann
vom 13. Juli 1527 beschränkt sich Luthers Kommentar auf wenige, doch
inhaltsschwere Zeilen. Rom sei mit dem Papst durch den Willen Christi
furchtbar verheert worden. Christus habe den Kaiser, der doch für den
Papst Luther verfolgen wollte, dazu genötigt, für Luther den Papst
heimzusuchen. Für die Unwissenden ist das verkehrte Welt, doch dem
Eingeweihten erschließt sich aus dem scheinbar paradoxen Geschehen
der Zeigefinger Gottes. Auch der *Sacco di Roma* war um Luthers willen
geschehen. Aber das sagte man besser nicht allzu laut.

In Luthers Tischreden findet die Katastrophe der Ewigen Stadt ebenfalls sehr selten Erwähnung:

Rom ist itzt nur ein todt Aas und Haufen Schutt. Anno 1527. ist sie mit
Sturm vom Herzogen von Bourbon, mit einem geringen Haufen Kriegs-

volk, am allerfestesten Ort eröbert und eingenommen, da die Römer und der Papst selbs sicher waren in der Kirchen. Der Papst entrann kaum, und floh davon in die Engelsburg. Es war ein solcher großer, dicker Nebel, daß die Feinde die Mauren erstiegen, ehe mans gewahr und inne ward; plünderten die Cardinäle; den Papst nahmen sie gefangen, der lösete sich mit drey hundert tausend Ducaten, die er dem Kriegsvolk gab; da gaben sie ihn los und ließen ihn ziehen. Die besten Bücher wurden in den Libereyen zurissen und kamen um. Die Copisterey ward zum Pferdstall gemacht. Viel Römer kamen jämmerlich um, ausgenommen die da kaiserisch waren, und die Columneser. Es war eine sonderliche Strafe von Gott uber die Stadt.[8]

Von kleineren Irrtümern abgesehen, gab Luther im Herbst 1536 einen ungewöhnlich nüchternen und gut unterrichteten Bericht über die Ereignisse des Jahres 1527, der die verheerenden Folgen für Kultur und Wissenschaft nicht unterschlug und auf nationalistische Parolen oder Verbrüderungen nach dem naheliegenden Muster «So haben wir Deutschen es den Italienern gezeigt!» völlig verzichtete. Selbst die Schlussfolgerung, dass es sich beim *Sacco* um eine Gottesstrafe gehandelt habe, mutet im Vergleich mit Luthers sonstiger Ausdrucksweise konventionell und zurückhaltend an.

Ob im Untergang Müntzers oder im familiären Unglück des katholischen Herzogs Georg von Sachsen, Luther sah in allen Widrigkeiten seiner Feinde Gottes Hand am Werk und zeichnete deren Walten mit größter Ausführlichkeit nach. Im Falle des *Sacco di Roma*, der wie kein anderes Ereignis seine Sicht des Papsttums und der Kirchengeschichte hätte bestätigen können, wird jedoch auf eine solche Deutung weitgehend verzichtet. Warum? Die europäischen Humanisten, allen voran Luthers Feind Erasmus von Rotterdam, hatten die Brutalität der Söldner, ihre Verbrechen gegen die Würde von Menschen und Büchern, mit bewegten Worten beklagt. Fürchtete Luther, durch eine gegenteilige Sicht der Dinge vollends als barbarischer Bildungsverächter dazustehen? Aber bei anderen Gelegenheiten schreckte er nicht davor zurück, diese Rolle geradezu genüsslich zu spielen. Bedauerte er die vielen Opfer unter der Zivilbevölkerung? Aber seiner Ansicht nach hatten es die Römer nicht anders verdient. Fürchtete er, dass ihm die Schuld am Massaker zugewiesen werden könnte, weil er so viele reich bebilderte Aufrufe verfasst hatte, den Papst und die Kardinäle zu ermorden? Aber nicht nur im Fall Müntzers war Luther nicht zimperlich, wenn es galt, die Verantwortung für den Untergang seiner Feinde auf sich zu nehmen.

Der Hauptgrund dafür, dass Luther und seine Anhänger darauf verzichteten, die römische Katastrophe publizistisch und ideologisch auszuschlachten, ist darin zu sehen, dass sie befürchten mussten, damit den von Anfang an gegen sie erhobenen Vorwurf der allgemeinen Ordnungsauflösung zu bestätigen. Der *Sacco di Roma* war aus der Sicht der Römer, aber auch der deutschen und spanischen Söldneroffiziere der einzige soziale Umsturz, der über einen längeren Zeitraum hinweg Erfolg hatte. Das ganze Jahr 1527 hindurch waren die Reichen und Mächtigen der Ewigen Stadt der Willkür der Söldner, also des bewaffneten Volkes, unterworfen, und diese entfesselte Pöbelherrschaft übertraf die schlimmsten Erwartungen bei weitem. Wer in den Verdacht geriet, diese wüste Ochlokratie begünstigt zu haben, war auf Dauer diskreditiert. So ließ es Luther bei dem klammheimlichen Freudenbekenntnis in den Tischreden bewenden.

Die Annäherung von Kaiser und Papst

Wie weit die Kurie davon entfernt war, die deutschen Probleme ernst zu nehmen, zeigte sich beim Reichstag zu Speyer im Frühjahr 1529. Clemens VII. bequemte sich zwar zur Entsendung eines Legaten, doch viel zu spät, so dass dieser erst eintraf, als die Religionssachen bereits erörtert waren. Das war peinlich, doch immerhin konnte sich das ohne römisches Zutun erreichte Ergebnis für die katholische Seite sehen lassen: Erzherzog Ferdinand, der Bruder und Vertreter Karls V. auf dem Reichstag, setzte mit der Mehrheit der katholischen Stände durch, dass die drei Jahre zuvor ebenfalls in Speyer in Kraft gesetzte Formel, wonach jeder Stand seine Religionspolitik vor Kaiser und Reich verantworten musste, wieder zurückgenommen wurde. Das provozierte den Protest der lutherischen Stände unter der Führung Sachsens und Hessens, für die daraufhin der Begriff «Protestanten» gebräuchlich wurde.

Theologisch und politisch geschlossen war dieses Lager nur in der Wahrnehmung seiner Gegner. Für die Kurie waren auch die Zürcher,

Siebentöpffe Martini Luthers
Vom Hochwürdigen Sacrament des Altars / Durch
Doctor Jo. Cocleus.

*Martinus Luther
Siebenkopf: In einem
Pamphlet aus dem Jahr
1529 zeigt Johann
Cochläus Luther als
siebenköpfiges Monster.
Die Fratzen stellen den
Ketzer als Ungläubi-
gen, Fanatiker, falschen
Priester, neuen Papst
und Seelen-Räuber dar.*

die sich unter der Führung Huldrych Zwinglis 1523 von der Papstkirche losgesagt hatten, «Lutheraner». Dass sich hier ein eigenständiger Typus einer nicht-katholischen Lehre und Kirchenorganisation ausbildete, der zeitweise stark nach Süddeutschland ausstrahlte und dort das Luther'sche Modell in den Schatten stellte, war am Tiber kein Thema, in Wittenberg dafür umso mehr. Um diesen Dissens, der die Abwehrbereitschaft der romfeindlichen Kräfte bedrohte, zu beheben, lud Landgraf Philipp von Hessen im Oktober 1529 die Protagonisten der rivalisierenden Parteien zu einem Religionsgespräch nach Marburg ein. Dort zeigte sich jedoch schnell, dass die Gegensätze unüberbrückbar waren. Für den humanistisch gebildeten Zwingli konnte der Leib Christi nur an einem Ort weilen, und das war der Himmel. Luthers Lehre von der Realpräsenz im Abendmahl war daher für Zwingli so unannehmbar wie für Luther dessen Auffassung von der Eucharistie als Erinnerungsmahl, das die Gläubi-

gen im frommen Gedenken an den Opfertod Christi vereinte. Auch die
politischen Theorien des Zürcher Reformators, der im engen Zusammenspiel mit der politischen Führungsschicht der Limmat-Stadt auf
eine Verchristlichung der Politik durch Orientierung am göttlichen
Recht drängte, rochen für Luther nach Missbrauch der evangelischen
Freiheit durch Übertragung ins Politische und damit nach «Schwärmer-
tum». «Zwingel», wie Luther den Zürcher Reformator in seinen
Tischreden nannte, zählte von jetzt an in Wittenberg zu den feindlichen
Radikalen. Die doktrinären Gegensätze machten den politischen und
strategischen Bruch für Luther unvermeidlich.

Um dieselbe Zeit schloss sich Clemens VII. nach langem Zögern der
kaiserlichen Seite an. Dafür waren dynastische Gesichtspunkte ausschlaggebend. Wirksame militärische Unterstützung bei der Rückeroberung von Florenz durfte sich der Medici-Papst nur von dem Herrscher erwarten, der ihn selbst und Franz I. von Frankreich besiegt,
gedemütigt und gefangen gehalten hatte und dem sein sprichwörtliches
Glück weitere Erfolge zu verheißen schien.

In der Tat stand Karl V. um die Jahreswende 1529/30 im Zenith seiner Herrschaft. An der französischen Front hatte der Friede von Cam-
brai im August 1529 seine in Pavia errungene Vorrangstellung bestätigt.
In Spanien war seine Herrschaft nach der Niederwerfung des Aufstands
der *comuneros*, die mehr Rechte für die Städte und ihre Führungsschich-
ten gefordert hatten, gefestigt, während in Italien der Schrecken über
den *Sacco di Roma* weiterhin tief saß und seine Gegner lähmte. Der Kaiser wies die Verantwortung für die Katastrophe des Jahres 1527 stets von
sich, doch war allen Eingeweihten, nicht zuletzt dem Papst selbst,
bewusst, dass er sie durch entschlossenes Eingreifen hätte verhindern
können. Umfassend ausgenutzt hatte Karl V. seinen Sieg über den Papst
trotzdem nicht, dazu war dieser Erfolg zu kompromittierend. In weiten
Kreisen der Christenheit herrschte – von römischer Seite geschickt
geschürtes – Mitleid mit dem Märtyrer-Papst und Empörung über den
«Tyrannen» Karl vor, der vermeintlich wie ein neuer Diokletian zum
Christenverfolger geworden war. Deshalb musste dieser auf eine konsequente Erpressung des gefangenen Pontifex maximus verzichten und
sich mit vagen Zusagen für ein Konzil begnügen.

Das Konzil und die Reformmaßnahmen, die dort beschlossen werden sollten, benötigte das Reichsoberhaupt dringend, um die schwelende Problematik der kirchlichen Spaltung im Reich einer Lösung näher zu bringen. Aleandros Prophezeiung aus dem Frühjahr 1521, dass Gedeih und Verderb des Katholizismus in Deutschland vom Kaiser abhingen und dieser dem alten Glauben unerschütterlich treu bleiben werde, hatte sich zwar voll und ganz bewahrheitet, doch galt diese Anhänglichkeit, wie sich im Mai 1527 zeigte, der katholischen Religion und nicht dem Papst. Dieser trieb mit seiner Verzögerungstaktik und seinem diplomatischen Wechselspiel, seiner Unstetigkeit und Unberechenbarkeit in der Folgezeit nicht nur Spanien, sondern auch Frankreich und die italienischen Mächte zur Verzweiflung. Um die sich jährlich vertiefende konfessionelle Spaltung zu beheben und den lutherischen Fürsten und Reichsstädten wirksam entgegentreten zu können, musste das Reichsoberhaupt auf die Reformbereitschaft der Kurie und damit auf die baldige Einberufung eines Konzils verweisen können. Ansonsten gab es nur zwei Alternativen: ein militärisches Vorgehen gegen die Protestanten, vor dem nicht nur Karl V. angesichts der türkischen Bedrohung, die 1529 mit der Belagerung Wiens für die habsburgischen Stammlande akut geworden war, zurückschreckte, und den Versuch, eine Einigung zwischen den streitenden Religionsparteien herbeizuführen. Zu diesem Zweck mussten Experten beider Seiten ausloten, welche Chancen für einen theologischen Kompromiss bestanden. Allerdings war es aus der Sicht Karls V. unverzichtbar, diesen Versuch einer Wiederzusammenführung aus einer Position der Stärke heraus zu unternehmen.

Um seine Autorität zu vermehren, ließ sich Karl am 24. Februar 1530 in Bologna von Clemens VII. zum Kaiser krönen. Der Kerkermeister und sein Gefangener verwandelten sich in der alten Universitätsstadt unter aufwendigem Schaugepränge in die Vertreter der alten Universalgewalten *imperium* und *sacerdotium*, die wider besseres Wissen aller Beteiligten unverbrüchliche Harmonie demonstrierten. Kurz zuvor, am 21. Januar 1530, hatte das Reichsoberhaupt zum Reichstag nach Augsburg geladen, wo es erneut um den Krieg gegen das Osmanische Reich und um die Behebung der Glaubensspaltung gehen sollte. In Augsburg wollte der Kaiser als Schiedsrichter über den Parteien auftreten, deren Meinungen anhören, verwerfen, was schlecht war, und in Kraft setzen, was der Glaubenswahrheit entsprach und den Interessen der Kirche diente. In den Ohren der lutherischen Stände klang das wie eine kaum verhüllte Drohung und war auch so gemeint. In der Stadt der Fugger sollte kein freier akademischer Disput, sondern eine strenge Prüfung stattfinden und eine Entscheidung gefällt werden. Es war also für alle Beteiligten ratsam, sich auf diesen Tag des Gerichts sorgfältig vorzubereiten. Allerdings hatten sie dafür mehr Zeit als angekündigt; statt im April begann der Reichstag von Augsburg erst am 20. Juni 1530. Zu diesem Zeitpunkt näherte sich der Krieg um Florenz seinem Abschluss. Das kaiserliche Heer hatte die Stadt seit Monaten eingeschlossen, so dass die Versorgung der Einwohner immer prekärer wurde. Je aussichtsloser sich die militärische Lage zeigte, desto mehr radikalisierten sich die Verhältnisse im Inneren: Prophezeiungen, dass Gott seiner erwählten Stadt zu Hilfe kommen und den Antichrist Clemens stürzen werde, weckten kühne Hoffnungen und stärkten die Kampfkraft der Bürgermilizen. Erst im August 1530 musste die völlig erschöpfte Stadt am Arno kapitulieren. Während Katholiken und Lutheraner in Augsburg über ihre Glaubensartikel disputierten, hatte Clemens VII. sein wichtigstes Ziel erreicht: Die Medici herrschten wieder über Florenz. Der uneheliche Medici-Spross Alessandro sollte nach dem Versprechen Karls V. sogar Herzog werden, allerdings in einer Republik, denn den Florentinern hatte derselbe Kaiser die Wahrung ihrer kommunalen Freiheitsrechte zugesagt. Doch für den triumphierenden Papst war das ein reines Lippenbekenntnis. Eben noch in Florenz gestürzt und in Rom gefangen gesetzt, stand Clemens VII. unversehens als erfolgreichster Spross seiner ruhmreichen Dynastie dar. Er hatte geschafft, was seit Cosimo dem Älteren alle seine Vorfahren angestrebt, doch nie erreicht hatten, nämlich die Herrschaft des Hauses in fürstliche Bahnen zu lenken.

Die Ereignisse im fernen Florenz blieben nicht ohne Auswirkungen auf den Verlauf des Augsburger Reichstages. So sehr Clemens VII. auch seine Aufmerksamkeit auf die Ereignisse in Italien konzentrierte, diesmal musste er sich angemessen vertreten lassen. Zu diesem Zweck wurden nacheinander zwei alte Kämpen reaktiviert: zuerst, im März 1530, Kardinal Lorenzo Campeggio als Legat und im August 1531 Erzbischof Girolamo Aleandro als Nuntius, also als Campeggios Weisungsempfänger. Aleandros schuldenbedingte Exkommunikation wurde kurzerhand aufgehoben, sodass die Kurie wieder auf ihren wichtigsten Deutschland-experten zurückgreifen konnte. Die Berichte der beiden Gesandten sowie die an sie gerichteten Schreiben der römischen Zentrale sind erhalten; überhaupt bricht der Überlieferungsstrom der römischen Diplomaten aus Deutschland von jetzt an nicht mehr ab. Da Luther und seine Anhänger ihre Sicht der Dinge weiterhin in kürzesten Abständen an die Öffentlichkeit trugen, lassen sich die Wahrnehmungen und Standpunkte beider Seiten wie neun Jahre zuvor in Worms miteinander vergleichen.

Der Reichstag von Augsburg 1530

Die Rückkehr nach Deutschland im Frühjahr 1530 war für den Legaten Campeggio ein Schock:

> Die Dinge in Deutschland sind, soweit ich es sehe, in viel größerer Unordnung, als ich dachte … Unter den vielen Schwierigkeiten, die sich hier bieten, ist die Frage des Konzils nicht die geringste. Denn soweit ich sehe, wollen sowohl die Guten wie die Schlechten ein universelles oder nationales Konzil. In der Forderung nach einem Konzil sind sich in erster Linie die Herzöge von Bayern einig, hervorragende und katholische Fürsten, die ihre Territorien von der lutherischen Pest immer rein gehalten haben und weiter rein halten. Aber auch ihnen scheint ein Konzil das beste Mittel zu sein, um diesen Aufruhr endlich beizulegen. Was ein deutsches Nationalkonzil angeht, so gibt es zwingende Gründe, es für immer auszuschließen. Was jedoch ein allgemeines Konzil betrifft, so hoffe ich, einen Weg einzuschlagen, der zum Guten führt, und meine Pflicht nicht zu verletzen.[9]

Schon in Campeggios erstem Schreiben aus deutschsprachigem Gebiet wird das Dilemma der ganzen Mission offen ausgesprochen: Die Feinde der wahren Religion haben große Fortschritte gemacht, und nach Einschätzung unserer Freunde besteht die einzige Gegenwehr in einem Konzil, das zu verhindern einen meiner Hauptaufträge bildet! So blieben aus römischer Sicht nur noch zwei Optionen offen: den Kaiser zu einem militärischen Vorgehen gegen die Protestanten auf der Grundlage des Wormser Edikts zu bewegen, oder durch den Druck des Kaisers eine theologische Wiedervereinigung herbeizuführen, die einer Kapitulation der Lutheraner gleichkam. Dafür schienen die Chancen günstig zu stehen. Die protestantische Partei hatte aus eigenem Antrieb darauf verzichtet, Luther selbst als Verhandlungsführer nach Augsburg zu schicken und stattdessen Philipp Melanchthon nominiert, dem man anders als Luther Kompromissbereitschaft zutraute und auf den sich nun die begehrlichen Blicke der römischen Seite richteten.

Über alle strategischen Gesichtspunkte hinaus ist Campeggios Schreiben für die Wahrnehmung der Kurie bezeichnend. Luther und seine Anhänger als Pest und Ansteckungsgefahr für den Rest der Welt zu bezeichnen, blieb der traditionellen Sprache der Inquisition verpflichtet. Die Bezeichnung der lutherischen Bewegung als «Aufruhr» *(tumulto)* lässt tief blicken: In Rom wurde weiterhin konsequent geleugnet, dass sich nördlich der Alpen eine andere Kirche mit alternativen Werten, Riten und Identitäten herausbildete. Für den Legaten war diese Gegenwelt auf reinen Schein und damit auf den Teufel gebaut:

> Der Herzog von Sachsen hat sein Glaubensbekenntnis [die sogenannten Schwabacher Artikel] eingesandt; nach dem, was mir berichtet wurde, gibt es sich am Anfang als so heilig und katholisch wie nur möglich aus, aber in der Mitte und am Schluss ist es voll Gift. Es lässt nur zwei Sakramente, Taufe und Abendmahl, zu, den gesamten Rest leugnet es.[10]

Campeggios erste Eindrücke waren daher zutiefst pessimistisch. Er glaubte die römische Sache verloren, wenn der Kaiser nicht mit allen verfügbaren militärischen Mitteln einschreiten würde.

Doch auf diese Alarmstimmung ließen sich die Auftraggeber des Legaten in Rom nicht ein. Seine Argumente zu akzeptieren, hätte für sie bedeutet, ihre Prioritäten zu verschieben oder zumindest zu rechtfertigen. Doch dazu bestand auf Seiten Clemens' VII. nicht die geringste Bereitschaft. In den kurialen Antwortschreiben an den Legaten spielte bis August 1530 der Krieg um Florenz die Hauptrolle, gefolgt von mediceischen Familienangelegenheiten, römischen Hochzeitsprojekten und dem Prozess um Modena. Ob diese Stadt, die zum Herrschaftsgebiet der Este gehörte, der Lehenshoheit des Papstes oder des Reiches unterstand, bildete einen Streitpunkt zwischen Clemens VII. und dem Herzog von Ferrara. Dass Karl V. als Schiedsrichter kurz darauf zuungunsten des Papstes entschied, sollte ihm dieser nie verzeihen. So war Campeggio in Augsburg de facto auf sich allein gestellt. Wenn sich die Kurie ausnahmsweise doch einmal etwas eingehender auf das Thema der Glaubensspaltung in Deutschland einließ, waren ihre Darlegungen von einem weltfremden Optimismus eingefärbt:

> Obwohl schon die vorangehenden Legationen eurer Durchlaucht der Christenheit vielfältig genützt haben, so darf man sich doch von keiner schönere Früchte erwarten als von dieser, der Gott, wie ich hoffe, die Gnade verleihen wird, das bereits begonnene, segensreiche Werk mit den Böhmen, wie von Euch ersehnt, abzuschließen und den lutherischen Turbulenzen ein Ende zu bereiten.[11]

Jacopo Salviati, der hier mit Campeggio korrespondierte, war das Sprachrohr seines Herrn, Clemens VII. Der Legat hatte von den beängstigenden Fortschritten des Luthertums in Deutschland und zugleich von der Entschlossenheit des Kaisers berichtet, dessen weiterer Ausbreitung entgegenzutreten. In der selektiven Wahrnehmung des Papstes wurde daraus der bevorstehende Triumph über die Ketzer:

> Zu seiner großen Freude hat der Papst davon erfahren, dass der Kaiser euer Gutachten angefordert hat, um über Mittel [im Kampf gegen die Lutheraner] zu beraten. Und so setzt er seine Hoffnung auf Gott, die gute Gesinnung des Kaisers und auf eure Klugheit sowie die seiner übrigen Ratgeber, dass sich Mittel und Wege finden werden, diesen Teil der Christenheit zu heilen, woraufhin dieser so stark sein wird, dass er von den Türken nichts zu befürchten hat.[12]

Für Campeggio mussten diese vatikanischen Träumereien wie politische Halluzinationen wirken. Letztlich gab der Papst damit zu verstehen, dass er mit dem lästigen Glaubensgezänk in Deutschland nicht behelligt werden wollte, da er in Italien entschieden Wichtigeres zu tun habe. Diese Töne blieben nicht ohne Widerhall. Als gefügiger Diplomat stimmte Campeggio in den verordneten Optimismus ein, nicht nur in seinen

Briefen an die Kurie, sondern auch in seinen Unterredungen mit dem Kaiser:

> Und ich bewies ihnen schlagend das Gegenteil, dass man nämlich nichts Gutes ausrichten könne, wenn man nicht zuerst diese Ketzereien ausrottet, und zwar gründlich, und dass von dieser Priorität viel mehr zu erwarten sei, nämlich zuerst die Wiedervereinigung im Glauben herbeizuführen und es dann den Türken zu zeigen.[13]

Damit war kurz vor Beginn des Reichstags der Legat auf Kurs gebracht und das Ziel vorgegeben, wie ein Brief Salviatis an diesen zeigt:

> Wie ihr euch denken könnt, haben eure Briefe beim Papst höchste Freude erregt, sieht er doch die großartigen ersten Ergebnisse, die allein schon die Gegenwart des Kaisers bei der Wiederherstellung der deutschen Verhältnisse bewirkt hat. Man sieht darin ganz klar die Hilfe Gottes, der in seiner unendlichen Güte geruht, der schwer geprüften Christenheit dieses Gut zu schenken.[14]

Trotz aller befohlenen Zuversicht hatte sich Campeggio niemals so euphorisch geäußert. Mit der Erwartung, dass die Beilegung des «lutherischen Konflikts» unmittelbar bevorstehe, setzte die Kurie ihren Gesandten und den Kaiser gleichermaßen unter Druck, denn sie nahm im Falle des Scheiterns entsprechende Schuldzuweisungen vorweg.

Für die Verhandlungen vor Ort, die Campeggio kurz danach führen musste, waren diese Pressionen nicht hilfreich. Seine Strategie bestand darin, sich wie immer auf keine theologischen Dispute einzulassen und den Kaiser dazu zu drängen, solche Debatten und Grundsatzerklärungen auch von protestantischer Seite zu untersagen:

> Und gegen die Lutheraner, die sich als Partei organisieren und auch uns so auftreten lassen wollten, damit auf diese Weise alles in Zweifel gezogen werden konnte, hat sich eine gute Methode finden lassen, nämlich die, dass sich die Katholiken gar nicht äußern sollen, weil sie auf dem Boden des guten alten Glaubens stehen und in den Zeremonien unserer Vorväter wurzeln. Und wenn die Lutheraner etwas zu ihren Meinungen sagen wollen, sollen sie diese dem Kaiser übergeben, der dann entscheiden wird.[15]

Damit folgte Campeggio den von Aleandro neun Jahre zuvor gemachten Vorgaben: keine theologischen Dispute, denn diese nützen nur der Gegenseite, die den Vertretern der katholischen Wahrheit das Wort im Munde umdrehen wird. Andererseits überließ man den Lutheranern so kampflos das theologische Terrain.

Im Sinne Campeggios forderte der Kaiser die Protestanten auf, ihren Glauben in einer verbindlichen Bekenntnisschrift zusammenzufassen. Das war eine nützliche, aber, wie sich schnell zeigen sollte, auch eine dornige, ja, riskante Aufgabe. Denn damit stellte sich die Frage, wie weit sich die Protestanten von Rom entfernt hatten und unter welchen Voraussetzungen eine Wiedervereinigung denkbar war. Darüber aber gingen die Meinungen im lutherischen Lager weit auseinander. Dieser Dissens brach selbst im innersten Wittenberger Kreis auf, wo der Humanist Philipp Melanchthon als besonders verständigungsbereit galt. In seiner Rolle als Verhandlungsführer war er Luther, der in Coburg weilte und über den Verlauf der Unterredungen umgehend informiert wurde, daher verdächtig. Man musste befürchten, dass er im Bestreben, die Glaubensspaltung zu beheben, der Gegenseite zu weit entgegenkommen würde. Diese Sorgen erwiesen sich für Luther rasch als berechtigt.

Aus den Besprechungen, die er hinter den Kulissen des offiziellen Reichstagsgeschehens mit Melanchthon führte, gewann Campeggio schnell die Überzeugung, dass einer Einigung mit den Lutheranern nur noch vier Probleme entgegenstünden:

Zum ersten das Abendmahl in beiderlei Gestalt: ein Problem, das sich leicht lösen lassen wird, so wie es seinerzeit mit den Böhmen vereinbart wurde, vorausgesetzt der Glaube bleibt dabei unangetastet. Zum zweiten: die Aufhebung des Zölibats der Priester, wozu unsere Kanonisten anmerken, dass die Kirche einst aus gewichtiger Ursache die Ehelosigkeit verordnete, diese aber aus noch gewichtigeren Ursachen auch wieder aufheben können müsse. Allerdings verstehen die Lutheraner diesen Fall nicht richtig, denn sie fordern mehr, als damals den Griechen zugestanden wurde. Es wäre also nicht schlecht, wenn der Papst sich hier beraten lassen würde, ob er mir neue Anweisungen zu geben hat. Drittens: dass der Messkanon zusammen mit vielen Zeremonien verbessert werden müsse, doch weiß ich darüber noch nichts Näheres. Doch dürft ihr sicher sein, dass ich in dieser Frage mit der nötigen Zurückhaltung vorgehen werde. Viertens: dass ein allgemeines Konzil einberufen werden müsse. Ich kenne die Meinung des Papstes dazu und hoffe, in dieser Frage Erfolg zu haben, so wie es mir auch bei den anderen leicht fallen sollte.[16]

War das wirklich alles, was einer Versöhnung entgegenstand? Zwei Punkte, in denen die Kirche entweder bereits Zugeständnisse gemacht hatte oder sich sogar auf eigene Traditionen berufen konnte, plus ein paar Formeln und Riten im Gottesdienst sowie eine allgemeine Kirchenversammlung, die ohnehin nur durch die Bedenken des Papstes und der Kurie verzögert wurde? Melanchthon hatte Campeggio gegenüber diesen Eindruck erweckt:

Auf verschiedenen Wegen höre ich, dass sie [die Lutheraner] sich an den Heiligen Stuhl in der Frage des Purgatoriums und in vielen anderen Punkten anlehnen wollen.[17]

So lautete Campeggios Schlussfolgerung in seinem Schreiben vom 26. Juni 1530. Fast hatte es den Anschein, als sei mehr als ein Jahrzehnt der Abgrenzung ungeschehen gemacht worden. Die tiefen dogmatischen Gräben, die unüberwindlichen Meinungsverschiedenheiten zur Gerechtwerdung des Menschen vor Gott, zum freien Willen, zu den Sakramenten und nicht zuletzt zum Primat des Papstes: War das alles wie von Zauberhand weggewischt? Aus den euphorischen Berichten des Legaten musste man diesen Eindruck gewinnen:

Gestern lasen die Lutheraner ihre Artikel vor; wie ich hörte, sollen es etwa 50 sein, mir wird eine lateinische Kopie zugehen. Heute trafen sich die katholischen Fürsten mit den Deputierten; gemeinsam beschlossen sie, alles dem Kaiser und mir zu überlassen. Mit geeigneten Experten soll über die Antwort und über die darauf folgenden Schritte beschlossen werden. Da ich sie noch nicht gesehen habe, kann ich dazu nichts Näheres schreiben, doch kann ich wohl sagen, dass sich die Dinge gut entwickeln und man sehr zuversichtlich sein darf.[18]

Der Optimismus wurde durch den lutherischen Chefunterhändler weiter genährt:

Philipp Melanchthon schrieb mir einen Brief, den ich hier beifüge. Heute ist er lange bei mir gewesen. Dabei zeigt er seinen innigen Wunsch, eine gute Übereinkunft *(bona concordia)* zu erzielen, und zwar um der Befriedung Deutschlands willen. Er beschränkt sich auf die drei Artikel, wie ich kürzlich schrieb. Er wird mir schriftlich alles geben, was sie dazu fordern, damit ich mich besser beraten kann.[19]

Jetzt waren es nur noch drei Hauptprobleme. Offensichtlich hatten beide Seiten die Frage des Konzils erst einmal ausgeklammert. In dem hier erwähnten Brief an Campeggio schlug Melanchthon erstaunliche Töne an. Er ließ den römischen Gesandten wissen, dass die Lutheraner die Autorität des Papstes und der römischen Kirche weiterhin anerkannten und man keine Doktrin habe, die sich von der Lehre der römischen Kirche unterscheide. Wenn das der offizielle Wittenberger Standpunkt war, hatten die Optimisten Recht. Jetzt war es die Aufgabe der Kurie, weitere Schritte in Richtung Einigung einzuleiten. Doch es kam anders. In seinem Brief vom 13. Juli 1530 ließ Salviati den Legaten wissen, der Papst und die Kardinäle hätten im Konsistorium über die vier von Melanchthon vorgelegten Artikel beraten und seien zu einem einstimmigen Votum gelangt:

Sie sollten den Kaiser bitten, dass er diesen Vorschlägen nicht einen einzigen Schritt entgegenkommt und nichts äußert, was euch zu Gegenleistungen verpflichtet. Dabei kann sich der Kaiser auf vielerlei Gründe berufen, und wenn die anderen nicht ausreichen sollten, auf sein Edikt von Worms … Was den Laienkelch betrifft, so schien es Papst und Kardinälen keine wirklich zwingenden Gründe zu geben, um zum Ärgernis der gesamten übrigen Christenheit gegen eine von der Kirche mehr als achthundert Jahre lang beachtete Regel zu verstoßen, die danach auf dem Konzil von Konstanz unter Zustimmung aller Nationen bestätigt wurde.[20]

Die übrigen drei Artikel waren dem Konsistorium offensichtlich keine weitere Erörterung wert. Damit waren Melanchthons und Campeggios Einigungsträume wie eine Seifenblase zerplatzt. Schon im ersten, vermeintlich unproblematischsten Punkt zeigte sich die Kurie zu keinerlei Entgegenkommen bereit, und das mit einer vielsagenden Begründung. Sie berief sich auf das Konzil von Konstanz, das Johannes Hus verbrennen ließ, und blendete vollständig aus, dass sich zwei Jahrzehnte später in Basel für die hussitische Forderung nach dem Abendmahl in beiderlei Gestalt sehr wohl eine Ausnahmelösung finden ließ. Campeggio hatte mit der Begründung, dass extreme Krisen ungewöhnliche Maßnahmen erforderlich machten, für eine weitere Lockerung der geltenden Vorschriften plädiert – umsonst. Clemens VII. und seine Kardinäle waren der Meinung, dass ein solcher Ernstfall, der die Kirche zwang, über ihren eigenen Schatten zu springen, nicht eingetreten war. Sie waren offenbar davon überzeugt, dass sich die Glaubensspaltung ohne die geringsten Zugeständnisse von römischer Seite beilegen ließ: Der Kaiser hatte 1521 sein Machtwort gesprochen, jetzt sollte er es gefälligst einlösen. Diese Position zeugte von anhaltendem Realitätsverlust.

In Erwartung der römischen Antwort, die er sich fraglos anders vorgestellt hatte, setzte Campeggio unterdessen seine Gespräche mit Melanchthon fort. Allerdings schien er schon kurz vor dem abschlägigen Bescheid der Kurie gegenüber dieser geheimen Verhandlungsführung skeptisch geworden zu sein:

> Ich machte Melanchthon klar, dass es in Sachen der drei vorrangig vorgeschlagenen Punkte, nämlich Laienkelch, Priesterehe und Messe, wie sie in ihrer Erklärung [der Confessio Augustana] enthalten waren, unangebracht sei, mit ihm privat weiter zu verhandeln. Da es dabei um das Interesse der ganzen Nation, ja der gesamten Christenheit gehe, müsse auch alles gemeinsam beschlossen werden.[21]

Auf dieser offiziellen Ebene verflog vollends die Illusion der Annäherung, die in den privaten Unterredungen aufgekommen war. Wie Clemens VII. war auch Luther zu keiner noch so bescheidenen Kompromisslösung zu bewegen. So arbeitete Melanchthon jetzt eine Bekenntnisschrift aus, die im Ton moderat ausfiel, doch theologisch gegenüber «Schwärmern» wie Katholiken klare Grenzen zog. Die *Confessio Augustana*, die schnell zum programmatischen Haupttext des Luthertums wurde, hob die Eucharistie in beiderlei Gestalt, die Abschaffung des Zölibats und des Messopfers sowie die neue, von Rom unabhängige Ordnung der Kirche hervor und nannte damit die in den Unterredungen mit Campeggio betonten Kernpunkte, allerdings nicht als Annäherung, sondern als Absage an das

Papsttum. Das protestantische Credo wurde Karl V. am 25. Juni 1530 überreicht und kurz darauf verlesen. Angenommen wurde es vom Kurfürsten von Sachsen, dem Landgrafen von Hessen, dem Herzog von Braunschweig-Lüneburg, den Fürsten von Anhalt und wichtigen Reichsstädten wie Nürnberg und Reutlingen. Die katholische Seite veröffentlichte daraufhin doch ein eigenes Bekenntnis, die *Confutatio*, in der als Abgrenzung zur *Confessio Augustana* die wichtigsten Elemente der katholischen Lehre zusammengefasst wurden.

Der Reichstag, der beide Seiten so weit wie seit einem Jahrzehnt nicht mehr angenähert zu haben schien, besiegelte stattdessen die Trennung. Als die Unterredungen mit Melanchthon abbrachen, war auch für Campeggio die Zeit der Rücksichtnahme und der Freundlichkeiten vorbei. Dieser Stimmungswandel schlug sich auch in seinen Berichten nieder. Plötzlich waren die Lutheraner einschließlich Melanchthons wieder, was sie vorher gewesen waren: giftspritzende, hinterlistige, doppelzüngige Barbaren, die durch allzu lange Milde frech geworden waren und daher jetzt dringend in die Schranken gewiesen werden mussten. Gegen Ketzer halfen nur Feuer und Schwert: Mit dieser Devise drängte der Legat Karl V. zu einem militärischen Vorgehen gegen die lutherischen Stände.

War der Versuch, mit Melanchthon einen Minimalkonsens auszuhandeln, nur eine taktische Verstellung gewesen? Viel eher zeugt die «Flirtphase» auf dem Augsburger Reichstag davon, wie Feindbilder bei intensivem persönlichem Meinungsaustausch in den Hintergrund treten konnten. Bei solchen Unterredungen wurde – ungeachtet aller auf beiden Seiten bestehenden Vorurteile – zumindest ansatzweise deutlich, dass auch die Gegenseite feste Überzeugungen und damit ein Gewissen besaß. Allerdings wurden solche Einblicke nach dem Ende der direkten Kommunikation schnell wieder von den negativen Stereotypen überdeckt.

Das ernüchternde Ergebnis wäre bei unvoreingenommener Betrachtung von vornherein absehbar gewesen, alles andere war Illusion, Wunschdenken und Realitätsverdrängung. Melanchthons Alleingänge waren vom typisch humanistischen Wunsch geprägt, den spitzfindigen Hader der Theologen beizulegen, die Würde beider Seiten wiederherzustellen und die Christenheit durch dieses gute Beispiel zum Streben nach höherer Sittlichkeit anzuspornen. Trotzdem bleiben auch hier offene Fragen: War Luthers engster Mitstreiter wirklich davon überzeugt, dass es keine tieferen dogmatischen Gegensätze zwischen Rom und Wittenberg gab als die erörterten vier Artikel und dass man dort die Vorrangstellung des Papstes weiterhin akzeptierte? Vielleicht verstand Melanchthon die Diskussionen mit Campeggio auch nur als Einstiegs- und damit Testphase für weiterreichende Debatten.

Polemische Nachbereitung: Luther und das Papsttum 1530

Von Luther konnte Melanchthon die optimistische Meinung über die dogmatischen Gegensätze nicht übernommen haben. Dieser verschickte von Coburg aus Briefe und Abhandlungen, die an Deutlichkeit, sprich Grobheit, nichts zu wünschen übrig ließen. Für den Reformator kam jeder Versuch, mit dem Papsttum einen Ausgleich zu finden, einer Aussöhnung zwischen Christus und dem Teufel gleich. Damit war seine Kritik an den Augsburger Verhandlungen auf den Punkt gebracht: Der Papst war der Antichrist, und mit dieser Inkarnation des Bösen ließ man sich nicht auf Gespräche ein, da sie doch nur auf Lug und Trug hinauslaufen mussten. In der Logik dieser Wahrnehmung wurde Campeggio für Luther zum «großen und ausgemachten Teufel».[22] Mit solchen brieflichen Wendungen konnte der Kampf gegen die faulen Kompromisse mit dem Erzfeind Christi jedoch nicht sein Bewenden haben. Stattdessen hieß es, Alarm zu schlagen und die Christenheit vor einem gigantischen Betrugsmanöver zu warnen. So versorgte der große Kommunikator Luther die Öffentlichkeit während des Augsburger Reichstags mit papstfeindlichen Schriften, die der Welt die Augen für das wahre Wesen des römischen Pontifex öffnen sollten.

Den Anfang dieser Serie machte die Schrift *Widerruf vom Fegefeuer*, mit der Luther Melanchthons dogmatischer Konzessionsbereitschaft eine Absage von schneidender Ironie erteilte. Wenn sich die Römlinge wie Campeggio in der Hoffnung wiegten, dass die Abweichler wieder auf die päpstliche Lehre vom Purgatorium umschwenken würden, dann wurden sie jetzt eines Besseren belehrt. Wenn man ihnen das Fegefeuer zugestand, konnte man auch den Ablass wieder gutheißen und das päpstliche Schriftauslegungsmonopol akzeptieren. Das Papsttum – so die polemische Einleitung der Schrift – verkünde unbußfertiger und unbelehrbarer denn je seine alten Lügen, die ihm der Teufel eingegeben habe:

> So mus ich dagegen widderümb das alte register erfur ziehen und ihre löbliche tugent widder an die sonnen bringen, das sie nicht so schwartz verfaule, sondern wol gebleicht werde, damit man ihr nicht so vergesse, wie sie hoffen. [23]

«Das alte Register hervorziehen» hieß, das Sündenverzeichnis des Papsttums auf den neuesten Stand zu bringen. Damit kündigte Luther an, dass er alte Verfehlungen und seit langem erwiesene Wesenszüge des Papsttums, aber keine neuen Entdeckungen und Motive unters Volk zu bringen gedachte. Zweck der Übung war es, eine in Vergessenheit geratene Warnung in bedrohlichen Zeitläufen zu erneuern:

> So mus ich, unsern nachkomen zur warnung (ob die welt ia solt noch lenger stehen), ein register und vorrat zur Historien stellen, darinn sie sehen, warüber der Luther vom Babst verdampt sey, und was des heiligen Bapstumbs lere gewesen sey, auff das sie sich dafur wissen zu hüten, wenn Gott die gnade gibt. [24]

Mehr denn je geriet der Kampf gegen das Papsttum für Luther zum Nachweis seiner eigenen heilsgeschichtlichen Aufgabe. Wer vom Papst verdammt werde, sei in Wirklichkeit von Gott zum Kampf gegen den Antichrist auserwählt: Diese Selbstbestätigung kam einer Abstrafung Melanchthons gleich, der seine Verständigungsbereitschaft mit der Sorge um die Nachwelt begründet hatte. Für Luther aber hatte der Krieg gegen das Böse gerade erst begonnen. Dieser Kriegführung sollte seine Schrift als ein immerwährendes Memento dienen. Das zur Unterjochung der Gewissen und zur Festigung der päpstlichen Machtstellung erfundene Fegefeuer diente ihm als Beispiel, um die allgemeinen Wesenszüge des Papsttums herauszuarbeiten: Lügenhaftigkeit, Lästerlichkeit, sophistische Wortverdrehung, Seelenmord. So lautete Luthers Fazit:

> Und damit ia alle tugent der Bepstlichen kirchen auff einen hauffen kommen, lassen sie ihn an diesen greweln nicht genügen, das sie die Psalmen

durch misverstand so verkeren, glauben und trost des geists hindern, die seelen verfüren, Gott mit glaublosen, faulem, nichtigem werck spotten und irem bauch und Mammon dienen … Also sind sie denn ihrem vater aller ding ehnliche kinder, Denn wie kan es aussen bleiben, das, wer ein lügener ist, solt auch nicht ein mörder dazu werden, Weil der Teuffel, sein vater, ein lügener und mörder ist, Johann. VIII?[25]

Nach der vehementen Anklage schloss die Schrift wie gewohnt mit einer Apologie in eigener Sache:

Darümb mangelt meiner lere nichts denn die Gottheit des grossen Gottes Mammon, Wenn ich die hette, so were es keine ketzerey noch irthum, sondern die liebe reine warheit, Nu aber ist sie irrig und ketzerisch. Warümb? Darümb, das sie arm ist, Armut ist mein irthum und ketzerey. Das sey davon gnug, Ich will bey meinem armen Got bleiben, dem sey lob und danck inn ewigkeit. Amen.[26]

Die Anklänge an Luthers Auftritt in Worms 1521 sind unüberhörbar, denn erneut stand die Religionssache auf einem Reichstag zur Debatte, und wiederum war ein hochrangiger Vertreter der Papstkirche vor Ort, dessen Auftraggeber es zu demaskieren galt. Wie dieser blieb auch sein Widerpart Luther den einmal für gut befundenen Strategien und Motiven treu: Er stellte sich als den aufrechten, einfachen, lauteren Deutschen dar, der sich gegen die welsche Übermacht von Geld, Rang und Einfluss wehrte und dabei auf die Unterstützung seiner Landsleute angewiesen war, die wie er dachten und fühlten. Zugleich wurde die Gegenseite als die Macht des Wandels, das heißt: der heimtückischen Abweichung von der Wahrheit dargestellt. Sich selbst treu bleiben, hieß für Luther, Gott und der wahren Überlieferung der alten, noch unverdorbenen Kirche anzuhängen. Die Kirche der Apostel war aus Luthers Sicht in Rom veruntreut und in Wittenberg wiederhergestellt worden, das verkündete selbst Melanchthons moderate *Confessio Augustana*. Für Luther wurde die Wiederanknüpfung an heilige Anfänge und der damit verbundene Anspruch auf das Erbe der Urkirche zur Kernbotschaft im Kampf gegen das Papsttum.

Der *Widerruf vom Fegefeuer* lag am 18. August 1530 gedruckt in Augsburg vor. Bald darauf ließ Luther eine Schrift über die päpstliche Schlüsselgewalt folgen. Der umfangreiche Text wurde Ende Juli in Angriff genommen, war Ende August fertig und lag im Oktober gedruckt vor – Luther blieb seinem alten Veröffentlichungs-Tempo treu. Die von Melanchthon bewusst ausgeklammerte Frage des päpstlichen Primats war dem Reformator einen längeren Traktat wert, obwohl oder gerade weil er zu diesem Thema längst alles Wesentliche gesagt hatte. Da die Verteidiger der Wahrheit akut Gefahr liefen, zu einer falschen Verständigung gedrängt zu werden, mussten die Anklagen nun sogar verstärkt werden. Sonst würden die Gutgläubigen allzu leicht die päpstliche Auslegung des 16. Kapitels des Matthäus-Evangeliums übernehmen, wonach Petrus, dem Apostelfürsten, von Jesus die Schlüssel übergeben werden, um auf Erden wie im Himmel zu binden und zu lösen. Für Luther war diese Lehre längst als eine heimtückische Verdrehung des wahren Schriftsinns erwiesen:

> Und bawen auff den sand und ungewissen grund, ja sie gehen mit lugen umb, das sie den spruch zum gewissen grunde legen, und alle wellt damit trotzen und uberpochen.[27]

In Wahrheit, so Luther, hatten alle Apostel zusammen stellvertretend für alle Christen eine Schlüsselgewalt empfangen, die darin bestand, den Menschen durch die Lehre des Evangeliums den Weg zum Glauben und zur Erlösung zu weisen. Diesen Weg musste jeder Mensch für sich allein beschreiten, denn niemand konnte einem anderen Menschen den Weg ins Himmelreich bahnen. Dieser öffnete sich nur, wenn jeder für sich seine Sünden erkannte und im Glauben auf die Gnade Gottes vertraute.

Dass es nach über einem Jahrzehnt einer solchen Einschärfung der Wahrheit bedurfte, kam für Luther fast dem Eingeständnis einer Niederlage gleich. Sein reines Gotteswort – so seine Einschätzung – hatte sich gegen die finsteren Ränke der Papstkirche nicht überall durchsetzen können. Weiterhin verharrten zahllose Christen in der trostlosen Dunkelheit der päpstlichen Irrlehre und liefen Gefahr, darüber ihr Seelenheil zu verlieren:

> Und hie guckt er für der rechte trachenkopff, der Vater aller lugen, der sie hat geleret diesen theuren heilsamen spruch, so schendlich und lesterlich zur lügen machen.[28]

Der Papst stellte sich über Christus, der ihm nur zum Vorwand diente, um selbst Gott zu werden. Zu diesem Zweck musste das Papsttum den wahren Glauben mit aller Macht bekämpfen:

> Und warlich, Er hats auch gethan, Mit der that hat er Christum (wie droben gesagt) ausgerott und verleugnet, dafur seine gesetz und werck gestifftet.[29]

«Wie droben gesagt»: Das galt für diesen Text wie für alle späteren Schriften zum Papsttum. Was jetzt noch zu tun blieb, war Erinnerungsarbeit: Die Wahrheit, die mit so großen Mühen und um einen so hohen Preis zu Tage gefördert worden war, durfte nicht in Vergessenheit geraten.

Zu diesem Zweck ließen sich diese Wahrheiten mit Beispielen aus der neuesten Geschichte unterlegen und damit für die junge Generation plausibel machen. Seinem Grundsatz, nicht über das Leben, sondern über die Lehre seiner Feinde zu schreiben, wurde der Reformator bei der Aufarbeitung der Augsburger Geschehnisse mehr denn je untreu. Das zeigt sich am krassesten in der *Warnung an seine lieben Deutschen*, die der Reformator im Auftrag des Landgrafen Philipp von Hessen im Oktober 1530 verfasste. In der Einleitung zu dieser Anfang April 1531 gedruckten Propagandaschrift stellte sich Luther als gescheiterter Friedensstifter dar:

> Ich hab an die geistlichen auff diesem Reichstage zu Augspurg mein vleissig und trewes vermanen lassen offentlich ausgehen Und auffs höhest gebeten, das sie ja nicht den Reichstag, da alle welt so hertzlich auff hoffet und gaffet mit grossem sehnen, solten on ende zurgehen lassen, Sondern dahin handeln, das friede gemacht, etliche ire grewel geendert und dem Euangelio raum gegeben würde … Das aber wedder unser vleissig gebet gegen Gott noch unser trew vermanung an sie etwas gehollfen hat, ist leichtlich zu rechen, was es bedeut, nemlich, das sie Gott als die verstockten und verblendeten, welche so viel unschüldigs blut, Gottslesterung und grewlichs unbusfertiges leben drückt, nicht werd hellt, das er inen einen guten gedancken odder süfftzen eingebe odder das sie einigem wort heilsamer und fridlicher vermanung gehorchten.[30]

Friede hieß für Luther, dass seine Gegner die Waffen streichen. Solange sie seine Lehre nicht annahmen, standen sie im Widerstreit zu Gott. Ihre

Verblendung und Verstocktheit war eine Folge ihrer Sittenlosigkeit, die sie Gott so verhasst machte, dass er ihnen die Augen vor der Wahrheit verschloss. Damit war der Beweiskreislauf geschlossen: Lasterhaftigkeit im Leben hatte Uneinsichtigkeit im Glauben zur Folge und wurde auf diese Weise zum wichtigsten Indiz, um Lügenhaftigkeit und Ketzerei der Gegner ohne komplizierte theologische Untersuchungen zu belegen. An ihrem Leben sollt ihr sie als Feinde Gottes und Helfershelfer des Teufels erkennen. Diese «Beweisführung» machte sich auch die päpstliche Seite reichlich zu eigen.

Widerstand als Christenpflicht

Die «Lutherischen», so Luther selbst, hatten in Augsburg nichts als Frieden und Eintracht gesucht, was sogar ihre Gegner eingestehen mussten. Damit war für ihn der Vorwurf, dass seine Lehre zum Aufruhr anstiftete, ein für alle Mal widerlegt. Auf Krieg und Verwüstung sannen nur die «Papisten», und zwar aufgrund ihrer inneren Unfriedfertigkeit. Diese wiederum war eine Folge ihres bösen Gewissens, das sie am Gebet hinderte und von Gott trennte.

Die logische Folge dieser unlauteren Konkurrenz war der Krieg, den die Anhänger der Wahrheit nicht wollten, aber aushalten und mit Gottes Hilfe gewinnen würden, auch wenn sie zunächst besiegt zu sein schienen:

> Nach meinem tod sollen sie aller erst den Luther recht fülen, Wie wol auch itzt, wo ich inn solchem Bepstischen und Pfeffischen auffrur ermordet werde, Da will ich einen hauffen Bischoff, Pfaffen und Münche mit mir nehmen, das man sagen sol, Doctor Martinus sey mit einer grossen Procession zum grabe bracht.[31]

Der Sieg der «Lutherischen» stand fest, da sie dem Kriegsherrn im Himmel gehorchten:

> Denn er [Luther] ist ein grosser Doctor uber alle Bischove, Pfaffen und Münche, darumb sollen sie auch mit im zum grabe gehen auff dem rucken, das man davon singen und sagen sol. Und wöllen also zur letze

ein walfertlin mit einander thun, sie, die Papisten, inn abgrund der helle
zu irem lügen und morden Gott, dem sie mit liegen und morden gedienet, Ich zu meinem Herrn Jhesu Christo, dem ich inn warheit und friede
gedienet habe.[32]

Selten beschrieb Luther sich und seine Rolle so eindeutig wie hier: Als
«großer Doktor» steht er weit über dem Gezänk der Theologen. Ihm ist
die Gnade zuteil geworden, für Christus und die unteilbare Wahrheit zu
streiten. Das kam der Stellung eines Propheten sehr nahe, auch wenn
diese Bezeichnung weiterhin vermieden wird. Wer wie Luther rück-
sichtslos die Wahrheit aufdeckt, erregt wie die Propheten des Alten
Testaments mörderischen Hass – und lacht über das Toben der Bösen:

Ich wil und kan mich fur solchen elenden Gottes feinden nicht furchten,
ir trotz ist mein stoltz, ir zürnen ist mein lachen. Sie können mir nicht
mehr denn einen sack vol sieches fleisch nehmen. Was ich aber in nehmen
kan, das sollen sie inn kurtz erfaren.[33]

Was er den «Papisten», wie angedroht, in dieser Kampfschrift weg-
nimmt, ist der schöne Schein und damit Recht, Ehre, Legitimation und
Identität. Demaskiert werden zuerst die deutschen Theologen wie Eck,
die sich für Luther aus niederen Motiven auf die Seite des Bösen geschlagen haben, und ihre falsche Lehre. Sie sind nicht nur Verräter an
der Wahrheit, sondern auch an ihrer Nation:

Aber weil ich der Deudschen Prophet bin (Denn solchen hoffertigen
namen mus ich mir hinfurt selbs zu messen, meinen Papisten und Eseln
zur lust und gefallen), So will mir gleichwol als einem trewen Lerer ge-
büren, meine lieben Deudschen zu warnen fur irem schaden und fahr und
Christlich unterricht zu geben, wes sie sich halten sollen, wo der Keiser,
durch seine Teuffel, die Papisten, verhetzt, auffbieten würde zu kriegen
widder unseres teils Fursten und Stedte.[34]

Prophet der Deutschen: das heißt hier mit selbstironischer Brechung,
als Mahner und Wache für die eigene Nation zu stehen. Die Anhänger
Roms hetzen den Kaiser zum Krieg gegen die Verfechter der evange-

lischen Wahrheit und damit gegen Gott auf. Gott aber muss man mehr gehorchen als den Menschen. Damit ist Widerstand Christenpflicht:

> Sondern sey gewis, das im von Gott hart verboten ist, inn solchem fall dem Keiser zu gehorchen, Und wer im gehorcht, das der wisse, wie er Gott ungehorsam und sein leib und seel ewiglich verkriegen wird, Denn der Keiser handelt als denn nicht allein widder Gott und Göttlich recht, sondern auch widder seine eigen Keiserliche recht, eyde, pflicht, siegel und briewe.[35]

Die Warnung an die Deutschen richtete sich nicht gegen die Person des Kaisers, dessen Tugenden ausdrücklich gelobt wurden, sondern gegen die Papisten, die dessen Ehrlichkeit und Gutgläubigkeit für ihre perfiden Zwecke ausnutzen und auf diese Weise einen Keil zwischen das Reichsoberhaupt und die Nation schlagen.

Als Lehrer der deutschen Nation will Luther den Kaiser zu dessen politischem und religiösem Heil über seine Pflichten und Rechte belehren und ihm auf diese Weise auch die Grenzen seiner Macht aufzeigen. Er stellt dadurch die guten alten Verfassungs- und Machtverhältnisse wieder her und bewahrt seine Landsleute vor noch viel schlimmeren Irrtümern und Verlusten: Wer nach dieser Warnung noch den politischen und religiösen Befehlen des Papstes folgt, verspielt sein Seelenheil durch eigene Schuld. Denn der römische Pontifex und seine Anhänger wüten schlimmer als die Türken:

> Denn der Turcke ist so unsinnig nicht, das er widder seinen Mahometh noch widder seinen alcoran streite odder tobe, wie unser teuffel thun, die papisten, und widder yhr eigen Euangelion, das sie fur recht erkennen, wueten und toben, Und machen damit, den Turcken, gegen yhn zum lauter heiligen und sich zu rechten teüfeln.[36]

Die Verworfenheit der Kurie und ihres Haupts aufzuzeigen, ist eine nationale Erziehungsaufgabe und trägt zur Rettung der Christenheit insgesamt bei. Ein so hohes Unterfangen rechtfertigt alle Mittel, auch den Blick durchs Schlüsselloch in die Prunkgemächer von Päpsten und Kardinälen, wo sich laut Luther die schändlichsten Szenen abspielen:

Uber das müste auch auff dich laden die Bepstlichen und Cardinalisschen keusscheit, Welche ist eine besondere keuscheit uber der gemeinen geistlichen keuscheit und heissen auff welsch Puseronen, nemlich, die Sodomitissche und Gomorrische keuscheit, Denn also müste Gott seinen feind und widdersacher, den Bapst und Cardinel fur andern, blenden und plagen, das sie nicht wert blieben, mit weibsbildern naturlicher weise zu sundigen, Sondern yhrem verdienten lohn nach, yhr eigene leibe und personen durch sich selbs schenden.[37]

Gott hat die Kleriker des Teufels mit widernatürlichen Neigungen bestraft, die sie ihrem Herrn in der Hölle zu Ehren ungehemmt ausleben. Diese Laster beim Namen zu nennen und so drastisch wie möglich zu schildern, ist daher Dienst an der Wahrheit, ja, Gottesdienst. So wie die Papisten, die permanent gegen ihren eigenen Glauben handeln, schlimmer sind als die Türken, die ihrem falschen Glauben immerhin treu bleiben, so sind die römischen Höflinge verworfener als gewöhnliche Wüstlinge, weil sie auf ihre perversen Missetaten sogar noch stolz sind und darüber scherzen, «als were es ein karten spiel».[38]

Das alles verkündete Luther mit dem Anspruch des Rom-Kenners: Ich war dort, habe es gesehen und kann davon zeugen:

Ich liege dir hie nicht, Wer zu Rom gewest ist, der weis wol, das leider erger ist denn yemand sagen noch gleuben mag.[39]

Mit diesem Authentizitätsanspruch werden den lieben Deutschen die haarsträubendsten Geschichten erzählt: Um den an der Kurie verbreiteten Unglauben zu verdecken, habe es das V. Laterankonzil für nötig befunden, die Unsterblichkeit der Seele zu dekretieren. Damit stellte Luther die Zusammenhänge bewusst falsch dar. Das Konzil entgegnete, wie er genau wusste, mit diesem Dekret auf die Thesen des Philosophen Pomponazzi, der es für unmöglich hielt, die Unvergänglichkeit der menschlichen Seele mit rein philosophischen Mitteln zu beweisen. In derselben Bulle – so weiter Luther, der Fabulierer – habe die Zahl der Lustknaben pro Kardinal begrenzt werden sollen, doch habe Leo X. dagegen ein Machtwort gesprochen, um die Schande Roms nicht an die Öffentlichkeit gelangen zu lassen. Ein weiterer Papst sei kürzlich gestorben, als er seinen perversen Neigungen frönte.

Dieser Hort aller Schändlichkeiten erdreistete sich, ihn, den lauteren Verkünder des Gotteswortes, als Ketzer zu verurteilen, weil er diese Zustände aufgedeckt hatte. Ebenso unerschöpflich wie solche Sodom-und-Gomorrha-Geschichten war das Thema der römischen Habgier: Der Papst und die Kardinäle plündern Deutschland nach allen Regeln der Räuberkunst aus; wer ihre Autorität anerkennt, versündigt sich an Gut und Blut seiner Nation. Danach werden die weiteren Punkte des päpstlichen Sündenregisters abgearbeitet: blutige Eroberungskriege, Ablässe, Verdrehung der Lehre, Belastung der Gewissen. Alle diese Verbrechen, so der Tenor der Schrift, sprengen die menschliche Vorstellungskraft und damit auch die Grenzen der Sprache. Keine verbale Grobheit Luthers kann die Scheußlichkeit des römischen Treibens auch nur ansatzweise nachzeichnen. Luther war sich bewusst, dass man ihm die Ungeschlachtheit seiner Anklagen vorwerfen konnte, aber wer sich über seine Schimpfworte empörte, verdrehte die Wahrheit:

> Dem sey erstlich also geantwortet, das solch schelten gegen die unaussprechliche bosheit nichts ist. Denn was ists fur ein schelten, wenn ich den Teufel einen mörder, bösewicht, verrether, lesterer, lügener schelte? Es ist eben, als wehet in ein lüfftlin an. Was sind aber die Bapst esel denn lauter teufel leibhafftig, die keine busse, sondern eitel verstockte hertzen haben und solche offentliche lesterung wissentlich verteydingen und schutz darinn vom Keiser und von dir begeren? Lieber, schilt und nenne einen Bapst esel, wie du wilt odder kanst, so ists, als pfiffe in eine gans an. Er hatts also uber macht, das er deinem schelten viel, viel, viel mal zu gros worden ist.[40]

Die Grenzen des Sagbaren waren damit erreicht. In Worte war die Verworfenheit des Papstes und seiner Gefolgsleute nicht mehr zu fassen. Taten mussten an ihre Stelle treten. Ein Ausnahmeverbrechen namens Unterstützung des Antichristen in Rom war jetzt definiert. Die Strafen dafür mussten fürchterlich ausfallen.

Die lange Agonie

Der Reichstag zu Augsburg, der den Ausgleich herbeiführen sollte, brachte eine andere, unerwünschte Einigkeit hervor: Beide Seiten, Rom und Wittenberg, steigerten ihre wechselseitige Verteufelung weiter und gelangten zu demselben Schluss: Das einzige Heilmittel war die Ausrottung des Bösen mit Waffengewalt. Die Fürsten und die Freien Städte behaupteten in Augsburg zwar ihre Hoheit in Religionssachen, mussten aber mehr denn je damit rechnen, für den falschen Gebrauch dieser Kompetenz von kaiserlicher Seite zur Rechenschaft gezogen zu werden. Insgesamt neigte sich die Waage wieder einmal der altgläubigen Seite zu, was den ohnmächtigen Zorn Luthers mit erklärt.

Mit der Aufforderung, die verfluchte Häresie endlich mit Stumpf und Stiel auszurotten, lagen die päpstlichen Diplomaten dem Kaiser jetzt permanent in den Ohren. Er sollte sein Glück und die Stunde nutzen, noch sei der Gegner zu schwach, um sich militärisch zu behaupten. Zu weiterreichender Unterstützung dieses gottgefälligen Werks aber zeigte sich der Papst nicht bereit. Clemens VII. nahm die Beschlüsse des Augsburger Reichstags ohne nennenswerte Reaktionen zur Kenntnis. Seine Anstrengungen richteten sich mehr denn je auf Florenz und seine Familie. Nach der Niederwerfung der Republik im August 1530 hatte Herzog Alessandro de' Medici die Herrschaft und damit die schwierige Aufgabe übernommen, aus dem Freistaat, der nominell erhalten blieb, de facto ein Fürstentum zu machen. Das beste Mittel, die Medici auf Dauer unter den regierenden Dynastien Europas zu etablieren, waren vorteilhafte Heiraten. Für Alessandro, der sich schnell als katastrophale Fehlbesetzung erwies, war ein solcher Deal schnell abgeschlossen; der unberechenbare Herzog erhielt Margarethe, die kluge Tochter Karls V., zur Frau. Da diese aus einer unehelichen Verbindung des Kaisers stammte, war dies jedoch nur eine halbe Nobilitierung. Zu allem Überfluss war mit dieser Heirat eine lästige Aufsicht verknüpft: Als Schwiegervater des Herzogs sah der Kaiser diesem wie ein Vormund über die Schulter.

Noch weniger Fingerspitzengefühl bewies der Papst, als er 1529 seinen unehelich geborenen Neffen Ippolito zum Kardinal erhob. Ippolito

war gerade einmal neunzehn Jahre alt und damit für diese Würde entschieden zu jung. Das eigentliche Problem aber war sein schlechter Charakter, wie allgemein bekannt war. Der hohe kirchliche Rang sollte den
ungebärdigen, lasterhaften und gewalttätigen Jüngling erziehen – eine
Illusion, wie sich schnell erwies. In seiner Blindheit scheute der Medici-
Papst nicht einmal davor zurück, Ippolito als Legaten nach Deutschland
zu schicken. Die römischen Diplomaten schrieben zurück, was der Onkel hören wollte: Der junge Kirchenfürst bezaubert alle, selbst die tumben Deutschen, mit seinem angeborenen Liebreiz. In Wirklichkeit war
die Reaktion genau umgekehrt: Wie konnte der Papst einen solchen
Fehler begehen und die Kirche durch diesen missratenen Nepoten bloß-
stellen? So fragten die indignierten Katholiken. Für die Lutheraner und
ihre Propaganda war Ippolito, den sie als Sohn des Papstes ausgaben, ein
unschätzbares Geschenk: Solche Stellvertreter schickte der Papst nach
Deutschland, so sehr liebte er die deutsche Nation!

Das wertvollste dynastische Faustpfand des Papstes war die 1519
geborene Caterina de' Medici. Volle drei Jahre lang war die päpstliche
Politik damit beschäftigt, für sie den politisch gewichtigsten, für die
künftigen Geschicke der Medici günstigsten Ehemann zu finden. Auf
der Suche nach dieser idealen Allianz schwankte Clemens VII. wie
üblich zwischen Spanien und Frankreich hin und her, bis er sich im
Frühjahr 1531 für Frankreich entschied. Auf die immer dringenderen
Forderungen Karls V., endlich das von allen Seiten herbeigesehnte
Konzil einzuberufen, entgegnete Clemens weiterhin mit vagen Ver-
tröstungen. Vor diesem Hintergrund hatten die römischen Diplomaten
in Deutschland einen verzweifelten Stand. Als loyale Diener ihres
Herrn mussten sie gegenüber Karl V. und seinem Bruder Ferdinand I.
eine Politik rechtfertigen, an die sie selbst als Kenner der deutschen
Verhältnisse nicht glaubten. Ihre Kritik an der Starrheit der päpstlichen
Position konnten sie in ihren Briefen nach Rom jedoch allenfalls verklausuliert formulieren, am besten durch die ausführliche Wiedergabe
des kaiserlichen Standpunkts:

Und in der Substanz sagte der Kaiser, dass auch ohne das Problem der
Lutheraner zum Wohl von Klerus und Laien ein Konzil dringend erforderlich sei. Berufe man es nicht ein, so glaube er, dass binnen zehn Jahren

niemand mehr auch nur zehn Haushalte effektiv regieren könne, geschweige denn Staaten, Königreiche oder Imperien.[41]

Schuld daran, so weiter Karl V., sei der Drang des Volkes nach Freiheit und Rache, der durch die Reformation ausgelöst worden sei. Der gemeine Mann wittere Morgenluft. Um ihm diese Gelüste auszutreiben, müsse ein allgemeines Konzil die Ordnung wiederherstellen, und zwar zuerst an der Spitze der Kirche, der Schwachstelle des gegenwärtigen Machtsystems. Solange die Kritik der Lutheraner an den römischen Zuständen auch nur zum Teil berechtigt sei, lasse sich der permanente Unruhezustand der kleinen Leute nicht beheben.

Rom war also der Störfaktor der europäischen Ordnung: Solche Schuldzuweisungen mussten die römischen Gesandten von jetzt an regelmäßig anhören und stets aufs Neue zurückweisen. In ihren Verhandlungen mit dem Kaiser hielten sie dagegen, dass Luthers Ketzereien nicht neu, sondern von der Kirche seit Jahrhunderten verurteilt worden seien und ein Konzil daher überflüssig sei. Zudem würde die Einberufung einer allgemeinen Kirchenversammlung den Geist des Konziliarismus wiederbeleben und die Ordnung der Kirche vollends gefährden. Überdies habe der regierende Pontifex maximus bereits jetzt bedeutende Reformleistungen erbracht. Dadurch seien die deutschen Gravamina erledigt; allenfalls komme noch das eine oder andere kleinere Zugeständnis in Frage. Ob die Diplomaten des Papstes von den Argumenten, die sie bei diesen immer peinlicheren Begegnungen mit den habsburgischen Herrschern vortragen mussten, überzeugt waren, ist nach dem Tenor ihrer Korrespondenz mit Fug und Recht zu bezweifeln.

Allzu stark war die römische Position zwischen 1530 und 1534 von Verdrängung, Wunschdenken und Abwälzung von Verantwortung geprägt, wie ein Schreiben Salviatis an Campeggio vom Oktober 1530 zeigt:

> Und da die Güte des Kaisers die Lutheraner nicht rühren konnte, ist zu glauben, dass Gott seine Sache nicht aufgeben wird, sondern dass der Kaiser mit der Hilfe des Herrn diesen überaus edlen Teil Deutschlands heilen wird, und zwar mit anderen Mitteln, größerem Ruhm und mehr Sicherheit als heute.[42]

Wie diese wundersame Rettung vor der «lutherischen Pest» gelingen sollte, wurde allerdings nicht gesagt. Im Glauben, damit die römische Linie zu vertreten, votierten Legaten und Nuntien weiterhin für die Anwendung von Gewalt, und zwar im Hier und Jetzt, sonst konnte die römische Kirche Deutschland für immer abschreiben. Dieselbe Gefahr drohte, wenn sich Karl V. längere Zeit aus Deutschland entfernte. Dann würden die Lutheraner rasch und unwiederbringlich das Übergewicht erlangen.

Mit solchen Warnungen wurden Campeggio, Aleandro und Pietro Paolo Vergerio im Auftrag Clemens' VII. im Mai 1531 bei Karl V. und seinem – im Januar 1531 zum römischen König und damit zum Stellvertreter gewählten – Bruder Ferdinand vorstellig. Krieg gegen die Ketzer mit der Aussicht auf einen sicheren Sieg statt ein Konzil mit unsicherem Ausgang, so lautete die römische Formel. Für diesen Sieg sollte jedoch nicht Rom, sondern die katholische Kirche in Deutschland bezahlen:

> In Deutschland gibt es so viele Bischöfe, Prälaten und mächtige Domkapitel, die nur allzu offensichtlich ihrem baldigen Ruin entgegensehen. Diese würden freiwillig oder durch päpstliche Anweisung reichlich Geld für dieses Unterfangen liefern. Und es ist doch viel besser, die Güter der Kirche für die Ausrottung dieses Fluchs auszugeben, als sie von den Lutheranern beschlagnahmt und verschwendet zu sehen.[43]

Damit sollte für die Fürsten der stärkste Anreiz, lutherisch zu werden, entfallen. Die deutsche Kirche konnten sie notfalls auch mit päpstlicher Hilfe enteignen. Was die betroffenen Prälaten dazu sagen würden, interessierte in Rom offensichtlich niemanden. Karl V. jedenfalls, der den Geiz des Papstes nur allzu gut kannte, ließ sich auf dieses windige Vorhaben gar nicht erst ein.

Auch der wankelmütige Clemens VII. verfolgte diese Strategie nicht auf Dauer. Nachdem ihm eben noch ein harter Kurs eingeschärft worden war, erhielt Campeggio im Juli 1531 plötzlich Gegenorder:

> Dem Papst erscheint es ratsam, dass der Kaiser, der am besten weiß, was er sich bei einem kriegerischen Unternehmen von seinen eigenen Kräf-

ten und seinen Verbündeten versprechen darf, so vorsichtig wie möglich vorgehen sollte. Bevor er sich zu einem Waffengang entschließt, sollte er alle denkbaren Alternativen ausloten und prüfen.[44]

Das lief auf partielle Zugeständnisse an die Protestanten hinaus und war genau die Lösung, die Clemens VII. im Zusammenhang mit den Augsburger Verhandlungen kurz zuvor kategorisch verworfen hatte. Auch diesmal dauerte es nicht lange, bis die Kurie ihrer eigenen Position eine Absage erteilte:

> Der Papst hat nach langen Beratungen befunden, dass Zugeständnisse an Deutschland andere Nationen dazu einladen könnten, dasselbe zu verlangen.[45]

Also wieder zurück zur harten Linie, bis zum nächsten Widerruf! An diesem Zickzackkurs änderte sich bis zum Herbst 1534 nichts mehr. Anstatt eine klare Linie zu verfolgen, vertraute Clemens VII. auf obskure Versprechen und noch zweifelhaftere Praktiken. So schenkte er im Frühjahr 1532 einem selbsternannten «Vermittler» namens Raffaele Palazzolo nicht nur Glauben, sondern auch größere Geldsummen, als dieser versprach, den Kurfürsten von Sachsen zur katholischen Kirche zurückzuführen. Allein schon die Hoffnung, die Glaubens- und Kirchenspaltung durch ein solches Bestechungsmanöver ungeschehen zu machen, zeugte davon, wie wenig sich der Papst und die Kurie mit den Ursachen und Folgen der Kirchenspaltung auseinandergesetzt hatten.

Noch gravierender und für die römischen Gesandten irritierender war, dass Clemens VII. keine Gelegenheit ausließ, um den Kaiser, auf dessen Unterstützung in Deutschland nach einhelliger Auffassung alles ankam, vor den Kopf zu stoßen. Im Mai 1531 traten die Verhandlungen über die Eheschließung der zwölfjährigen Caterina de' Medici mit Henri, dem zweiten Sohn König Franz' I. von Frankreich, in ihre konkrete Phase. Dieses Heiratsprojekt musste die habsburgische Seite aufs Höchste alarmieren: Bahnte sich damit eine Allianz an, die die kaiserliche Machtstellung in Italien untergraben sollte? Würde der Papst im Stil seiner Vorgänger die politische Landkarte Italiens zugunsten Frankreichs umstürzen?

Düpiert fühlten sich Karl und Ferdinand nicht nur durch diese undurchsichtigen Vorgänge an sich, sondern mindestens ebenso sehr durch die Begründungen, die der Papst dafür lieferte: Als Vater der gesamten Christenheit sei er dazu verpflichtet, seine geliebten Söhne in Frankreich und Spanien gleichermaßen mit Wohltaten zu bedenken. Dabei kannte Franz I. keinerlei Skrupel, sich gegen seine übermächtigen habsburgischen Rivalen mit dem osmanischen Sultan zu verbünden und diesen sogar zu militärischen Aktionen gegen den Kaiser aufzufordern. Doch das alles zählte für Clemens VII. offensichtlich weniger als die Zukunft des Hauses Medici. Als die Heirat Caterinas und Henris beschlossene Sache war, reiste der Papst im Herbst 1533 sogar selbst nach Marseille, um dem jugendlichen Paar seinen allerhöchsten Segen zu erteilen. In seinem Gepäck führte er kostbare Hochzeitsgeschenke mit sich, unter anderem vier Kardinalshüte für französische Prälaten; damit machte er dem Vater des Bräutigams die Mesalliance mit der Urururenkelin eines Wucherers schmackhaft. Natürlich lautete die offizielle Rechtfertigung dieser ganz besonderen «Hochzeitsreise», dass der Heilige Vater bei dieser Gelegenheit den Frieden in der Christenheit festigen wolle. Für die habsburgische Seite sah es eher nach dem Gegenteil aus.

Auf verlorenem Posten

Clemens VII. hatte kein Interesse an den kirchlichen Verhältnissen in Deutschland: Dieser Eindruck stand in Madrid und in Innsbruck, wo Ferdinand residierte, unverrückbar fest. Katholische Religionspolitik in Deutschland musste daher nicht nur ohne Rom, sondern in vieler Hinsicht gegen Rom betrieben werden. Doch dafür wurden die Spielräume enger. Immer mehr Fürsten und Städte wandten sich in den 1530er Jahren von Rom ab und der lutherischen Kirche zu. Selbst für geistliche Reichsfürsten wie den Erzbischof von Köln war ein Liebäugeln mit dieser Alternative kein Tabu mehr. Parallel dazu verursachte Clemens VII. durch seine inkonsequente und widersprüchliche Verhandlungsführung in der Ehesache Heinrichs VIII. den Abfall Englands von der katholischen Kirche. Der spätere «Blaubart» auf dem englischen Thron wollte seine kinderlose Ehe mit Katharina von Aragon, einer Tante Karls V., annullieren lassen, um die schöne junge Anne Boleyn heiraten zu können. Mit solchen Affären hatte die Kurie jahrhundertelange Erfahrung. Alexander VI. hatte eine ganz ähnliche Angelegenheit gut dreißig Jahre zuvor mit einem Deal gelöst, der ihm, seinem Sohn Cesare und dem Bittsteller Ludwig XII. gleichermaßen zum Vorteil gereichte. Clemens VII. aber erwies sich ausgerechnet in diesem Fall, der Flexibilität erfordert hätte, als unbeirrbar und verweigerte seine Zustimmung – bis zum bitteren Ende, an dem Heinrich VIII. sich selbst zum Oberhaupt seiner Kirche erklärte und seine reichsten Abteien systematisch zu enteignen begann.

Der selbstzerstörerischen Politik des Papstes standen die römischen Diplomaten in Deutschland hilflos gegenüber. Sie konnten weiterhin zwischen den Zeilen warnen und mahnen, mehr nicht.

Besonders bitter war dieses Verharren auf verlorenem Posten für Girolamo Aleandro, der im Spätsommer 1531, gut zehn Jahre nach seinen großen Auftritten auf dem Wormser Reichstag, nach Deutschland zurückkehrte. Die Frustration, die sich dabei einstellte, war zweifach: Der ehrgeizige Gelehrte hatte zwar die Demütigung der Exkommunikation hinter sich, doch sah er sein Karriereziel, das Kardinalat, immer noch in weiter Ferne. Ernüchternd war für ihn auch, dass in Deutschland während seiner Abwesenheit alles nur noch schlimmer geworden zu sein schien. Auf einer Inspektionsreise durch den Süden des Landes konnte er die Fortschritte des Luthertums mit eigenen Augen sehen und Ursachenforschung betreiben:

> Im Gebiet von Ulm gibt es ein schönes Dorf namens Geislingen mit einer gut befestigten Burg. Dort ist der gesamte alte Gottesdienst eingestellt worden – die Einwohner scheinen wie tollwütig geworden zu sein. Und als ich dort war, kamen einige Soldaten aus der Burg herunter und lauschten, ob wir etwas über ihre Sekte sagen würden. Wie der Edelmann, der mich führte, sagte, gehörten sie zu denen, die Rom geplündert hatten. Er wusste wohl, wovon er sprach, denn er war beim *Sacco* selbst einer der wichtigsten Hauptmänner gewesen. Trotzdem scheint er ein wirklich netter und diskreter Mensch zu sein und schämte sich mir gegenüber, zusammen mit seinen Vorgesetzten an einer solchen Unternehmung wie dem *Sacco* beteiligt gewesen zu sein, und beteuerte, dabei keine heiligen Gegenstände entwendet zu haben.[46]

So waren sie, die blonden Barbaren: Erst schlugen sie alles kurz und klein und dann schlugen sie schamhaft die Augen nieder, um sich für ihr Berserkertum zu entschuldigen! So waren sie, die lutherischen Ketzer: Sie hingen den groteskesten Irrtümern an und verspielten dadurch leichtfertig ihr Seelenheil, doch wenn man sich von Mensch zu Mensch mit ihnen unterhielt, wirkten sie eigentlich recht sympathisch – von der religiösen Tollwut keine Spur, stattdessen viel Behaglichkeit und Biedersinn. Auch spätere römische Gesandte gelangten zu derselben Erkenntnis, wenn sie mit dem Mann auf der Straße über Theologie plauderten. Doch die Einsicht, dass auch Ketzer Menschen mit menschlichen Werten und Gefühlen sind, hielt nicht lange vor. Herzensgüte und Häresie konnten nicht zusammengehen. Da die Abweichung vom wahren Glauben feststand, musste die Freundlichkeit geheuchelt sein. Kurzum: Hier war der Teufel am Werke!

Diese harte Wahrheit musste sich Aleandro bei seiner Reise durch deutsche Lande immer wieder ins Gedächtnis rufen, dann fügten sich seine Wahrnehmungen von selbst zu einem sinnvollen Ganzen zusammen:

Im Gasthaus von Geislingen hingen Tafeln an den Wänden, auf denen in großen Buchstaben auf Deutsch Stellen aus dem Alten wie dem Neuen Testament geschrieben standen, mit deren Verdrehung sie ihre Ketzereien begründen und die sie allein zur Kenntnis nehmen. In verschiedenen Gasthäusern, aber auch in Privathaushalten liegt die Bibel in deutscher Übersetzung auf dem Tisch, die jeder nach seinem Gutdünken auslegt. Und wie ich höre, haben an einigen Orten sogar schon Frauen zu predigen begonnen, und zwar ohne jeden Respekt für den Apostel Paulus, der das verbietet und von dem sie doch ihre ganze Lehre zu haben behaupten.[47]

Die Bibel im Wirtshaus passt nicht zum Wesen des Ketzers, der zur Ausschweifung neigt. Also muss das Bild korrigiert werden. Durch Hörensagen werden fanatische Weibsteufel hinzugefügt, die gegen das paulinische Verbot predigen und, so darf der Leser vermuten, danach zur Unzucht schreiten. So lässt sich die unangenehme Schlussfolgerung, die sich nach reinem Augenschein aufdrängt, vermeiden: dass nämlich Luthers Lehre zumindest partiell volkstümlich geworden ist und Wurzeln geschlagen hat.

In Anbetracht dieser Erfahrungen war es für Aleandro ein Akt der mentalen Aufrüstung, zu den bewährten Erklärungsmustern zurückzukehren:

> Und so werden die Häretiker jeden Tag stärker, wie der Gewinn von Esslingen zeigt, und sie halten untereinander verschwörerische Versammlungen ab. Die Anhänger der römischen Kirche aber verhalten sich wie diejenigen, die eine zerstörerische Flutwelle auf sich zurasen sehen und warten, bis sie ertrinken. Das aber möge Gott verhindern, denn außer gutem Willen sehe ich in diesem guten Volk viel Trägheit und gute Vorbereitung ohne Ausführung. Und unter den Guten sieht man sehr viele, die wenn schon nicht durch Ketzerei durch Wahnsinn, Gier nach Neuem und Anstiftung des Teufels eher der einen als der anderen Seite zuneigen.[48]

Das war keine erfreuliche Diagnose zum Zustand dieses «guten Volkes», aber immerhin hatte Aleandro seinen Sinn für galligen Humor noch nicht völlig verloren. So gleicht seine Deutschlandreise einer zweiten Vertreibung aus dem Paradies:

> Wäre ich nicht wegen meiner Anstrengungen, steter Lebensgefahr und wegen des offensichtlichen Ruins der Christenheit völlig erschöpft, so könnte es mir so gut wie noch nie gehen: herrliches Wetter, leuchtende Tage und völlige Abwesenheit meines Todfeindes, des Winds, auf der ganzen Reise kein Regen, gute Straßen ohne Staub, das Land fruchttragend und schön von Württemberg bis Bayern, den Rhein entlang, so dass ich oft ausrief: Hier ist unser Italien! Aber diese rasenden Hunde können es nicht genießen, ohne Gott mit ihren Ketzereien zu beleidigen, der sie daraufhin ihrem Ruin überlässt, der uns hoffentlich trotz unserer Sünden erspart bleibt.[49]

Aus solchen Diagnosen und Eindrücken schloss Aleandro, wie schon im vorangegangenen Jahrzehnt, dass man die verfluchten «Skorpione»[50] am besten mit Waffengewalt ausrottete. Doch das war in Anbetracht des Nationalcharakters eine gefährliche Sache:

> Die enorme Unstetigkeit der Menschen und die Phantasievorstellungen, die in diesem Land herrschen, haben zur Folge, dass sich Rat und Entschluss der Fürsten fast stündlich ändern.[51]

Dass dieser Befund auch für Clemens VII. galt, wollte Aleandro offensichtlich nicht sehen.

Da Aleandro glaubte, Barbaren seien begierig nach Reichtum und Ruhm, versuchte er wie schon Campeggio auf dem Reichstag zu Augsburg, Melanchthon mit Versprechungen aus dem feindlichen Lager abzuwerben. Damit hatte er zwar keinen Erfolg, aber die Methode, Ketzer zu bestechen, wurde durch diesen Fehlschlag nicht hinfällig. Wenn der Landgraf von Hessen mit der Erlaubnis des Papstes die Kirchengüter, die er bislang illegal beschlagnahmt hatte, behalten dürfte – so Aleandros kühnes Kalkül –, würde er sofort zum Katholizismus zurückkehren. Diese These ließ sich jedoch nicht belegen, da sich Rom auf einen so riskanten Präzedenzfall nicht einließ. Aleandro aber fehlte es bei aller Wut und Ratlosigkeit über den Zustand Deutschlands nicht an Hoffnung, zumal er glaubte, die Häresie habe im Volk bereits wieder an Attraktivität verloren.

Andererseits musste der Nuntius erleben, wie der portugiesische Botschafter mitten im gärenden Deutschland eine antirömische Satire aufführen ließ, die von allen Zuschauern mit frenetischem Jubel aufgenommen wurde:

> Mir brach es wahrlich das Herz, ja, ich hatte das Gefühl, mitten in Sachsen zu sein und die Stimme Luthers zu hören oder mich in den Qualen des *Sacco di Roma* zu befinden.[52]

Bei so peinlichen Anlässen konnte sich Aleandro der unliebsamen Einsicht nicht verschließen, dass ohne eine durchgreifende Reform der Kurie an eine effiziente Offensive gegen das Luthertum nicht zu denken war. Am Ende schlug Deutschland dem polyglotten Deutschland-Experten ohne Deutschkenntnisse zwar schwer aufs Gemüt, aber das Fazit seines Berichts für seinen Nachfolger klang dennoch verheißungsvoll:

> Ich bin wahrlich, wie ich oft schrieb, kein Mensch, der große Hoffnungen auf die Dinge dieser Welt setzt, doch in einer Sache bin ich mir völlig sicher: Es wäre nicht allzu schwierig, Deutschland zum alten Glauben zurückzuführen, wenn man gewisse Missbräuche beheben würde – so sehr sehe ich Deutschland auf meiner zweiten Mission gebessert und bestrebt, den zahllosen Varianten der Ketzerei endlich ein Ende zu setzen.[53]

Um den Ketzereien ein Ende zu bereiten, musste nur der Kaiser mit aller Macht zuschlagen; Zugeständnisse von römischer Seite, so bemerkte Aleandro weiter, waren nicht erforderlich.

So drehte sich die Argumentation der Kurie im Kreise. Phasen des Pessimismus und der Euphorie folgten aufeinander und vermischten sich, ohne dass neue Erkenntnisse gewonnen oder Initiativen gestartet wurden. Aleandros Nachfolger Pietro Paolo Vergerio, der ab dem Frühjahr 1533 am Hofe König Ferdinands in Innsbruck weilte, wurde sogar ohne jede Instruktion nach Deutschland geschickt, Kenntnisse über Land und Leute brachte er nicht mit. Doch arbeitete er sich schnell ein. Bereits drei Monate nach Antritt seiner Mission berichtete er nach Rom:

> Ich habe mir unendliche Mühe gegeben, die Artikel und sonstigen Ketzereien dieser perversen Nation gründlich zu erforschen. So habe ich regelrecht meinen Beruf gewechselt und bin vom reinen Gelehrten zu einem Diener der Kirche geworden, und deshalb scheint es mir notwendig, alles darüber zu wissen. So könnte auch ich vielleicht eines schönen Tages zur rechten Zeit etwas gegen diese von Gott Verfluchten sagen.[54]

Allerdings konnte Vergerio nicht alles über seine Gegner wissen, da Luthers Schriften in der Bannandrohungsbulle «Exsurge domine» vom 15. Juni 1520 verboten worden war. Daher beantragte Vergerio im selben Schreiben nachträglich die Erlaubnis, die Bücher Luthers lesen zu dürfen. Sein frommer Wunsch, einst selbst gegen die Häretiker zu schreiben, ging jedoch nicht in Erfüllung, denn der päpstliche Nuntius verbrachte seinen Lebensabend nach mancherlei Wechselfällen und Abenteuern als lutherischer Pfarrer in Tübingen, wo er 1565 starb.

So devot Vergerio als Nuntius in Deutschland anfangs gegenüber Papst und Kurie auftrat, so mutig schlug er in seinen späteren Berichten harsche Töne an. Wie schon Campeggio setzte er auf die Methode, kritische Äußerungen seiner Gesprächspartner in aller Schärfe nach Rom zu übermitteln und darauf zu hoffen, dass diese die gewünschten Wirkungen, nämlich entschlossene Reformmaßnahmen und die Einberufung eines Konzils, zur Folge haben würden. Doch schreckte er mit der Zeit immer weniger davor zurück, auch im eigenen Namen endlich Taten zu fordern:

Mir sei ein weiteres Wort gestattet: Die Angelegenheit des Glaubens steht so, dass so viele Seelen durch die neuen Sekten in Verdammnis geraten. Hier, bei der Liebe zu Jesus Christus, hier – so möge seine Heiligkeit mit all seiner Güte bedenken – handelt es sich um das ernsteste Problem, seit es das Christentum gibt![55]

Und trotzdem tat Rom nichts, sondern vergeudete kostbare Zeit mit Heiratsgeschäften, die nur den Medici nützten, dem Ansehen der Kirche aber weiteren irreparablen Schaden zufügten: Diese Sätze musste sich der Empfänger der Korrespondenz dazu denken. Für Campeggio und Aleandro war die kuriale Verschleppungstaktik ein ärgerliches Hindernis, das ihrem persönlichen Erfolg wie der Reputation des Papsttums entgegenstand. Vergerio und seinem Nachfolger Giovanni Morone verursachte diese Apathie Gewissensqualen. Eine neue Prälaten-Generation mit neuen Werten und Prioritäten kündigte sich damit an. Dieser neue Typus des Nuntius setzte sich wie Vergerio und Morone mit den Werken des Glaubensfeindes intensiver als ihre Vorgänger auseinander und blieb davon nicht gänzlich unbeeinflusst.

Vor allem schreckten diese Gesandten nicht davor zurück, ihrem höchsten Vorgesetzten in Rom regelrecht ins Gewissen zu reden. Das tat Vergerio in den Jahren 1533 und 1534 mit immer neuen Hilfeschreien:

In der Glaubenssache gibt es nichts Neues zu berichten. Doch da ich täglich genauer darüber unterrichtet bin, sei es aus Gesprächen mit Einheimischen, sei es aus schlechten Büchern, wie in Deutschland der gesamte wahre Glaube mehr mit Füßen getreten und unterdrückt wird und wie an seine Stelle so viele Abscheulichkeiten und Seelenverluste treten, fühle ich mich von meinem Gewissen verpflichtet, unseren Herrn, den Papst, inständig zu bitten, dass er aus Liebe zu Christus etwas gegen dieses Elend unternehmen und unseren armen Glauben stützen möge.[56]

Ein Diplomat sollte berichten und allenfalls indirekt Rat geben. Vergerio fiel mit dieser Bitte völlig aus der Rolle, nicht zum letzten Mal, doch immer mit derselben Begründung, dass er nicht weiter zusehen könne, wie der wahre Glaube zugrundegehe. Seine Bestandsaufnahme färbte sich immer düsterer ein: Immer mehr Fürsten fielen von Rom ab, Priesternachwuchs war kaum noch in Sicht, Mönche und Nonnen verließen in hellen Scharen die Klöster. Und der Papst tat nichts dagegen. Dabei gab es in den Augen des Nuntius ein wirksames Heilmittel, das man nur endlich verschreiben musste: ein Konzil! Clemens VII. aber fürchtete weiterhin nichts mehr als eine allgemeine Versammlung der Kirche. Sein unerwarteter Tod am 25. September 1534 war daher für alle reformorientierten Kräfte an der Kurie eine Erlösung.

5. Luther, der Ketzer

(1534–1546)

Weichenstellungen im Reich und in Rom

Im Reich war Rom als Folge des päpstlichen Desinteresses an der Reformation zur Zuschauerrolle verdammt. Legat und Nuntius mussten tatenlos zusehen, wie im Februar 1531 eine Allianz der lutherischen Reichsstände in Kraft trat, die nach dem Verhandlungsort «Schmalkaldischer Bund» genannt wurde. Fürsten und Städte versprachen sich darin militärische Hilfe für den Fall eines katholischen Angriffs. Ob und unter welchen Voraussetzungen ein solches Bündnis, das sich vor allem gegen den Kaiser richten musste, vor Gott und dem Reichsrecht gerechtfertigt werden konnte, hatten Juristen und Theologen lange kontrovers debattiert. Sein Einverständnis gab Luther mit seiner *Warnung an seine lieben Deutschen*: Wenn das Wort Gottes ausgelöscht werden soll, ist Gegenwehr nicht nur erlaubt, sondern geboten. Noch waren die Schmalkaldener jedoch politisch und militärisch klar unterlegen und zudem durch die Rivalität zwischen ihren mächtigsten Führern, dem Kurfürsten von Sachsen und dem Landgrafen von Hessen, geschwächt.

Zu ihren Gunsten wirkte sich die weiterhin akute Bedrohung durch das expandierende Osmanische Reich aus. Im Oktober 1529 hatte Sultan Süleyman die Belagerung Wiens zwar ergebnislos abbrechen müssen, doch rückten seine Heere bald darauf erneut bedrohlich nach Westen vor. Die schwierige Lage zwang den Kaiser erneut zu Kompromissen mit den Lutheranern, denen er auf dem Reichstag zu Nürnberg im Sommer 1532 die Festschreibung der gegenwärtigen Religionsverhältnisse vorschlug; so war wenigstens der weiteren Ausbreitung der Häresie ein Riegel vorgeschoben. Die protestantische Seite berief sich jedoch auf ihr Standardargument, dass kein Menschenwerk der freien Ausbreitung des Gotteswortes entgegenstehen dürfe. Schließlich einigte man sich auf den sogenannten «Nürnberger Anstand», der die reichsgerichtlichen Prozesse gegen protestantische Stände aussetzte und dem Kaiser dafür deren Unterstützung im Krieg gegen das osmanische Heer zusicherte. Alle weiteren Religionsprobleme sollten auf einem künftigen Reichstag gelöst werden. Da der römische Kaiser Karl V. und der römische König Ferdinand zu weiteren Zugeständnissen nicht bereit waren, ließ dieser nächste Reichstag jedoch auf sich warten. Für die römischen Diplomaten war das Ergebnis von Nürnberg ein Desaster, denn sie hatten den Kaiser zum umgekehrten Vorgehen – erst die Lutheraner niederwerfen, dann mit geballter Kraft gegen die Türken vorgehen! – überreden wollen.

Für die Protestanten war mit dieser vorübergehenden Befriedung auf oberster Reichsebene die willkommene Gelegenheit geschaffen, an anderen Fronten vorzurücken. So gewann der 1519 vertriebene protestantische Herzog Ulrich von Württemberg sein von Habsburg verwaltetes Herrschaftsgebiet mit hessischer Truppenhilfe zurück – eine weitere schwere Niederlage für die katholische Sache. Ganz im Norden des Reiches bahnte sich aus römischer Sicht gleichfalls Unheil an. Nach dem Tod König Friedrichs I. von Dänemark im April 1533 brach dort ein Thronfolgestreit aus, in dem dessen Sohn Christian III. rasch die Oberhand gewann. Christian hatte als Achtzehnjähriger Luther auf dem Reichstag zu Worms erlebt und war von dessen Auftritt tief beeindruckt. Ab 1535 wandelte der lutherische Modellfürst, der selbst mit großer Beredsamkeit und exquisiter theologischer Bildung von der Kanzel predigte, in Abstimmung mit Luther und in enger Kooperation mit dessen Vertrautem Johannes Bugenhagen sein Herrschaftsgebiet, zu dem auch die Herzogtümer Schleswig und Holstein gehörten, in ein lutherisches Musterfürstentum um. Auch persönlich fühlte sich Christian III. Luther eng verbunden. Die jährlichen Lebensmittellieferungen aus Kopenhagen waren im Hause Luthers hoch willkommen. Nach dem Tod des Reformators zahlte der König dessen Witwe, die finanziell nicht auf Rosen gebettet war, eine Rente.

Angesichts der protestantischen Zugewinne wurde das Konklave nach dem Tod Clemens' VII. im Herbst 1534 für die katholische Kirche zu einem Schlüsselereignis. Noch eine Fehlbesetzung wie 1523, und es war um den wahren Glauben geschehen, so bangten die Reformer. Im

Kardinalskollegium fanden diese Besorgnisse jedoch nur geringen Widerhall. Unter den letzten Pontifikaten waren Kardinalate fast ausschließlich nach politischer Opportunität und Zahlungsfähigkeit der Bewerber vergeben worden. Größere Bereitschaft zu einer grundlegenden Neuordnung der Kurie, geschweige denn zu einem kirchenpolitischen und religiösen Aufbruch war unter den 35 Kirchenfürsten, die am 11. Oktober 1534 zur Wahl des neuen Papstes schritten, denn auch nicht erkennbar. Dass sich in nur vierundzwanzig Stunden die nötige Zweidrittelmehrheit für einen sechsundsechzig Jahre alten Kandidaten zusammenbringen ließ, überraschte daher niemanden. Kardinal Alessandro Farnese, der den Namen Paul III. annahm, war in aller Augen die vollkommene Inkarnation des Renaissance-Papsttums mit sämtlichen Facetten und Widersprüchen. So hatte er die Kardinalswürde als Lohn für die Liebesdienste erhalten, die seine schöne und kluge Schwester Giulia Papst Alexander VI. erwies. Für Luther war er ein Papst, der Karriere als Kuppler und Zuhälter gemacht hatte: Gab es einen schlagenderen Beweis dafür, dass Rom Babylon war?

Von diesen peinlichen Anfängen hatte sich Kardinal Farnese 1534 allerdings weit entfernt. Nach einundvierzigjährigem Kardinalat galt der mit den Borgia, della Rovere, Colonna, Orsini und Medici verwandte, verschwägerte und verbündete Kirchenfürst als einer der gewieftesten Kirchen- und Machtpolitiker der Kurie alten Stils. Dazu gehörte selbstverständlich, dass er als Papst genauso wie seine Vorgänger seine gesamte Politik nach innen wie außen seinen Familieninteressen unterordnete. Oberstes Ziel des Pontifikats war es daher, für Pier Luigi Farnese, den «natürlichen» Sohn des Papstes, einen eigenen Staat zu gewinnen. Da fast alle Päpste seit mehr als sechzig Jahren dasselbe Ziel verfolgt hatten, war der Spielraum dafür eng und das Konfliktpotenzial groß. Was die Farnese, die seit dem 13. Jahrhundert ein achtbares Dasein als Feudaladelsfamilie im nördlichen Kirchenstaat und im Grenzgebiet zur Republik Siena gefristet hatten, gewannen, wenn sie zu Territorialfürsten ersten Ranges aufstiegen, mussten bereits etablierte Dynastien und nicht zuletzt auch das Reich verlieren. Schwere Auseinandersetzungen mit dem Kaiser wurden dadurch unvermeidlich. Wie Clemens VII. hatte Paul III. nicht die geringsten Skrupel, die Rivalität zwischen Frankreich und Spanien zugunsten seines Hauses zu schüren. So sprach alles dafür, dass der Pontifikat des «Renaissancemenschen» Alessandro Farnese die Vergangenheit mit all ihren Versäumnissen und Widersprüchen kopieren würde.

Um dies zu verhindern, zog der Nuntius Vergerio alle rhetorischen Register:

> Was eure Heiligkeit zu den deutschen Angelegenheiten unbedingt wissen sollte, ist Folgendes: Eure Heiligkeit weiß, dass den Kurfürsten und weiteren einflussreichen Kreisen des Reiches in den letzten Jahren immer wieder Hoffnung auf ein Konzil gemacht und diese Hoffnung dann wieder zunichte gemacht wurde … Ich sage nun nicht nur, dass eure Heiligkeit dafür sorgen muss, dass wir dieses Konzil bekommen, denn dazu muss man euch nicht mehr anspornen, sondern ich sage, dass es absolut nötig ist, dieses Konzil mit den Vertretern Deutschland schnell zu vereinbaren. Denn wenn sich diese Sache auch nur ein wenig hinauszögert, werden diese Mächtigen sich so unzufrieden zeigen, dass sie unter dem naheliegenden Vorwand der Verzögerung ein Nationalkonzil abhalten werden, und dies zum schwersten Schaden und zur Schande der römischen Kirche.[1]

So durfte ein kleiner Gesandter nicht an einen Papst schreiben. Man glaubt Vergerio, dass es ihm nicht um seine Karriere, sondern um sein Gewissen ging. Dieses wurde erst einmal auf eine schwere Probe gestellt:

> In Deutschland ist die Pest dieser Häresie aufgekommen, hier ist sie gewachsen, von hier aus hat sie sich an so viele Orte der Welt ausgebreitet. Hier und nirgendwo sonst muss man ihr Einhalt bieten, und zwar mit schnellen und starken Mitteln! Viele wichtige Persönlichkeiten in Deutschland wundern sich, dass man mit der Bekämpfung des Übels, das doch so groß und gefährlich ist, immer noch keinen Anfang gemacht hat. Und wahrlich, Heiliger Vater, so wage ich mit aller geschuldeten Ehrfurcht, aber auch mit der Verpflichtung eines Christenmenschen zumindest einen Teil dessen, was ich bei meiner Tätigkeit hier fühle, zu sagen: Es reicht nicht aus, in Rom über das künftige Konzil zu verhandeln, sondern man muss gleichzeitig die Intellektuellen und die Menge in Deutschland für sich gewinnen. Und wenn eure Heiligkeit diese Nation nicht voll und ganz davon überzeugt, dass das Konzil kommt, wird es zu schweren Auf-

ständen kommen, da sich dann alle zum Ruin der römischen Kirche zusammenschließen werden.[2]

Vergerios hochemotionale Schreiben verfehlten ihren Zweck nicht. Paul III. berief seinen Deutschland-Experten Ende 1534 nach Rom und zog sich sogar zu Klausurberatungen mit ihm auf das päpstliche Jagdschloss La Magliana zurück. Auch hier muss der Nuntius die richtigen Worte gefunden haben, denn schon am 15. Januar 1535 erklärte der Papst den Kardinälen im Konsistorium, dass ein Konzil nötig sei, und zwar schnell. Wie zu erwarten, stieß er damit auf fast einhellige Ablehnung, doch dieser Widerstand blieb folgenlos. Vergerio wurde erneut als Nuntius nach Deutschland geschickt, wo er den Mächtigen im Reich die frohe Botschaft verkünden sollte: Das Konzil kommt!

Auf seiner Werbetour kam der römische Gesandte auch in lutherische Territorien. Das Konzil sollte die Glaubensspaltung beheben, also musste man die Häretiker zumindest dazu einladen, und zwar sehr zu ihrem Missvergnügen. Den Anfang als Gastgeber Vergerios wider Willen machte der Landgraf Philipp von Hessen, den sein römischer Gast als Prototyp des Ketzers beschrieb:

> Er ist ein junger Mann von dreißig Jahren, unfassbar hochmütig und wird von seinen bösen Ratgebern permanent dazu angestachelt, unseren heiligen Glauben zu verhöhnen und zu beschädigen. Hört nur von einem Charakterzug, den ich selbst gesehen habe, um danach über den Menschen allgemein urteilen zu können! Am heiligen Osterfeiertag begleitete der Landgraf den König [Ferdinand] in die Kirche, aus der er, kaum hatte die Messe begonnen, mit dem breitesten Grinsen der Welt wieder heraustrat. Ja, er zog es vor, während dieser Zeit in einem Garten spazieren zu gehen. Und danach hatte er die Frechheit zu sagen, dass er bei einer Predigt in der Kirche geblieben wäre, dass er jedoch keinem Priester dabei zusehen wolle, wie dieser vor dem Altar Bagatellen verrichte. Dabei nahm er nicht einmal auf den König Rücksicht, der der Messe mit so viel Demut und Frömmigkeit beiwohnte.[3]

Philipp von Hessen bekundete abgrundtiefe Verachtung für alles, was den Katholiken heilig war: So wurden Religionskriege entfacht. Dem Gesandten des Papstes trat der Landgraf jedoch höflicher gegenüber, wie es die Gesetze der Diplomatie verlangten. Ein Konzil betraf seit jeher die ganze Christenheit. Auch wenn sich die Protestanten vom Papst losgesagt hatten, mussten sie ein Konzil ernst nehmen; die Konzilien der Frühzeit standen auch bei ihnen in hohem Ansehen. So musste Philipp von Hessen seine Ablehnung elegant verbrämen:

> Insgesamt erwies er mir so viele Liebenswürdigkeiten, dass ich am Ausgang der ganzen Angelegenheit zu zweifeln begann – obwohl ich wusste, dass er schließlich der Landgraf, der Verächter der Sache Christi, war. Doch zeigte er sich bis zum Schluss äußerst respektvoll, begleitete mich bis zum Tor hinaus und sprach von Paul, dem römischen Pontifex (und zwar genau so), mit all der Ehre und Ehrfurcht, die man sich von jedem guten Fürsten nur wünschen kann ... Doch würden die Protestanten niemals an einen der von mir genannten Orte kommen. Stattdessen forderten sie die Abhaltung des Konzils in Deutschland, wo es ihnen der Kaiser zugesagt habe.[4]

Paul III. hatte über den Ort des Konzils noch nicht entschieden. Vergerio sollte Werbung für Mantua machen, das zum Reich gehörte, also bei großzügiger Betrachtung vielleicht als Kompromiss durchgehen würde. Einer allgemeinen Kirchenversammlung in einer deutschen Stadt, wie sie Philipp forderte, würde der Papst jedoch nie zustimmen. Damit war die Veranstaltung aus der Sicht des Landgrafen auf den Sankt-Nimmerleins-Tag verschoben.

Auch von Markgraf Georg von Brandenburg, einem Neu-Lutheraner unter den Kurfürsten, wurde der Nuntius so zuvorkommend empfangen, dass in ihm sofort die Hoffnung aufkeimte, den erst kürzlich Abgefallenen wieder für den wahren Glauben zurückgewinnen zu können. Sehr viel negativer waren die Eindrücke, die Vergerio vom Kurfürsten von der Pfalz gewann, der ebenfalls kurz zuvor lutherisch geworden war: Dieser Säufer und Fresser habe nur eine Leidenschaft, nämlich die Jagd, so sein Fazit. Da er sich für Politik und Religion nicht interessiere, sei er der Spielball seiner bösen Räte. Danach näherte sich Vergerios Deutschland-Tour unaufhaltsam ihrem Kulminationspunkt: dem Kurfürstentum Sachsen und dessen spirituellem Oberhaupt, dem Erzketzer Luther.

Luther und die neue Kirchenordnung

Nach dem Ende des Augsburger Reichstags widmete sich der Reformator intensiv der Festigung des evangelischen Bekenntnisses, das er durch Melanchthons Entgegenkommen auf dem Reichstag gefährdet sah, sowie dessen praktischer Umsetzung in Gottesdienst und Volkserziehung. Hier war der Handlungsbedarf enorm. Die Kirche war bisher juristisch und moralisch für Familie und Ehe zuständig gewesen und hatte dafür auch die oberste Gerichtsinstanz gebildet. Mit der Reformation waren diese Zuständigkeiten an die neuen Kirchenbeamten im Dienste der Territorialfürsten oder der Reichsstädte übergegangen. Wann eine Ehe als aufgelöst zu betrachten war, unter welchen Umständen ein Ehemann seine «entlaufene» Frau zurücknehmen musste und umgekehrt – mit solchen und ähnlichen Alltagsfragen hatten sich Luther und seine engsten Vertrauten Johannes Bugenhagen und Justus Jonas jetzt immer häufiger zu beschäftigen. Wie schon als Beichtvater im Kloster lernte der Reformator und Familienvater Luther durch diese Tätigkeiten den Menschen von seiner Nachtseite, in all seiner Schwachheit und Sündhaftigkeit, kennen.

Diesen dunklen Trieben durfte die reformierte Kirche nicht nachgeben. Sie musste dem Bösen, so weit es ging, durch ihr disziplinarisches Eingreifen Einhalt gebieten und dadurch ihre Überlegenheit gegenüber dem Papsttum unter Beweis stellen, auch wenn sie den Menschen nach Meinung Luthers nicht durchgreifend bessern konnte. Dem humanistischen Erziehungs-Optimismus stellte er sein pessimistisches Menschenbild entgegen, das sich mit den Widerständen, auf die die Verbreitung seiner Lehre traf, im Laufe der Zeit weiter verdunkelte. Weil der Mensch nach der Erbsünde zum Laster neigte und diese Fehlbarkeit durch nichts zu beheben war, war Luther, der «Familienrichter», in Fällen ehelicher Zwietracht und häuslicher Zerrüttung zu einer gewissen Nachsicht bereit, wenn dies ohne Schaden für das Prestige der neuen Kirche möglich war. Für besonders schwere Fälle war der Ausschluss vom Abendmahl mit allen abträglichen Folgen für Ehre und Reputation des Sünders vorgesehen, doch ein Ort der Tugend-Tyrannei wurde Wittenberg im Gegensatz zum Genf Calvins nach 1541 nicht.

Disziplin mit Augenmaß – unter Berücksichtigung des Menschen, wie er war und bleiben würde: das war auch das Leitmotiv der Pfarrerausbildung und Pfarrerkontrolle im Kurfürstentum Sachsen. Die neuen Geistlichen wurden von jetzt an regelmäßig visitiert. Eine speziell für diesen Zweck geschaffene Kommission verschaffte sich vor Ort einen genauen Eindruck vom materiellen Zustand der Pfarrei, der Bildung des Pfarrers, seinem Lebenswandel sowie dem Stand der Sittlichkeit und Glaubenslehre in seiner Gemeinde. In diesem Punkt stieß die Reformation auf unüberwindliche Hindernisse. Vor allem die ländliche Bevölkerung hielt über Generationen hinweg an vertrauten Kultformen wie der Heiligenverehrung, die ihr Fürsprache vor Gott verschaffen sollte, und an althergebrachten Frömmigkeitspraktiken wie Wallfahrten fest. Umso wichtiger war für Luther die religiöse Unterweisung der jungen Generation. Junge Menschen sollten von Anfang an im wahren Glauben unterrichtet werden, was geeignete Schulen und Lehrmittel voraussetzte. In diesem Bereich entfaltete der «späte» Luther nach 1530 zusammen mit Melanchthon vielerlei Aktivitäten. So war sein *Kleiner Katechismus*, der 1529 erstmals erschien und zahlreiche Auflagen erlebte, dazu bestimmt, die Jugendlichen mit den Kernpunkten der reformierten Lehre vertraut zu machen. Dieser Indoktrination dienten auch die zahlreichen Kirchenlieder aus Luthers Feder, die mit ihren eingängigen Melodien, zumeist von bekannten Volksliedern übernommen, rasch populär wurden. Der katholischen Seite galten sie als eine besonders bedrohliche Waffe im Kampf um die Seelen, der sie lange Zeit nichts entgegenzusetzen hatte.

Das galt auch für die Bildpropaganda, die schon der «frühe» Luther ab 1517 virtuos für seinen Krieg gegen das Papsttum nutzte. Im Gegensatz zu Calvin, der religiöse Bilder grundsätzlich als gottlos ablehnte, unterschied Luther zwischen richtigen und falschen Bildern. Richtig waren für ihn die Darstellungen der wahren Lehre, die neben Katechismus und Chorälen als Einübung in die Rechtgläubigkeit genutzt werden konnten. Vorbildlich waren für ihn die Bildschöpfungen Lucas Cranachs und seiner Schule, die so abstrakte Themen wie die drei *sola*-Prinzipien – *sola fide, sola gratia, sola scriptura* – und weitere Kernaussagen der Reformation veranschaulichten.

Doch das wichtigste Medium Luthers blieb das geschriebene und gesprochene Wort. Luthers Predigten von der Kanzel der Wittenberger Schlosskirche wurden rasch berühmt und eine Attraktion für Einheimische wie Fremde. Das hatte nicht nur mit der Verehrung zu tun, die dieses Publikum dem Erneuerer des christlichen Glaubens entgegenbrachte, sondern auch mit Luthers ausgefeilter Rhetorik: Klarheit und Knappheit waren die Grundsätze seines mündlichen Ausdrucks. Dazu kamen die vielen volkstümlichen Wendungen, die seinen Vortrag auch für weniger gebildete Zuhörer verständlich machten. Mit all diesen Methoden sollte der jungen Generation die qualvolle Phase der Ablösung von der Papstkirche nebst den damit verbundenen Ungewissheiten und Ängsten erspart bleiben. Zugleich sollte sie im Gehorsam gegenüber einer christlichen, das heißt: lutherischen Obrigkeit erzogen werden. Der jetzt anhebende Prozess der Konfessionalisierung, der Menschenprägung im Geiste einer allein seligmachenden Orthodoxie, kam Kirche und Staat gleichermaßen zugute. Parallel zu den Texten, die der Einübung im Glauben dienen sollten, verfasste Luther Kampfschriften gegen Abweichler in den eigenen Reihen und gegen die «Schwärmer».

Als Familienvater führte Luther ein offenes Haus, das öffentlichkeitswirksam als Muster und Modell einer christlichen Familie und Erziehung propagiert wurde. Zwischen Juni 1526 und Dezember 1534 wurden dem Ehepaar Luther sechs Kinder geboren, drei Söhne und drei Töchter. In diesem «ganzen» Haus, wo die Kernfamilie mit Verwandten, Gesinde und Pensionsgästen zusammenlebte, waltete Katharina von Bora ihres Amtes als unbestrittene Hausherrin. Obwohl Luther als Professor an der Universität Wittenberg ein ansehnliches, seit 1536 sogar ein hohes Gehalt bezog, betrieb der große Haushalt im Schwarzen Kloster zusätzlich Selbstversorgung, zum Beispiel durch Gemüseanbau. So ließen sich sogar Überschüsse erwirtschaften, die die Hausfrau klug investierte. Im Steuerjahr 1542 wurden die Vermögenswerte des Reformators nur vom erfolgreichen Maler-Unternehmer Lucas Cranach übertroffen.

Wittenberg blieb in dieser Zeit eine Kleinstadt mit ländlichem Charakter, der nicht zum Ruf der Stadt als das «neue Rom» der Protestanten und auch nicht zum Ruhm der Universität passen wollte. Diese entwickelte sich zu einem Ausbildungszentrum für den Adel und das wohlhabende Bürgertum des reformierten Europa, bis ihr mit der Genfer Akademie 1559 eine starke Konkurrenz erwuchs. Die Universität wiederum verdankte ihren Ruhm Luther und Melanchthon, die für die protestantische Welt das Ideal von Frömmigkeit und Gelehrsamkeit in Eintracht und Harmonie verkörperten. Melanchthons Renommee als Humanist strahlte bis nach Italien aus. Luthers Ruhm war der Ruhm des Wiederentdeckers des wahren Gottesworts und des Begründers der darauf gebauten Kirche. Als solcher hatte er nicht nur beim Aufbau der kursächsischen Kirche ein gewichtiges Wort mitzureden, sondern auch bei den Beratungen der protestantischen Fürsten über das politische und militärische Vorgehen gegenüber Kaiser und Reich. Dabei sah er sich, vor allem in der Frage des Widerstandsrechts gegenüber dem Kaiser, zu mancherlei Zugeständnissen genötigt, die er andererseits auch den Mächtigen abverlangen konnte.

Im November 1535 näherte sich der päpstliche Nuntius Pietro Paolo Vergerio bei seiner Reise nach Wittenberg einem geistlichen Führer im Zenit seines Ruhmes. Dass ihm diese Stellung Luthers auch nur ansatzweise bewusst war, ist jedoch stark zu bezweifeln.

Vergerios Begegnung mit Luther

Der Gegensatz zwischen dem provinziellen Wittenberg und der kosmopolitischen Weltstadt Rom war unüberbrückbar und spiegelte sich in Luthers lebenslangen Hassreden gegen die unmoralische und undurchsichtige Metropole am Tiber wider, wo hinter dem schönen Schein Abgründe der Verworfenheit lauerten. Für den römischen Nuntius Vergerio, der jetzt Kurs auf das «Ketzerzentrum» nahm, stellten sich die Verhältnisse genau umgekehrt dar.

In Rom zeigte sich der Rang eines Prälaten an der sichtbaren Erhabenheit seiner Wohnstätte, an der Erlesenheit seiner Gewandung, an der Größe seiner Dienerschaft, am Glanz seiner Bankette und nicht zuletzt am Rang seiner Kunstsammlungen. An all diesen Merkmalen war der Platz des Einzelnen innerhalb der sozialen und funktionalen Hierarchie der Kurie genau abzulesen. Dieser Rang fand überdies in der kurialen Semiotik, in Gestik und Sprache, seinen Ausdruck, durch die der Tiefer-

Francesco Salviati malte 1552 den Palazzo Farnese in Rom mit den Ruhmestaten Pauls III.
aus. In diesem Fresko stiftet der Farnese-Papst, den die Allegorien des Wohlstands und der
Frömmigkeit umrahmen, zur Linken Frieden zwischen Kaiser Karl V. und dem französischen
König Franz I. Auf der rechten Seite ziehen der Kaiser und Mitglieder der Familie Farnese
in den siegreichen Schmalkaldischen Krieg gegen die Lutheraner. Im Vordergrund disputiert
ein römischer Prälat mit Martin Luther.

gestellte seine Würde genauso zu wahren vermochte wie der Vorge-
setzte. Von dieser sinnreich geordneten höfischen Welt, in der leblose
Dinge als Symbole einer unsichtbaren höheren Ordnung dienten, fand
Vergerio im Kurfürstentum Sachsen keine Spur. Schon Land und Leute
auf dem Weg dorthin zeigten ihm, was ein Abgesandter der Zivilisation
in dieser abgelegenen Gegend zu erwarten hatte:

> Auf meiner gesamten Reise sind mir nicht so viele Unannehmlichkeiten
> und Gefahren begegnet wie auf diesen sechs Tagesetappen. Ich habe dabei
> unwegsame Berge und Wälder angetroffen, dazu Eis und Schnee, dazu
> alles voller Leute, die dieser verfluchten lutherischen Sekte anhängen. Sie
> haben mir mehrmals große Angst eingejagt, denn ihre Raserei und ihre
> Wut werden unglaublich, sobald nur vom Papst und von Rom die Rede
> ist.[5]

Die Werbetour hatte sich zur Forschungsreise gewandelt. Von jetzt an
drohte sie zum Opfergang zu werden.

Doch es kam wieder einmal anders. In Wittenberg wurde der Nuntius vom Vertreter des abwesenden Kurfürsten mit allen Ehren empfangen, ganz so wie zu den guten, alten Zeiten. Die Begrüßung weckte in Vergerio die kühnsten Hoffnungen:

> Auf diese zuvorkommende Weise bin ich von den schlimmsten Feinden behandelt worden, die der Heilige Stuhl jemals gehabt hat. Das muss für Seine Heiligkeit aus vielerlei Gründen eine große Hoffnung und ein großer Trost sein. Denn in vielen Gesprächen über Seine Heiligkeit und ihre Politik wurde mir einhellig Zustimmung signalisiert und die Hoffnung zum Ausdruck gebracht, dass das so inständig herbeigesehnte Konzil, das nach ihren Worten von den drei vorangehenden Päpsten verhindert wurde, zur Tat schreiten und die überaus gefährlichen Meinungsverschiedenheiten im christlichen Glauben beilegen werde.[6]

Diese guten Worte kamen von Nebenpersonen. Ernst wurde es laut Vergerio, als der Schlosshauptmann Hans von Metzsch am 13. November unangekündigt in Begleitung Luthers und Bugenhagens in seinem Quartier erschien, wo er gerade eine Mahlzeit zu sich nahm. Doch diese Geschichte hält historischer Überprüfung nicht stand, denn in Wirklichkeit suchte der Nuntius das Gespräch mit dem Ketzer. Das geht nicht nur aus der Darstellung des Besuchs von lutherischer Seite hervor, sondern lässt sich auch belegen. Dass Luther unangemeldet zum unpassendsten Zeitpunkt hereingeplatzt sein sollte, entsprach dem Klischee des Barbaren, dem auch die Beschreibung Luthers durch Vergerio verpflichtet ist:

> Er ist etwas älter als fünfzig Jahre, aber robust und stark, so dass er jünger als vierzig wirkt, von recht grobem Äußeren, das er jedoch so weit wie möglich freundlich und verbindlich zu halten versucht. Er spricht mäßig schnell und für einen Deutschen nicht allzu holperig. Doch sein Latein ist so schlecht, dass er einige Bücher, denen man eine gewisse Gewandtheit und Ausdruckskraft im Lateinischen zuschreibt, unmöglich selbst verfasst haben kann. Das gab er selbst zu, räumte er doch ein, dass er nicht auf Lateinisch zu schreiben pflege. Stattdessen rühmte er sich seiner Gewandtheit in seiner Muttersprache. Er hat so unruhig rollende Augen, dass sie – glauben Sie mir, Monsignore! – je länger ich sie sah, desto mehr den Augen eines Besessenen ähnelten, den ich früher einmal zu Gesicht bekam – so eingesunken, unstet, wütend, ja rasend war sein Blick![7]

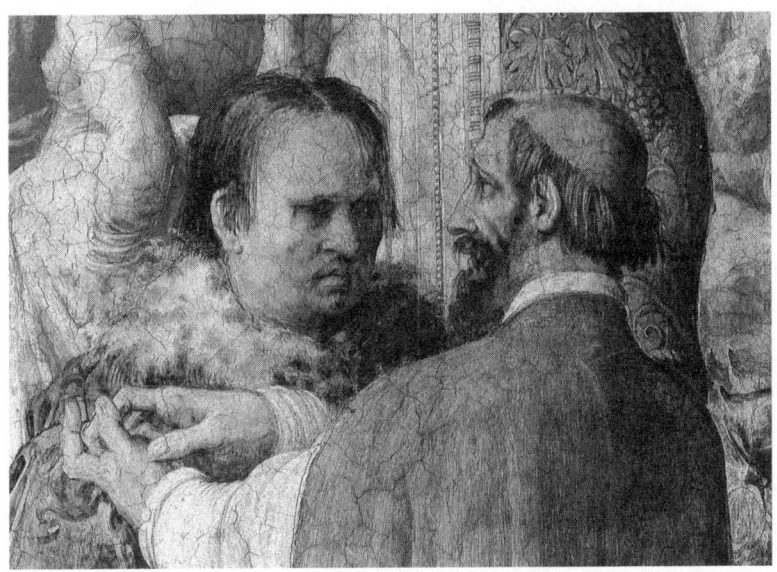

Luther und ein römischer Prälat auf einem Fresko von Francesco Salviati im Palazzo Farnese, Rom, 1552 (siehe Seite 283). Luther ist in diesem Bildausschnitt so gemalt, wie ihn die römischen Texte beschreiben: gedrungen, stiernackig, finster und uneinsichtig. Sein Gegenüber hat, wie die verschränkten Hände zeigen, soeben seine unwiderlegliche Beweisführung zugunsten der römischen Glaubenswahrheit beendet. Doch der barbarische Ketzer bleibt unbelehrbar. Da die Szene im Zusammenhang mit der Einberufung des Konzils von Trient steht, ist wahrscheinlich die Begegnung des Nuntius Vergerio mit Luther in Wittenberg im November 1535 gemeint.

Vergerios Wahrnehmung ist von Vorwissen geprägt, wie er selbst zugibt:

> Wahrlich, je länger ich über das, was ich von diesem Ungeheuer *(monstro)* gesehen und gehört habe, nachdenke und berücksichtige, was dieser mit seinen verfluchten Machenschaften alles bewirkt hat, und hinzufüge, was ich von seiner Herkunft und seinem bisherigen Leben von Personen weiß, die bis zum Zeitpunkt seines Eintritts ins Kloster seine Freunde waren, umso überzeugter bin ich davon, dass er von einem Teufel besessen ist.[8]

Wie redete man mit einem Wahnsinnigen, dem ein Dämon im Nacken saß, beziehungsweise mit dem Abgesandten des Antichrist? Am Anfang bemühten sich beide Seiten um den Anschein eines entspannten Geplauders. Luther rang sich eine freundliche Bemerkung über den neuen Papst ab, von dem er während seines Rom-Aufenthalts, also im Jahre 1511, Gutes gehört habe. Doch das war, wie Vergerio wohl wusste, eine vergiftete Nettigkeit: Zu dieser Zeit klatschte und tratschte ganz Rom über die Kupplerdienste, die dem Kardinal Farnese den roten Hut eingebracht hatten. Wie Luther dieses «Kompliment» gemeint hatte, machte er denn auch durch einen Nachsatz deutlich:

> Zu dieser Zeit, so fügte diese Bestie grinsend hinzu, las ich mancherlei Messen![9]

Auffällig früh – die Besprechung hatte kaum begonnen – fällte Vergerio in diesem Bericht sein Schlussurteil über Luther. Wollte er jeglichen Verdacht, dem Ketzer menschlich zu nahe zu kommen oder gar Verständnis für dessen Ansichten zu haben, von vornherein zerstreuen?

> Nach Gesicht, Haltung *(habito)*, Gesten und Worten zu urteilen, ist er – ob besessen oder nicht – die Arroganz selbst, gepaart mit Bösartigkeit *(malignità)* und dreister Dummheit *(imprudentia)*. So ist es für diese ruchlosen Fürsten und die übrigen Herren eine Schande ohnegleichen, dass sie nicht erkennen, wes Geistes Kind derjenige ist, den sie zum Lehrer und Propheten erhoben haben![10]

Empörung über die Verworfenheit des Häretikers vermischt sich mit Entrüstung über dessen Kümmerlichkeit: Eine so große und ehrwürdige Institution wie die von Christus begründete Kirche hätte einen imponierenderen Gegner als diesen lächerlich aufgeblähten Schwadronierer verdient! Das Bild des zügellosen Wüstlings verschmilzt im Folgenden nahtlos mit dem Gemeinplatz des tölpelhaften und dummen Barbaren:

> Eure Durchlaucht möge schon nach der äußeren Gestalt urteilen: Dieses ungeratene Gehirn warf sich in Festkleidung – schließlich war es Sonntag! Er trug eine Art Jacke mit schäbigem Wams, die Ärmel ganz stolz aus Samt. Sein Rock war aus Serge, mit Fuchspelz gefüttert, doch ziemlich

kurz, außerdem trug er mehrere Ringe und um den Hals eine dicke Goldkette, dazu eine Mütze nach Priesterart. Er behauptete, mit seiner ehrwürdigen Nonne zwei Töchter und drei Söhne gezeugt zu haben, von denen der älteste 12 Jahre zählte und gemäß seinen Worten ein großer Mann in der evangelischen Lehre werden sollte. Er lebt – wie ich gehört habe und jetzt nur allzu gut nachvollziehen kann – ohne Maß und ohne sittliche Vorbildlichkeit. Er hat an Einkommen nur den Lohn des Fürsten für seine Vorlesungen und Predigten und ist von grobschlächtigen, bäuerlichen Umgangsformen. Schließlich war sein Vater ein schäbiger Tagelöhner im Bergbau von Goslar und seine Mutter Bedienung in einem öffentlichen Bad. Abträglicheres lässt sich zu so einem schmutzigen und verabscheuungswürdigen Leben nicht sagen.[11]

Gemeinplatz reiht sich an Gemeinplatz: Luther, der Sohn einer Hure, der den großen Herren spielen will, doch durch groteske Verkleidung seine wahren Ursprünge erst recht verrät; der Sittenstrolch, der den Morallehrer spielt; die Marionette der großen Herren, die sich den «Reformator» als Kettenhund gegen Rom und Hofnarren halten. So erübrigt sich der Blick auf die Lehre, denn sie wird durch die Würdelosigkeit des Lebens und seiner Umstände vorweggenommen: Wer sich so kleidet und aufführt wie Luther, taugt nicht zum Wahrheitszeugen. Vergerios Argumentation schreitet vom Äußeren zum Inneren, doch äußerlich im Sinne von oberflächlich ist sie deswegen nicht. Für den humanistisch gebildeten Italiener war beides, das Auftreten nach außen und die innere Befindlichkeit, nicht voneinander zu trennen.

Dabei entging Vergerio jedoch, dass sein Gegenüber seine Gegenwelt und seine Andersartigkeit ihm gegenüber förmlich zelebrierte. Luthers Hinweis auf seine Ehe und seine Zeugungskraft war Belehrung und Herausforderung: Von ihm habe Rom noch so manchen Streich zu erwarten, er setze noch Kinder aus Fleisch und Blut in die Welt, und auch an intellektueller Produktivität mangele es ihm zum Glück nicht! Beides gehörte für Luther zusammen, im Positiven wie im Negativen. Wer dem Menschen die Ehe und dadurch das geordnete Ausleben seiner Sexualität verbietet wie der Papst, handelt gegen die Natur und damit gegen das göttliche Schöpfungswerk, unterjocht das Gewissen des Menschen und treibt ihn in Heuchelei und Sittenlosigkeit. Das war auch ein unerschöpfliches Thema für die im Hause Luther unter Vorsitz des Haus-

herrn geführten Tischgespräche. In dieselbe Kerbe schlug der Reformator mit der Bemerkung, dass ihm sein Sohn als Glaubenslehrer nachfolgen werde. Das Papsttum solle sich in Acht nehmen, denn Luthers
Saat werde erst in der nächsten Generation voll aufgehen. Auch diese
erhoffte Spätwirkung bildet ein Leitmotiv derTischreden. Zudem dürfte
sich Luther damit einen ironischen Seitenhieb auf den päpstlichen
Nepotismus erlaubt haben: Was Paul III. mit seinem Pier Luigi konnte,
das konnte er mit seinem Sohn Johannes schon lange!

Danach fragte LutherVergerio, ob es stimme, dass er, Luther, in Italien als hemmungsloser Säufer gelte. Wollte der Reformator damit ein
gängiges Klischee entkräften und die angespannte Atmosphäre auf-
lockern? Oder ging es ihm im Gegenteil darum, sein Gegenüber dadurch erst recht zu provozieren? Vergerio deutete die Frage jedenfalls
negativ: Dieser Barbar ist auch noch stolz auf seinen Ruf als Trinker!
Nach diesemVorgeplänkel wandte sich das Gespräch der großen Politik
zu, sehr zum Leidwesen des Nuntius, der es nach eigener Aussage lieber
sofort beendet hätte. Dabei führte der Ketzer das große Wort: Der Abfall Englands sei erst der Anfang, ganz Deutschland werde diesem Beispiel bald folgen, und zwar noch viel radikaler als das Inselkönigreich.

Die Schlussfolgerungen, die der Nuntius aus der Begegnung mit
dem Ketzer zog, klangen dagegen erstaunlich optimistisch:

> Was das Konzil betrifft, das mit Sicherheit zur höchsten Ehre Gottes und
> zum ewigen Ruhm Papst Pauls III. abgehalten werden wird, so hege ich
> größere Hoffnungen denn je: einmal wegen der Neigungen, die ich bei
> den Fürsten festgestellt habe, und zum anderen aufgrund meiner Be-
> kanntschaft mit Martin Luther. Was ist er doch für eine Bestie ohne Kraft
> und Urteil![12]

Vergerio meinte irrtümlich, der klägliche Irrlehrer werde seinen Auftraggebern schon jetzt peinlich, sodass vertretbare Zugeständnisse auf
dem Konzil die deutschen Fürsten mit Leichtigkeit aus dieser fatalen
Gefolgschaft herauslösen würden.

Das nächste Missverständnis bei diesem Zusammenprall zweier
Kirchen und Kulturen ließ nicht lange auf sich warten. Nach Luther kam
Johannes Bugenhagen ins Spiel. Über ihn meldete Vergerio nach Rom:

Er ist einer der Ersten in dieser Synagoge, Pfarrer von Wittenberg und derjenige, der in dieser Sekte neuen Priestern die Hand auflegt und sie so ordiniert. Er sagte mir, dass er diese Autorität von Luther und den anderen Mitgliedern dieser Akademie erhalten habe, womit er dem vom heiligen Paulus begründeten Modus folge.[13]

Über derlei stümperhaft improvisierte Ersatzriten konnte der formgewandte Italiener Vergerio nur müde lächeln. Als Luther dieses überlegene Schmunzeln sah – so weiter der Bericht –, steigerte er sich in eine wahre Erklärungswut hinein: Wir müssen so weihen, denn eure heiligsten Bischöfe verweigern sich ja dieser Aufgabe! Luther meinte damit die Unfähigkeit katholischer Bischöfe, wirkungsvoll zu weihen, da die römische Kirche seit Jahrhunderten ihre Aufgaben vernachlässigte. Daher seien Bugenhagen und er im Zusammenspiel mit der weltlichen Obrigkeit aus reiner Nächstenliebe an ihre Stelle getreten. Vergerio verstand Verweigerung jedoch wörtlich als Weigerung der Bischöfe, der lutherischen Sache zu dienen, sodass die «Synagoge» notgedrungen auf der Suche nach Ersatz für die Riten der wahren Kirche war.

Mit dem Besuch eines lutherischen Gottesdienstes fand der Besuch des Nuntius im Ketzernest seinen Höhepunkt und Abschluss. Noch nachdrücklicher als die furchtbare Lehre vom unfreien Willen und der Überflüssigkeit der guten Werke, so Vergerio, zeigte dieser «Kultus», wes Geistes Kind sein Erfinder war. Am Anfang der Veranstaltung sang die Gemeinde Psalmen, die Luther falsch ins Deutsche übersetzt hatte, untermalt von kakophonen Orgelklängen. Darauf folgten Gebete und nicht minder schaurige Gesänge; sie klangen für den Nuntius wie die Stimmen von Betrunkenen im Bordell. Nach der Lesung aus dem Evangelium und der Predigt, in der mit ungeheuerlichen Anklagen gegen Rom und den Papst vom Leder gezogen wurde, folgte wieder Gemeindegesang. «Diese grauenhaften deutschen Stimmen»[14] gingen dem Nuntius durch Mark und Bein:

Das also ist ihre Bescheidenheit und evangelische Lehre, derer sie sich so eitel rühmen: So verrückte und unfromme Gebräuche in dem Moment, wo sie mit Christus kommunizieren und sich mit ihm vereinen wollen! Denn erst, wenn sie das Abendmahl unter beiderlei Gestalt zu sich genommen haben, und nach der kollektiven Ohrenbeichte halten sie das ab, was sie weder Messe noch Opfer nennen wollen, um es den «Papisten» nicht gleich zu tun – obwohl sie dabei alle Paramente benutzen und fast dieselbe Ordnung befolgen, die die Päpste und die katholische Kirche vorschreiben.[15]

Wie der falsche Prophet, so die ganze Nation: Wenn die Deutschen diesem größenwahnsinnigen Wirrkopf folgten, zeigten sie damit ihre wahren Wesenszüge und hatten das Verderben redlich verdient. Zu all diesen abstoßenden Schauspielen, so der Schlusskommentar des Nuntius, habe er geschwiegen, wenngleich unter inneren Qualen. Erst als Luther den Nutzen des angekündigten Konzils bestritt, holte er nach eigenen Worten zur Gegenrede aus: Gott werde Luthers Hochmut strafen. Christus werde nicht länger zusehen, sondern die von Luther verursachte Tragödie in Wahnsinn und Schande enden lassen.

Wieweit kann man Vergerios Bericht trauen? Authentisch sind ohne Frage die Missverständnisse. Ansonsten wirkt vieles vorgestanzt, eilfertig zusammengetragen, aufgesetzt und damit austauschbar. Gewiss ist es unerlaubt, aus seinem zwölf Jahre danach vollzogenen Übertritt zum Luthertum den Schluss zu ziehen, dass die überbordende Ketzerbeschimpfung geheime Sympathien verbergen soll. Doch bleibt der Eindruck bestehen, dass der Nuntius vor allem das schrieb, was seine Vorgesetzten in Rom hören wollten; wieweit dieser Bericht seiner tatsächlichen Wahrnehmung und Einschätzung entsprach, muss offen bleiben. Für Vergerios Auftraggeber an der Kurie aber war Luther als Person damit endgültig abgetan.

Luthers Begegnung mit Vergerio

Von seinem Treffen mit Vergerio hat Luther einige Jahre danach bei Tisch ausführlich gesprochen. Ein erster längerer Bericht liegt in einer ausführlichen lateinischen Nachschrift vor. Dass damit Luthers Version der Ereignisse im Kern so wiedergegeben wird, wie er sich daran erinnern wollte, darf als gesichert gelten. Ob er sich im Einzelnen so ausdrückte wie im Nachhinein von dritter Hand notiert, steht auf einem anderen

Blatt. Manche Hausgenossen des Reformators schmückten seine Tischreden im Nachhinein aus, um sich selbst ins rechte Licht zu rücken oder die Worte ihres Herrn und Meisters zu erbaulichen Gleichnissen auszugestalten. Die Angaben zum «Kolloquium Martin Luthers mit dem päpstlichen Legaten über das Konzil» stellen sich im Gegensatz dazu knapp und zugleich von sarkastischer Ironie durchtränkt dar und dürfen daher weitgehend als Originalton Luthers gelten, was noch nichts darüber aussagt, ob sich die Begegnung wirklich so und nicht anders zugetragen hat.

Gemäß seiner Schilderung legte der Reformator Wert darauf, zu dieser Unterredung gerufen worden zu sein. Das soll unterstreichen, dass er es im Gegensatz zum Nuntius (den er irrtümlich zum Legaten befördert) nicht nötig hatte, das Gespräch mit der Gegenseite zu suchen, es andererseits aber auch nicht fürchten musste und es daher auch nicht verweigerte. Nachdem er die Aufforderung, sich zum Kolloquium einzufinden, erhalten hatte, ging Luther nach eigenen Worten erst einmal zu seinem Barbier. Dieser fragte ihn erstaunt, warum er sich so früh am Sonntagmorgen den Bart stutzen lassen wolle. Luthers witzige und kämpferische Antwort lautete:

Ich bin dazu verpflichtet worden, den Kommissar oder Legaten des Heiligen Vaters, des Papstes, zu treffen. Wenn ich aber mein tatsächliches Alter hinter einem jugendlichen Aussehen verberge, wird der Legat denken: Pfui Teufel! Wenn Luther, der das Greisenalter noch längst nicht erreicht hat, soviel Zwietracht unter uns gesät hat, was wird er dann erst werden und bewirken, wenn er wirklich alt geworden ist?[16]

Das Täuschungsmanöver hatte Erfolg, Vergerio schätzte den Ketzer jünger, als er war.

Nach der Bartschur legte Luther seine besten Kleider und die ominöse Goldkette an.

Sprach der Barbier: Herr Doktor, mit dieser Kostümierung werden Sie sie kräftig ärgern! Entgegnete Luther: Genau deswegen mache ich es ja, denn auch wir haben von ihnen der Ärgernisse genug empfangen. Genau so muss man gegen Füchse und Schlangen vorgehen! Antwortete der Bar-

bier: So geht in Frieden, der Herr sei mit euch, so dass sie von euch be-
kehrt werden! Darauf Luther: Das werde ich nicht schaffen, aber es mag
sein, dass sie von mir eine gute Lehre *(correctionem)* annehmen und dann in
Gnaden entlassen werden.[17]

Dieser Ausgang der Begegnung war unwahrscheinlich, und das Gespräch mit dem Barbier von Wittenberg ist sicherlich erfunden. Nach
eigenen Worten hielt Luther dem «Legaten» danach einen Vortrag über
Sinn und Unsinn eines Konzils:

> Ihr beansprucht, ein Konzil einzuberufen, doch ist es euch damit nicht
> ernst, sondern ihr wollt uns nur täuschen. Wenn ihr dieses Konzil abhal-
> tet, so werdet ihr von solchen Überflüssigkeiten wie Mönchskapuzen,
> Tonsur sowie Speise und Trank handeln. Das aber sind alles Dinge, von
> denen auch wir etwas verstehen. Wir wissen nämlich, dass niemand
> durch so äußerliche Werke vor Gott gerechtfertigt wird. Vom Glauben,
> von der Buße, von der Rechtfertigung und anderen notwendigen Dingen,
> durch die die Gläubigen im wahren christlichen Geist und im wahren
> Glauben einträchtig zusammenleben können, werdet ihr nichts lehren,
> denn unsere Doktrin ist euch ja nicht erwünscht. Übrigens sind wir
> dieser Dinge durch den Heiligen Geist gewiss, daher brauchen wir kein
> Konzil. Ihr aber und die anderen elenden Menschen, die durch eure un-
> fromme Lehre verführt werden, ihr braucht ein Konzil, denn euer Glaube
> ist verwirrt und ungefestigt.[18]

Konzilien können irren: Mit dieser Behauptung hatte Luther gut anderthalb Jahrzehnte zuvor das Wahrheitsmonopol der alten Kirche in Frage
gestellt. Diesem stellte er jetzt den eigenen, nicht weniger absoluten
Anspruch entgegen, mit der Hilfe des Heiligen Geistes über die Wahrheit zu verfügen. Damit bestätigte er ein weiteres Mal, dass ein Gespräch über den Glauben nicht mehr möglich war.

Umso überraschender fiel dann die praktische Nutzanwendung dieser Kurzpredigt aus. Er, Luther, werde auf dem Konzil erscheinen, auch
wenn man ihn danach verbrennen werde! So blieb nur noch der Ort für
die Versammlung der Kirche festzulegen. Auch hier zeigte sich Luther
erstaunlich flexibel: Ob Mantua, Padua oder Florenz, er komme überall
hin, selbst nach Bologna, das zum Kirchenstaat gehörte. Darauf entgeg-

nete Vergerio schlagfertig, dass der Papst in diesem Fall sogar nach Wittenberg kommen werde. Luthers grimmige Antwort lautete: Mag er nur kommen, wir werden ihn gebührend empfangen! So endete die Unterredung im beiderseitigen Sarkasmus. Paul III. war natürlich nie und nimmer bereit, sich in das sächsische Ketzernest zu begeben. Hätte Vergerio das im Ernst behauptet, wäre ihm seine Mission postwendend entzogen worden. Luthers Ankündigung, das Konzil besuchen zu wollen, war ihrerseits nicht ernst, sondern als taktische Drohung gemeint, wie ein wahrscheinlich kurz darauf geführtes Tischgespräch belegt:

> Doktor Martin Luther beklagte sich darüber, dass unsere Fürsten beim Treffen in Schmalkalden das Konzil abgelehnt hätten. Hätten sie zugestimmt, hätte der Papst keinen Vorwand gehabt.[19]

Die beste Methode, das Konzil zu verhindern, war Luther zufolge, es wärmstens zu begrüßen. Dann hätte der Papst keine Entschuldigung mehr, die Kirchenversammlung zu verschieben oder die Protestanten nicht einzuladen. Anderenfalls konnte er sich auf unüberwindliche Hindernisse berufen und den fälligen Offenbarungseid hinauszögern.

Die im Kern identische Erzählung Luthers liegt in einer zweiten Version von Luthers Famulus Anton Lauterbach vor. In dieser Fassung tritt der didaktische Zweck des Berichts noch deutlicher hervor. Luthers Darlegung zum Konzil wird größtenteils gleichlautend wiedergegeben, allerdings in der Ichform und mit einem bezeichnenden Zusatz:

> Und da ich solchs redete, wandte er [Vergerio] sich von mir, hielt das Häupt in der Faust, und sprach zu seinem Gesellen und Mitgesandten: «Der trifft wahrlich den rechten Zweck im ganzen Häupthandel».[20]

Luther war mehr denn je davon überzeugt, dass seine Gegner die Richtigkeit seiner Lehre erkannt hatten, dies jedoch aus Gründen des Machterhalts nicht zugaben. Selbst der Teufel wusste, dass Luther das reine Gotteswort predigt; diese Erkenntnis trieb ihn zu umso heftigerer Gegenwehr an. Doch auch dieses Wüten blieb vergeblich, wenn man Luthers abschließendem Kommentar zur Begegnung mit dem päpstlichen Nuntius Glauben schenkt:

«Ach lieber Gott», sagte der Doctor zu uns, «sie verzagen an ihren Anschlägen, Räthen und Practiken; denn sie sehen und greifen, daß das Deutschland, so nu, Gott Lob, durchs Evangelium erleuchtet ist, und die Augen aufgethan hat, wird hinfort nicht mehr thun, was es zuvor, durch Aberglauben und Abgötterey bethört und bezaubert, erlitten hat. Sie werdens nicht dahin wieder bringen, weder durch Reichstage, weder Concilia, wie klug und gelehrt sie immer seyn mögen. Der barmherzige Gott erhalte, was er in uns gewirkt hat; die Sache ist sein, und nicht unser. Gott gebe, daß wir auch treu und dankbar fur diese Offenbarung seyen.»[21]

Das war eine halbwegs versöhnliche Bilanz. Die große Hoffnung der frühen Jahre, dass sich das offenbarte Gotteswort von selbst überall durchsetzen werde, hatte sich nicht bewahrheitet. Dazu waren die Gegenkräfte, die der Teufel auf den Plan rief, zu stark. Doch rückgängig machen ließ sich das große Werk trotz aller diabolischen Anschläge – so Luther – nicht mehr. Zumindest Deutschland ist ein Licht aufgegangen, das nicht mehr erlöschen wird.

Luthers Monologe zum Papsttum

In Luthers Tischreden aus seinem letzten Lebensjahrzehnt fehlt es nicht an pessimistischeren Zukunftseinschätzungen. Nach seinem Tod, so eine häufige Prophezeiung des Reformators, werde ein Krieg beginnen, gegen den alle vorangehenden Kämpfe harmlose Vorspiele waren: Wehe der jungen Generation, wehe vor allem Deutschland, ihm standen blutige Zeiten bevor! Der Reformator schwankte zwischen Triumph und Angst, Zuversicht und abgrundtiefer Schwarzmalerei. In all diesen Schreckensszenarien stand die Auseinandersetzung mit dem Papsttum im Zentrum. Über weite Strecken bestehen Luthers Tischreden aus Hass-Monologen gegen den Antichrist am Tiber, der auf diese Weise gleich dutzendfach demaskiert und verdammt wird. Obwohl alle Tischgenossen den markigen Anklagen des Reformators zweifellos andächtig lauschten, klingen die immer wieder beschworenen Triumphe über das personifizierte Böse im Vatikan ohnmächtig.

Abgetan und erledigt ist das Papsttum für seinen selbsternannten Bezwinger Luther offensichtlich nicht, sonst müsste er sich diese mit Gottes Hilfe errungenen Siege nicht immer wieder ins Gedächtnis rufen und bestätigen.

Der Reformator brauchte das Papsttum als identitätsstiftende Gegenkraft, daran ließ er selbst nicht den geringsten Zweifel:

> So ist die *abominatio* [Abscheu] so gross, das ich wider muts drub wurd und freud dauon hab, *et fateor* [und ich gestehe], das *abominatio papatus* [Abscheu vor dem Papsttum] post Christum [nach Christus] mein große *consolatio* [Trost] ist.[22]

Das war ein kühnes, offenherziges Bekenntnis: In Zeiten der Anfechtung schaute Luther auf das Papsttum, schöpfte wieder Mut und sah, wozu ihn Gott bestimmt hatte! Nach dem Glauben an Christus, den Erlöser, war das Wüten des Papstes für Luther der höchste Trost. Das Feindbild des Papsttums vergewisserte ihn über den eigenen Standort, lieferte Selbstbestätigung und die nötigen Energien für den Endkampf gegen den Antichrist.

Diese Motivationsschübe wurden umso dringender benötigt, als auch der Teufel ein kluger Psychologe war und die Waffe der Anfechtung gezielt einzusetzen wusste, wie im selben Gespräch dargelegt wird:

> Itzt muß ich andere Gedanken vom Teufel leiden. Denn er wirft mir oft für: O, wie ein großen Haufen Leute hast du mit deiner Lehre verführt![23]

So lautete seit Beginn der Auseinandersetzung mit Rom der Vorwurf der Gegner. Dieser Einwand glitt an Luther, wie er selbst bekannte, nicht einfach ab. Doch das Heilmittel war nicht fern: Diese Angst schickte ihm der Teufel, der ihn verunsichern und dadurch das Werk der Glaubenserneuerung verhindern wollte. Und wo der Teufel waltete, war auch der Papst nicht fern:

> Darumb sind das heylose tropfen, die sagen, man sol den bapst nit schellten. Nur flugs darauff gescholten, und sonderlich, wenn dich der Teuffel mit der *iustificatio* [Rechtfertigung] anfichtet. Er greifft mich offt an, das es nit eins drecks werd ist.[24]

Wenn Luther sich mit seiner Rechtfertigung durch den Glauben allein täuschte, stürzte sein ganzes Denkgebäude ein; dann führte er die Gläubigen nicht zu Gott, sondern schnurstracks in die Hölle. Aber diese Angst deutete er als Anfechtung. Gegen das Papsttum zu wettern, gewann so eine therapeutische Funktion, ebenso wie Lieder zu singen oder sich in Gottes schöner Frühlingsnatur zu ergehen. Luther und das Papsttum waren durch Gottes Willen und Wirken untrennbar miteinander verschweißt. Dem einen hatte der Herr wegen seiner Sündhaftigkeit die Augen verschlossen:

> Viel reden von der Gottheit Christi, wie der Papst und andere dergleichen mehr, aber eben wie der Blinde von der Farbe redet.[25]

Den anderen hatte er zum Kampf gegen das Böse aufgerufen. Eine Versöhnung war deshalb ausgeschlossen:

> Der bapst kan als wenig zum crutz kriechen, als der Teuffel sagen kan: Domine Ihesu, miserere mei [Herr Jesus, erbarme dich meiner], quia si hoc posset [denn wenn er das könnte], so wer er yhm himel.[26]

Der Papst verleugnet Christus nicht nur, er spottet seiner sogar ganz offen:

> Dafür sehen wir ein Beispiel in unserem Papst, der Gott und die Menschen in Religion und Politik verspottet, gegen alle Frömmigkeit und Ehrbarkeit treibt er das Spiel.[27]

Der Vorwurf bezieht sich auf Clemens VII., der sein «Hurenkind» mit der unehelichen Tochter des Kaisers vermählt, doch gilt diese Wahrheit für alle Päpste:

> Denn diese ist ganz sicher: Gott ist von Anfang an der Feind des Papsttums gewesen.[28]

Luther – so seine spätere Selbstdeutung – bekämpfte anfangs den Ablass als Missbrauch, doch nicht gegen den Papst, sondern um dessen Ruhm zu mehren. Ja, er war zu diesem Zeitpunkt nach seiner späteren Aussage ein so eingefleischter Papist, dass er jeden verdammt hätte, der die Macht des Pontifex maximus in Frage zu stellen gewagt hätte. Dass er dann zum Gegner des Papsttums wurde, schrieb er einer höheren Macht zu:

> Mut machte mir Doktor Staupitz, der 1511 in Rom gewesen war und dort aus dem Mund vieler die in Rom öffentlich verkündete Prophezeiung hörte: Es wird ein Eremit aufstehen und das Papsttum verwüsten.[29]

Diese – tatsächlich aus unverdächtigen Quellen bezeugte – Vorhersage bezog Luther auf sich, hier und in vielen anderen Tischreden. Für ihn bewahrheitete sie sich sein ganzes Leben lang:

> Also treib Got die sach wunderlich und treib mich unschuldig in die sache, und er allain hats also weit bracht, das es zwischen dem bapst und uns nit kan vertragen werden. Denn der Papst kann nicht im kleinsten Irrtum nachgeben, so wie wir unsererseits ihm nicht im kleinsten Artikel irgendetwas zugestehen dürfen. Drumb helffe Got diser sachen! Sie ist nimer in menschen henden. Weil ich lebe, so wil ich Got zw ehren den bapst wol helffen reuffen [rupfen]. Und wenn nicht diese Schwärmer Müntzer, Karlstadt und die Wiedertäufer dazwischen gekommen wären, wäre es auch aufs beste gelungen. Aber da ichs allain auß dem grobsten hiebe, wolten sie auch den preiß erlauffen.[30]

Seinen Kampf gegen das Papsttum führte Luther im Namen Gottes. Zwar ließ Gott zu, dass sein Streiter Luther in diesem Krieg durch das eigennützige Streben der ruhmsüchtigen Schwärmer geschwächt wurde, aber das änderte nichts daran, dass dieser Auftrag an den Reformator fortbestand.

Diese Aufgabe hat Luther in immer neue Bilder und Vergleiche gefasst: Ich bin das Quecksilber, das Gott in den Teich schüttet, um die Mönchs-Frösche zu vergiften.[31] Ich bin der neue Arminius, der Deutschland von der neuen Tyrannei Roms befreit und Rom verwüstet.[32]

> Gott hat mich wunderlich in das spiel gefurt den trachen anzugreiffen, das ich darumb munchen und nonnen hab außgeschoren und den babst daruber gehenckt.[33]

Sein Kampf gegen das Papsttum war sogar schon vom Propheten Daniel geweissagt worden. Nach Luthers Auslegung sah dieser die Ankunft des Antichrist und dessen Untaten voraus. Diese Gräuel beschrieb Daniel so genau, dass die Gleichsetzung mit dem Papsttum ein für alle Mal erwiesen war. Doch der Triumph des Bösen konnte nicht von Dauer sein:

> Also wird auch der Papst ohn Hand zubrechen und untergehen und wird in sich selber sterben, denn er hat sein Reich nicht durch Gewalt, sondern durch Superstition [Aberglauben] und äußerlichen Schein und Autorität der Schrift angefangen, als «Du bist Petrus» etc., und: «Weide meine Lämmer» etc.[34]

An diese Auslegung des Buches Daniel knüpfte Luther Spekulationen, wann der Sturz des Antichrist erfolgen würde. Bei dieser Berechnung kam er auf das Jahr 1558. So unsicher diese Jahreszahl für ihn auch blieb, so fest stand die eigene Mission, die in der biblischen Tradition begründet war. So wie der Antichrist laut Daniel ohne äußere Gewaltanwendung fallen werde, so hatte Luther, wie er glaubte, den Papst allein «potentia verbi»,[35] nur durch die Kraft des Wortes, als Sohn der Verdammnis erwiesen.

Den Anderen, die diese innere Gewissheit nicht besaßen, musste sie stets aufs Neue vermittelt werden. Für diese Überzeugungsarbeit, die auch der eigenen Selbstbehauptung gegen die Anfechtungen des Teufels diente, eignete sich am besten die Geschichte. Was man mit historischen Ereignissen klipp und klar belegen konnte, leuchtete der Ratio, der Richtschnur des Menschen auf Erden, ein und konnte verstärkend auf den Glauben zurückwirken. Dabei bezog Luther die Geschichte der Christenheit ab 1517 ganz und gar auf sich und sein Wirken, wie beiläufig eingestreute Bemerkungen belegen, etwa der Satz:

Unser Herr Got hat mir den reichs tag zu Augspurg geschenkt.[36]

Warum das Scheitern der Einigungsversuche 1530 für Luther ein Gottesgeschenk war, konnte sich die Wittenberger Tafelrunde denken. Gott hatte im letzten Moment verhindert, dass mit dem Antichrist Friede geschlossen wurde. Gott wollte den Kampf, und der Kampf ging nach Augsburg ohne faule Kompromisse weiter. So wie die große Geschichte auf das eigene Leben bezogen wurde, so wurde das eigene Leben zur großen Geschichte:

> Doctor Luther hat oft in seinem Leben gesagt: «Wenn er auf dem Bette stürbe, so sey es dem Papst eine große Schande und Trotz, denn unser Herr Gott gebe ihme so viel zu verstehen: Papst, Teufel, Könige, Fürsten und Herrn, ihr sollt dem Luther feind seyn, und sollt ihme dennoch nicht mögen Schaden thun.»[37]

Der Kampf gegen das Papsttum wird so zur lebenserhaltenden Kraft und der eigene Tod, wenn er denn kommt, zu einem Akt von hoher Beweiskraft. Doch die überzeugendsten Beweise lagen für Luther in der Geschichte des Papsttums selbst. Die Herrschaft des Papstes wäre hinzunehmen, wenn es allein um die äußerliche Hoheit über die Kirche, um Würden, Ämter und Einkommen, ginge. Obwohl auch dieser Vorrang nicht von Anfang an bestand, sondern erst nach dem Tod Gregors des Großen erschlichen wurde, war er nur ein kleines Ärgernis. Der eigentliche Skandal war der Anspruch des Papstes, über der Bibel und damit über Gott zu stehen. Dadurch werde Christus vom Pontifex maximus ein zweites Mal gekreuzigt und dieser als Antichrist erwiesen. Doch auch das war noch Theologie und für die meisten zu hoch. Einfache Gemüter brauchten einfache Beweise. Die Tischreden lieferten sie reichlich – und deftig:

> Und erzählte Papsts Alexanders des Sechsten Historiam, «was er für ein Leben hätte geführt; denn er hätte zweene Söhne und eine Tochter mit Namen Lucretia gehabt, mit welcher beide, Vater und Sohn, gebuhlet und Blutschande begangen hätten. Ein Bruder hätte den anderen um einer Huren Willen aufm Pferde umbracht und erwürget. Der Cardinal Valentinus hätte den anderen Herzogen zu N. N. erstochen, und war Herzog geworden … Darnach hat der Vater Alexander sammt seinem Sohn alle Cardinäl, die Columneser, zu Gaste, und wollt ihnen vergeben mit Gift, so in einer sonderlichen Flaschen zugericht war, aus welcher ungefähr dem Papst und seim Sohn geschenkt und gegeben ward. Der Vater starb davon, aber der Sohn soff Baumöl, ließ sich an den Beinen empor hängen, und brach die Gift also wieder von sich. Endlich ward der Sohn, nachdem er viel böse schändliche Thaten begangen hatte, gefangen vom Könige

Castiliä in Hispanien, und da man ihn richten wollte, rief er zuvor im
Gefängniß Misericordia, begehrete zu beichten. Da ließ man einen
Mönch zu ihm hinein gehen, der ihn sollt beichten hören. Denselben er-
würget er und zog seine Kappe an und kam also davon.»[38]

Wie in zahlreichen weiteren «Anekdoten» dieser Art vermengte Luther
Fakten, Gerüchte und Legenden mit eigenen Erfindungen zu einem
beweiskräftigen Gleichnis:

> Summa, es sol keiner babst sein noch werden, es sey denn ein ausgefei-
> meter ubertrefflicher schalck.[39]

Das bewahrheitete sich auch an Julius II.:

> Summa, er ist die letzte Flamm in der Lampen, wenn sie itzt bald ver-
> löschen und ausgehen will, und das letzte Fürnehmen des Teufels gewest,
> der mit Bann und Schwert blitzte und donnerte, führete Krieg durch An-
> derer Gewalt und Macht; wie Daniel sagt, daß er mächtig sei, aber nicht
> aus eigener Kraft und Macht; wie man itzt erfähret.[40]

Dass ein Papst wie dieser an seinen Ausschweifungen zugrunde geht,
versteht sich von selbst. Das war der Trost, der sich jenseits des Grauens
aus der Papstgeschichte ziehen ließ: Es geht zu Ende! Noch war die
Kraft des Antichrist nicht gebrochen, aber angeschlagen war sie allemal.
Noch stehen der Welt schwere Plagen bevor, doch danach, in nicht allzu
ferner Zukunft, wird das Böse am Tiber niedergerungen sein. Dass es
nicht mehr lange dauern würde, zeigte sich für Luther an der Lasterhaftigkeit der Päpste bis heute.

Damit erfüllte sich nicht nur die Prophezeiung Daniels, sondern
auch das Gesetz der Geschichte, dass aus dem Allerreinsten das Aller-
verwerflichste werden musste. So wandelte sich das machtlose, weltab-
gewandte, zum Martyrium bereite Papsttum der Frühzeit zur Synagoge
des Antichristen. Dieser Umschlagpunkt war für Luther spätestens mit
dem Kirchentyrannen Gregor VII., Papst «Hellebrant», wie Luther dessen Taufnamen Hildebrand effektvoll abwandelte, erreicht. Aus eigener
Kraft konnte sich die römische Kirche nicht mehr von dem Niedergang

erholen, der sie in den Augen der Christenheit diskreditiert hatte. Wenn sich das Papsttum erneuern wollte, musste es von der einzig wahren Kirche auf Erden lernen:

> Ich hoffe aber, dass sich das Papsttum binnen fünf Jahren an die Lutheraner wenden wird, um von ihnen Hilfe gegen seine Patrone zu erbitten.[41]

So hoffnungsvoll und ironisch zugleich äußerte sich Luther in einer Tischrede vom Januar 1533. Mit den Patronen meinte er den Kaiser und die Könige von Frankreich und England. Ihnen sei der Papst nur noch lästig, weil er einerseits ihre politischen Kreise störe und andererseits durch seine Unfähigkeit zur Reform ihre Anstrengungen zunichte mache, ihre Herrschaft mit Hilfe der katholischen Kirche zu stützen.

Für eine solche Kapitulation des Papstes legte Luther im Herbst 1540 schon einmal vorsorglich die Konditionen fest:

> Wenn der Papst die Krone ablegt und von seinem Thron und seinem Primat herabsteigt und eingesteht, dass er sich geirrt hat, die Kirche ins Verderben gestürzt und das Blut der Unschuldigen vergossen hat, werden wir ihn in die Kirche aufnehmen. Sonst muss er für uns immer der Antichrist sein.[42]

Damit war in absehbarer Zeit kaum zu rechnen. Trotzdem hatte seine Reformation dem Papsttum unschätzbare Dienste erwiesen:

> Die Lutheraner sind hervorragende und wohltätige Ketzer, verteidigen wir doch bislang das Papsttum. Denn wenn wir es nicht verhindert hätten, hätten es die Papisten längst verschlungen.[43]

Luther glaubte die Päpste durch seine Anklagen gezwungen zu haben, auf die öffentliche Meinung in Deutschland Rücksicht zu nehmen und deshalb ihr Wüten etwas zu mäßigen. Um so größer war jetzt die Gefahr, dass Rom eine rein äußerliche Reform vollziehen und die Welt ein weiteres Mal täuschen würde, und zwar mit der unfreiwilligen Unterstützung Luthers und seiner Anhänger selbst. Das wäre die diabolischste List, die sich der Teufel bislang einfallen ließ.

Anzeichen dafür mehrten sich für Luther ab 1540. So wurde der Kampf gegen die beginnende Katholische Reform und ihre Reformer, ob sie nun Giovanni Morone oder Jacopo Sadoleto hießen, zur letzten großen Aufgabe des alternden Reformators.

Diplomatie und Kirchenreform

Unter dem «Renaissance-Papst» Paul III. hatten die Reformer keineswegs von Anfang an einen leichten Stand. Das 1535 so vollmundig versprochene Konzil musste verschoben werden; das war eine schlimme Blamage für die katholische Kirche und Wasser auf die Mühlen ihrer Gegner. Ähnlich erging es der Kirchenversammlung, die zwei Jahre später in Vicenza stattfinden sollte. Auch sie kam nicht zustande, so dass die Glaubwürdigkeit solcher Ankündigungen allmählich verloren ging. Dabei war es dem Farnese-Papst mit dem Konzil und der Reform durchaus ernst, vorausgesetzt, sie störte die Machtpolitik zugunsten seiner Familie nicht. Diese zielte darauf ab, seinem Sohn Pier Luigi die Herzogtümer Parma und Piacenza als erbliche Herrschaft zu sichern, und kam damit der kaiserlichen Italienpolitik in die Quere. Zudem war Paul III. ebenso sehr wie sein Vorgänger darum bemüht, die Hegemonie Karls V. zugunsten eines Kräftegleichgewichts zwischen Frankreich und Spanien zu überwinden. Diese Konkurrenz um die europäische und speziell italienische Vorherrschaft war das Haupthindernis für das Konzil. Solange die beiden mächtigsten Fürsten der Christenheit gegeneinander Krieg führten, war an eine friedliche Generalversammlung der Kirche nicht zu denken.

Was der greise Pontifex maximus durch die Verzögerung des Konzils an Vertrauen bei den Reformern verlor, gewann er dadurch zurück, dass er ab 1535 ihre wichtigsten Vertreter zu Kardinälen ernannte. Das war noch nicht die entscheidende Wende zur Erneuerung der Kirche, aber ein wichtiger Schritt in diese Richtung. Mit jedem weiteren Reform-Kardinal stiegen die Chancen, dass in einem der nächsten Konklave auch ein Reformpapst gewählt würde: sittenstreng, gebildet, seelsorgerisch orientiert und theologisch beschlagen wie zum Beispiel Kardinal Jacopo Sadoleto, der Bischof von Carpentras, der als typischer Vertreter der innerkirchlichen Erneuerung ins Visier von Luthers Abwehrpropaganda geriet. Parallel dazu vollzog sich ein langsamer, aber unaufhaltsamer Wandel in Lebensstil und Finanzgebaren der Kardinäle. Die Häufung von Bistümern durch besonders eifrige Pfründenjäger galt jetzt als verpönt und nahm ab, so dass ein Hauptanklagepunkt der Kurienkritik allmählich entkräftet wurde.

Allerdings wurden alle diese Reformanstrengungen für die Zeitgenossen durch die skrupellose Machtpolitik Pauls III. auf europäischer Bühne überdeckt und durch den Makel des ausbleibenden Konzils geschwächt. So hatten die päpstlichen Diplomaten in Deutschland weiterhin einen sehr schweren Stand. Das bekam vor allem Vergerios Nachfolger Giovanni Morone zu spüren. Er stammte aus einer führenden Mailänder Familie in Diensten Karls V. und machte an der Kurie schnell Karriere; als ihn Paul III. im Herbst 1536 als Nuntius nach Deutschland schickte, war er erst achtundzwanzig Jahre alt. Seine Instruktion vom 24. Oktober 1536 sollte die Deutschland-Erfahrung seiner Vorgänger auf den Punkt bringen und spiegelt daher wie wenige Dokumente die römische Wahrnehmung und den damit verbundenen Reflexionsprozess von fast zwei Jahrzehnten wider. Über weite Strecken liest sie sich wie die älteren Texte dieser Art, nämlich als eine typisch humanistische Anleitung zum erfolgreichen Handeln im Barbarenland. Der junge Nuntius soll leutselig, mit der richtigen Mischung von Heiterkeit und Ernst, offen, aber würdevoll, freundlich, aber reserviert, bescheiden, aber gravitätisch auftreten und damit den Erwartungen des Gastlandes entgegenkommen: Die Deutschen hassen die Herablassung und die Verachtung der Italiener über alles, also muss man ihnen mit Respekt begegnen. Da sie diesen nur begrenzt verdienen, ist die Kunst der *dissimulatio*, der Verstellung, weiterhin unerlässlich.

Das war die Botschaft der Tradition. Doch fanden auch neue Töne in die Instruktion des Nuntius Eingang:

> Wegen der überaus harten Zeiten werden die Katholiken und speziell die Anhänger des Heiligen Stuhls überall viel schlechter angesehen und behandelt als zuvor.[44]

Morone musste sich also bewusst sein, dass er jederzeit als Vertreter des übel beleumdeten Papsttums betrachtet wurde, dessen Ruf er durch seine persönliche Lauterkeit wiederherstellen musste. Das war ungewöhnlich viel Selbstkritik für römische Verhältnisse. Zu diesem Zweck sollte der Nuntius mit «prudentia et dexteritate»[45] vorgehen: Zurückhaltung, Vorsicht, Klugheit und Rechtschaffenheit waren bei seiner Mission umso mehr gefordert, als sie die Deutschen von einem Römer nicht erwarteten. Konkret hieß das, vor Publikum Werke der Nächstenliebe zu verrichten wie etwa Almosen auszuteilen und seelsorgerischen Eifer an den Tag zu legen. Allerdings sollte er sich wie seine Vorgänger nicht zu Disputationen mit den Neugläubigen hinreißen lassen, sondern solchen Ansinnen mit gelassener Überlegenheit entgegentreten. So konnte er durch sein tägliches Auftreten deutlich machen, dass Rom seinen theologischen Positionen treu blieb und sich zugleich grundlegend erneuerte.

Am Schluss der Instruktion folgte eine Aufstellung der wichtigsten deutschen Reichsfürsten, die nach ihrer Haltung zur Religionsfrage sortiert war. In diesem Ranking der Glaubenstreue stand Herzog Georg von Sachsen als katholischer Idealfürst unangefochten auf Platz eins. Ganz unten rangierten als Vorkämpfer der Lutheraner Johann Friedrich, der seinem Vater Johann 1532 als Kurfürst von Sachsen nachgefolgt war, und der Landgraf von Hessen. Diese Bilanz – so befand Morone schon bald nach seiner Ankunft in Deutschland in einem Brief an Girolamo Aleandro – war zu günstig ausgefallen:

> Ich glaube, dass die Dinge in Deutschland ganz anders als zu Ihrer Zeit stehen. Denn damals schien – vielleicht als Folge der Gewalt der Katholiken gegen die Ketzer und umgekehrt – das Feuer der Häresie viel heftiger zu brennen als jetzt. Gewiss ist aber auch, dass, soweit man sehen kann, diese Pest beträchtlich zugenommen hat, darf doch jetzt jeder glauben, was er will, nicht nur in den Ländern, deren Fürsten angesteckt sind, sondern auch in katholischen Gebieten.[46]

In diesem Bericht vom Dezember 1536 verband sich die traditionelle Anti-Ketzer-Rhetorik mit ganz neuen Einsichten: Die Katholiken hatten durch ihr allzu feindseliges Vorgehen gegen Luther zur Kirchenspaltung beigetragen. Das war eine mutige Aussage, weil der Empfänger des Briefs, wie Morone wusste, das Gegenteil dachte. Hinter dem konventionellen Vokabular, mit dem die Lutheraner abgewertet wurden – Pest, Hinterlist, Wildheit, Unfriedfertigkeit –, zeichnete sich in seiner Korrespondenz eine neue Bereitschaft zur Selbstkritik und Selbstbesinnung ab. Sie reichte so tief, dass Morone manchmal vom korrekten Sprachkode abwich und nicht wie vorgeschrieben von der lutherischen Sekte, sondern ganz unzulässig von deren «Glauben» schrieb.[47] Auf seiner Deutschlandmission half diese Haltung dem jungen Nuntius kaum. Auch er konnte wenig mehr tun, als die katholischen Intellektuellen zu öffentlichkeitswirksamen Schriften zu ermuntern, das Konzil anzukündigen und die Kritik am Papst und an der Kurie so weit wie möglich zu entkräften. Doch genau hier lag das Problem, wie Morone seinen Auftraggebern deutlich genug mitteilte:

> Seine Heiligkeit sollte sich weniger um seine Familie und um die Erhöhung seines Hauses kümmern, die wie schon unter seinem Vorgänger durch die dafür unternommenen Anstrengungen die Welt ins Verderben stürzten.[48]

Diese Strafrede hielt nicht Morone, sondern König Ferdinand, aber der Nuntius scheute sich nicht, sie ohne Abschwächung an Paul III. weiterzuleiten, dem sie galt. Dafür entschuldigte sich Morone mit der Ernsthaftigkeit der Lage und seines Bemühens – und fügte zugleich neue Kritik hinzu:

> Aber ich glaube, dass der Eifer für die Ehre des Heiligen Stuhls und der in einigen Fällen berechtigte schlechte Ruf der Kirchenfürsten und des römischen Hofes mich zu solchen Exzessen hinreißen – so sehr wünsche ich mir, dass der Heilige Stuhl seine in Deutschland aus den bekannten Gründen so schwer beschädigte Reputation zurückgewinnt.[49]

Das konnte gelingen, wenn man den Lutheranern Laienkelch und Priesterehe zugestand, die katholischen Bischöfe zu einer festen Abwehr- und Reformfront zusammenschloss und die deutschen Theologen dazu anhielt, keine beleidigenden Pamphlete gegen Luther, sondern seriöse Widerlegungen von dessen Theologie zu verfassen. Auch das waren ganz neue Töne.[50] Doch ohne Konzil war alles vergebens. So blieb Morone am Ende nichts anderes übrig, als um seine Ablösung zu bitten, die ihm nach zwei Jahren schließlich gewährt wurde. Sein Nachfolger war niemand anders als der kurz zuvor, am 13. März 1538 und damit in seinen Augen viel zu spät, zum Kardinal erhobene Girolamo Aleandro. Dessen dritte Deutschlandmission wurde zu einer persönlichen und diplomatischen Katastrophe. Aleandro hatte den Wandel der Werte und Mentalitäten an der Kurie nicht mitvollzogen, vielleicht nicht einmal wahrgenommen. Endlich zum Legaten ernannt, glaubte er die Zeit gekommen, seine politischen und militärischen Strategien zur gewaltsamen Vernichtung der Ketzer in die Tat umsetzen zu können – und musste feststellen, dass selbst auf katholischer Seite dazu keine Bereitschaft mehr bestand. Dieses Scheitern führte der päpstliche Spitzendiplomat auf Verschwörungen gegen seine Person zurück, in die er schließlich sogar den ihm untergeordneten Nuntius Fabio Mignanelli verwickelt glaubte. Das Tagebuch, das er zwischen Oktober 1538 und August 1539 führte, zeugt mit monotonen Hasstiraden davon, wie tief der Kardinal mit dem verhassten Deutschland, aber auch mit Papst und Kurie zerfallen war. Am Ende – so Mignanelli – flüchtete sich Aleandro in eine erfundene Krankheit und nahm seine Aufgaben überhaupt nicht mehr wahr. Seine Abberufung wurde unter diesen Umständen unumgänglich; danach musste erneut Morone als Nuntius den ungeliebten Gang nach Deutschland antreten.

Der Legat und die Nuntien hatten ohnmächtig miterleben müssen, wie sich die Religionsverhältnisse in Deutschland weiter zu Ungunsten Roms verschoben. 1538 gehörten dem Schmalkaldischen Bund vierzehn der führenden Fürsten und die meisten großen Städte in Deutschland an. Auch ideologisch hatte sich das Bündnis wesentlich verfestigt, gleichfalls unter unfreiwilliger Mithilfe der römischen Seite: Auf die zweite vergebliche Konzilsankündigung von 1537 hatten die Schmalkaldener mit einer schroffen Absage an Rom reagiert. Als sich im Jahr darauf in Nürnberg ein katholisches Gegenbündnis formierte, standen sich die Religionsparteien im Reich feindlicher denn je gegenüber. Diese Zuspitzung der inneren Konflikte lief den politischen und militärischen Prioritäten Karls V. diametral entgegen. Das Reichsoberhaupt benötigte dringender denn je die finanzielle und politische Unterstützung der Reichsstände im Krieg gegen das Osmanische Reich, war also an der inneren Front, wie die römischen Gesandten berichteten, fast unbegrenzt erpressbar. Wie immer in solchen Bedrohungsszenarien setzte der Kaiser auf Verhandlungen. War das letzte Wort in Sachen der kirchlichen Trennung wirklich schon gesprochen? Oder war ein Ausgleich im Sinne eines Minimalkonsenses weiterhin möglich? Das waren die Fragen, die Karls Gesandter Nicolas de Granvelle 1539 in Frankfurt einer Antwort näher bringen sollte. Parallel dazu bemühten sich die Kurfürsten von Brandenburg und der Pfalz darum, die Chancen eines solchen Ausgleichs auszuloten. Damit schlug nach zehn Jahren nochmals die Stunde der Theologen. Die Politiker konnten die Voraussetzungen für Religionsgespräche schaffen, die Gottesgelehrten aber mussten sie in enger Absprache mit den Diplomaten führen. Luthers kategorische Feststellung, dass die evangelische Sache keine politische Sache sei,[51] wurde durch diese koordinierten Bemühungen ein weiteres Mal widerlegt. In seinen letzten Lebensjahren trat der Reformator hinter der von ihm ausgelösten Kirchenspaltung und ihren vielfältigen Folgen nicht nur aus römischer Sicht immer weiter zurück.

Gasparo Contarini und die spirituali

Die Reihe der Religions-Kolloquien begann im Juni 1540 im elsässischen Hagenau, das für das pestverseuchte Speyer eingesprungen war, setzte sich im Herbst desselben Jahres in Worms fort und fand ihren Höhepunkt im Frühjahr 1541 in Regensburg. Zu diesem Treffen sandte Paul III. mit Gasparo Contarini einen Legaten, der in vieler Hinsicht aus dem kurialen Rahmen fiel. Contarini war 1483, also im selben Jahr wie Luther, geboren, allerdings in einem denkbar anderen Milieu. Der weitverzweigte Contarini-Clan gehörte seit Jahrhunderten zu den führenden Sippenverbänden der Republik Venedig, und Gasparo entstammte einer der einflussreichsten Kernfamilien dieses Clans. Selbst für einen Patrizier ersten Ranges verlief seine politische Laufbahn in seiner Heimat-Republik ungewöhnlich erfolgreich. Darüber hinaus machte er sich einen Namen als Humanist mit historischen und politiktheoretischen Interessen. Seine Abhandlung über die Regierung von Venedig wurde ein europäischer Bestseller und trug ganz wesentlich dazu bei, dass die *Serenissima* bis zum Ende des 17. Jahrhunderts in republikanisch gesinnten Kreisen als das friedlichste, gerechteste und ausgeglichenste Staatswesen auf Erden galt. Ausschlaggebend dafür war Contarinis Theorie der Mischverfassung. Venedig – so erklärte er dem andächtig staunenden Europa – war eine Kombination der drei guten Konstitutionen Monarchie, Aristokratie und Demokratie und dadurch zu immerwährender Stabilität vorherbestimmt.

Diesen Ausgleichs-Politiker und moderaten Reformer hatte Paul III. am 21. Mai 1535 zum Kardinal erhoben. Das war eine Sensation, denn Contarini war kein Geistlicher, musste also nach Annahme der hohen Würde erst die niederen und dann die höheren Weihen empfangen. Allerdings hatte er sich schon vorher durch Abhandlungen zu religiösen Themen, zum Beispiel über das Bischofsamt, einen Namen gemacht. Seine Briefe aus den Jahren 1511 bis 1523 zeigen, dass er wie viele Intellektuelle der Zeit Glaubenskrisen durchlebte und überwand. Dabei stand, ähnlich wie bei seinem Altersgenossen Luther, die Frage im Mittelpunkt, wie der Mensch vor Gott gerecht werden konnte. Die Antwort fand Contarini nach einem Erleuchtungserlebnis an Ostern 1511:

> Und wahrlich, mir wurde klar, dass ich so viel Buße tun konnte, wie ich vermochte, und mir damit doch nicht das Heil verdienen, ja nicht einmal meine Sündenschuld abtragen konnte.[52]

Das Erschrecken über den Abgrund zwischen Gott und Mensch und die Unfähigkeit, aus eigener Kraft zum Guten zu gelangen, wurde durch die erlösende Botschaft des Evangeliums ins Gegenteil verkehrt:

> Lasst uns all unsere Gedanken auf die vollendete Liebe Christi richten, mit der Hoffnung und dem sicheren Glauben, dass wir, wenn wir uns ihm nur mit ein wenig Liebe nähern, keine andere Genugtuung brauchen.[53]

Das lief auf eine Gerechtwerdung durch den Glauben hinaus, doch nicht auf eine einseitige Vorherbestimmung Gottes, sondern auf die Kooperation des Menschen mit dem göttlichen Willen. Der Mensch war auf die göttliche Gnade angewiesen, doch konnte er dieses Angebot annehmen oder ablehnen:

> Niemand kann durch seine eigenen Werke gerecht werden oder durch sie von den bösen Begierden in seinem Herzen gereinigt werden. Dazu müssen wir uns der göttlichen Gnade zuwenden, die wir durch den Glauben an Jesus Christus erlangen, wie Paulus sagt, und auch wir müssen mit ihm sagen: Glücklich der Mensch, dem Gott seine Sünde nicht anrechnet, ohne Rücksicht auf seine Werke.[54]

Diese lebenslang bestimmenden Überzeugungen führten Contarini in späteren Jahren zu einer intensiven Auseinandersetzung mit Luther, dessen Rechtfertigungslehre er ablehnte, weil sie auf den unfreien Willen gestützt war. *Sola fide* und *sola gratia*, göttliche Gerechtsprechung allein durch den Glauben und allein durch die Gnade, ließen für Contarini wie für Erasmus immer noch Raum für eigene Bestrebungen und Verdienste des Menschen.

Wer so dachte und glaubte wie Contarini, stand der Kirche unter Clemens VII. kritisch gegenüber. In einem heftigen Disput mit dem Papst ging der venezianische Patrizier 1529 so weit, die Existenz des Kirchenstaats als ein Unglück für das Papsttum und die Christenheit zu bezeichnen, da diese weltliche Herrschaft zu einer rein politischen Ausrichtung des Petrusamtes geführt habe. Kurz nach seiner Erhebung zum Kardinal wurde Contarini zum Chef einer Reformkommission ernannt, die mit dem *Consilium de emendanda ecclesia* ein Programm von einzigartiger Radikalität ausarbeitete: Ein Geistlicher, eine Pfründe, so lautete einer ihrer Erneuerungsvorschläge. Spätestens jetzt galt Contarini als Führer der *spirituali*, einer Reformgruppierung, die an der Kurie von verschiedenen Seiten mit Misstrauen betrachtet wurde. Für Kirchenfürsten wie Gian Pietro Carafa, die auf die Inquisition als Instrument der Erneuerung setzten, waren sie des Kryptoprotestantismus, also geheimer Sympathien für Luther und seine Lehre, vehement suspekt. Um in diesen Verdacht zu geraten, genügte eine kritische Einstellung gegenüber dem Renaissance-Papsttum, verbunden mit einer christozentrischen Frömmigkeit, dem Glauben an die Rechtfertigung des Menschen durch den Glauben allein sowie Skepsis gegenüber komplizierten Dog-

men. Weiter gingen die Reformkreise, die sich in den 1530er Jahren in
Ferrara, Rom und Neapel gebildet hatten, selten. Eine Übernahme der
lutherischen Glaubenslehre insgesamt war damit kaum je verbunden;
dem stand die Abneigung gegen starre Glaubenssätze ebenso unüberwindlich gegenüber wie der Glaube an die Universalität der Gnade, die
jegliche Vorherbestimmung durch Gott ausschloss.

Das Religionsgespräch von Regensburg 1541

Contarinis Entsendung nach Regensburg weckte in den reformorientierten Zirkeln ebenso große Erwartungen wie bei den verständigungs-
bereiten Protestanten im Reich. Dabei hätte schon ein Blick in die Instruktionen des Legaten genügt, um diese Hoffnungen zu dämpfen:

> Zu allererst muss darauf geachtet werden, dass die Protestanten und die
> anderen, die vom Schoß der Kirche abgefallen sind, mit uns in den Prin-
> zipien übereinstimmen. Dazu zählen der von Gott und unserem Erlöser
> eingerichtete Primat des Heiligen Stuhls, die Sakramente der heiligen
> Kirche und anderes, was durch die Autorität heiliger Schriften und durch
> immerwährende Beachtung der universellen Kirche bis heute bestätigt
> worden ist, was dir, wie wir wohl wissen, bekannt ist. Wenn diese Punkte
> gleich zu Anfang außer Acht gelassen werden sollten, wäre jeder Versuch
> einer Einigung in anderen Kontroverspunkten vergeblich.[55]

Damit war aus kurialer Sicht eine Verständigung von vornherein ausgeschlossen: Jede Übereinstimmung in Einzelfragen war nichts wert,
wenn die Protestanten nicht die unumschränkte Führungsstellung des
Papstes und die theologischen Grundlagen, auf denen diese beruhte, ak-
zeptierten. Dass Luther aus reiner Friedensliebe den päpstlichen Primat
hinnehmen und die Verdienstlichkeit der guten Werke lehren würde,
war nicht zu erwarten – eher ging ein Kamel durch ein Nadelöhr.
Paul III. verhielt sich gegenüber den *spirituali* bemerkenswert tolerant,
seine Auffassung, was noch als katholisch durchging oder schon als häretisch gelten musste, war ungewöhnlich weitherzig. Aber gegenüber den
Lutheranern konnte von Entgegenkommen keine Rede sein. Hier waren
die Grenzen seit dem Edikt von Worms 1521 ein für alle Mal klar gezo-

gen: Abschwörung und Unterwerfung, so lautete die römische Forderung. Luther verlangte vom Papsttum dasselbe. Warum schickte der Farnese-Papst dann mit Contarini den Hauptvertreter der *spirituali* nach Regensburg? Wollte er den Reformflügel diskreditieren? Dagegen spricht seine Wertschätzung für den venezianischen Kardinal. Wollte er diesen und seine Anhänger auf die Rechtgläubigkeitsprobe stellen? Dazu hätte es bessere Gelegenheiten gegeben. Oder wollte er den definitiven Beweis vorlegen, dass eine Verständigung mit der Gegenseite auch bei äußerstem Entgegenkommen ausgeschlossen war? Für diesen Fall hatte er den richtigen Mann gewählt, denn unvoreingenommener als Contarini trat den Lutheranern kein Vertreter der Kurie gegenüber.

Der Reichstag zu Regensburg wurde am 5. April 1541 eröffnet, das Religionsgespräch begann am 27. April. Für die Protestanten debattierten Philipp Melanchthon, Martin Bucer und Johannes Pistorius, für die Katholiken Johannes Gropper, Johannes Eck und Julius Pflug, doch unter Contarinis Leitung. Auf der Gegenseite war Luther der große Abwesende, von dem alle Welt wusste, dass er das Kolloquium als unmögliches Unterfangen zur Unzeit zutiefst missbilligte. Im Gegensatz dazu bestand Contarinis Strategie darin, die Ablehnungsfront der Protestanten durch Zugeständnisse dort aufzubrechen, wo es ohne die Preisgabe unverzichtbarer Artikel möglich schien. Genau dieses Vorgehen fürchteten die beiden Kirchenoberhäupter in Rom und Wittenberg mehr als alles andere.

Die Unterredungen begannen nicht mit dem päpstlichen Primat und auch nicht mit den Sakramenten, sondern mit dem theologischen Hauptpunkt, der Rechtfertigung des Menschen vor Gott. An der *iustificatio*, so Luther in seinen Tischreden, hing die Reformation als ganze; Abstriche an dieser Lehre verboten sich von selbst. Und doch fanden die in Regensburg versammelten Theologen nach fünftägigen Beratungen am 2. Mai 1541 eine Zauberformel, die beide Seiten zufriedenzustellen schien. Problemlos hatten sie sich darauf verständigen können, dass alle Rechtfertigung allein durch Christus und die durch ihn in die Welt gelangte Gnade geschah. Dann wurde es schwierig, denn es galt die Rolle des Menschen und seines Willens zu definieren. In der sorgfältig ausgeklügelten Erklärung heißt es dazu:

Darauf wird der Sinn des Menschen vom Heiligen Geist durch Christus zu Gott bewegt. Und diese Bewegung geschieht durch den Glauben, durch den der Geist [mens] des Menschen sicher an alles glaubt, was von Gott offenbart ist, und ganz fest und ohne Zweifel die Versprechen zustimmend annimmt [assentitur], die Gott uns gemacht hat, der, wie im Psalm gesagt, treu ist in allen seinen Worten. Dadurch fasst der Geist Vertrauen in das Versprechen Gottes, durch das er verheißen hat, dass er die Sünden denen, die ihr früheres Leben reut und die an Christus glauben, vergeben und sie als Kinder annehmen wird. Und durch diesen Glauben wird der Geist des Menschen vom Heiligen Geist zu Gott erhoben, und so nimmt er den Heiligen Geist, die Vergebung der Sünden, die Anrechnung der Gerechtigkeit und unzählige andere Gaben entgegen.[56]

Diese Formel wahrte die Lehre und das Gesicht beider Seiten. Die Rechtfertigung des Menschen beginnt mit der Gnade und durch den Heiligen Geist, das kam den Protestanten entgegen. Zugleich stimmt der Mensch zu, zeigt also Willensregungen, das konnte man als Behauptung menschlicher Willensfreiheit auffassen. Im selben Stil ging es weiter:

Deshalb steht fest und ist eine heilsame Lehre, dass der Sünder durch den lebendigen und wirksamen Glauben gerechtfertigt wird. Denn durch diesen Glauben sind wir Gott genehm und wegen Christus angenommen. Wir nennen aber lebendigen Glauben die Bewegung des Heiligen Geistes, durch welche diejenigen, die ihr altes Leben wahrhaft reut, zu Gott erhoben werden und die in Christus verheißene Verzeihung wahrhaft ergreifen, so dass sie schon wahrhaft fühlen, dass sie die Vergebung der Sünden und die Versöhnung wegen des Verdienstes Christi durch die gratis gewährte Güte Gottes empfangen haben.[57]

Das war eine komplexe Synthese aus *spirituali*-Katholizismus und einem Protestantismus Melanchthon'scher Prägung. Auch strenge Befürworter des *sola fide* kamen hier zu ihrem Recht, ebenso wie die «Kooperationisten», die den unfreien Willen bestritten und die Zusammenarbeit des Menschen mit Gott sowie die dadurch gewonnenen Verdienste betonten. Sie konnten sich darauf berufen, dass der rechtfertigende Glaube lebendig und wirksam ist, also Eigendynamik besitzt und eigenständige Leistungen erbringt.

Für Contarini war die Einigung ein verheißungsvoller Auftakt, der zu den schönsten Hoffnungen berechtigte. Doch dieser Optimismus verflüchtigte sich rasch. Schon beim ersten der sieben Sakramente, der Eucharistie, erwiesen sich die Meinungsverschiedenheiten als unüberwindlich. Für Contarini war der Begriff Transsubstantiation unverzichtbar, für die Protestanten pure Fiktion und verderblicher Aberglaube. Als guter Diplomat versuchte der Kardinal, diesen strittigen Artikel zurückzustellen, doch diese Taktik schlug rasch fehl. Zu zahlreich waren die Gegensätze, selbst in seinen Augen. Aus römischer Perspektive stellten sich die Regensburger Verhandlungen noch viel bedenklicher dar. Vor allem die Carafa-Partei an der Kurie warf Contarini Verrat an der katholischen Lehre vor. Auf der Wittenberger Seite war die Reaktion nicht weniger harsch. Noch während der Verhandlungen über die Rechtfertigung tat Luther seine Meinung per Brief an Caspar Cruciger unmissverständlich kund:

> Aus den mir zugesandten 15 Artikeln ersehe ich, lieber Doctor Caspar, was Satan tut …. Ihr aber handelt, weil ihr Legaten Christi seid. Es ist gleich viel, sie decken sich, hecken oder faren uff, so ists doch der hellische Teuffel und lugengeist.[58]

In einem gemeinsam mit Bugenhagen verfassten Schreiben an den Kurfürsten Johann Friedrich von Sachsen wurde die Absage an die Einigung endgültig formuliert:

> Denn mit solchen falschen ungleichen leuten (weil sie nicht ablassen) kann kein ander vergleichung werden. Da werden sie schreien, das sie recht behalten haben. Da gegen die unsern sagen, das sie sich wol verwaret haben mit dem neuen lappen gegen und verklerung, so nun in der notel ist. Und sonderlich, das sie bedinget, sie wollen nichts von der Confession begeben haben. Also sind wir weiter uneins denn zuvor, und ihre falsche schalkhaftige list wird eraus an den tag komen, die sie nun der notel meisterlich verborgen haben, wie sie meinen.[59]

Die «notel» war die Kompromissformel, die für Luther und seinen Mitstreiter eine vom Teufel gestellte Falle war, weil die Papisten damit behaupten konnten, dass ihnen die Lutheraner in einem entscheidenden Punkt Recht gaben. Das Misstrauen hatte Überhand genommen, die Feindbilder standen fester denn je. Diejenigen, die sich sanft und milde gaben, waren Wölfe im Schafspelz, davon waren beide Seiten überzeugt. Der letzte groß angelegte Versuch, zwischen den Glaubensparteien, zwischen Wittenberg und Rom, Deutschland und Italien Brücken zu schlagen, war definitiv gescheitert. Für Contarini hielten sich die negativen Folgen in Grenzen, er selbst war unangreifbar und wurde von Paul III. kurz darauf mit der ehrenvollen Legation in Bologna betraut, starb aber schon 1542.

Am 5. Juli desselben Jahres gründete Paul III. die neue römische Zentralinquisition, die gemäß ihren Statuten alle gegen den katholischen Glauben gerichteten Bestrebungen in allen Ländern ohne Rücksicht auf Rang und Namen bekämpfen sollte, de facto jedoch auf Teile Italiens beschränkt blieb. Für die *spirituali* aller Richtungen war das eine ernste Warnung, eine klare Position zu beziehen: für oder gegen den Primat des Papstes. Die neue Institution, die als «Heiliges Offizium» in den Mythenschatz Europas Eingang finden sollte, war von den Hardlinern um Kardinal Carafa gefordert worden, der sie nach seiner Wahl zum Papst im Mai 1555 zu seiner Lieblingsbehörde erkor. Doch sein Versuch, mit der Inquisition nach spanischem Vorbild alle Lebensbereiche zu durchdringen und zu disziplinieren, scheiterte am Widerstand der römischen Bevölkerung auf der ganzen Linie. Unter Paul III. steuerte die Inquisition einen eher moderaten Kurs. Sie überwachte Schriftverkehr und soziale Kontakte theologisch verdächtiger Persönlichkeiten wie der hochadeligen Dichterin Vittoria Colonna, die aus ihrer kritischen Einstellung zu den Päpsten ihrer Zeit kein Hehl machte, und führte bei entsprechender Beweislage Prozesse gegen selbsternannte Propheten und Endzeitprediger. Zu dieser Zeit war sie für religiöse Selbst- und Querdenker vor allem eine Warnung, sich mit ihren Ideen in der Öffentlichkeit zurückzuhalten und stattdessen Konformität vorzuspiegeln.

Im Vorfeld des Konzils

Reichstag und Religionsgespräch zu Regensburg endeten, wie Luther und Bugenhagen feststellten, damit, dass sich die Religionsparteien feindseliger denn je gegenüberstanden. Einhelligkeit gab es jetzt nur noch in der Ablehnung: Die Kompromissformel vom Mai 1541 wurde von den katholischen wie den protestantischen Reichsständen gleichermaßen verworfen. Für die Verfechter eines harten Kurses war das ein Erfolg. Für Luther ging es darum, sein von Gott gewolltes Werk vor menschlichen Verdunkelungen und Verwässerungen aller Art zu schützen. Die Kurie ihrerseits setzte mehr denn je auf einen harten Kurs des Kaisers und ein Konzil. Für beides erwiesen sich die Zeitläufe nach Regensburg günstig.

Das Haupthindernis für eine allgemeine Kirchenversammlung bildete weiterhin der Dauerkonflikt zwischen Frankreich und Spanien. Dieser eskalierte 1542 erneut zum Krieg, den der Kaiser zwei Jahre später für sich entschied. Eine Klausel des 1544 geschlossenen Friedensvertrags besagte, dass der französische König dem Konzil zustimmte. Nach nochmaligen Verzögerungen konnte es am 13. Dezember 1545 endlich in Trient eröffnet werden. Trient unterstand einem Fürstbischof und gehörte rechtlich zum Reich, kulturell aber eher zu Italien und war damit die perfekte Kompromisslösung. Allerdings wurde dieser Kompromiss erst zehn Jahre nach der ersten Ankündigung durch Vergerio und achtundzwanzig Jahre nach dem Beginn des Streits über den Ablass gefunden, viel zu spät in den Augen der katholischen Reformer. In den Augen der Lutheraner hingegen war das Konzil eine reine Maskerade des Satans. Sie sahen sich jetzt mit dem lange erörterten Ernstfall konfrontiert und mussten eine schwerwiegende Entscheidung treffen: Sollten sie die Kirchenversammlung beschicken oder boykottieren?

Das Konzil traf die Lutheraner in einer Phase der politischen Schwäche. Drei Jahre zuvor hatte der Schmalkaldische Bund mit einem erfolgreichen Feldzug gegen den katholischen Herzog von Braunschweig-Wolfenbüttel noch die Oberhand behalten; damit wurde ein weiteres norddeutsches Territorium protestantisch. Bald darauf wies das scheinbar fest gefügte protestantische Bündnis jedoch im Inneren besorgniserregende Brüche auf. Der energischste und selbstbewussteste Vorkämpfer des Luthertums im Reich, Landgraf Philipp von Hessen, war durch einen unbedachten Schritt in ein eigentümliches Dilemma geraten. Obwohl er bereits verheiratet war, hatte er eine zweite Ehe mit einer heiß begehrten jungen Frau geschlossen, die sich ohne Heirat nicht erobern ließ. Auf Bigamie aber stand die Todesstrafe. Die Peinlichkeit für das protestantische Lager war grenzenlos. Mit seiner Doppelehe bestätigte der Landgraf die katholische Propaganda, dass der Protestantismus zur Auflösung der Ordnung führen musste, speziell in der Sexualmoral.

In Wirklichkeit hatten Luther und seine Mitstreiter unermüdlich gegen die Heirat des liebestollen Landgrafen gekämpft, zum einen, weil sie Ehebruch und Bigamie missbilligten, zum anderen, weil sie die Folgen für ihre Kirche voraussahen. Am Ende mussten sie den Fehltritt ihres «Musterfürsten» sogar rechtfertigen, doch ein gutes Gewissen hatten sie dabei nicht. Über den Imageschaden hinaus erwuchs dem Luthertum aus der kuriosen Affäre konkrete Gefahr. Um das Schlimmste zu verhindern, hatte Philipp einen Geheimvertrag mit dem Kaiser schließen müssen, der ihn diesem weitgehend in die Hände spielte. Wenn der Landgraf den habsburgischen Interessen diente, durfte er darauf hoffen, strafrechtlich nicht belangt zu werden. Als Gegenleistung versprach ihm Karl V., wegen der Religionsfrage keinen Krieg gegen ihn zu führen. Doch dieser Krieg wurde jetzt, mehr als zwei Jahrzehnte nach dem Wormser Edikt, immer mehr zu einer ernsthaften Option der kaiserlichen Politik. Ab 1543 nahmen diese Pläne konkrete Formen an.

Karl V. wurde in seinen Kriegsplänen gegen die Protestanten von den päpstlichen Diplomaten nachdrücklicher denn je bestärkt. Das Konzil sollte die Protestanten geistlich, das kaiserliche Heer militärisch und die nachfolgende Neuordnung des Reichs politisch überwinden, so lautete die römische Strategie. Besonders die Hoffnungen auf das Konzil wuchsen ins Unermessliche:

> Das Konzil muss mit dem Einverständnis der Nationen eine umfassende, heilige und katholische Reform ins Werk setzen, angesichts derer die zahlreichen Lutheraner nicht mehr ernsthaft davon sprechen können, selbst die Kirche zu erneuern; gleiches gilt dann für die Reichstage und die weltliche Obrigkeit.[60]

Das Konzil sollte alle Gebrechen der Kirche auf einmal heilen, und das waren viele. Was Deutschland betraf, so fiel die Bestandsaufnahme der römischen Diplomaten Mitte der 1540er Jahre noch negativer aus als im Jahrzehnt zuvor. Fast alle weltlichen Fürsten, einschließlich der katholischen, galten an der Kurie als sittlich verdorben und religiös mehr oder weniger infiziert. Echten Katholizismus – so das niederschmetternde Fazit – gab es in Deutschland nur noch in Spurenelementen. Aber alle diese Missstände würden sich durch das Konzil rasch beheben lassen.

Mit so viel Optimismus wandelte sich sogar die Haltung gegenüber den Ketzern. Wie schon seine Vorgänger Campeggio und Aleandro unternahm auch der Kardinallegat Alessandro Farnese, der mit Pfründen überhäufte geistliche Nepot Pauls III., bei seinem Deutschlandaufenthalt im Frühjahr 1545 Forschungsreisen, um die Stimmung im Land zu erkunden. Darüber hinaus lud er nach eigenen Angaben jeden Morgen vier Lutheraner zum Frühstück ein. Der Zweck der theologischen Matineen wie der Ausflüge war derselbe: Der Kardinal wollte herausfinden, was die einfachen Leute in den infizierten Regionen dachten. Ihr Hass auf Rom und den Papst hatte eher zugenommen, so lautete ein Ergebnis dieser Feldforschung. Auch das Selbstbewusstsein der Ketzer war weiter gestiegen: Sie sahen sich im Besitz Dänemarks, Norwegens, Schwedens und des besseren Teils von Deutschland. Für ihre eigentliche Trumpfkarte aber hielten sie die evangelische Wahrheit, die sie ganz alleine ausspielen zu können glaubten. Doch hinter solchen Äußerungen, die scheinbar vor Stärke nur so strotzten, hörte Farnese nicht ganz zu Unrecht Angst und Schwäche heraus.

Über die religiösen Vorstellungen, die ihm bei seinen Erkundungsfahrten entgegentraten, konnte der Kardinalnepot bei allem Ernst der Lage nur schmunzeln. In seiner Korrespondenz mit der römischen Zentrale berichtet er von sich in der dritten Person:

Der Kardinal begab sich auch incognito in Buchläden, wo nichts anderes verkauft wird als Titel von Luther, Zwingli, den Wiedertäufern, Melanchthon, Bucer und ähnlichen Autoren. Und sie schätzen diese höher als Propheten und Apostel ein; gegen den Papst und die Papisten aber ziehen sie sofort blank. Der Kardinal unterhielt sich recht freimütig mit vielen von ihnen. Dabei beklagte er sich, dass sie einen so alten und bewährten Weg verlassen hätten, und das allein aufgrund der Überzeugungen einiger Privatleute, die von reiner Leidenschaftlichkeit angestachelt worden waren. Darauf entgegneten sie, dass sie allein die reine und klare Schrift und sonst nichts bewegt habe. Und als der Kardinal sagte, dass das Konzil bald alle diese Dinge klären werde, fragten sie, wer diesem vorsitzen werde. Auf die Antwort: der Papst oder seine Legaten, machten sie sich darüber lustig und sagten, sie könnten gut darauf verzichten, denn sie hätten schließlich die Heilige Schrift. Diese aber halten sie für völlig eindeutig.[61]

Diese Momentaufnahme aus dem Mai 1545 zeigt, welche Botschaften Luthers nach knapp drei Jahrzehnten beim Mann auf der Straße angekommen waren: Wir haben das Licht der Wahrheit, ihr aber wandelt im Dunkeln. Und der Papst ist die verkörperte Finsternis. Für die römische Seite blieb die Naivität, mit der die Lutheraner allein das richtige Verständnis des Gottesworts zu besitzen glaubten, unbegreiflich. So hatte sich in Deutschland seit dem Wormser Reichstag nichts geändert außer dem Ton, der zumindest bei den Katholiken gelassener, fast schon siegessicher geworden war.

Luthers letzter Kampf

Dass sich das Klima wandelte, und zwar nicht zum Vorteil der Lutheraner, spürte der Reformator selbst als einer der ersten. In seinen Tischreden aus den 1540er Jahren häufen sich die alptraumhaften Visionen und apokalyptischen Vorhersagen. Der Antichrist war zwar geistlich überwunden, aber in der Welt umso mächtiger. Deutschland würden deshalb schreckliche Plagen bevorstehen.

Die Versuche, die Bigamie des hessischen Landgrafen zu rechtfertigen, hatten an Luthers Kräften gezehrt. Im September 1542 erschütterte ihn der Tod seiner Lieblingstocher Magdalene zutiefst. Er selbst war fünf Jahre zuvor durch Nierensteine dem Tod nahe gewesen und blieb danach gesundheitlich angeschlagen. Dazu kam jetzt, im Vorfeld des Konzils, die immer drängendere Sorge um den Bestand seines Werkes. Diese Verdüsterung spiegelt sich nicht nur in Unheilsprophezeiungen und der Erwartung des Jüngsten Tages, sondern auch in der

Wahrnehmung des Alltags. Im Denken Luthers war der Teufel als ge-schichtsmächtige Gegenkraft Gottes, der diesem als Strafe für die Sün-den der Menschheit große Freiräume ließ, stets präsent gewesen.

In den späten Tischreden sah er diesen grimmen Feind auch in seiner Um-gebung allenthalben am Werke: in widerborstigen Knaben, in Wechsel-bälgern, Mischwesen aus Menschen und Teufeln sowie Zauberern und Hexen, deren perfides Wirken er für alle Arten von Widrigkeiten haft-bar machte. Auch die eigenen körperlichen Leiden führte er weiterhin auf den Fürsten der Finsternis zurück, den der Teilerfolg der Reforma-tion zur Weißglut reizte.

Diese Eintrübung der Welt fand ihren Niederschlag in wütenden Kampfschriften gegen die Juden und gegen das Papsttum. Dass sich die letzten großen Texte des Reformators gegen den Antichrist am Tiber richteten, folgt der Logik seines Lebens. Mit Thesen, die die Allgewalt des römischen Pontifex maximus beschnitten, hatte der Prozess der Kirchenspaltung und der Reformation begonnen, jetzt schloss sich mit zwei scharfen Polemiken gegen dieselbe finstere Gegenwelt der Kreis. Die eine der beiden Schriften mit dem Titel *Papsttreu Hadriani IV. und Alexanders III.* will an zwei Päpsten des 12. Jahrhunderts aufzeigen, dass sich die Politik des Heiligen Stuhls schon vor Jahrhunderten gegen das Reich, den Kaiser und die Deutschen richtete. Trotzdem ist die kurz zuvor, Ende März 1545, gedruckt vorliegende Abhandlung *Wider das Papsttum zu Rom, vom Teufel gestiftet* im eigentlichen Sinne Luthers letztes Wort zum Thema. In der Sache selbst waren neue Argumente schwer-lich beizubringen – die Gleichsetzung des Papstes mit dem Antichrist ließ sich nicht mehr überbieten. Steigern ließen sich hingegen die Mo-tive und Bilder der Anklage, die Ton- und Stimmungslage sowie die da-raus zu ziehenden Konsequenzen. Sie ähneln inhaltlich und sprachlich nicht zufällig Luthers Aufruf an die weltlichen Obrigkeiten auf dem Höhepunkt des Bauernkriegs zwanzig Jahre zuvor:

O Nu greiffe zu, Keiser, König, Fürsten und Herrn, und wer zugreiffen kann, Gott gebe hie faulen Henden kein glück.[62]

Wegnehmen sollten die Fürsten und Herren dem Papst zuerst den Kirchenstaat, den er sich durch Gotteslästerung und Götzendienst auf

DIGNA MERCES PAPAE SATANISSIMI ET CARDINALIVM SVORVM.

Der Papst und drei
Kardinäle am Galgen:
Teufel entführen ihre
Seelen in die Hölle,
ihre Zungen sind he-
rausgerissen und wegen
ihrer Lästerungen ange-
nagelt. Der Papst-Satan
erntet, wie die Über-
schrift verkündet, so
seinen verdienten
Lohn — eines der
letzten Bilder Luthers
zu seinem Erzfeind in
Rom (1545).

Kosten des Reichs erschlichen hatte. Danach sollte es den Missetätern in Rom selbst an den Kragen gehen:

> Darnach solte man im selbs, dem Bapst, Cardinal, und was seiner Ab-
> götterey und Bepstlicher heiligkeit gesindlin ist, nehmen, und inen (als
> Gottes lesterern) die zungen hinden zum hals heraus reissen, und an den
> galgen an nageln an der riege her, wie sie ir Siegel an den Bullen in der
> riege her hangen.[63]

Luther vermischt hier weit zurückreichende persönliche und aktuelle politische Motive zu regelrechten Rachephantasien. So wie einst an seiner Bannandrohungs- und Bannbulle das päpstliche Siegel hing, sollen die herausgerissenen Zungen des Papstes und der Kardinäle nebeneinander an den Galgen geschlagen werden. Dort können die verstümmelten und stimmlosen Kirchenfürsten dann ihr Konzil abhalten, falls sie nicht die Hölle als Tagungsort vorziehen. Vor diesem Konzil zu warnen, ist der Zweck des ganzen Pamphlets. Seine Handlungsanweisung lautet: Die weltliche Gewalt muss den Papst verurteilen, denn sie ist für die Verfolgung von Gotteslästerern zuständig. Beim Kampf gegen Rom geht es nicht mehr um die Konkurrenz der Glaubenslehren, sondern um die Ausrottung des Bösen schlechthin. Die Anklage des Epikurismus und Atheismus bildet den Grundtenor der Schrift. Schon in den Jahren zuvor hatte Luther diese Vorwürfe immer pauschaler gegen seine Feinde erhoben, am heftigsten gegen Erasmus von Rotterdam, dessen Kritik an der Reformation wie an der alten Kirche er mit Glaubenslosigkeit gleichsetzte. In *Wider das Papsttum* wird diese Anklage nicht nur gegen die Kurie und Rom, sondern gegen Italien als Nation erhoben. Die Italiener nämlich verachteten die Deutschen heutzutage mehr denn je:

> Wenn sie Deudschland die löbliche Nation nennen, das es heisse: die bestien und Barbari, die nicht wert sind des Bapsts myst zu fressen.[64]

Was die Italiener wirklich von Deutschland hielten, habe der Humanist Campanus zur Zeit Pius' II. deutlich gemacht:

> Da er in Deudschland gewesen, (nicht mit seinem schaden) und an die grentze des Welschen landes wider heim kam, den Rücken gegen Deudschland keret, bückt sich und decket den hindern auff, und sprach: Aspice nudatas, Barbara terra, nates! Sihe da, du Bestia, kücke mir in den Sra.[65]

Deutsche und Italiener waren in Luthers Augen geborene Feinde, nicht etwa wegen der Religionsspaltung, sondern durch die Unvereinbarkeit ihres Wesens, die in der kirchlichen Trennung ihren logischen Ausdruck fand. Paul III., «dieser schendlicher Lecker»,[66] das heißt Laffe, wolle in Wirklichkeit kein Konzil, da es seiner Willkürherrschaft im Namen des Teufels, seines Herrn, nur im Wege stehe. Dass das Papsttum, wie der Titel sagt, eine Einrichtung des Teufels und daher teuflischen Wesens ist, versucht Luther im Hauptteil der Schrift nochmals unter Aufbietung aller Argumente und Leitmotive nachzuweisen. Dabei schöpft er aus der Kirchengeschichte, aus dem Umgang Roms mit der Heiligen Schrift, aus der Erfindung des Fegefeuers und des Ablasses, aus dem Nepotismus und der Machtpolitik des Papsttums. Das daraus gewonnene Ergebnis stand seit langem fest:

> Da redet abermal der verzweifelte Spitzbube und bösewicht Paulus [Papst Paul III.] mit seinen Hermaphroditen sein rotwelsch, gerade, als wüste kein Mensch, was ir hellisch, teuflisch wesen zu Rom sey, und wie er selbs, der unsettige, grundlose geitzwanst Paulus, sampt seinem Son, mit der Kirchen güter umbgehet.[67]

Gegen keinen Papst hatte Luther jemals verbal so heftig gewütet. Gegen Ende der Schrift steigert sich die Beschimpfung in einen Grad der Raserei, der selbst in Luthers Werk einzig dasteht. Der Papst, so dieses atemberaubende Crescendo, ist

> das heubt der verfluchten kirchen aller ergesten Buben auff erden, Ein stathalter des Teufels, ein feind Gottes, ein widersacher Christi und verstörer der Kirchen Christi, Ein lerer aller lügen, Gotteslesterung und abgöttereien, Ein Ertzkirchendieb und Kirchenreuber der schlüssel, aller güter, beide der kirchen und der weltlichen Herrn, ein mörder der Könige, und hetzer zu allerley blutvergiessen, Ein hurnwirt über alle hurnwirte und aller unzucht, auch die nicht zu nennen ist, ein Widerchrist, ein Mensch der sünden und kind des verderbens, ein rechter Beerwolff.[68]

Die Sprache stößt hier an ihre Grenzen. Am Ende steht der Aufruf zu töten, und zwar in Erwartung reichen Lohnes:

> Er hat den Teufel für sich, So haben wir Gottes Wort für uns. Las frisch hergehen, sterben wir drüber, so leben wir deste herlicher mit Christo.[69]

Auch das hatten die Krieger gegen Rom mit den Fürsten im Bauernkrieg gemeinsam: Wer in diesem Kampf fiel, erlangte die ewige Seligkeit, denn er stritt nicht aus Eigennutz, sondern zum Schutz der Schöpfung vor dem Bösen. Einen seligeren Tod als im Kampf gegen den Papst konnte niemand sterben.

Bis zum Schluss klangen in dieser Polemik persönliche Motive an:

> Mir ist gnug, das ich sicher für mich bin, und wisse in zu urteilen nach
> dem Wort Gottes, das wider in ist, und ich mit gutem gewissen inen für
> einen Fartzesel und Gottes feind halten mag. Mich kan er nicht für einen
> Esel halten, denn er weis, das ich von Gottes sonder gnaden gelerter bin
> in der Schrifft, weder er und alle seine Esel sind, Nicht allein ich, Son-
> dern seer viel seiner leute mehr fast in allen landen.[70]

Für Luther war es bis zum Schluss nicht vorstellbar, dass Menschen mit
gutem Gewissen und gutem Willen die Wahrheit seiner Lehre nicht er-
kannten. Sie war so eindeutig, dass selbst der Papst wissen musste, dass
Luther Recht hatte. Darin lag der höchste Triumph des Reformators.
Auch wenn politisch und militärisch das Scheitern drohte, wäre eine
solche Niederlage nur ein vorübergehender Pyrrhussieg des Bösen:

> Sterbe ich in des, So gebe Gott, das ein ander tausent mal erger mache.
> Denn die teufelische Bepsterey ist das letzt unglück auff Erden, und das
> neheste, so alle teufel thun können mit alle irer macht. Gott helffe uns,
> Amen.[71]

Martin Luther starb am 18. Februar 1546 in seinem Geburtsort Eisleben. Auch so schloss sich der Kreis. Seine letzten Stunden und sein
Abscheiden wurden von seinen Getreuen minutiös protokolliert. Der
Tod war das Siegel unter das Leben. So wurde größtes Gewicht darauf
gelegt, dass der Sterbende bis zum Schluss seine Lehre bestätigte. Der
Bericht über die frommen letzten Stunden des Reformators wurde
sofort gedruckt, um damit die öffentliche Meinung zu beherrschen.
Das hinderte die deutschen Gegner Luthers nicht daran, ihre Version
der Ereignisse zu publizieren: Luther, der Diener des Teufels, sei von
seinem Herrn und Meister zu Eisleben in die Hölle herabgeholt worden.

Das offizielle Rom zeigte sich an solchen Ammenmärchen desinteressiert, sie waren unter der Würde des Papsttums. Ja, der Tod des Erzketzers, der das Papsttum so lange in Atem gehalten hatte, wurde vom
Nuntius Girolamo Verallo fast beiläufig zur Kenntnis genommen:

Ich nehme an, dass Sie vom Tod Luthers am 18. des vergangenen Monats gehört haben. Als dieser von seinen Hausgenossen aufgefordert wurde, sich seiner Irrtümer schuldig zu bekennen, sagte er, er habe nur eine Sache zu bereuen: Unter seinem Namen seien falsche Bücher hergestellt worden, von denen er nichts gewusst habe, und in diesen Büchern seien viele hässliche Stellen. Doch das, was er selbst tatsächlich geschrieben habe, sei gut und zum Ruhm Gottes, und er billige das alles als wohl getan. Und nach diesen Worten starb er.[72]

Verallo befand es nicht einmal mehr für nötig, einen Nachruf anzufügen. Luthers Person war längst hinter dem Luthertum zurückgetreten. Einzig das Bedauern, den Erzketzer jetzt nicht mehr vor das Konzil laden und von diesem widerlegen lassen zu können, war der römischen Seite noch einige Zeilen wert.

Epilog
Clash of Cultures

Wenige Monate nach dem Tod des Reformators begann die von Kaiser und Papst seit längerem geplante militärische Auseinandersetzung. Der Schmalkaldische Krieg endete nach einem knappen Jahr mit einem vollständigen Triumph Karls V., der den Kurfürsten Johann Friedrich von Sachsen, Luthers letzten Landesherrn, am 24. April 1547 in der Schlacht von Mühlberg gefangen nahm. Kurz darauf stand der Kaiser vor Luthers Grab in der Schlosskirche von Wittenberg. Das Ansinnen, den toten Ketzer exhumieren und verbrennen zu lassen, wies er zurück. Bald darauf zeigte sich, dass der Protestantismus lutherischer Prägung weder politisch-militärisch noch theologisch besiegt war.

Ist die Vergangenheit, wie sie in diesem Buch geschildert wurde, ebenfalls tot und begraben? Verlautbarungen namhafter Vertreterinnen und Vertreter beider Kirchen legen diese Annahme nahe. Auf der lutherischen Seite ist von dem Prinzip der Rechtfertigung allein durch die Gnade Gottes, sola gratia, der Prädestinationslehre des Kirchengründers, keine Rede mehr. Für heutige Christen ist die Vorstellung, dass der Mensch vor seiner Geburt von Gott zu Heil oder Verdammnis vorherbestimmt sei, unerträglich und gegen jede correctness, also wird diese sperrige Seite ausgeblendet, ja geradezu ins Gegenteil verkehrt: Jede und jeder kommt ins Paradies, wenn sie oder er nur etwas guten Willen mitbringt. Die verschiedenen Demokratisierungswellen des 20. und 21. Jahrhunderts haben das Jenseits erreicht und gleich gemacht. Solche Positionen wären selbst einem Erasmus viel zu weit gegangen. Was Luther von diesem lieben, allzu lieben Gott hielt, der nach dem Vorbild eines gütigen menschlichen Erziehers gedacht war, hat er in seiner Kontroverse mit dem großen Humanisten festgehalten: Eine solche süßliche Vermenschlichung entsprang der superbia, der Selbstüberschätzung des Menschen, der es nicht erträgt, sich selbst zu sehen, wie er ist, nämlich

Zweihundert Jahre nach dem Beginn der Reformation ist die wechselseitige Verdammung noch nicht vorbei. Im Kuppelfresko der Wiener Karlskirche von Michael Rottmayr (1726– 1729) wird Luther, der Ketzer, in die Hölle gestürzt, seine verderblichen Bücher verbrennt ein Engel mit einer Fackel.

eitel und sündhaft. Zusammen mit der Prädestination scheint Luthers Skepsis gegenüber dem Menschen heute beigelegt zu sein. Sein tiefer anthropologischer Pessimismus ist vom heutigen Luthertum, jedenfalls dem europäischen, in sozialpolitischen Aktionismus, in das Streben nach mehr Gerechtigkeit im Diesseits, umgeschlagen. So achtbar diese Bestrebungen auch sind, mit dem historischen Luther haben sie nichts zu tun. Kurfürst Friedrich der Weise fühlte und dachte sozialer als sein Wittenberger Professor.

Auf diese Weise hat sich das heutige Luthertum, ohne es zu wollen (und vielleicht sogar oft, ohne es zu wissen), katholischen Vorstellungen von der Kooperation des Menschen mit der göttlichen Gnade und sogar der Werkgerechtigkeit stillschweigend angenähert. Selbst in Sachen der letzten Dinge scheinen sich die beiden Konfessionen nicht mehr fern zu stehen. Die Hölle stört, darin stimmen Theologinnen und Theologen beider Seiten überein. Ewige Feuerqualen für Missetäter vertragen sich nicht mit den Maßstäben des liberalen Rechtsstaats. Andererseits sollten Menschheitsverbrecher wie Hitler und Stalin auch nicht auf Wolke sieben schweben. Also denkt man sich das Jenseits der Bösen als das große Nichts, das für asiatische Erlösungslehren das größte Glück ist.

So stünde im Zeichen allgemeiner theologischer Auflösung und der Patchwork-Religionen nichts mehr im Wege, wäre da nicht die *pièce de résistance* namens Papsttum. Dieses Papsttum hat den protestantischen Kirchen vor einiger Zeit die Wesenszüge der wahren Kirche abgesprochen. Das zeigt, wie aktuell Luthers Kampf um die apostolische Nachfolge und das Erbe der Urkirche bis heute geblieben ist. Doch nicht nur der Führungsanspruch des Papsttums, an dem schon seit 1517 die Einheit der christlichen Kirche zerbrach, sondern auch der Gegensatz der Nationen steht einer kirchlich-religiösen Wiedervereinigung unüberwindlich im Wege. Der Nationalismus, der im 15. und 16. Jahrhundert erfunden wurde, ist heute hinter der schönen Einheitsfassade der Europäischen Union heftiger und aggressiver denn je. Was Deutsche und Italiener voneinander halten, nämlich nichts Gutes, zeigt sich im Zeitalter der dauerhaft anhaltenden Euro-Krise. Die nationalen Stereotypen, die sich beim Weg über die Alpen kreuzen, stammen unübersehbar aus dem Reservoir der Humanisten und der Reformation: Heimtückische Italiener, die ihre Verschwendung, sprich Unmoral, aus deutschen Kassen finanzieren, kamen schon in den Gravamina der deutschen Nation und in Luthers Schriften reichlich vor, so wie umgekehrt die geldgierigen und geizigen Deutschen ohne Sinn für Stil und Lebensgenuss mit den tumben Barbaren in den Berichten der römischen Nuntien wesensgleich sind.

Umgekehrte Parteinahmen sind selten, doch oft kulturell hochstehend. Francesco Guicciardini, einer der brillantesten Köpfe der europäischen Renaissance, behauptete, Luther innigst zu lieben, weil er es dem klerikalen Geschmeiß gezeigt habe. Doch leider könne er Luthers Triumph nicht wünschen, weil er mit seinen persönlichen und familiären Interessen unauflöslich an das Papsttum und dessen Wohlergehen gefesselt sei. Friedrich Nietzsche hasste Luther, weil er in ihm den Wiederhersteller der christlichen Religion sah, die von den Renaissancepäpsten, speziell Alexander VI. und seinem Sohn Cesare, überwunden worden war und jetzt durch die niederen Instinkte eines schlechten Mönchs mitsamt ihrer Sklavenmoral fröhliche Wiederauferstehung feierte. In dieselbe Kerbe, nur sehr viel dezenter, schlug Thomas Mann. Er würdigte Luthers Leistungen für die deutsche Sprache, sah im Priestertum aller Gläubigen gar den Weg zur europäischen Demokratie – und trotzdem stieß ihn der deutsche Reformator zutiefst ab:

Ich liebe ihn nicht, das gestehe ich ganz offen. Das Deutsche in Reinkultur, das Separatistisch-Antirömische, Anti-Europäische befremdet und ängstigt mich, auch wenn es als evangelische Freiheit und geistige Emanzipation erscheint, und das spezifisch Lutherische, das Cholerisch-Grobianische, das Schimpfen, Speien und Wüten, das fürchterlich Robuste, verbunden mit zarter Gemütstiefe und dem massivsten Aberglauben an Dämonen, Incubi und Kielkröpfe, erregt meine instinktive Abneigung. Ich hätte nicht Luthers Tischgast sein mögen, ich hätte mich wahrscheinlich bei ihm wie im trauten Heim eines Ogers gefühlt und bin überzeugt, dass ich mit Leo X., Giovanni de Medici, dem freundlichen Humanisten, den Luther «des Teufels Sau, der Bapst» nannte, viel besser ausgekommen wäre.[1]

Diese Bemerkung ist, wie alle geistreichen Aphorismen, so richtig wie falsch, denn Leo X. war keineswegs so nett, wie der deutsche Großliterat meinte. Das kann man in diesem Buch nachlesen. Seine Jovialität war einem politisch nützlichen Image verpflichtet, ebenso wie Luther für ein italienisches Publikum perfekt den deutschen Barbaren spielen konnte.

Der *clash of cultures*, der die Kirchenspaltung und die Reformation hervorgebracht hat, ist bis heute auf unheimliche Weise aktuell. Dieses Fazit versteht sich jedoch nicht als Plädoyer für einen neuen Kulturkampf, sondern durchaus umgekehrt: Um sich zwischen den Kirchen und Nationen heute zu verständigen, muss man sich erst einmal verstehen. Dazu sollte der Blick zurück in eine konfliktträchtige Vergangenheit dienen.

Anhang

Zeittafel

1475, 11. Dez.	Giovanni de' Medici, der künftige Papst Leo X. (1513–1521), wird als zweiter Sohn Lorenzo de' Medicis geboren; seine Familie regiert seit 1434 Florenz hinter republikanischer Kulisse.
1476	Papst Sixtus IV. bestätigt für eine französische Kirche den Ablass für bereits Verstorbene.
1483, 10. Nov.	Martin Luther wird in Eisleben als Sohn des Hans Luder und der Margarete Lindemann geboren; sein Vater betätigt sich als Bergbau-Unternehmer, stammt aber aus gehobenem bäuerlichen Milieu, seine Mutter aus einer angesehenen Familie der Stadt Eisenach.
1489	Giovanni de' Medici wird von Papst Innozenz VIII. zum Kardinal erhoben, doch wird diese Ernennung erst Anfang 1492 publik gemacht.
1492, 11. Aug	Kardinal Rodrigo Borgia wird zum Papst gewählt. Als Alexander VI. betreibt er aggressive Machtpolitik zur Erhöhung seiner Familie.
1493	Tod Kaiser Friedrichs III. aus dem Hause Habsburg, sein Nachfolger als Reichsoberhaupt wird sein Sohn Maximilian.
1494	Im November wird die Hauptlinie der Medici aus Florenz vertrieben.
1497	Luther besucht die Lateinschule in Magdeburg, ab 1498 in Eisenach.
1501	Luther immatrikuliert sich an der Universität Erfurt; gemäß den väterlichen Planungen ist eine Ausbildung als Jurist vorgesehen.
1503, 31. Okt.	Nach dem kurzen Intermezzo Pius' III. wird mit Julius II. aus der Familie Della Rovere ein Feind der Borgia Papst, der in der Folgezeit Kriegszüge zur Konsolidierung des Kirchenstaats und zur Vertreibung der Franzosen aus Italien unternimmt.
1505	Im Januar schließt Luther als Magister Artium das Basisstudium in Erfurt ab; im Juli tritt er dort in den Orden der Augustiner-Eremiten ein.
1507	Im April wird Luther in Erfurt zum Priester geweiht, ab 1509 lehrt er dort Theologie, ab 1512 mit dem Doktortitel.

1510/11	Luther reist nach Rom, um dort die Interessen einer Ordens-Fraktion, der sogenannten Observanten, durchzusetzen; seine Verhandlungen bleiben erfolglos, die Eindrücke von der Ewigen Stadt und vom Papsttum werden ab 1531 in den Tischreden polemisch ausgestaltet.
1512	Ein spanisch-päpstliches Heer führt die Medici nach Florenz zurück, wo die Familie bis 1527 hinter republikanischer Fassade die Macht ausübt.
1512—1515	Das V. Laterankonzil erlässt Reformdekrete, die im Wesentlichen folgenlos bleiben.
1513, 11. März	Der erst siebenunddreißigjährige Kardinal Giovanni de' Medici wird als Leo X. zum Papst gewählt.
1514—1517	Albrecht von Hohenzollern wird zum Erzbischof von Mainz gewählt. Um die hohen Gebühren für die päpstliche Bestätigung bezahlen zu können, erwirbt er einen umfangreichen Ablass, der mit Gewinn weiterverkauft werden muss.
1515	König Franz I. von Frankreich siegt bei Marignano über die Schweizer und erobert Mailand, das er bis 1521 behauptet.
1516	Leo X. vertreibt die Della Rovere aus Urbino und setzt dort seinen Neffen Lorenzo zum Herzog ein.
1517	Im Frühjahr schlägt eine Kardinals-Verschwörung gegen das Leben Leos X. fehl.
1517, 31. Okt.	Luther veröffentlicht seine 95 Thesen mit scharfen Angriffen gegen die Ablass-Praktiken, deren theologische Grundlagen und die Machtstellung des Papstes.
1518	Im Februar warnt Leo X. eindringlich vor den Gefahren, die der Kirche durch Luthers Kritik drohen, und leitet Sanktionen durch dessen Ordensobere ein; im April präsentiert Luther seine Position auf einem Ordenskapitel in Heidelberg, das nicht gegen ihn vorgeht. Nach Eröffnung des kanonischen Prozesses lässt Luther Leo X. am 30. Mai 1518 seine Thesen mit einem Kommentar zukommen, der diese weiter zuspitzt.
1518	Im Juni verfasst der päpstliche Hoftheologe Prierias im Auftrag Leos X. eine Widerlegung der 95 Thesen, die diese als ketzerisch einstuft. Der kurz darauf erfolgten Vorladung nach Rom kommt Luther nicht nach, der von jetzt an eine intensive publizistische Tätigkeit mit starkem Echo in der Öffentlichkeit entfaltet und sich dabei der Unterstützung seines Landesherrn, Kurfürst Friedrich des Weisen, sicher sein kann.
1518, 12.—14. Okt.	Luther wird in Augsburg vom Dominikaner-Kardinal Cajetan

verhört. Luther widerruft nicht, sondern hält an seiner Kritik am Ablass fest. Kurz darauf appelliert er an den Papst und an ein Konzil.

1519 Im Januar ergebnislose Unterredungen Luthers mit dem päpstlichen Kammerherrn Karl von Miltitz. Nach dem Tod Kaiser Maximilans am 12. Jan. 1519 betreibt Leo X. die Wahl Friedrichs des Weisen zum neuen Reichsoberhaupt, doch kann er damit die Erhebung des spanischen Königs Karl aus dem Hause Habsburg auf den Thron des Heiligen Römischen Reiches deutscher Nation im Juni nicht verhindern.

1519, Juli Luther disputiert in Leipzig öffentlich mit seinem wichtigsten deutschen Gegner, dem Ingolstädter Theologieprofessor Johannes Eck, und verschärft dabei seine kritischen Aussagen über die Autorität in der Kirche weiter.

1520, 15. Juni Die päpstliche Bannandrohungsbulle «Exsurge domine» verurteilt 41 Sätze Luthers. Luther verfasst in diesem und im folgenden Jahr seine reformatorischen Hauptschriften, die die Rechtfertigung allein durch den Glauben als Geschenk der göttlichen Gnade, die alleinige Gültigkeit der Heiligen Schrift in Glaubensfragen, ein von der römischen Transsubstantiationslehre abweichendes Abendmahlsverständnis und eine auf die Predigt und Seelsorge gegründete Kirche ohne geistlichen Stand begründen. Parallel dazu wird der Papst als Antichrist denunziert und zu dessen Vernichtung aufgerufen. Am 10. Dezember übergibt Luther die päpstliche Bulle vor dem Wittenberger Stadttor öffentlich dem Feuer.

1521, 3. Jan. Mit der Bulle «Decet Romanum Pontificem» wird Luther als Ketzer gebannt. Im April wird er gegen den Rat des römischen Nuntius Aleandro zum Reichstag vorgeladen und verhört. Luther rechtfertigt seine Schriften und lehnt einen Widerruf ab. Das im Mai 1521 von Karl V. unterzeichnete Wormser Edikt erklärt Luther zum Ketzer und schreibt ihn zur Gefangennahme aus, bleibt aber durch den Schutz Friedrichs des Weisen weitgehend wirkungslos. Während seines anschließenden Aufenthalts auf der Wartburg nimmt Luther die Übersetzung der Bibel in Angriff (bis 1534). Am 1. Dezember stirbt Leo X.

1522 Der neue, aus Utrecht stammende Papst Hadrian VI. trifft erst Ende August aus Spanien kommend in Rom ein und wird vom kurialen Apparat nicht unterstützt. Luther greift in die Wittenberger Unruhen ein, die sich an den Problemen der Kirchenordnung und des neuen Gottesdienstes entzünden, und setzt sich erfolgreich für die Kirchenhoheit des Landesherrn ein, die sich im folgenden Jahrzehnt ausgestaltet und verfestigt. Im September liegt seine Übersetzung des Neuen Testaments vor.

1523   Hadrian VI. lässt im Januar 1523 auf dem Reichstag zu Nürnberg eine Erklärung verlesen, die schwere Missstände an der Kurie einräumt und die Reform der Kirche zur Angelegenheit des Papsttums erklärt. Der Abfall von der alten Kirche lässt sich in Deutschland damit nicht eindämmen. Hadrian VI. stirbt am 14. Septemper 1523, am 19. November wird mit Giulio de' Medici der Cousin Leos X. gewählt. Als Clemens VII. zeigt er sich an den Vorgängen in Deutschland weitgehend desinteressiert und betreibt stattdessen eine immer gefährlichere Schaukelpolitik zwischen den Großmächten Spanien und Frankreich.

1524   Im Sommer beginnt in Südwestdeutschland der Bauernkrieg, in dem Luther zuerst zu vermitteln versucht, auf dem Höhepunkt der Auseinandersetzung im nachfolgenden Jahr aber schroff für die Fürsten Partei nimmt. Erasmus veröffentlicht seine gegen Luthers Prädestinationslehre gerichtete Schrift vom freien Willen.

1525   Luther antwortet auf Erasmus mit Gegenthesen, die den Bruch mit diesem besiegeln. Heirat Luthers mit der ehemaligen Nonne Katharina von Bora. König Franz I. von Frankreich wird nach der Schlacht von Pavia Gefangener Karls V.

1526, 25. Juni –   Auf dem Reichstag zu Speyer wird die kirchliche Lehre in die
27. Aug.   Verantwortung der Reichsstände gelegt, was auf eine faktische Duldung des Luthertums hinausläuft.

1527, Mai   Rom wird vom kaiserlichen Heer geplündert; es folgen monatelange Anarchie und Gefangenschaft Clemens' VII. in der Engelsburg.

1529, 15. März –   Auf dem Reichstag zu Speyer protestieren die evangelischen
22. April   Reichsstände gegen die Wiedereinschärfung des Wormser Edikts.

1529, 1.–4. Okt.   In Marburg scheitern die Religionsgespräche zwischen Luther und dem Zürcher Reformator Huldrych Zwingli an der unterschiedlichen Auslegung des Abendmahls.

1530, 24. Febr.   Clemens VII. krönt Karl V. in Bologna zum Kaiser.

1530, Juni   Auf dem Reichstag zu Augsburg führen der Legat Campeggio und Melanchthon informelle Gespräche über eine Einigung in zentralen Glaubensfragen, die ohne Ergebnis bleiben. Die protestantische Seite legt mit der «Confessio Augustana» eine Bekenntnisschrift von bleibender Bedeutung vor.

1531   Die protestantischen Stände schließen sich zum Schmalkaldischen Bund zusammen. Clemens VII. leitet die Heiratsallianz von Caterina de' Medici mit dem französischen Prinzen Heinrich ein.

1531, Okt.   Niederlage Zürichs gegen die katholischen Orte der Eidgenossenschaft, Schlachtentod Zwinglis.

1532, April – Juni   Auf dem Reichstag zu Regensburg werden Prozesse gegen evangelische Stände ausgesetzt, die dem Kaiser dafür Unterstützung im Krieg gegen die Osmanen zusagen.

1533   Clemens VII. reist nach Marseille, um das Bündnis mit Frankreich zu besiegeln; weiterhin Untätigkeit Roms in deutschen Glaubenssachen.

1534, 25. Sept.   Tod Clemens VII., sein Nachfolger wird der 1468 geborene Kardinal Alessandro Farnese, der sich Paul III. nennt und das von Clemens verhinderte Konzil zu organisieren versucht.

1535   Verlängerung und Verstärkung des Schmalkaldischen Bundes. Paul III. ernennt erste Reform-Kardinäle, seine Versuche, ein Konzil in Norditalien einzuberufen, schlagen jedoch fehl. Im November trifft der Nuntius Vergerio Luther in Wittenberg.

1536   Im dänischen Thronfolgestreit setzt sich der lutherisch gesinnte Christian III. durch, der Luthers Vertrauten Johannes Bugenhagen zur Durchführung der Reformation ins Land ruft.

1538   Wichtige katholische Reichsstände schließen sich zu einem Bündnis zusammen.

1539–1541   Letzte Gespräche zwischen den Glaubensparteien über eine mögliche Einigung. In Regensburg wird 1541 kurzfristig ein Kompromiss in der Frage der Rechtfertigung des Menschen vor Gott gefunden, der sich jedoch bald wieder zerschlägt.

1542   Durch einen Feldzug des Schmalkaldischen Bundes wird das Herzogtum Braunschweig-Wolfenbüttel protestantisch. Paul III. begründet die römische Inquisition. Tod Kardinal Girolamo Aleandros, des führenden Deutschland-Spezialisten der Kurie.

1545   Luthers letzte Kampfschrift gegen das Papsttum; Einberufung des Konzils nach Trient.

1546, 18. Febr.   Tod Martin Luthers in Eisleben.

Anmerkungen

1. Luther, der Mönch
(1483–1517)

1 WA TR 5, S. 95 (5362)
2 WA TR 3, S. 130 (2890a.)
3 WA TR 1, S. 4 (3)
4 WA TR 1, S. 19 (55)
5 WA TR 5, S. 10 (5210)
6 WA TR 6, S. 46 (6567)
7 WA TR 3, S. 203 (3161a.)

8 WA TR 4, S. 440 (4707)
9 WA TR 1, S. 294 (623)
10 WA TR 3, S. 415 f. (3566A.)
11 WA TR 3, S. 313 (3428)
12 WA TR 3, S. 313 (3428)
13 WA TR 5, S. 68 (5342a.)
14 WA TR 3, S. 411 f. (3558A.)

2. Luther, der Kritiker
(1517–1519)

1 WA TR 5, S. 657 f. (6431)
2 Fabisch/Iserloh 1, S. 264
3 Fabisch/Iserloh 1, S. 264 f.
4 Fabisch/Iserloh 1, S. 269
5 WA Br 1, S. 111 f.
6 Fabisch/Iserloh 2, S. 21
7 WA 1, S. 233
8 WA 1, S. 234
9 WA 1, S. 236
10 WA 1, S. 236
11 WA 1, S. 235
12 WA 1, S. 237
13 WA 1, S. 527
14 WA 1, S. 527
15 WA 1, S. 528
16 WA 1, S. 529
17 WA 1, S. 529
18 WA 1, S. 529

19 WA 1, S. 530
20 WA 1, S. 601
21 WA 1, S. 627
22 Fabisch/Iserloh 1, S. 53
23 Fabisch/Iserloh 1, S. 53 f.
24 Fabisch/Iserloh 1, S. 55
25 Fabisch/Iserloh 1, S. 55 f.
26 Fabisch/Iserloh 1, S. 56
27 Fabisch/Iserloh 1, S. 56
28 Fabisch/Iserloh 1, S. 61
29 Fabisch/Iserloh 1, S. 78
30 Fabisch/Iserloh 1, S. 82
31 Fabisch/Iserloh 1, S. 99
32 Fabisch/Iserloh, 1 S. 92
33 WA 1, S. 647
34 WA 1, S. 679
35 WA 1, S. 685
36 WA 1, S. 678

37 Fabisch/Iserloh 2, S. 49
38 Fabisch/Iserloh 2, S. 49
39 Fabisch/Iserloh 2, S. 80 f.
40 Fabisch/Iserloh 2, S. 81
41 Fabisch/Iserloh 2, S. 81
42 Fabisch/Iserloh 2, S. 90 f.
43 Fabisch/Iserloh 2, S. 92
44 Fabisch/Iserloh 2, S. 130
45 Fabisch/Iserloh 2, S. 213 f.
46 Fabisch/Iserloh 2, S. 205
47 Fabisch/Iserloh 2, S. 219
48 Fabisch/Iserloh 2, S. 234
49 Fabisch/Iserloh 2, S. 134
50 Fabisch/Iserloh 2, S. 236
51 Fabisch/Iserloh 2, S. 236 f.
52 Fabisch/Iserloh 2, S. 239
53 Seitz, S. 68
54 Seitz, S. 87
55 Seitz, S. 87
56 Seitz, S. 126
57 Seitz, S. 129
58 Seitz, S. 144

59 Seitz, S. 165
60 WA Br 1, S. 359
61 Fabisch/Iserloh 2, S. 364
62 Fabisch/Iserloh 2, S. 386
63 Fabisch/Iserloh 2, S. 394
64 Fabisch/Iserloh 2, S. 397
65 Fabisch/Iserloh 2, S. 434 f.
66 Fabisch/Iserloh 2, S. 435
67 Fabisch/Iserloh 2, S. 437
68 WA 1, S. 535
69 WA 6, S. 328
70 WA 6, S. 329
71 WA 6, S. 593
72 WA 6, S. 602
73 WA 7, S. 3
74 WA 7, S. 4
75 WA 7, S. 5
76 WA 7, S. 5
77 WA 7, S. 5
78 WA 7, S. 80
79 WA 7, S. 135

3. Luther, der Barbar

(1521–1523)

1   Fabisch/Iserloh 2, S. 463
2   Brieger, S. 18
3   Brieger, S. 19
4   Brieger, S. 21
5   Brieger, S. 21
6   Brieger, S. 21
7   Brieger, S. 23
8   Brieger, S. 26
9   Brieger, S. 27
10 Brieger, S. 28
11 Brieger, S. 28
12 Brieger, S. 28
13 Brieger, S. 30

14 Brieger, S. 30
15 Brieger, S. 31
16 Brieger, S. 35
17 Brieger, S. 35 f.
18 Brieger, S. 36
19 Brieger, S. 49
20 Brieger, S. 55
21 Brieger, S. 106
22 Brieger, S. 126
23 Brieger, S. 126
24 Brieger, S. 62
25 Brieger, S. 62
26 Brieger, S. 135

27 Brieger, S. 138
28 Brieger, S. 140 f.
29 Brieger, S. 143
30 Brieger, S. 146
31 Brieger, S. 147
32 Brieger, S. 147
33 Brieger, S. 148
34 Brieger, S. 148
35 Brieger, S. 152
36 Brieger, S. 153
37 Brieger, S. 161
38 Brieger, S. 163
39 Brieger, S. 162
40 Brieger, S. 162
41 WA 7, S. 829
42 WA 7, S. 831

43 WA 7, S. 832
44 WA 7, S. 833
45 WA 7, S. 833
46 WA 7, S. 834
47 WA 7, S. 835
48 WA 7, S. 877
49 WA 7, S. 838
50 Brieger, S. 114
51 Brieger, S. 184
52 Brieger, S. 182
53 Brieger, S. 178
54 Fabisch/Iserloh 2, S. 534
55 Fabisch/Iserloh 2, S. 534, 536
56 Reichstagsakten III, S. 399 f.
57 Reichstagsakten III, S. 447 f.

4. Luther, der Vergessene

(1523–1534)

1 Kalkoff, S. 86
2 Kalkoff, S. 88
3 Kalkoff, S. 89
4 Kalkoff, S. 90
5 Kalkoff, S. 92
6 Kalkoff, S. 92
7 Lauchert, S. 91
8 WA TR 3, S. 347 (3478); die Notiz
   in WA TR 5, S. 466 f. (6058) ist im
   Kern identisch
9 NB Ebd. 1, S. 24
10 NB Ebd. 1, S. 30
11 NB Ebd. 1, S. 35
12 NB Ebd. 1, S. 47
13 NB Ebd. 1, S. 37
14 NB Ebd. 1, S. 51
15 NB Ebd. 1, S. 70
16 NB Ebd. 1, S. 70
17 NB Ebd. 1, S. 70

18 NB Ebd. 1, S. 73
19 NB Ebd. 1, S. 76
20 NB Ebd. 1, S. 80 f.
21 NB Ebd. 1, S. 84
22 WA Br 5, S. 480
23 WA 30/2, S. 367
24 WA 30/2, S. 367
25 WA 30/2, S. 389
26 WA 30/2, S. 391
27 WA 30/2, S. 436
28 WA 30/2, S. 438
29 WA 30/2, S. 472
30 WA 30/3, S. 276
31 WA 30/3, S. 279
32 WA 30/3, S. 279
33 WA 30/3, S. 282
34 WA 30/3, S. 290
35 WA 30/3, S. 291
36 WA 30/3, S. 301

37 WA 30/3, S. 303
38 WA 30/3, S. 303
39 WA 30/3, S. 304
40 WA 30/3, S. 311
41 NB Ebd. 1, S. 135
42 NB Ebd. 1, S. 147
43 NB Ebd. 1, S. 253
44 NB Ebd. 1, S. 257
45 NB Ebd. 1, S. 291
46 NB Ebd. 1, S. 322

47 NB Ebd. 1, S. 324
48 NB Ebd. 1, S. 330
49 NB Ebd. 1, S. 331
50 NB Ebd. 1, S. 342
51 NB Ebd. 1, S. 343
52 NB Ebd. 1, S. 458
53 NB Ebd. 2, S. 224 f.
54 NB 1, S. 109
55 NB 1, S. 171
56 NB 1, S. 172 f.

5. Luther, der Ketzer

(1534–1546)

1 NB 1, S. 313
2 NB 1, S. 321 f.
3 NB 1, S. 345
4 NB 1, S. 346
5 NB 1, S. 533
6 NB 1, S. 540
7 NB 1, S. 541
8 NB 1, S. 541
9 NB 1, S. 541
10 NB 1, S. 541
11 NB 1, S. 541 f.
12 NB 1, S. 543
13 NB 1, S. 544
14 NB 1, S. 545
15 NB 1, S. 545
16 WA TR 5, S. 633 (6384)
17 WA TR 5, S. 634 (6384)
18 WA TR 5, S. 634 (6384)
19 WA TR 5, S. 635 (6387)
20 WA TR 5, S. 638 (6388)
21 WA TR 5, S. 638 (6388)
22 WA TR 1, S. 48 (122)
23 WA TR 1, S. 51 (122)
24 WA TR 1, S. 48 (122)
25 WA TR 1, S. 271 (548)

26 WA TR 1, S. 182 (417)
27 WA TR 3, S. 129 (2978b.)
28 WA TR 3, S. 217 (3197)
29 WA TR 3, S. 439 (3593)
30 WA TR 3, S. 439 (3593)
31 WA TR 1, S. 125 (301)
32 WA TR 3, S. 329 f. (3464c.)
33 WA TR 3, S. 605 (3776)
34 WA TR 3, S. 173 (3104b.)
35 WA TR 3, S. 438 (3593)
36 WA TR 1, S. 213 (486)
37 WA TR 1, S. 217 (491)
38 WA TR 4, S. 391 (4590)
39 WA TR 5, S. 670 (6453)
40 WA TR 4, S. 341 (4488)
41 WA TR 3, S. 78 (2916)
42 WA TR 5, S. 53 (5310)
43 WA TR 3, S. 78 (2916)
44 NB 2, S. 62
45 NB 2, S. 63
46 NB 2, S. 83
47 NB 2, S. 265
48 NB 2, S. 149
49 NB 2, S. 210
50 NB 4, S. 406

51 WA TR 1, S. 249 (539)
52 Jedin, Contarini, S. 14
53 Jedin, Contarini, S. 15
54 Jedin, Contarini, S. 67
55 Gleason, S. 205
56 Akten 3 / 1, S. 289 f.
57 Akten 3 / 1, S. 290
58 WA Br 9, S. 389
59 WA Br 9, S. 406 f.
60 NB 8, S. 132
61 NB 8, S. 149

62 WA 54, S. 243
63 WA 54, S. 243
64 WA 54, S. 212
65 WA 54, S. 212
66 WA 54, S. 207
67 WA 54, S. 222
68 WA 54, S. 283 f.
69 WA 54, S. 273
70 WA 54, S. 274
71 WA 54, S. 299
72 NB 8, S. 585 f.

Epilog

1 Thomas Mann, Deutschland und die Deutschen, in: Gesammelte Werke XI, S. 1132 f.

Literatur

Quellen

Die Zitate aus lateinisch verfassten Texten hat der Autor, wenn nicht anders angegeben, übersetzt.

D. Martin Luthers Werke. Weimarer Ausgabe, 73 Bände, Weimar 1883–2009 (zitiert: WA plus Bandzahl)

D. Martin Luthers Tischreden 1531–1546, 6 Bände, Weimar 1912–1921 (zitiert: WA TR plus Bandzahl)

D. Martin Luthers Briefwechsel, 18 Bände, Weimar 1883–2009 (zitiert: WA Br plus Bandzahl)

Nuntiaturberichte aus Deutschland nebst ergänzenden Aktenstücken. Erste Abteilung 1533–1559. 1. Ergänzungsband 1530–1531. Legation Lorenzo Campeggios 1530–1531 und Nuntiatur Girolamo Aleandros 1531 (Hg. G. Müller), Tübingen 1963 (zitiert: NB Ebd. 1); 2. Ergänzungsband 1532. Legation Lorenzo Campeggios 1530 und Nuntiatur Girolamo Aleandros 1532 (Hg. G. Müller), Tübingen 1969 (zitiert: NB Ebd. 2)

Nuntiaturberichte aus Deutschland 1533–1559 nebst ergänzenden Aktenstücken, Band 1–8, Gotha 1892–1898 (für die Jahre 1533 bis 1546, zitiert: NB plus Bandzahl)

Deutsche Reichstagsakten. Jüngere Serie, Band 1–3, Gotha 1893–1901 (zitiert: Reichstagsakten)

Brieger, T. (Hg.): Aleander und Luther 1521. Die vervollständigten Aleander-Depeschen nebst Untersuchungen über den Wormser Reichstag, Gotha 1884 (die Briefe Aleandros im italienischen Original, zitiert: Brieger)

Fabisch, P. / Iserloh, E. (Hg.): Dokumente zur Causa Lutheri (1517–1521), 2 Teile, Münster 1988–1991 (zitiert: Fabisch / Iserloh)

Ganzer, K. / Zur Mühlen, H.-H. (Hg.): Akten der deutschen Reichsreligionsgespräche im 16. Jahrhundert, 3 Bände, Göttingen 2000–2007 (zitiert: Akten)

Kalkoff, P. (Hg.): Die Depeschen des Nuntius Aleander vom Wormser Reichstage 1521, Halle 1886 (Übersetzungen der meisten von T. Brieger im Original herausgegebenen Briefe)

—: Briefe, Depeschen und Berichte über Luther vom Wormser Reichstage 1521, Halle 1898

Seitz, O. (Hg.): Der authentische Text der Leipziger Disputation (1519). Aus bisher unbenutzten Quellen, Berlin 1903 (zitiert: Seitz)

Literatur

Bärenfänger, K. / Leppin, V. / Michel, S. (Hg.): Martin Luthers Tischreden, Tübingen 2013

Bäumer, R.: Martin Luther und der Papst, 2. Auflage Münster 1970

—: Leo X. und die Kirchenreform, in: Papsttum und Kirchenreform. Historische Beiträge. Festschrift für Georg Schwaiger zum 65. Geburtstag, St. Ottilien 1990, S. 281–299

Besch, W.: Die Rolle Luthers in der deutschen Sprachgeschichte, Heidelberg 1999

Beutel, A. (Hg.): Luther Handbuch, 2. Aufl. Stuttgart 2010

Böhmer, H.: Luthers Romfahrt, Leipzig 1914

Brady, T.: Zwischen Gott und Mammon. Protestantische Politik und deutsche Reformation, Berlin 1996

Braun, G.: Imagines imperii. Die Wahrnehmung des Reiches und der Deutschen durch die römische Kurie im Reformationsjahrhundert (1523–1585), Münster 2014

Brecht, M.: Martin Luther, 3 Bände, Stuttgart 1981–1987

Breul-Kunkel, W.: «Mit gutem Gewissen»: zum religiösen Hintergrund der Doppelehe Landgraf Philipps von Hessen, in: Zeitschrift für Kirchengeschichte 119 (2008), S. 149–177

D'Amico, J. F.: Renaissance humanism in papal Rome. Humanists and churchmen in the eve of the Reformation, Baltimore / London 1983

Delumeau, J.: Rome au XVIe siècle, Paris 1975

Dendorfer, J. / Lützelschwab. R. (Hg.): Geschichte des Kardinalats im Mittelalter, Stuttgart 2011

Edwards, M. U.: Luther's last battles. Politics and polemics 1531–1546, Ithaca / London 1983

Ehrmann, J.: Türken und Islam. Eine Untersuchung zum Türken- und Islambild Martin Luthers (1515–1546), Gütersloh 2008

Firpi, M.: Inquisizione romana e Controriforma. Studi sul cardinal Giovanni Morone e il suo processo d'eresia, Brescia 2005

Frank, G. / Leppin, V., Selderhuis, H. J. (Hg.): Wem gehört die Reformation? Nationale und konfessionelle Dispositionen der Reformationsdeutung, Freiburg i. Br. 2013

Gensini, S. (Hg.): Rom capitale (1447–1527), Roma/Pisa 1994

Gleason, E. G.: Gasparo Contarini. Venice, Rome, and Reform, Berkeley/Los Angeles 1993 (zitiert: Gleason)

Grimm, R.: Luther et l'expérience sexuelle. Sexe, célibat, mariage chez le Réformateur, Genève 1999

Haustein, J.: Luthers Stellung zu Zauber- und Hexenwesen, Stuttgart 1990

Hendrix, S. H.: Luther and the Pope. Stages in a Reformation Conflict, Philadelphia 1981

Höss, I.: Georg Spalatin 1484–1545. Ein Leben in der Zeit des Humanismus und der Reformation, Weimar 1989

Horst, U.: Juan de Torquemada und Thomas de Vio Cajetan. Zwei Protagonisten der päpstlichen Gewaltenfülle, Berlin 2012

Iserloh, E. (Hg.): Katholische Theologen der Reformationszeit, 6 Bände, Münster 1984–2004

Jacobson Schutte, A.: Pier Paolo Vergerio: The Making of an Italian Reformer, Genève 1977

Janssen, W.: «Wir sind zum wechselseitigen Gespräch geboren». Philipp Melanchthon und die Reichsreligionsgespräche von 1540/41, Göttingen 2009

Jedin, H.: Geschichte des Konzils von Trient. Band 1: Der Kampf um das Konzil, Freiburg 1949

–: Contarini und Camaldoli, Roma 1953 (zitiert: Jedin, Contarini)

Junghans, H.: Der junge Luther und die Humanisten, Weimar 1984

–: Spätmittelalter, Luthers Reformation, Kirche in Sachsen: Ausgewählte Aufsätze, Leipzig 2001

Kalkoff, P.: Forschungen zu Luthers römischem Prozess, Rom 1905

–: Aleander gegen Luther. Studien zu ungedruckten Akten aus Aleanders Nachlass, Leipzig/New York 1908

Kaufmann, T.: Martin Luther, 3. Aufl. München 2015

–: Luthers Juden, Stuttgart 2014

–: Der Anfang der Reformation. Studien zur Kontextualität der Theologie, Publizistik und Inszenierung Luthers und der religiösen Bewegung, Tübingen 2012

–: Geschichte der Reformation, 2 Aufl. Frankfurt a. M. 2009

Kirchner, H.: Luther und das Papsttum, in: Junghans, H. (Hg.): Leben und Werk Martin Luthers von 1526 bis 1546, Band 1, Göttingen 1983, S. 441–456

Kohler, A.: Karl V. 1500–1558, München 1999

Kohnle, A.: Reichstag und Reformation. Kaiserliche und ständische Religionspolitik von den Anfängen der Causa Lutheri bis zum Nürnberger Religionsfrieden, Gütersloh 2001

Krarup, M.: Ordination in Wittenberg. Die Einsetzung in das kirchliche Amt in Kursachsen zur Zeit der Reformation, Tübingen 2007

Kruse, J.-M.: Universitätstheologie und Kirchenreform. Die Anfänge der Reformation in Wittenberg 1516–1522, Mainz 2002

Lauchert, F.: Die italienischen literarischen Gegner Luthers, Freiburg i. Br. 1912 (zitiert: Lauchert)

Leder, H.-G.: Ausgleich mit dem Papst? Luthers Haltung in den Verhandlungen mit Miltitz 1520, Stuttgart 1969

Leppin, M: Die Reformation, Darmstadt 2013

–: Martin Luther. Vom Mönch zum Feind des Papstes, Darmstadt 2013

–: Martin Luther, 2. Aufl. Darmstadt 2010

–: Luther privat. Sohn, Vater, Ehemann, Darmstadt 2006

Ludolphy, I.: Friedrich der Weise. Kurfürst von Sachsen 1463–1525, Göttingen 1984

Lutz, H.: Reformation und Gegenreformation, München 2002

–: Das Ringen um deutsche Einheit und kirchliche Erneuerung. Von Maximilian I. bis zum Westfälischen Frieden, Berlin 1983

Matheson, P.: Cardinal Contarini at Regensburg, Oxford 1972

McClung Hallman, B.: Italian cardinals, reform and the church as property 1492–1563, Los Angeles 1985

Minnich, N. H.: The Fifth Lateran Council (1512–1517). Studies on its Memberships, Diplomacy and Proposals for Reform, Aldershot 1993

Moeller, B. (Hg.): Die frühe Reformation in Deutschland als Durchbruch, Gütersloh 1998

–: Deutsche Geschichte im Zeitalter der Reformation, 2. Aufl. Göttingen 1999

Müller, G.: Die römische Kurie und die Reformation 1523–1534, Gütersloh 1969

Oberman, H. A.: Luther. Mensch zwischen Gott und Teufel, München 1986

O'Malley, J. W.: Giles of Viterbo on church and reform. A study in Renaissance thought, Leiden 1968

–: Praise and blame in Renaissance Rome. Rhetoric, doctrine, and reform in sacred orators of the papal court, ca. 1440–1521, Durham N. C. 1979

Otte, H. / Beyer, M. / Winter, C. (Hg.): Landeskirchengeschichte, Leipzig 2007

Pastor, L. von: Geschichte der Päpste seit dem Ausgang des Mittelalters, Band 3–5, Freiburg 1956

Pellegrini, M.: Ascanio Maria Sforza. La parabola politica di un cardinale principe del rinascimento, 2 Bände, Roma 2002

Pierce, R. A.: Pietro Paolo Vergerio the propagandist, Rome 2003

Reinhardt, V.: Der unheimliche Papst. Alexander VI. Borgia 1431–1503, München 2005

–: Blutiger Karneval. Der Sacco di Roma 1527 – eine politische Katastrophe, Darmstadt 2009

–: Pius II. Piccolomini. Der Papst, mit dem die Renaissance begann. Eine Biographie, München 2013

–: Luther und Rom – Rom und Luther. Neue Überlegungen zu einem alten Thema, in: Historisches Jahrbuch 135 (2015), S. 130–149

Schauerte, T. / Tacke, A. / Schneider, K. (Hg.): Kardinal Albrecht von Brandenburg, Reichsfürst und Mäzen, 2 Bände, Göttingen 2006

Scheible, H.: Melanchthon und die Reformation, Mainz 1996

Schilling, H.: Martin Luther. Rebell in einer Zeit des Umbruchs, 3. Auflage München 2015

Schneider, H.: Martin Luthers Reise nach Rom neu datiert und neu gedeutet, in: Lehfeldt, W. (Hg.): Studien zur Wissenschafts- und Religionsgeschichte, Berlin 2011, S. 1–157

Schultheis, S.: Die Verhandlungen über das Abendmahl und die übrigen Sakramente auf dem Religionsgespräch von Regensburg 1541, Göttingen 2012

Schwarz, R.: Luther, 3. Aufl. Stuttgart 2004

Scribner, R.: For the sake of simple folk. Popular propaganda for the German Reformation, Oxford 1994

Simoncelli, P.: Evangelismo italiano del Cinquecento. Questione religiosa e nicodemismo politico, Roma 1979

Stange, C.: Luther und das Fünfte Laterankonzil, Gütersloh 1928

Stinger, C. L.: The Renaissance in Rome, Bloomington 1985

Tavuzzi, M.: Prierias. The Life and Works of Silvestro Mazzolini da Prierio, 1456–1527, Durham / London 1997

Tewes, G.-R.: Luthergegner der ersten Stunde, in: Quellen und Forschungen aus italienischen Archiven und Bibliotheken 75 (1995), S. 256–365

–: Die römische Kurie und die europäischen Länder am Vorabend der Reformation, Tübingen 2001

Tewes, G.-R. / Rohlmann, M. (Hg.): Der Medici-Papst Leo X. und Frankreich. Politik, Kultur und Familiengeschäfte in der europäischen Renaissance, Tübingen 2002

Welti, M.: Kleine Geschichte der italienischen Reformation, Gütersloh 1985

Winterhager, W. E.: Ablaßkritik als Indikator historischen Wandels vor 1517. Ein Beitrag zu Voraussetzungen und Einordnung der Reformation, in: Archiv für Reformationsgeschichte 90 (1999), S. 6–21

Bildnachweis

Vorsatz vorne und hinten: Vgl. die Abbildung Seite 283

Seite 11, 120, 237, 320: Aus: Robert W. Scribner, For the sake of simple folk: popular propaganda for the German Reformation, Cambridge 1981, S. 235, 232, 233, 79

Seite 206, 207: Aus: Luther WA 11, S. 373, 371

Seite 119: Aus: Max Geisberg, Die Reformation in den Kampfbildern der Einblatt-Holzschnitte aus der ersten Hälfte des 16. Jahrhunderts, München 1927, S. 1535

Seite 148, 150, 151, 153, 155, 156, 158, 159, 162, 163, 165, 167, 173, 180: Aus: Thomas Murner, Von dem grossen lutherischen Narren (1522). Herausgegeben, übersetzt und kommentiert von Thomas Neukirchen, Heidelberg 2014, S. 16, 26, 36, 48, 60, 70, 78, 82, 98, 118, 194, 218, 64, 288

Seite 283, 285: Aus: Luisa Mortari, Francesco Salviati, Rom 1992, S. 59, 60

Seite 326: Foto: Wolfgang Sauber / GNU Free Documentation License 1. 2

Personenregister